国家社会科学基金重大委托项目"中华思想通史"（20@ZH026）、中国社会科学院重大学术创新工程"中华思想通史"项目阶段性成果

中华思想史文论

王伟光 著

二

中国社会科学出版社

图书在版编目(CIP)数据

中华思想史文论. 二／王伟光著. —北京：中国社会科学出版社，2021.12
ISBN 978 - 7 - 5203 - 9430 - 7

Ⅰ. ①中… Ⅱ. ①王… Ⅲ. ①思想史—中国—文集 Ⅳ. ①B2 - 53

中国版本图书馆 CIP 数据核字(2021)第 258541 号

出 版 人	赵剑英
责任编辑	李凯凯
责任校对	芦 苇
责任印制	王 超

出 版	中国社会科学出版社
社 址	北京鼓楼西大街甲 158 号
邮 编	100720
网 址	http://www.csspw.cn
发 行 部	010 - 84083685
门 市 部	010 - 84029450
经 销	新华书店及其他书店

印 刷	北京君升印刷有限公司
装 订	廊坊市广阳区广增装订厂
版 次	2021 年 12 月第 1 版
印 次	2021 年 12 月第 1 次印刷

开 本	710×1000 1/16
印 张	26.5
字 数	358 千字
定 价	139.00 元

前　言

　　《中华思想史文论（二）》是国家社科基金重大委托项目、中国社会科学院重大学术创新工程"中华思想通史"的阶段性成果，是《中华思想史文论（一）》的续集。该书收录了我关于中国近代以来中华思想研究的系列文稿，特别是关于中国共产党人在波澜壮阔的革命、建设、改革的百年奋斗历程中，把马克思主义普遍真理与时代大势、与中国国情实际、与中国革命、建设和改革实际、与中国传统文化实际相结合，实现了中华优秀传统思想的创造性转化、创新性发展，实现了中华优秀传统思想与外来先进思想高度融合发展，创立了中国化马克思主义这一当代中国最先进思想研究的系列文稿。

　　2013 年 8 月，由中国社会科学出版社出版的《哲林漫步》收录了我 2012 年 8 月之前的理论文章，其中包括若干关于中华思想研究的文稿。2016 年 4 月，由中国社会科学出版社出版的《马克思主义中国化的最新成果——习近平治国理政思想研究》，2021 年 5 月，由中国社会科学出版社出版的《当代中国马克思主义的最新理论成果——学习习近平新时代中国特色社会主义思想》收录了我十八大以来关于习近平新时代中国特色社会主义思想研究的文稿。2008 年 11 月、2012 年 5 月、2020 年 9 月，由中共中央党校出版社出版的《王伟光讲习录》（上、下）（续集）（再续集）收录了我 2019 年之前发表的讲稿，其中包括关于中华思想研究的讲稿。为了避免重复，本文集不再收入上述著作的相关文稿了。

　　本文集是按时间顺序编排的。张博、孙兆阳同志收集整理了文稿，通史办的窦兆锐、刘宇、王毓伟同志付出了辛勤努力，做了大量文案工作，在此表示衷心谢意。

王伟光

2021 年 8 月 25 日于中国社会科学院

目　　录

科学发展观是指导中国正确发展的马克思主义世界观和方法论的集中体现[*]

胡锦涛同志指出:"要抓住发展机遇、破解发展难题,把全面建设小康社会和社会主义现代化事业推向前进,关键是要坚持以科学发展观统领经济社会发展全局。"① 学习贯彻五中全会精神,最重要的是紧紧抓住科学发展观这个灵魂,吃透科学发展观的精神实质,提高全面落实科学发展观的自觉性和坚定性。

发展观既是人们对发展问题的总的看法,又是解决发展问题的总的方法,是关于发展问题的世界观和方法论的具体体现。一定的发展观受一定的世界观和方法论的指导。科学的发展观是建立在马克思主义世界观方法论基础上的,是我们党创造性地运用马克思主义世界观方法论,说明和解决中国发展问题的最新思想成果。用马克思主义立场、观点、方法认识发展问题、科学地把握发展规律,体现为世界观;用马克思主义立场、观点和方法解决发展问题、科学地推进经济社会发展,体现为方法论。要树立和落实科学发展观,必须从马克思主义世界观方法论的高度,搞清楚"为什么要发展,怎样发展,发展什么"?搞清楚"发展的目的是什么,发展的动力是什么,发展的主体是什么"?搞清楚"为谁发展,靠谁发展"?也就是说,搞清楚发展规律、发展理念、发展动力、发展战

* 原载《学习时报》2006 年第 319 期,《马克思主义文摘》2006 年第 3 期。
① 《胡锦涛文选》第 2 卷,人民出版社 2016 年版,第 364 页。

略、发展思路、发展道路、发展模式、发展目标、发展规划、发展措施等一系列重大问题。

我们说，科学发展观是马克思主义关于发展问题的世界观和方法论的具体体现，其主要理由是：

第一，科学发展观是辩证的发展观。

辩证唯物主义是马克思主义的世界观方法论，一定要从唯物辩证的思维方式出发解决好对发展问题的科学认识。什么叫发展？唯物辩证法认为，发展是事物的一种运动状态，但又不是事物的一般的运动状态，而是特指事物向前，向上，由低级向高级进步的前进运动；是由小到大，由旧到新，由落后到先进，不断地推陈出新的创新运动。发展就是事物辩证的运动过程。在原有基础上的重复，甚至倒退的运动都不是发展。当然，发展作为事物运动的状态也有快，有慢；有单一的，有全方位的；有不平衡的，有均衡的；有不协调的，有协调的；有一时的，也有持续的。科学的发展观追求的是正常的、健康的、协调的、全面的、合理的发展。从马克思主义哲学世界观和方法论来看，发展应该是辩证的发展，辩证的发展是不断解决矛盾的发展，是全面的发展、协调的发展、可持续的发展。

首先，辩证的发展观是对立统一的发展观。发展是事物内部矛盾不断产生、运动和解决的过程。旧的矛盾解决了，新矛盾又出来了，往复循环，事物才向前发展，事物是以矛盾发展为动力的。科学的发展观从本质上说，其哲学依据就是发现矛盾、认识矛盾、解决矛盾的马克思主义哲学观。说到底，就是运用马克思主义对立统一的观点，认识和解决社会发展过程中的一系列矛盾和问题。

其次，辩证的发展观是全面的发展观。辩证的发展应当是系统的、全面的、保持内在各要素均衡的发展，也就是说，任何健康的发展，都应当是全面的发展，而不能是片面的、畸形的、不均衡的、单一突进的发展。在发展过程中，要全面地兼顾系统构成的各个要素。社会发展是全面的，必须看到它是一个经济社会发展的系统工程，必须系统、全面、协调推进经济社会发展。

再次，辩证的发展观是协调的发展观。事物是普遍联系的，一事物不是孤立存在，而是在与其他事物的联系中存在的，一事物离开与其他事物的联系，就谈不上存在，更谈不上发展。因此，按照辩证法，要从事物的相互联系中把握事物的发展。只有以协调、兼顾的观点和方法处理发展的问题，才符合社会发展本身的辩证法。

最后，辩证的发展观就是可持续的发展观。辩证法讲发展，是要求连续的、保持内在发展能力的健康发展。任何一个事物的发展，包括社会发展，一定要有可持续的发展能力。健康的、正常的发展应是持续的、有后劲的发展。

第二，科学发展观是历史唯物主义的发展观。

马克思主义历史观，即历史唯物主义，是说明社会历史发展规律的世界观和方法论。马克思主义历史观的第一个方面，是历史决定论。认为社会存在决定社会意识，社会历史发展，归根结底，是由生产力的东西、经济的东西、物质的东西所决定的。发展是硬道理，社会发展归根到底首先要解决好生产力的发展。

马克思主义历史观的第二个方面，是强调历史辩证法。首先，强调在社会发展过程中，不能仅仅把经济、生产力归结为发展的唯一因素，要讲政治、文化、思想各方面因素在整体社会发展中的作用。其次，既重视人和社会发展的特殊性，又重视自然因素对社会与人发展的制约性。人是社会发展的积极的能动的主体，而人的发展、社会的发展又依赖于自然的发展，自然的发展制约人的发展和社会的发展，人类社会发展的过程一定要做到人与自然的和谐发展。最后，强调人是发展的目的、发展的主体，而不仅仅是发展的手段。历史唯物主义就是从现实的人出发，以现实的人的发展为目的的社会发展理论。正是从这样一个历史观出发，马克思主义把努力促进人的全面发展作为创建未来社会的本质规定。社会主义建设和发展的历史经验教训表明，必须以人为本，把推进人的全面发展作为社会主义发展的根本目的。要一切依靠人民、一切为了人民，把满足人民群众的物质文化需要，作为推动经济社会发展的根本出发点和最终归宿。

从马克思主义历史观高度认识发展问题，一是要认识到科学发展观是有重点的发展观，重点就是抓住最主要的东西、决定性的东西，就是生产力、经济、物质的东西；二是要认识到科学发展观是关于社会辩证法的发展观。什么是社会发展的辩证法？就是讲发展重点的时候，还要讲其他因素的作用，讲人的作用和满足人的需要的目的。社会发展不等于单纯的经济增长，它内在地包括稳定、公平、民主、价值等社会和人全面发展的诸要素。社会发展中的政治、经济、文化三大部分缺一不可，物质文明建设、政治文明建设、精神文明建设、和谐社会建设缺一不可，社会发展是一个全面系统的过程。

第三，科学发展观是尊重规律的发展观。

实事求是的思想路线，是贯穿科学发展观的马克思主义世界观的精髓，实事求是，就是一切从实际出发，尊重规律，照规律办事。一切从客观实际出发，尊重和把握客观规律，按照客观规律办事，这是马克思主义的世界观方法论。科学发展观正是建立在认识发展的客观规律，尊重发展的客观规律，按照发展的客观规律办事的马克思主义世界观方法论基础之上的。

客观规律和人的主观能动性的关系问题，是马克思主义世界观方法论所要回答的一个基本问题，科学发展观也正是要回答在社会发展过程中，如何在尊重客观规律的基础上，充分发挥人的主观能动性和创造性，努力推进经济社会又好又快发展的问题。从马克思主义世界观方法论来看，人的主观能动性是受客观条件、客观规律制约的。人只有在一定的客观条件下，按照客观规律办事，才能创造历史。当然，人具有一定的主观能动性。按照马克思主义哲学的观点，任何事物，无论是自然、社会，还是人类思维，都存在不以人的意志为转移的客观规律。人们只有尊重规律、认识规律、把握规律，按照规律去办事，才能最大限度地发展人自身的能动性和创造性。反之，就会受到客观规律的惩罚。

正确处理好人的主观能动性和客观规律之间的关系，是全面落实科学发展观，实现以人为本，全面协调可持续发展的关键问题。我国是一个人口众多、资源相对不足的大国。随着向工业文明的迈进，人口、生态、环境、资源等矛盾日益突出，成为制约发展的瓶颈。一定要把控制人口、保护生态环境、节约资源放到更加重要的位置，使人口增长与社会生产力相适应，使经济建设与人口、资源、环境相协调，积极倡导和推行循环经济，努力建立节约型和环境友好型社会，实现发展的良性循环，实现经济社会的持续健康发展与人和自然和谐发展，推动整个社会走上生产发展、生活富裕、生态良好的科学文明发展之路。

旗帜、道路、理论与
党和国家的前途命运[*]
——关于党的十七大报告的主题和精神

党的十七大报告开宗明义地在"大会主题"中强调"高举中国特色社会主义伟大旗帜",并在论述这一主题时明确指出,这面旗帜"是当代中国发展进步的旗帜,是全党全国各族人民团结奋斗的旗帜"。在我们党的历史上第一次郑重鲜明地提出高举中国特色社会主义伟大旗帜,突出"伟大旗帜"即指导思想、共同愿望、前进道路和奋斗目标,并将其写入党章,这是党的十七大最重要的贡献。学习贯彻十七大精神,最重要的就是紧紧抓住旗帜这一根本问题,深刻把握十七大的主题和灵魂,深刻理解中国特色社会主义旗帜、道路和理论体系。

一 举什么旗、走什么路、坚持和发展什么理论,
这是一个关系党和国家前途命运的根本问题

毛泽东同志说过:"主义譬如一面旗帜,旗子立起来了,大家

    * 原载《中共中央党校学报》2008 年 4 月 1 日第 2 期,在《理论研究动态》2008 年 8 月 20 日发表,题目改为"在当代中国坚持和发展中国特色社会主义理论体系,就是坚持和发展马克思主义",《中共中央党校报告选》2008 年第 2 期。

才有指望，才知所趋赴。"① 旗帜就是方向，就是理论指南和指导思想。旗帜体现为道路和理论；正确的旗帜就是引领中国发展进步、团结奋斗，实现中华民族伟大复兴的正确道路和正确理论。

回顾历史，在中国共产党的领导下，中国人民经历了革命、建设和改革这样三个大的历史阶段。

第一个阶段是从 1921 年中国共产党成立到 1949 年新中国成立，这是中国共产党领导人民进行中国新民主主义革命的历史时期。这一阶段的历史雄辩地证明，只有坚持马克思主义，走社会主义道路，才能救中国。中国近代以来，先后发生了旧式的农民战争、不触动封建根基的自强运动和改良主义运动、资产阶级革命派领导的民主革命，这些运动以及照搬西方资本主义的其他种种方案，都不能改变中国半殖民地半封建的社会性质和人民的悲惨命运。毛泽东同志说："十月革命一声炮响，给我们送来了马克思列宁主义。"② 于是发生了 1919 年的五四运动，1921 年又诞生了中国共产党，中国由此进入新民主主义革命的发展阶段。在新民主主义革命的进程中，毛泽东同志提出了中国革命要分两步走的思想：第一步，进行中国共产党领导的新民主主义革命，这不同于孙中山领导下的旧民主主义革命；第二步，新民主主义革命成功以后，不间断地进行社会主义革命。这是以毛泽东同志为核心的党的第一代中央领导集体在面对中国向何处去的重大历史关头，对举什么旗、走什么路的问题作出的正确回答。历史的经验雄辩地证明，只有以马克思主义为指导，举社会主义的旗、走社会主义的路，才能够解救中国。这是马克思主义科学社会主义的普遍原理和中国实际相结合所得出的唯一正确的结论。

第二个阶段是从 1949 年到 1978 年，这是社会主义革命和建设

---

① 中共中央文献研究室、中共湖南省《毛泽东早期文稿》编写组：《毛泽东早期文稿》，湖南出版社 1990 年版，第 554 页。
② 《毛泽东选集》第 4 卷，人民出版社 1991 年版，第 1471 页。

时期。在这一阶段中，我们既取得了很大成就，但也走了一段弯路。新中国成立后，党领导全国人民迅速医治战争创伤，一手抓国民经济的恢复，一手抓土地革命和新民主主义革命，取得了肃清反革命、"三反五反"、土地改革、抗美援朝的胜利，实现了国民经济和财政的全面好转。紧接着又进行了社会主义"三大改造"，建立了社会主义制度，中国进入了社会主义建设时期。回顾这段历史，虽然经历了曲折，但初步建立了社会主义的工业体系，实现了农业合作化，社会主义建设取得了伟大成就。

第三个阶段是从十一届三中全会到现在，这个阶段是我们进行社会主义改革开放，并取得世界瞩目伟大成就的历史新阶段。在这一阶段，我国的 GDP 平均增长率为 9.7%。2006 年，我国国民经济总量跃居世界第四位，人均 GDP 超过 2000 美元。人民生活实现了小康，城乡居民收入成倍增长，我国的国际地位显著提高，经济建设、政治建设、文化建设、社会建设和党的建设全面推进，中国人民的面貌、社会主义中国的面貌、中国共产党的面貌发生了历史性变化，民族凝聚力显著增强。

从新旧民主主义革命前后变化的对比中，从社会主义革命和社会主义建设前后变化的对比中，从改革开放前后的对比中，从国内外的对比中，我们深切体会到，旗帜、道路和理论指导问题是根本问题。中国的革命、建设和改革必须以马克思主义为指导，在中国共产党领导下，高举社会主义旗帜，走社会主义道路，这才是中华民族的正确选择。

二 举什么旗、走什么路、坚持和发展什么理论，关键是要与本国实际相结合，这是一个根本的道理

胡锦涛同志在十七大报告中指出："中国特色社会主义道路之

所以完全正确、之所以能够引领中国发展进步，关键在于我们既坚持了社会主义的基本原则，又根据我国实际和时代特征赋予其鲜明的中国特色。在当代中国，坚持中国特色社会主义道路，就是真正坚持社会主义。"①

科学社会主义的普遍原理揭示的是整个人类社会发展的一般规律，具体到每个国家，社会主义革命和建设的道路怎么走，是不可能在马克思主义普遍原理中找到现成答案的。所以，要举社会主义的旗、走社会主义的路，进行社会主义革命，必须从各国具体国情出发，把马克思主义与各国的具体国情相结合，形成有本国特色的社会主义道路。具体到我国，就是要在中国共产党领导下进行中国特色的革命，走中国特色的革命道路。

新民主主义革命时期，我们在以毛泽东同志为核心的第一代中央领导集体的领导下，走出了一条不同于十月革命道路的、中国特色的"以农村包围城市、最后夺取政权"的井冈山道路，形成了新民主主义的理论、路线、方针和政策。以毛泽东同志为代表的中国共产党人，坚持马克思主义的立场、观点和方法，坚持科学社会主义普遍原理与中国实际相结合，实现了马克思主义中国化的第一次飞跃，即形成了毛泽东思想，取得了新民主主义革命的胜利，建立了新中国。

新民主主义革命成功以后，进入社会主义革命和建设时期，我们同样面临一个如何举社会主义的旗、如何走社会主义的路的问题。仍然要坚持把马克思主义与中国实际相结合，走中国自己的社会主义革命和建设道路。新中国成立后，经过三年的国民经济恢复，进入了社会主义革命时期，毛泽东领导全党制定了社会主义过渡时期的总路线，完成了社会主义所有制的"三大改造"，建立了社会主义公有制和集体所有制，确立了社会主义制度，成功地完成

---

① 《胡锦涛文选》第 2 卷，人民出版社 2016 年版，第 620—621 页。

了社会主义革命。紧接着毛泽东同志带领全党进行社会主义建设的艰辛探索。在社会主义革命和建设时期，进一步丰富和发展了毛泽东思想。在这一时期，我们也走了一段曲折的道路，其教训就是在探索社会主义建设道路时，一度在某些方面犯了照抄照搬马克思主义老祖宗的原有结论，照抄照搬别国社会主义建设模式的错误。邓小平同志在总结社会主义建设过程中这段历史的经验教训后得出结论：一切从实际出发，走自己的道路，建设有中国特色的社会主义。这是我们党在社会主义建设时期面对举什么旗、走什么路这一重大历史关头，把马克思主义与中国国情相结合，所得出的重要结论。

在30年的改革开放历史新阶段中，我们始终高举中国特色社会主义伟大旗帜，走出了一条中国特色社会主义道路，形成了中国特色社会主义理论体系。中国特色社会主义理论体系是包括邓小平理论、"三个代表"重要思想以及科学发展观等重大战略思想的科学的理论体系，这是马克思主义中国化的又一次重大飞跃。高举中国特色社会主义旗帜，坚持中国特色社会主义理论体系，走中国特色社会主义道路，建设中国特色社会主义，这是我们改革开放所得出的一个最宝贵的经验，也是胡锦涛同志在十七大报告中突出强调的主题。

三　举什么旗、走什么路、坚持和发展什么理论，关键是要坚持从初级阶段的基本国情出发，这是一条根本的经验

中国人民选择并走上社会主义道路，是在经历了许多艰难曲折后作出的历史性的选择，因而它是人民的选择，是符合国情和实际的选择，是正确的选择。一个国家走什么样的道路，关键要看国情。"橘生淮南则为橘，生于淮北则为枳。"为橘为枳，环境使然。

国情就是实际，因此国情决定了一个国家究竟应当举什么旗、走什么路。

新中国成立后我国虽然建立了社会主义制度，取得了伟大成就，但教训也是深刻的。其中一条最主要的教训就是一度在某些方面离开了国情，说到底，是思想路线出了问题，即在某些方面一度离开了实事求是的思想路线。邓小平同志后来在回顾这段历史时说，当时对什么是社会主义，怎样建设社会主义，我们并不很清醒。这种不清醒说到底是思想路线上的不清醒。

正是基于对基本国情的认识，遵循正确的思想路线，邓小平同志后来得出了我国正处于社会主义初级阶段的论断，确定了"一个中心，两个基本点"的基本路线，形成了"一切从实际出发，走自己的路，建设有中国特色社会主义"的正确思路。高举中国特色社会主义旗帜，形成中国特色社会主义理论体系，走中国特色社会主义道路，这是邓小平同志的伟大贡献。而中国特色社会主义理论体系之所以能够发扬光大，又是几代中央领导集体的智慧结晶，是全党共同努力的结果，也是全国人民正确选择的结果。党的正确选择体现了人民的利益，必然得到人民的真心拥护，变为人民的自觉行动。

胡锦涛同志指出，全党同志特别是党的高级干部，必须牢记社会主义初级阶段的基本国情，认清全面建设小康社会、实现我国基本现代化、巩固和发展社会主义制度的重要性、长期性和艰巨性，增强聚精会神搞建设、一心一意谋发展的坚定性，提高想问题、办事情绝不可脱离实际的自觉性。解放思想也好，改革开放也好，科学发展也好，我们所想的一切问题，所做的一切事情，都不能脱离社会主义初级阶段基本国情，一切从实际出发，就是从中国社会主义初级阶段这个基本国情出发，同时还要看到社会主义初级阶段的长期性和艰巨性。如果脱离了社会主义初级阶段这个基本国情，我们必然会犯"左"的或者右的错误。从认识论角度讲，无论是

"左"还是右，其共同特点就是脱离实际，脱离社会主义初级阶段这个最大的实际。因此，一定要将思想统一到对社会主义初级阶段基本国情的认识上来。党的"一个中心，两个基本点"的基本路线就是根据基本国情制定的正确的政治路线。坚持这条路线不动摇，坚持以经济建设为中心，坚持改革开放，坚持"四项基本原则"，这就是从基本国情出发所得出的唯一正确的政治结论。

举什么旗、走什么路，关键是要坚持和发展中国特色社会主义理论体系，这是一个根本的结论。举什么旗、走什么路，说到底，就是坚持以什么样的理论为指导。我们必须始终不渝地坚持和发展中国特色社会主义理论体系。

中国特色社会主义理论体系博大精深，内容十分丰富。它的哲学基础和精神实质是解放思想、实事求是的观点和生产力标准的观点；回答的主题是中国特色社会主义；解决的主要问题是发展与改革；它的重要理论基础是改革观和发展观。这是马克思主义中国化最新成果一以贯之的共同的时代主题、哲学依据和理论基础。

中国特色社会主义理论体系的哲学依据最主要的是两个基本支撑点，一是解放思想、实事求是的观点，二是生产力标准的观点。邓小平同志提出解放思想、实事求是的观点，奠定了中国特色社会主义理论的思想路线基础。江泽民同志把解放思想、实事求是的观点概括为与时俱进这一马克思主义的理论品质，进一步丰富和发展了党的思想路线。胡锦涛同志继承了解放思想、实事求是、与时俱进的思想路线，特别强调求真务实，再三强调解放思想是党的思想路线的本质要求，继承了党的思想路线的真谛。我们党从邓小平、江泽民到胡锦涛，之所以要不断地把中国特色社会主义理论体系发扬光大，就是因为要不断地在实践中继承和发扬光大党的解放思想、实事求是的思想路线。

生产力标准是马克思主义唯物史观的最基本的观点。正是根据生产力标准的观点，邓小平同志提出了一系列改革开放的重大决策，并在改革开放的关键时刻，就如何判断改革成败的问题，提出了"三个有利于"的判断标准。"三个有利于"判断标准是生产力标准的继续和深入。有了"三个有利于"判断标准，我们就把握住了对改革是非、改革成败判断的根本标准，就可以大胆解放思想，大踏步改革，不断取得中国特色社会主义改革的成功。江泽民同志提出"三个代表"重要思想，把代表先进生产力作为第一个代表，同时提出代表先进文化、代表人民根本利益，这是对生产力标准和"三个有利于"标准的丰富和发展。思想路线是辩证唯物主义的基本问题，生产力标准是历史唯物主义的基本问题。辩证唯物主义和历史唯物主义是我们党全部理论的哲学基础，构成了中国特色社会主义理论体系的哲学依据。

中国特色社会主义理论体系是围绕中国特色社会主义这一主题展开的，回答的主要问题是中国特色社会主义如何发展的问题。而解决发展的问题，必须解决改革的问题。解决改革和发展问题，其重要理论根据一是马克思主义的发展观，二是马克思主义的改革观。

首先是发展观。邓小平的发展思想是邓小平理论的重要内容。邓小平同志十分强调发展。中国特色社会主义建设的主题可以归结为发展。而发展首先是生产力的发展，这是由中国特色社会主义现阶段，即初级阶段的基本国情和历史方位所决定的。我国社会主义初级阶段的主要矛盾是人民群众日益增长的物质文化需求和生产力不能满足这种需求的矛盾，解决这个矛盾就必须大力发展生产力。发展生产力是社会主义的根本任务，因此，经济建设是党在现阶段的中心任务。为此，邓小平同志提出了"发展是硬道理"的战略思想和"三步走"的发展战略。

江泽民同志提出"三个代表"重要思想，第一个代表就是代表先进生产力，也就是要不断地解放和发展生产力，并把它提高到党的自身建设的高度来认识，把发展生产力同党的执政理念、党的先进性建设和执政能力建设联系在一起。江泽民同志进一步丰富和发展了邓小平的发展思想，提出"发展是执政兴国的第一要务"，强调要全面理解发展问题，正确处理社会主义现代化建设中的若干重大关系，把握好发展、稳定与改革的关系，处理好建设与效益、数量与质量的关系；提出关键要更新发展思路，实现增长方式的转变，由粗放型转变到集约型。这不仅从理论上丰富了邓小平的发展思想，而且对中国的发展思路作了战略调整。

以胡锦涛同志为总书记的新一代中央领导集体，在总结国际国内发展经验的基础上，提出了科学发展观等战略思想，形成了"科学发展、和谐发展、和平发展"的发展新理念，把中国特色社会主义发展理论推向一个新的高度。针对我国在新世纪新阶段发展中的新问题、新要求和新任务，党中央提出了以人为本、全面协调可持续的发展观。胡锦涛同志在十七大报告中指出："科学发展观，第一要义是发展，核心是以人为本，基本要求是全面协调可持续，根本方法是统筹兼顾。"科学发展观是解决中国发展中各种新矛盾、新问题所必须遵循的战略思想和指导方针。

其次是改革观。改革思想是邓小平理论的又一重要组成部分。社会主义的根本任务是解放和发展生产力，要解放和发展生产力，就必须不断改革。这是由社会主义基本矛盾决定的。我国确定了社会主义制度之后，社会基本矛盾是生产关系和生产力要求总体相适应前提下的不适应，也就是存在体制上的不适应。一是以往形成某些僵化的经济政治体制，严重阻碍了生产力的发展；二是社会主义不是一成不变的，即使适合的体制也要随着经济社会的发展而不断地进行创新。邓小平同志率先提出"革命是解放生产力，改革也是解放生产力，改革是第二次革命"。只有破除旧的体制，才能解放和发展生产力。改革是社会主义不断向前发展的动力。这就是邓小平改革思想立论的根据。邓小平的改革思想在马克思主义发展史上是一个创举。

以江泽民同志为核心的党的第三代中央领导集体明确提出建立社会主义市场经济体制的改革目标。强调把社会主义市场经济同社会主义基本经济制度结合在一起，建立这种经济体制就是要使市场在国家宏观调控下对资源配置起基础性作用。为实现这个目标，必须坚持以公有制为主体、各种经济成分共同发展的方针，必须建立现代企业制度。江泽民同志勾画了社会主义市场经济体制的基本框架，规定了国有企业改革的方向。在党的十五大上，江泽民同志就社会主义初级阶段的所有制结构和公有制实现形式问题作了论述，进一步从理论上加以突破，体现了我们党的又一次思想解放。

以胡锦涛同志为总书记的新一代中央领导集体，突出强调体制创新，把体制改革和落实科学发展观结合起来，把体制创新与深化改革结合起来。他指出，"推进体制创新，是解决经济社会诸多矛盾和问题的必由之路，也是贯彻和落实科学发展观的必然要求。必须通过深化改革，努力形成一套有利于科学发展的体制机制"①。正如胡锦涛同志在党的十七大报告中指出的那样，新时期最鲜明的特点是改革开放，改革开放带来新时期最显著的成就是快速发展，新时期最突出的标志就是与时俱进，改革开放是决定当代中国命运的关键抉择，是发展中国特色社会主义、实现中华民族伟大复兴的必由之路，只有社会主义才能救中国，只有改革开放才能发展中国、发展社会主义、发展马克思主义。30 年来的改革开放的实践证明，能不能坚持发展和改革，坚持什么样的发展和改革，关系到我们事业的兴衰成败。正确改革观和科学发展观是中国特色社会主义理论体系的主要内容。可以说，坚持正确改革，坚持科学发展，也就是坚持中国特色社会主义。

总之，正如胡锦涛同志提出的那样，"马克思主义只有与本国国情相结合、与时代发展同进步、与人民群众共命运，才能焕发出

---

① 参见胡锦涛同志 2005 年 12 月 15 日在青海考察工作结束时的讲话。该讲话后以"全面贯彻落实科学发展观推动经济社会又好又快发展"为题，发表于《求是》2006 年第 1 期。

伟大的生命力、创造力和感召力"①。

四 举什么旗、走什么路，关键是要坚持全面贯彻落实科学发展观，这是一个根本的要求

在改革发展的新阶段，党中央提出了要实现经济发展方式的转变，这意味着我们必须解决好"发展什么，怎样发展"这一中国特色社会主义事业发展进程中提出的新课题。针对这一新课题，我们党把马克思主义关于发展的理论运用于中国的实际，提出了科学发展观。

科学发展观对政治建设、文化建设和社会建设的指导意义非常现实和深刻。这主要体现在科学发展观是以人民为本，发展的目的是为了人民，发展要依靠人民，发展成果要由人民共享这一核心观点上。生产的目的是满足人民的需求，而人民的需求不仅包括物质方面的需求，而且包括政治参与、权益保障和文化等方面的需求，这就需要通过加强政治建设、文化建设和社会建设来予以满足。要实现全面协调可持续发展，必然要包括中国特色社会主义总体布局中经济、政治、文化、社会的全面发展；不仅要实现经济与社会的协调发展，而且要实现经济、政治、文化、社会的协调发展，使四者之间能够相互促进，相得益彰；不仅是经济持续增长，还要实现社会公正、公平、正义的社会目标。总之，政治局面的活跃和稳定，人的素质的全面提高，是实现可持续发展的重要保障和支撑条件。

党的十七大报告指出，科学发展观"是发展中国特色社会主义必须坚持和贯彻的重大战略思想"，这是完全正确的。以邓小平理论和"三个代表"重要思想为指导，深入贯彻落实科学发展观，是

---

① 胡锦涛：《高举中国特色社会主义伟大旗帜 为夺取全面建设小康社会新胜利而奋斗——在中国共产党第十七次全国代表大会上的报告》，《人民日报》2007 年 10 月 25 日第 2 版。

中国特色社会主义建设不断取得新胜利的思想理论保证。

我们必须按照十七大报告提出的要求，认真贯彻落实科学发展观。一是要始终坚持"一个中心，两个基本点"的基本路线，处理好落实科学发展观与坚持党的基本路线的关系。党的基本路线是实现科学发展观的政治保证。以经济建设为中心是兴国之基，四项基本原则是立国之本，改革开放是强国之路，任何时候都不能动摇。二是要积极构建社会主义和谐社会。科学发展和社会和谐是内在统一的。没有科学发展就没有社会和谐，没有社会和谐也难以实现科学发展。既要通过科学发展增加社会财富，为社会公平和社会和谐提供物质基础，又要通过和谐社会建设为发展提供良好的社会环境。三是要继续深化改革开放。四是要切实加强和改进党的建设。

要正确贯彻落实科学发展观，必须克服思想认识上的片面性，为此，我们应从以下五个方面全面理解和把握科学发展观。

一是要从政治的高度认识科学发展观。那种认为科学发展观只是单一解决经济发展的指导方针的观点，是对科学发展观的误解。科学发展观实际上要解决四个可持续发展问题：一是实现经济的可持续发展，通过新型的经济发展模式，走出一条有中国特色的低成本、低代价的经济发展道路；二是实现政治的可持续发展，通过建设社会主义政治文明，走出一条中国特色的民主政治发展道路；三是实现人文社会的可持续发展，通过社会主义精神文明建设，走出一条中国特色的文化繁荣道路；四是实现生态环境、人口、资源的可持续发展，通过生态文明建设，走出一条中国特色的资源节约型和环境友好型的建设道路。要在经济、政治、文化、社会、人的全面发展和党的建设等各个方面，全面落实科学发展观。

二是要从全局的高度认识科学发展观。那种认为科学发展观好是好，但"在我这里不适合"，以及那种认为与其加大财政投入搞环保、搞公共设施和文化设施建设，不如集中财力搞见效快的经济项目才算有政绩的观点，都是对科学发展观的误解。在这种误导下，一些地方仍然违规上高污染、高耗能项目，违规使用土地，对环境问题、资源问题、社会和人的全面发展问题重视不够。推进经济社会和人的全面发展是全局性的问题，不注意治理局部发展带来的诸多矛盾和问题，势必影响全局发展，有害于全局。我们一定要克服片面性，以大局为重，全面落实科学发展观。

三是要从意识形态的高度认识科学发展观。那种认为科学发展观主要是针对发展中那些有形的、实的、物质的、经济的问题，从而忽视了发展中那些软的、虚的、精神的、文化的、政治的、人文的问题的观点，也是对科学发展观的误解。实际上科学发展观不仅解决的是硬的、实的、物质的、经济的发展，而且还要全面解决软的、虚的、精神的、政治的、人文的发展。一定要在意识形态的建设和领导方面，全面体现和落实科学发展观。因此，要全面理解和贯彻落实科学发展观，以科学发展观统领软实力、文化力、精神力、道德力、政治力的建设，强化党在意识形态领域的领导和控制能力。

四是要从改革的高度认识科学发展观。那种认为贯彻落实科学发展观就不能推进和深化改革，把科学发展与改革开放对立起来的观点，也是对科学发展观的误解。在改革中出现的某些问题和偏颇，恰恰需要按照科学发展观的要求积极推进改革才能解决。很多问题并不是改革造成的，而恰恰是不按科学发展观推进改革造成的。当前在改革问题上的某些迟疑、争论、观望和停滞，正是在改革问题上没有正确认识和理解科学发展观所致。科学发展观要求我们必须坚定不移地坚持改革开放，坚持社会主义市场经济的改革取向。只有按照科学发展观的要求，继续加强和深化改革，才能解决发展中的问题。

五是要从战略的高度认识科学发展观。那种认为科学发展观是应急的措施，是解决眼前发展中诸多矛盾和问题的权宜之计的观点，同样是对科学发展观的误解。科学发展观既立足于解决当前发展中存在的诸多矛盾和问题，更着眼于长远发展，着眼于解决长远发展中有可能产生的矛盾和问题。这就要求领导干部在落实科学发展观的实践中不争短期效应，不施短期行为，不搞"形象工程""面子工程"，不仅看眼前，更要看长远，一定要把科学发展观作为一项前瞻性的、长远性的、根本性的战略思想加以落实。

中国建设和改革的全部历程告诉我们，中国特色社会主义是当代中国发展进步的旗帜，只有高举这面旗帜，才能不断推进我国经济社会的全面发展和各项事业的全面进步；中国特色社会主义是全国各族人民团结奋斗的旗帜，只有高举这面旗帜，才能巩固全党全国各族人民团结奋斗的思想基础，凝聚全体人民一道努力奋斗；中国特色社会主义是实现中华民族伟大复兴的唯一正确道路，只有沿着这条正确道路前进，才能实现全面建设小康社会的宏伟目标。

科学发展观是中国特色社会主义理论体系的创新成果*

　　胡锦涛同志在十七大报告中全面深刻地阐述了科学发展观的理论前提、实践基础、科学内涵和精神实质，对科学发展观在中国特色社会主义理论体系和发展中国特色社会主义伟大事业中的地位和作用作了科学定位，号召全党提高贯彻落实科学发展观的自觉性和坚定性，把科学发展观贯彻落实到经济社会发展的各个方面。

一　马克思主义关于发展的世界观和方法论的集中体现

　　一定的发展观受一定的世界观和方法论的指导。科学发展观是我们党创造性地运用马克思主义世界观方法论，说明和解决中国发展问题的马克思主义中国化的最新成果，科学地回答了实现什么样的发展、怎样发展这一基本问题。也就是说，搞清楚了中国特色社会主义的发展规律、发展理念、发展动力、发展主体、发展战略、发展思路、发展道路、发展模式、发展目标、发展规划、发展措施等一系列重大问题。科学发展观是马克思主义关于发展问题的世界观和方法论的集中体现。

---

　　* 原载《求是》2008 年第 2 期。

科学发展观首先是辩证的发展观。科学发展观是建立在辩证唯物主义世界观方法论基础上的。发展就是事物辩证运动的过程。在原有基础上的重复，甚至倒退的运动都不是发展。当然，发展作为事物运动的状态，有慢、有快；有单一、有全面；有不均衡、有均衡；有不协调、有协调；有一时、有持续。科学发展观追求的是正常的、健康的、协调的、全面的、合理的发展。从马克思主义哲学世界观和方法论来看，发展应该是辩证的发展，辩证的发展是不断解决矛盾的发展，是各个要素、各个方面系统全面推进的发展，是兼顾各方的整合协调的发展，是有后劲的可持续的发展。科学发展观是对立统一的发展观，是全面的发展观，是协调的发展观，是可持续的发展观。

科学发展观又是唯物史观的发展观。科学发展观是建立在历史唯物主义基础上的。马克思主义历史观的一个方面，是强调历史决定论，认为社会存在决定社会意识，社会历史发展，归根结底是由生产力的发展所决定的，社会发展首先要解决好生产力的发展问题。

马克思主义历史观的另一个方面，是强调历史辩证法。首先，强调在社会发展过程中，不能仅仅把经济、生产力归结为发展的唯一因素，还要看到政治、文化、思想各方面因素在整体社会发展中的作用。其次，既重视人和社会发展的特殊性，又重视自然因素对社会与人发展的制约性。人是社会发展的积极的能动的主体，而人的发展、社会的发展又依赖于自然的发展，自然的发展制约人的发展和社会的发展，人类社会发展的过程一定要做到人与自然和谐发展。最后，强调人是发展的目的、发展的主体，而不仅仅是发展的手段。必须以人为本，把推进人的全面发展作为社会主义发展的根本目的，把满足人民群众的物质文化需要，作为推动经济社会发展的根本出发点和最终归宿。

从马克思主义历史观的高度认识发展问题，一是要认识到科学发展观是有重点的发展观。重点就是抓住最主要的东西、决定性的东西，就是生产力、经济、物质的东西。二是要认识到科学发展观是关于社会辩证法的发展观。就是讲发展重点的时候，还要讲其他因素的作用，讲人的作用和满足人的需要的目的。社会发展不等于单纯的经济增长，它内在地包括稳定、和谐、公正、公平、民主、价值等社会和人全面发展的目标。社会发展中的政治、经济、文化三大部分缺一不可，物质文明建设、政治文明建设、精神文明建设、和谐社会建设和生态文明建设缺一不可，社会发展是一个全面系统协调可持续的过程。

科学发展观还是尊重客观规律的发展观。正确处理好人的主观能动性和客观规律之间的关系，是全面落实科学发展观，解决以人为本，全面协调可持续发展的关键。我国是一个人口众多、资源相对不足的大国。随着向工业文明的迈进，人口、环境、资源等矛盾日益突出，成为制约发展的瓶颈。一定要把控制人口、保护生态环境、节约资源放到更加重要的位置，使人口增长与社会生产力相适应，使经济建设与人口、资源、环境相协调，积极倡导和推行循环经济，努力建设资源节约型和环境友好型社会，实现发展的良性循环，实现经济社会的持续健康发展与人和自然的和谐发展，推进整个社会走上生产发展、生活富裕、生态良好的科学文明发展之路。

二　中国特色社会主义理论体系的创新成果

邓小平理论、"三个代表"重要思想、科学发展观共同构成了既一脉相承又与时俱进的马克思主义中国化的科学的理论体系。该理论体系依次回答了三大问题：什么是社会主义，怎样建设社会主义；建设什么样的党，怎样建设党；实现什么样的发展，怎样发展。以邓小平同志为核心的党的第二代中央领导集体创造性地回答了"什么是社会主义、怎样建设社会主义"，创立了邓小平理论，这是中国特色社会主义理论体系的开篇。以江泽民同志为核心的党的第三代中央领导集体在进一步回答"什么是社会主义、怎样建设社会主义"的同时，创造性地回答了"建设怎么样的党、怎样建设党"的问题，创立了"三个代表"重要思想，这是中国特色社会主义理论体系与时俱进的新成就。党的十六大以来，以胡锦涛同志为总书记的党中央在继续深入回答前两个问题的基础上，创造性地回答了"实现什么样的发展、怎样发展"的问题，提出了科学发展观等重大战略思想，这是中国特色社会主义理论体系的最新成果。

中国特色社会主义理论体系核心问题是回答发展问题。以胡锦涛同志为总书记的党中央，明确提出"以人为本，全面协调可持续发展"的科学发展观，提出"科学发展、和谐发展、和平发展"的新理念。科学发展观，是我们党坚持以邓小平理论和"三个代表"重要思想为指导，解放思想、实事求是、与时俱进，探索中国特色社会主义发展道路的创新成果。科学发展观同我党几代领导集体关于社会主义建设和发展的思想既一脉相承，又有新的创造，赋予了我们党关于发展中国特色社会主义的指导思想以新的时代内涵。

三　必须坚持和贯彻的重大战略思想和重要指导方针

科学发展观是推进我国经济社会发展的正确的指导方针，是发展中国特色社会主义必须坚持的重大战略思想。科学发展观是立足于我国社会主义初级阶段的基本国情，总结借鉴国外发展经验，适应新世纪新阶段的发展要求，全面分析我国改革开放发展的关键阶段的阶段性特征而提出来的。

新中国成立58年了，可以分为两个29年。第一个29年是在毛泽东同志领导下社会主义建设道路的探索阶段，一方面取得了伟大成就，另一方面走了曲折道路，有成功经验也有沉痛教训。毛泽东同志关于中国特色社会主义建设道路的探索是中国特色社会主义的实践和理论前提。第二个29年就是改革开放的29年，即以邓小平同志为核心的党的第二代中央领导集体开创的，以江泽民同志为核心的党的第三代中央领导集体成功推向21世纪的，党的十六大以来以胡锦涛同志为总书记的党中央继续推进的社会主义改革开放新阶段。正如胡锦涛同志在党的十七大报告中所说，新时期最鲜明的特点是改革开放，最显著的成就是快速发展，最突出的标志是与时俱进。从成就来说，经过改革开放，找到了中国特色社会主义的正确道路，开创了中国特色社会主义建设新局面，形成了中国特色社会主义理论体系，经济持续快速发展。生产力发展了，国力增强了，人民生活水平提高了。一方面，为全面建设小康社会、全面推进社会主义经济建设、政治建设、文化建设和社会建设提供了强大雄厚的经济基础和财力支持；另一方面，改革开放发展到今天，又遇到一系列新的矛盾和问题，我们党面临新形势、新任务、新要求，迫切需要科学地分析所面临的世情、国情、党情、民情，提出前瞻性的发展思路，破解进一步发展的难题。科学发展观正是适应这样的阶段性特征和基于这样的现实国情而提出来的，有相当强的政治性、前瞻性、战略性、现实性和针对性。面对纷繁复杂的矛盾，只有用科学发展观统领经济社会发展全局，我们的工作才能高屋建瓴，势如破竹，排除险难，不断走向新的胜利。必须把科学发展观作为解决当前诸多矛盾和问题、推进经济社会发展必须遵循的基本原则和指导思想。

党的十七大报告号召全党同志增强落实科学发展观的自觉性和坚定性，着力解决影响科学发展的突出问题，这就要求各级领导干部消除对科学发展观的片面理解，全面理解和深刻把握科学发展观的科学内涵和精神实质，把科学发展观落实到发展中国特色社会主义的各个方面。

一定要从政治高度认识科学发展观。科学发展观实际上要解决四个可持续发展问题：一是实现经济发展的可持续，通过新型的经济发展模式，走出一条中国特色社会主义的低成本、低代价的经济发展道路；二是实现政治发展的可持续，通过建设社会主义政治文明，走出一条中国特色社会主义的民主政治发展道路；三是实现人文社会发展的可持续，通过社会主义精神文明建设，走出一条中国特色社会主义的文化繁荣道路；四是实现生态环境、人口、资源的可持续发展，通过生态文明建设，走出一条中国特色社会主义的资源节约型和环境友好型的建设道路。要在经济、政治、文化、社会、人的全面发展和党的建设的各个方面，全面落实科学发展观。

一定要从全局高度认识科学发展观。有一种观点认为，科学发展观好是好，但"在我这个地方不适合"，甚至在个别领导干部看来，与其加大财政投入搞环保，搞公共设施和文化设施建设，不如集中财力搞见效快的经济项目，这才算有政绩。在这种误导下，一些地方仍然违规上高污染、高耗能项目，违规使用土地，对环境问题、资源问题、社会和人的全面发展问题重视不够。推进经济社会和人的全面发展是全局性的问题，不注意治理局部发展带来的诸多矛盾和问题，势必影响全局发展，有害于全局。一定要克服片面性，以大局为重，全面落实科学发展观。

一定要从意识形态高度认识科学发展观。科学发展观不仅解决的是硬的、物质的、经济的发展，而且还要全面解决软的、精神的、政治的、人文的发展。一定要在意识形态的建设和领导方面，全面体现和落实科学发展观。因此，要全面理解和贯彻落实科学发展观，以科学发展观统领软实力、文化力、精神力、道德力、政治力的建设，强化党在意识形态领域的领导和控制能力。

一定要从改革高度认识科学发展观。在改革中出现的某些问题和偏颇，恰恰需要按照科学发展观的要求，积极推进改革才能解决。问题不是改革造成的，而是偏离科学发展轨道、工作中的偏差造成的。科学发展观要求我们必须坚定不移地坚持改革开放，坚持社会主义市场经济的改革取向。只有按照科学发展观的要求，继续推进和深化改革，才能解决发展中的问题。

一定要从战略高度认识科学发展观。科学发展观既立足于解决当前发展中存在的诸多矛盾和问题，更着眼于长远发展，着眼于解决长远发展中有可能产生的矛盾和问题。这就要求领导干部在落实科学发展观的实践中不搞短期行为，不搞"形象工程""面子工程"，不仅讲眼前，更要讲长远，一定要把科学发展观作为一项前瞻性的、长远性的、根本性的战略思想加以落实。

艾思奇与马克思主义哲学中国化[*]

艾思奇的一生对马克思主义哲学中国化作出了重大贡献。今天我们学习和研究艾思奇哲学思想，目的是继续艾思奇的事业，努力推进马克思主义哲学中国化的不断创新。

一　开马克思主义哲学中国化通俗读物的先河，倾其心血从事马克思主义哲学的普及工作

马克思主义哲学中国化，实际上是两个方面的任务，首先是创造马克思主义哲学中国化的理论成果，推进马克思主义哲学的中国化创新，不断实现马克思主义哲学的中国化；其次是让马克思主义哲学原理和马克思主义哲学中国化成果为广大群众所接受。艾思奇曾经把自己所做的马克思主义哲学大众化、通俗化的工作称之为马克思主义哲学中国化的"初步"。

艾思奇运用人民大众熟悉的、通俗易懂的、喜闻乐见的、中国特色语言文字表达方式和哲学形态传播马克思主义哲学，努力推进马克思主义哲学的中国化，为成功实现马克思主义哲学的中国化、大众化、通俗化贡献了自己的全部心智。1936 年，年仅 24 岁的艾

* 原载《学术探索》2009 年第 3 期。

思奇以《大众哲学》而闻名遐迩。据不完全统计，1949 年前后《大众哲学》共出了 50 多版。《大众哲学》一问世，就十分引人注目，特别是在广大青年知识分子中发挥了非同寻常的巨大唤醒作用。甚至毛泽东也说过，他自己从艾思奇著作中"得益很多"①。在黑暗的旧中国，许多追求进步的年轻人在苦闷彷徨中读到此书，看到了希望，振奋了精神。他们中间不少人由于阅读此书而走上了革命的道路。

开马克思主义哲学通俗读物的先河，产生如此巨大的影响作用，除了历史时代舞台和已有的思想材料为艾思奇的成功提供主客观条件外，与艾思奇本人的刻苦努力也是分不开的。他一是心系国家大事、天下大事，关心大众关心的事情，抓住了哲学所要回答的时代课题；二是真正接受并理解吃透马克思主义哲学真理，并把它与中国实际相结合，运用到回答中国实际问题的过程中，概括为中国化的马克思主义哲学道理；三是综合中外哲学的思想精华，丰富和充实了马克思主义哲学理论，推进了马克思主义哲学的中国化。艾思奇两次远赴日本留学及在昆明逗留期间，刻苦攻读马克思主义哲学著作，带着哲学的时代课题，思索人们共同关心的问题，广泛吸收中外哲学的精粹，从中寻找解决问题的真理答案。艾思奇对哲学的涉猎是很广泛的。他说，在年轻时为了解决宇宙观、人生观问题曾经试图从古代哲学中寻找答案。在日本及昆明期间，除了大量阅读马克思主义哲学著作外，还认真阅读、研究了培根、斯宾诺莎、康德、黑格尔等西方哲学著作。此外，他在评述和批判近代哲学思潮的过程中，对近现代中国各派哲学也有深入的了解与研究。后来他在谈起这段经历时说："我总想从哲学中找出一种对宇宙人生的科学真理，但古代哲学都说不清楚，很玄妙，最后读到马克思恩格斯著作，才豁然开朗，对整个宇宙和世界的发生发展，有了一

---

①《毛泽东书信选集》，人民出版社 1983 年版，第 112 页。

个比较明确的认识、合理的解释。"① 我们读他的书，也有类似的感觉。黄楠森教授曾经回忆说："我初读这本书至今已有 40 多年了，但它使我茅塞顿开、豁然开朗的情景犹历历如在目前。"② 另一位当年的青年读者后来给艾思奇写信说到，30 年代，他正是一个满怀热情的青年，由于国家满目疮痍，民族处于危急，个人出路渺茫，精神上极端迷茫、苦闷、悲观，曾想自杀了此一生。一个偶然的机会，读了《大众哲学》，精神为之一振，仿佛在黑暗中看见了曙光，觉悟到国家民族、个人的前途，要靠自己奋起斗争。于是，毅然投身到革命的行列。由此可见，把马克思主义哲学普遍真理吃透，用以回答中国的实际问题，在与实际的结合中升华为马克思主义中国化的哲学成果，并使之通俗化、大众化，为群众所接受，这是《大众哲学》成功的最重要的内在原因。

毛泽东同志说过，"让哲学从哲学家的课堂上和书本里解放出来，变为群众手里的尖锐武器"③。正确的思想一旦被群众掌握就会转变为巨大的物质力量。为了实现中国化的马克思主义哲学的大众化、通俗化和普及化，艾思奇倾注了自己的全部心血。纵观艾思奇的一生，尽管曾经担任过许多重要职务，但始终没有离开过哲学讲坛。1949 年前，艾思奇的《大众哲学》起到了使马克思主义哲学普及化的重要作用。在延安期间，在革命队伍中，他一直从事马克思主义哲学的大众化、普及化工作。1949 年后，艾思奇为马克思主义哲学进一步走出书斋走向社会，发挥了重要作用。艾思奇曾在中共中央直属高级党校担任过副校长，同时兼任哲学教研室主任，全校师生一致习惯地称呼他为"艾教员"。除了在校内讲课以外，艾思奇以满腔热情在社会上许多单位讲授马克思主义哲学。特别是在

① 王丹一、卢国英、叶佐英：《艾思奇年谱·一个哲学家的道路》，云南人民出版社 1985 年版，第 32 页。

② 黄楠森：《哲学通俗化的榜样》，《马克思主义哲学家艾思奇》，中央党校出版社 1987 年版，第 382 页。

③ 《毛泽东文集》第 8 卷，人民出版社 1999 年版，第 323 页。

北京大学、清华大学这两所高等学府讲授马克思主义哲学取得的成效，至今仍留给我们许多重要的启示。著名学者任继愈先生曾经说过："艾思奇同志向广大社会、向群众普及哲学，人们早已熟知。他在新中国成立之后，把马克思主义普及到大学、高等研究机构，与知识分子交朋友，似未引起注意。当时形势下的哲学普及工作，十分艰巨。把本来站在唯心主义阵营的大批旧知识分子引导到马克思主义一边来，固然由于整个革命形势决定的，但他的功绩是卓越的。"①

艾思奇善于向高级知识分子宣传马克思主义哲学，首先源于他对马克思主义哲学真理性的坚定信念及对于其伟大作用的坚强信心。当时在高校从事哲学教学和研究的一些高级知识分子，在政治上虽然表示"服了共产党"，但哲学思想上却还处在将信将疑之际。1950 年在北京大学一次座谈会上，有人对艾思奇说，我对世界是物质的这种说法怀疑。艾思奇回答他，怀疑是可以的，但你看看实践嘛，事实胜于雄辩。接着艾思奇耐心而扼要地向他解释为什么说世界是物质的。艾思奇在宣传马克思主义哲学的过程中，体现了对人类文明成果的了解和尊重，准确地表达了马克思主义哲学的本来面貌，赢得了教授学者们的信服和尊重，并使自己的思想发生了深刻的变化。全国政协原副主席费孝通教授当时在文章中这样表达自己的心情："今天我们才见到了太阳，这样光明。""我从此看出来的人都不同了，面目可亲了。我们参加了队伍，有了伙伴。"② 这是接受了马克思主义，在宇宙观、人生观方面发生变化才会有的感觉和体验。

《大众哲学》产生如此大的思想威力，可以说是马克思主义哲学与中国实际相结合的产物，是马克思主义哲学普及化的结果。

---

① 任继愈：《艾思奇在旧大学普及新哲学的功绩》，《人民哲学家》，云南人民出版社 1997 年版，第 34 页。

② 费孝通：《思想战线的一角》，《学习》1950 年第 2 期。

《大众哲学》是艾思奇运用马克思主义哲学的真理，用中国气派、中国风格、中国特色的哲学话语和思维形式，从辩证唯物主义和历史唯物主义世界观、方法论的高度，回答了当时许多中国人普遍关心又百思不得其解的事情，解决了人们迫切需要解决的认识问题，所以才引起强烈共鸣，受到普遍欢迎。

二 以马克思主义哲学中国化的教科书为载体，以科学的精神贡献于马克思主义哲学中国化的创新发展

《辩证唯物主义历史唯物主义》是马克思主义哲学中国化的教科书的成功范本，该书的编撰过程就是马克思主义哲学中国化的创新过程，它的编撰出版对于人们系统地准确地学习马克思主义哲学原理和马克思主义哲学中国化的理论成果，推进马克思主义哲学中国化的不断创新，发挥了独特作用。

苏联在20世纪30年代初期，批判了德波林的孟什维克唯心主义以后，米丁等人编写了哲学教科书，传到中国，影响很大。当时艾思奇也十分重视马克思主义哲学教科书的编写工作。他一生编写过多部各种类型的马克思主义哲学教科书，为马克思主义哲学在中国的传播、为马克思主义哲学中国化作出突出贡献。《大众哲学》本身就具有教科书的性质。在延安时期，为了给干部学习提供教材，艾思奇还编写过《哲学研究提纲》，它可以被视作马克思主义哲学教科书的雏形。新中国成立后，他编写过《历史唯物论——社会发展史讲义》和《辩证唯物主义纲要》。

1949年以后，在干部教育和高等教育中，我们一直使用苏联教材进行大规模的马克思主义教育。党中央认为，苏联教材不能反映中国共产党的经验。1960年，中共中央书记处决定组织力量编写两本体现中国共产党经验的教材，一本是马克思主义哲学教科书，另

一本是马克思主义政治经济学教科书。党中央委托胡绳、艾思奇负责哲学教科书的编写工作。《辩证唯物主义历史唯物主义》的成功编写和出版，产生了极大影响，20世纪六七十年代乃至80年代，该书曾经是高等院校、党校、干校普遍使用的马克思主义哲学教材，"文化大革命"后还不止一次再版，受到高度重视和普遍欢迎。这本书用中国化的马克思主义哲学培养了整整一代人。编写《辩证唯物主义历史唯物主义》是一项庞大的工程。作为主编之一，艾思奇从提出编书原则、拟定提纲，反复修改书稿到最后定稿，付出了极大的心血。该书编写的全过程、特别是所提出的编写原则，充分体现了艾思奇对马克思主义哲学中国化创新事业的不懈追求和艰辛努力。

艾思奇提出的编写马克思主义哲学教科书的四条原则，实际上阐述的都是如何实现马克思主义哲学中国化的问题。第一条是力求内容的相对稳定性，既要反映理论的进展和中国共产党的经验，又要体现教科书的特点；第二条是把阐述马克思主义哲学的一般原理与阐述毛泽东哲学思想适当地结合起来，既反对忽视毛泽东对马克思主义哲学的发展，又反对乱贴标签、空谈发展；第三条是适应教科书的使用对象，便于我国干部及高校师生使用；第四条是贯彻学术百家争鸣的方针，既不轻易写不同意见，又为进一步的研究和讨论留有余地。[①]《辩证唯物主义历史唯物主义》教科书中使用了许多中国哲学史和外国哲学史的有关思想材料和自然科学的最新研究成果，阐述了中国共产党对马克思主义哲学的运用和发展，突出阐发了哲学的方法论功能，所有这些，都是马克思主义哲学中国化的可贵探索和发展创新，其中许多思想和做法，对马克思主义哲学中国化和马克思主义中国化的创新发展，至今仍具有启发和借鉴价值。

---

① 艾思奇：《关于哲学教科书的一些问题》，《艾思奇全书》第8卷，人民出版社2006年版，第99—103页。

马克思主义哲学中国化的创新绝不仅仅是技巧问题，也不只是学术问题，而是对待马克思主义哲学的根本态度问题，即坚持理论联系实际学风，以解放思想、实事求是、与时俱进的科学态度，对待马克思主义哲学的学风问题。

艾思奇正是以这样一种科学精神，学习、研究、传播马克思主义哲学，致力于马克思主义哲学的中国化创新。他坚信马克思主义哲学是真理，吃透马克思主义哲学，把握好中国实际问题，力求把马克思主义哲学与中国实际相结合，赋予群众能够接受的形式，使之走出书斋，与群众真正产生精神层面的沟通与共鸣，让马克思主义哲学中国化的理论成果在大众心中、特别是青年人心中扎下根来，变成人民群众改造客观世界的真实的实践力量。

艾思奇涉猎、研究的哲学领域很广、问题很多，但他能够融会贯通，把它们聚焦于中国紧迫的现实问题的哲学解决。这一思想，他在延安《新哲学会缘起》中作了集中表述。1938 年 9 月，为了更好地用马克思主义哲学武装党员干部，毛泽东倡议成立"新哲学会"，并把这个任务交给艾思奇和何思敬负责。艾思奇在他起草的《新哲学会缘起》中，提出了马克思主义哲学中国化过程中需要注意的两个重要问题：一个是脱离实际，脱离现实的需要，搞空洞的所谓"纯理论"研究；另一个是浅尝辄止，不能从理论上深入，不能实现创新。这对于我们今天马克思主义哲学中国化的创新研究，仍有重要的启示作用。要完成马克思主义哲学中国化的任务，脱离实际，轻视实践，认为研究实际问题不是学术、没学问，是不行的。反之，满足于简单的结论，不能广泛研究和汲取人类文明创造的一切成果来深化理论研究，不断实现马克思主义哲学中国化的创新，也不可能完成好马克思主义哲学中国化的使命。

艾思奇在从事马克思主义哲学中国化的创新研究中，充分体现了解放思想、实事求是、治学严谨、坚持真理、乐于接受不同意见乃至批评的科学态度，并以这种科学精神推进马克思主义哲学中国化的不断创新。

首先，他采取了实事求是的科学态度，即以马克思主义哲学世界观方法论之矢，去射中国实际之的，在理论与实际的结合过程中，升华为中国化的马克思主义哲学。在研究过程中，他注重针对中国的实际，总结中国共产党革命和建设的经验。

其次，他采取了解放思想、勇于探讨的科学态度。1950年有一次在清华大学讲对立统一规律时，艾思奇提出基本粒子不基本，仍然可分的观点。物理学教授们依据自己当时所掌握的专业知识，坚持认为基本粒子是不可分的。有人甚至认为"艾思奇不懂自然科学"。后来的发展证明，艾思奇当时的观点是正确的。何祚庥研究员因此曾写文章说："作为新中国的粒子物理学工作者，当然不会忘记在1964—1965年间，毛泽东同志和艾思奇、于光远，还有周培源教授等人所做的一系列有益的讨论和谈话。但是，同样需要纪念的事情，早在1950年，艾思奇就将列宁的'电子也是不可穷尽的'这一经典式的论断告诉了我们，并做了他自己的理解和论述。"①

再有，他采取了平等讨论、善于听取不同意见的科学态度。艾思奇在讲授马克思主义哲学的过程中，始终是以平等讨论问题、乐于接受正确意见的态度来对待不同的看法和观点。一次，他在北京大学讲授社会发展史，指定大家阅读恩格斯的《劳动在从猿到人转变过程中的作用》一文。讨论中，地质系研究古生物的教授们提出，恩格斯在这篇文章中说人类是从"类人猿"演化而来，这是以达尔文等人的研究资料为依据的。现代科学研究的成果认为，人类并不是从类人猿演化来的，而是从古猿演化来的。当时有人认为这是违反经典著作的错误观点，是某些教授资产阶级世界观的表现，甚至主张加以批判。艾思奇不同意这种看法，不但不认为这是错

---

① 《人民的哲学家》，云南人民出版社1997年版，第91页。

误，而且十分虚心地尊重和接受这些意见，并在以后的讲授中加以纠正。

还有一次，在北京大学的学习讨论中，发生了关于形式逻辑是不是形而上学的争论。艾思奇开始时主张形式逻辑是形而上学的。金岳霖等学者认为二者不是一回事。经过反复辩论，取得共识，认为形式逻辑不是形而上学。艾思奇这种虚怀若谷的风格深为哲学界所称道。

由此可见，艾思奇以自己的学识和精神风貌体现了马克思主义哲学的科学精神，这也是马克思主义哲学原理、马克思主义哲学中国化的理论成果能够深入人心，为人所接受的重要条件。只有彻底的、科学的真理，才能真正大众化、通俗化、普及化，才能真正掌握群众。不能不看到，对马克思主义的某些误解，与个别宣传者的误解误传和简单化有密切的关系。实现马克思主义中国化，必须使对马克思主义理论的宣传和研究科学化，以科学的精神来普及、宣传、研究和创新马克思主义。

三　为马克思主义哲学中国化作出重要贡献，毕其一生献身于马克思主义哲学中国化事业

不断创新的中国化的马克思主义是中国共产党领导中国人民取得新民主主义革命胜利、推进社会主义建设、实现改革开放、开拓中国特色社会主义新局面的理论指南和思想保证。中国化的马克思主义哲学是中国化的马克思主义的哲学基础。艾思奇是我国杰出的马克思主义哲学家、教育家，是党在理论战线上的忠诚战士。在其短暂的一生中，为实现马克思主义哲学的中国化、大众化和不断创新，付出了极大的努力和智慧，作出了重要的理论贡献，留下了宝贵的精神财富。

马克思主义哲学是工人阶级的科学世界观和方法论，它揭示了

自然、人类社会和思维发展的最一般规律，既是工人阶级锐利的思想武器，又是人类认识世界、改造世界的伟大思想工具。20 世纪初，马克思主义哲学作为人类最先进的思想，随着中华民族优秀儿女寻找救国图强的真理和道路而传到中国。马克思主义哲学是放之四海而皆准的普遍真理，然而作为外来的先进思想，要真正转变成中国人民改造旧中国的巨大的精神力量，发挥科学理论的指导作用，必须与中国国情、与中国先进的思想文化相结合，必须为中国人民所接受，成为中国化的马克思主义哲学。马克思主义哲学中国化的过程，一开始就是中国共产党人运用马克思主义哲学武装头脑、指导中国实践的过程，就是与中国国情、中国先进思想文化相结合的过程，就是为中国人民所普遍接受的过程。马克思主义哲学中国化符合人类思想文化世界性交融的规律，马克思主义哲学中国化也正是遵循了这个逻辑。马克思主义哲学中国化，既继承了马克思主义哲学的一般真理，继承了人类社会最先进的思想，又具有中国鲜明的民族形式和特征，富有中国先进思想文化的精华材料和中国共产党人的创新内容。

从哲学意义上来说，马克思主义哲学中国化问题，实质上就是哲学原理的"一般性"与"特殊性"的辩证关系问题，只有从思想路线上解决了这个马克思主义哲学的关键问题，才能解决好马克思主义哲学中国化的问题。也只有解决了马克思主义哲学中国化的问题，才能解决指导马克思主义中国化的世界观方法论问题。早在井冈山斗争时期，毛泽东就已经从思想路线高度论及马克思主义哲学中国化问题，实际上，也论及了马克思主义中国化问题。他在1930 年写的《反对本本主义》一文中提出："马克思主义的'本本'是要学习的，但是必须同我国的实际情况相结合。"① 在 1936年《中国革命战争中的战略问题》一文中，他从哲学高度明确阐述

---

① 《毛泽东选集》第 1 卷，人民出版社 1991 年版，第 111—112 页。

了一般战争规律与革命战争规律的关系问题，科学地阐明了"一般性"与"特殊性"的辩证关系问题。在 1937 年的《实践论》《矛盾论》这两部马克思主义哲学中国化的经典论著中，他科学地论证了矛盾的"一般性"和"特殊性"这个马克思主义哲学的普遍原理，形成了马克思主义哲学与中国具体实践相结合的马克思主义哲学中国化的基本思想，奠定了马克思主义中国化的哲学基础。在这个哲学基础和前提下，毛泽东在 1938 年 10 月中共六届六中全会的报告中，对马克思主义中国化作了最为经典的论述："共产党员是国际主义的马克思主义者，但马克思主义必须通过民族的形式才能实现。没有抽象的马克思主义，只有具体的马克思主义。所谓具体的马克思主义，就是通过民族形式的马克思主义，就是把马克思主义应用到中国具体环境的具体斗争中去，而不是抽象地应用它。成为伟大中华民族之一部分而与这个民族血肉相连的共产党员，离开中国特点来谈马克思主义，只是抽象空洞的马克思主义。因此，马克思主义的中国化，使之在其每一个表现中带着中国的特性，即是说，按照中国的特点去应用它，成为全党亟待了解并亟须解决的问题。"[1] 毛泽东关于马克思主义中国化的经典论述，既内在地包含了马克思主义哲学中国化的真谛，同样又适用于马克思主义哲学的中国化。毛泽东同志开创了马克思主义哲学和马克思主义中国化的新境界，毛泽东哲学思想实现了马克思主义哲学的中国化，毛泽东思想实现了马克思主义的中国化。中国共产党建党八十多年来，经过几代中国共产党人和理论工作者的共同努力，不断地推进和创新马克思主义哲学中国化和马克思主义中国化。马克思主义哲学中国化的理论成果丰富了马克思主义哲学的理论内容和表现形式，使马克思主义哲学在东方的中国扎下根来，发展起来。正是在中国化的马克思主义哲学的思想指南下，中国共产党人一代一代地推进马克思

① 《毛泽东选集》第 2 卷，人民出版社 1991 年版，第 534 页。

主义中国化的不断创新，使马克思主义的指导理论既一脉相承，又不断创新，从而指导中国共产党人领导中国人民成功地进行革命、建设和改革，彻底改变了中国人民的历史命运和中国的社会面貌。

毛泽东同志关于马克思主义哲学中国化和马克思主义中国化基本思想影响了艾思奇的哲学之路。艾思奇一生的哲学成就，集中到一点就是对马克思主义哲学中国化的实现作出了重要贡献。他阐明了马克思主义哲学"中国化、现实化"①的历史必然性和现实必然性，论述了马克思主义哲学中国化的科学内涵和表现形式。在1938年的《哲学的现状和任务》一文中，他着重强调：马克思主义哲学中国化，"不是滥用哲学公式，而是要从抗战的经验中吸取哲学养料，发展哲学理论，然后把发展的哲学理论拿来应用，指导我们的行动，并根据每一时期的经验，不断来丰富和发展我们的理论"②。在1940年的《论中国特殊性》一文中，艾思奇从中国特殊的现实条件出发，明确地从"应用"和"创造"两个角度，探讨马克思主义中国化问题。他首先从"应用"的角度，说明马克思主义中国化，就是坚决站在马克思主义的观点上，在马克思主义基本原则和基本精神上，用辩证唯物论和政治经济学的科学方法，具体地客观地研究中国社会关系，决定中国无产阶级在中国民族革命斗争中的具体任务及战略策略；他又从"创造"的角度，说明所谓精通马克思主义，不仅是指马克思主义的理论研究，同时是指在一定的具体环境下实践马克思主义，在一定国家的特殊条件下创造马克思主义的事业。这种创造，是在不变的正确原则上的新的理论和事业的创造，是给马克思主义总宝库放进一些新贡献。艾思奇认为，马克思主义中国化，就是马克思主义在中国具体环境中的应用和创新，就是在中国现实的地盘上来把马克思主义加以具体化，加以发展。艾思奇明确说明"在一定的具体环境下实践马克思主义""在一定国

家的特殊条件下来进行创造马克思主义的事业"①，就是马克思主义中国化，就是发展马克思主义。艾思奇这里讲的"具体环境"和"特殊条件"就是事物矛盾特殊性的表现，是相对于事物发展的一般规律而言的。脱离中国的"具体环境"和"特殊条件"，马克思主义中国化无从谈起。艾思奇从哲学的"一般性"和"特殊性"的辩证关系角度，说明了马克思主义中国化的哲学精髓和前提。

中国共产党人创造性地把马克思主义揭示事物一般规律的一般原理，与中国的"具体环境"和"特殊条件"相结合，这就是马克思主义中国化，也是马克思主义哲学的中国化。也就是说，把马克思主义的一般原理应用于中国的"具体环境"和"特殊条件"，使之发生内容和形态的改变，形成适应中国实际需要的、具有中国内容和表现形态的中国化的马克思主义和中国化的马克思主义哲学。实现马克思主义中国化，必须从哲学高度理解"一般"与"特殊"的辩证关系，既要肯定"一般性"，坚持马克思主义的普遍原理，又要肯定"特殊性"，坚持马克思主义的中国化；不能因为强调"特殊性"而否定"一般性"，从而否定马克思主义和马克思主义哲学的一般指导原则；也不能因为强调"一般性"而否定"特殊性"，从而否定马克思主义和马克思主义哲学与中国国情相结合的必要性。不能因为强调中国的"特殊性"而否定马克思主义普遍指导意义，也不能因为强调马克思主义的"普遍性"而否定中国国情的"特殊性"；因为强调"特殊性"而否定"一般性"，是拒绝和否定马克思主义世界观方法论的指导作用，因为强调"普遍性"而否定"特殊性"，不是经验主义，就是教条主义，就会拒绝马克思主义指导，离开马克思主义的正确指南，迷失方向。总而言之，把马克思主义哲学的一般原理与中国特殊国情相结合，这是马克思主义哲学中国化的真谛所在；把马克思主义与中国特殊国情相

---

① 《艾思奇文集》第 1 卷，人民出版社 1981 年版，第 487—488 页。

结合，这是马克思主义中国化的真谛所在。

马克思主义哲学的中国化，就是既要以说明中国的现实问题为中心，来开展马克思主义哲学的研究和创新；又通过马克思主义哲学的研究和创新，运用于回答中国的现实问题，实现马克思主义哲学与中国实际的结合。中央党校原副校长韩树英教授高度评价了艾思奇对马克思主义哲学中国化的历史性贡献。他指出："中国共产党坚持把马克思主义哲学与中国革命的实际与探索社会主义建设道路的实践相结合，确立了实事求是的思想路线，指引了中国革命的成功实践和探索社会主义道路的实践，并在此过程中形成和发展了毛泽东哲学思想，这一思想集中体现在毛泽东所写的《矛盾论》、《实践论》、《关于正确处理人民内部矛盾的问题》等5篇哲学著作中。而这一时期，把马克思主义哲学和毛泽东哲学思想中国化、大众化的领军人物就是艾思奇、李达等人。沿用至今的马克思主义哲学原理教科书的体系框架也是他们在这一时期构建并完善的。"① 马克思主义哲学的中国化，其内涵一是内容的中国化，研究中国哲学，吸收中国哲学的精华，实现中国共产党人、马克思主义哲学工作者对马克思主义哲学原理的继承、丰富和发展，毛泽东哲学思想、邓小平哲学思想等，都是马克思主义哲学中国化的重要成果；二是形式的中国化，要用中国风格、中国气派、中国特色的哲学语言、哲学范畴术语构建马克思主义哲学中国化的创新体系。

艾思奇笃信力行，他研究和传播马克思主义哲学，坚持并运用马克思主义哲学的一般原理，说明中国的实际问题，创造了一系列马克思主义哲学中国化的研究成果，奠定了他在中国马克思主义哲学传播史和发展史上的地位。

实践的发展是绝对的，永无止境的，是日新月异的；认识的发展也是绝对的，永无止境的，是不断创新发展的。在中国特色社会

---

① 秦廷国：《马克思主义哲学中国化的理论之镜与实践创新——"艾思奇与马克思主义哲学中国化"学术研讨会侧记》，《哲学动态》2008年第2期。

主义伟大事业不断向前发展的今天，纪念和研究艾思奇，最重要的就是学习他、继承他为马克思主义哲学中国化和马克思主义中国化事业奉献一生的精神；最重要的是付诸行动，切实做好理论联系实际的工作，努力推进马克思主义哲学中国化和马克思主义中国化的不断创新，为发展中国特色社会主义理论体系和中国特色社会主义事业，不断提供马克思主义哲学中国化和马克思主义中国化的创新理论成果。这是摆在我们哲学工作者和理论工作者面前的神圣而伟大的历史任务。

中国特色社会主义道路的
艰辛探索和成功开创[*]

——纪念中华人民共和国成立 60 周年

2009 年是中华人民共和国成立 60 周年。新中国成立 60 年来的历史，就是在中国共产党领导下艰辛探索社会主义建设道路，成功地找到中国特色社会主义发展道路的伟大历程。中国共产党在 60 年的社会主义建设和改革历程中，把马克思主义基本原理同中国具体国情相结合，经过短暂的和平恢复时期、社会主义过渡和所有制改造时期，社会主义建设道路探索时期，一直到改革开放和中国特色社会主义发展时期，成功地走出了中国特色社会主义道路，丰富和发展了毛泽东思想，创立了中国特色社会主义理论体系，不断推进马克思主义中国化、时代化，开创了中国特色社会主义伟大事业。

中国特色社会主义道路是在以毛泽东同志为核心的党的第一代中央领导集体对社会主义建设规律探索的基础上，由以邓小平同志为核心的党的第二代中央领导集体在改革开放的伟大事业中带领全党全国各族人民所开创，以江泽民同志为核心的党的第三代中央领导集体和以胡锦涛同志为总书记的党中央所发展的唯一正确的道路。

---

　　* 原载《世界社会主义研究动态》2009 年 8 月 4 日，《红旗文稿》2009 年 9 月 18 日，《中国社会科学报》2009 年 9 月 22 日。

一

毛泽东在对中国社会主义建设道路的理论与实践上的探索过程中，所积累的关于中国社会主义建设探索的历史经验，是中国特色社会主义道路的实践前提，所提出的关于中国社会主义建设规律的理论成果，是中国特色社会主义理论体系的理论准备。

正确地评价毛泽东领导中国人民建设社会主义的历史功绩，科学认识毛泽东对中国社会主义建设规律的正确认识，对于我们今天坚持马列主义、毛泽东思想和中国特色社会主义理论体系，坚持中国共产党的领导，坚持中国特色社会主义的方向和道路，具有十分重要的现实意义。

就历史功绩来说，毛泽东领导中国社会主义建设：一是成功领导了中国新民主主义革命和社会主义革命，完成了社会主义所有制的改造任务，建立了社会主义的经济、政治和文化制度，为社会主义建设和中国特色社会主义道路的开辟奠定了制度前提和政治基础。二是领导全党和全国人民对中国社会主义建设道路进行了艰苦卓绝的实践努力，在一穷二白的基础上建立了独立的比较完整的工业体系和国民经济体系，为中国特色社会主义建设和发展提供了必要的物质基础。三是对中国社会主义建设道路和模式进行了创新性的理论探索，为中国特色社会主义道路的开创，为中国特色社会主义理论体系的形成提供了理论前提和思想准备。这是一个方面。另一方面，毛泽东的失误为中国特色社会主义道路的形成和中国特色社会主义的发展提供了重要的历史经验教训。正如邓小平所指出的："没有'文化大革命'的教训，就不可能制定十一届三中全会以来的思想、政治、组织路线和一系列政策。"[1] 因此，对中华人民

---

① 《邓小平文选》第3卷，人民出版社1993年版，第272页。

共和国成立后的前30年，一定要采取历史的、客观的、实事求是的科学态度，正确地评价毛泽东领导全党和全国人民进行社会主义建设艰辛探索的功与过。

在对社会主义建设道路的探索过程中，毛泽东对"什么是社会主义，怎样建设社会主义"这个历史性课题展开理论上的思索和实践上的尝试，为中国特色社会主义理论体系创立做了理论准备。

1. 率先提出"以苏为鉴"的方针，强调建设社会主义要走自己的路，开始探索适合中国国情的社会主义建设道路。从新中国成立到1956年生产资料所有制的社会主义改造完成，是毛泽东同志对社会主义的探索前期。在这个时期，中国如何搞社会主义，主要还是学习苏联的社会主义建设经验，学习苏联的建设模式。随着我国社会主义建设的深入，苏联模式逐渐暴露出其缺点和弊端，毛泽东开始认识到寻找适合中国国情的社会主义建设道路的迫切性。他明确指出："最近苏联方面暴露了他们在建设社会主义过程中的一些缺点和错误，他们走过的弯路，你还想走？过去我们就是鉴于他们的经验教训，少走了一些弯路，现在当然更要引以为戒。"① 在1956年至1957年上半年党的八大前后的一年半时间里，对社会主义建设规律，毛泽东进行了卓有成效的研究思考，他率先提出"以苏为鉴"、不要机械照搬外国经验的方针。他在《论十大关系》中明确指出，中国要走自己的路，要探索一条适合中国国情的建设社会主义的道路。毛泽东关于走自己的路，找一条适合中国国情的社会主义建设道路的提法，是中国特色社会主义道路形成的历史和逻辑起点。中国革命、建设和改革发展的根本经验是，一定要把马克思主义的基本原理和中国具体实践相结合。这个根本观点构成了中国特色社会主义理论体系的思想路线基础和精髓。

---

① 《毛泽东文集》第7卷，人民出版社1999年版，第23页。

2. **创造性地提出了社会主义社会基本矛盾、主要矛盾、人民内部矛盾和社会主义根本任务的理论。**毛泽东同志第一次明确指出生产力和生产关系、经济基础和上层建筑的矛盾是社会主义社会的基本矛盾，认为这对矛盾是基本适应前提下的不适应，可以经过改革使社会主义制度不断完善。提出人民对于经济文化迅速发展的需要同当前经济文化不能满足人民需要的状况之间的矛盾是当时我国国内的主要矛盾，明确提出了发展生产力的社会主义根本任务。这些理论为形成社会主义建设正确路线和改革开放提供了重要的理论依据。

3. **在对中国国情的初步认识的基础上，形成了关于社会主义建设的正确路线，提出我国正处于不发达的社会主义阶段，对社会主义建设的阶段性、长期性和曲折性有了初步认识。**毛泽东同志在读苏联《政治经济学教科书》时指出："社会主义这个阶段，又可能分为两个阶段，第一阶段是不发达的社会主义，第二阶段是比较发达的社会主义"①，认为我国正处在"不发达的社会主义阶段"。这一观点对社会主义初级阶段理论认识是有启发性的。

4. **提出建设现代工业、现代农业、现代科学技术和现代国防的社会主义强国的发展目标和中国工业化道路。**毛泽东同志规划了我国社会主义"四个现代化"的建设目标，提出要把我国建设成现代化的社会主义强国、对人类作出较大贡献的思想观点。在工业化建设问题上，毛泽东强调不能照抄照搬外国经验，要正确处理农、轻、重三者关系，从中国国情出发，以农、轻、重为序，安排国民经济，走出一条中国特色的工农并举的工业化道路。

5. **提出了正确处理社会主义建设和发展问题的科学方法论。**毛泽东同志要求我们必须学会用辩证的思想处理社会主义建设和发展问题，他生动形象地概括说，讲辩证法就是运用"要讲两点"的辩

---

① 《毛泽东文集》第 8 卷，人民出版社 1999 年版，第 116 页。

证思想来观察矛盾，分析矛盾，解决矛盾。在处理社会主义建设和发展的关系和矛盾时，在抓矛盾的主要方面时，也要抓好矛盾的非主要方面，处理好社会主义建设中重点和非重点的辩证关系。他在具体阐述社会主义经济社会发展的一系列重大关系中还提出了"两条腿走路""综合平衡""并举"的重要思想。

6. **提出了关于社会主义商品经济、经济体制改革和对外开放问题的理论创新认识**。毛泽东同志认为，我国是一个商品很不发达的国家，看商品生产、看它与什么经济相联系，与资本主义相联系就出资本主义，与社会主义相联系就出社会主义。这些认识构成了社会主义市场经济理论的重要前提。在经济体制方面，他主张着重解决中央与地方分清经济管理权限的分权问题，提出要充分发挥中央和地方两个积极性。毛泽东主张对外开放，他说："一切民族、一切国家的长处都要学……但是，必须有分析有批判地学，不能盲目地学，不能一切照抄，机械搬用。"①

7. **提出社会主义民主政治建设的基本原则**。毛泽东同志认为中国要坚持人民民主专政，实行人民代表大会制度、共产党领导的多党合作和政治协商制度。提出在国家政治生活中，要扩大民主，反对官僚主义，逐步健全法制，做到"有法可依，有法必依"。提出"造成一个又有集中又有民主，又有纪律又有自由，又有统一意志、又有个人心情舒畅、生动活泼，那样一种政治局面"的社会主义民主政治的总目标。

8. **提出社会主义文化教育建设的基本任务和方针**。毛泽东同志认为文化教育事业是社会主义建设的重要组成部分，必须高度重视用马克思主义、社会主义思想道德武装知识分子和人民群众。毛泽东提出必须坚持"百花齐放、百家争鸣"的方针，实行"古为今用""洋为中用"，继承和吸收我国过去和外国一切有益的文化科

---

① 《毛泽东文集》第7卷，人民出版社1999年版，第41页。

学知识。

9. **提出党的建设的一系列重要思想。**毛泽东同志坚持中国共产党是全国人民的领导核心，是领导社会主义事业的核心力量。强调党要密切联系群众，好好团结群众，团结一切可以团结的人。

10. **提出和制定了独立自主的和平外交政策。**关于对外方针和政策，毛泽东同志指出：自力更生为主，争取外援为辅，破除迷信，独立自主地干工业、干农业、干技术革命和文化革命，打倒奴隶思想，埋葬教条主义，认真学习外国的好经验，也一定研究外国的坏经验——引以为戒，这就是我们的路线。他提出了和平共处五项基本原则，强调要发展同一切国家的友好关系，反对大国的霸权主义，维护世界和平，促进人类进步。

毛泽东同志关于中国社会主义建设道路探索的正确认识，是毛泽东思想的重要组成部分，是马克思主义中国化的不断推进，是我们党理论创新宝库的伟大精神财富，是中国特色社会主义理论体系形成的必要前提。

二

在中国特色社会主义建设道路的探索上，毛泽东同志与党的第二代、第三代中央领导集体是承前启后、继往开来的关系，毛泽东思想与中国特色社会主义理论体系是一脉相承、继承开拓的关系，中国社会主义建设道路的探索和中国特色社会主义道路的开创是不断推进、接续发展的关系。前者是后者的前提和准备，是后者的理论来源和实践基础；后者是对前者的继承、发展和创新。

关于"什么是社会主义，怎样建设社会主义"，这是正确解决中国社会主义建设道路的关键，也是开创中国特色社会主义新局面的关键，只有紧紧抓住这一首要的根本问题并加以解答，中国社会主义建设正确道路问题才能得到解决。邓小平同志总结我国和外国社会主义建设的经验教训，在继承毛泽东思想的基础上，第一次科学地系统地回答了"什么是社会主义，怎样建设社会主义"这个中国特色社会主义的首要的基本问题。他明确指出：贫穷不是社会主义，发展太慢也不是社会主义；平均主义不是社会主义，两极分化也不是社会主义；封闭不是社会主义，照搬外国也不是社会主义；没有民主就没有社会主义，没有法制也没有社会主义建设；不重视物质文明搞不好社会主义，不重视精神文明也搞不好社会主义；计划经济不等于社会主义，市场经济不等于资本主义等等。在1992年南方谈话中，邓小平同志对社会主义本质作出了科学概括："社会主义的本质，是解放生产力，发展生产力，消灭剥削，消除两极分化，最终达到共同富裕。"① 在"怎样建设社会主义"的问题上，邓小平在党的十二大上郑重提出："把马克思主义的普遍真理同我国的具体实际结合起来，走自己的道路，建设有中国特色的社会主义，这就是我们总结长期历史经验得出的基本结论。"②

以邓小平同志为代表的中国共产党人在总结新中国成立以来特别是十一届三中全会以后的经验基础上，在研究国际经验和世界形势的基础上，解放思想、实事求是，坚决摒弃"以阶级斗争为纲"的错误方针和路线，科学确定了时代主题，正确判断我国正处在社会主义初级阶段，制定了党在社会主义初级阶段的基本路线，提出了改革开放的一系列方针政策和策略，提出并制定了分"三步走"基本实现社会主义现代化的发展战略。从此，中国进入了经济社会快速发展轨道。改革从农村开始，迅速而有效地推进农村经济发展。农村改革的成功有力地推动了城市各个方面改革的步伐。以开放4个经济特区为新起点，接着开放14个沿海港口城市，进一步开辟长江三角洲、珠江三角洲、闽南三角地区和海南建省并建设经济开发区，经历了这三大步，形成多层次、有重点、点面结合的对

① 《邓小平文选》第3卷，人民出版社1993年版，第373页。
② 《邓小平文选》第3卷，人民出版社1993年版，第3页。

外开放格局，我国现代化建设突飞猛进，财富积累急剧增加，国民经济发展上了一个新的台阶。

在解决了"什么是社会主义，怎样建设社会主义"问题的同时，中国特色社会主义又面临解决"建设一个什么样的执政党"这一重大问题。从十三届四中全会到党的十六大的 14 年间，以江泽民同志为核心的党中央集中全党智慧，在总结党成立以来 80 多年的历史经验和现实经验的基础上，按照邓小平"要聚精会神抓党的建设"的要求，以改革创新的精神集中力量抓党的建设，根据新情况新要求提出了党的建设新的伟大工程的重要决策，把党的建设新的伟大工程同中国特色社会主义建设伟大事业结合起来，相辅相成，互相促进，集中回答了"建设一个什么样的执政党，怎样建设执政党"的问题，创造性地提出了"三个代表"重要思想，继承和发展了马克思列宁主义、毛泽东思想，推进了中国特色社会主义理论体系的进一步创新，实现了党的指导思想的与时俱进。"三个代表"重要思想不仅回答了党的建设的重大问题，同时也进一步回答了"什么是社会主义，怎样建设社会主义"的问题。

以江泽民同志为核心的党的第三代中央领导集体高举邓小平理论伟大旗帜，团结和带领全党、全军和全国各族人民，从容应对一系列关系到我国主权和安全的国际突发事件，战胜政治、经济领域和自然界出现的困难和风险，经受住一次又一次考验，排除各种干扰保证了改革开放和现代化建设的航船始终沿着正确的方向破浪前进，积极推进社会主义市场经济体制改革，坚持和发展了党的基本理论、基本路线、基本纲领、基本经验，改革开放和现代化建设取得举世瞩目的新发展，把中国特色社会主义事业全面推向 21 世纪。

党的十六大以来，我国进入中国特色社会主义发展的新阶段，新世纪新阶段向我们党提出了"发展什么，怎样发展"的事关中国特色社会主义事业发展的重大问题。以胡锦涛同志为总书记的党中央，为实现全面建设小康社会的宏伟目标和社会主义现代化建设第三步战略目标，提出"坚持以人为本、全面协调可持续的科学发展观"，强调"按照统筹城乡发展、统筹区域发展、统筹经济社会发展、统筹人与自然和谐发展、统筹国内发展和对外开放的要求"，继续把中国特色社会主义推向前进。科学发展观，其实质就是在新的历史条件下，从全局和战略的高度进一步回答"发展什么，怎样发展"这个根本问题。全面落实科学发展观，就要提高全党按照科学发展观的要求领导发展的能力；把按照科学发展观推动发展作为党执政兴国的第一要务；把不断满足人民日益增长的物质文化需要作为发展的最终目的；在发展中着眼于促进人的全面发展，不断提高人们的思想道德素质、科学文化素质和健康素质；在发展中把推进经济建设同推进政治建设、文化建设统一起来，把发展社会主义市场经济同发展社会主义民主政治、建设社会主义先进文化、建设社会主义生态文明和构建社会主义和谐社会统一起来；在经济发展中实现速度与结构，质量与效益的有机结合，走出一条科技含量高、经济效益好、资源消耗低、环境污染少、人力资源得到充分发挥的新型工业化道路；在发展中正确处理改革发展稳定的关系，把改革的力度、发展的速度和社会可承受的程度统一起来；在发展中进一步利用好国际国内两个市场、两种资源，以开放促改革促发展。科学发展观，是我们继承和发展党的三代中央领导集体关于发展的一系列重要思想，从新世纪新阶段党和国家事业发展全局出发提出的重大战略思想，反映了我们党对发展问题的新认识，是中国特色社会主义理论体系的重要组成部分。

在中国特色社会主义的 31 年伟大发展历程中，我们党依次回答了三大问题：什么是社会主义，怎样建设社会主义；建设什么样的党，怎样建设党；实现什么样的发展，怎样发展。坚持和发展了马克思主义，推进了马克思主义中国化的不断创新。以邓小平同志为核心的党的第二代中央领导集体创造性地回答了"什么是社会主义，怎样建设社会主义"，创立了邓小平理论，这是中国特色社会主义理论体系的开篇。以江泽民同志为核心的党的第三代中央领导集体在进一步回答了"什么是社会主义，怎样建设社会主义"的同时，创造性地回答了"建设什么样的党，怎样建设党"的问题，创立了"三个代表"重要思想，这是中国特色社会主义理论体系与时俱进的新成就。党的十六大以来，以胡锦涛同志为总书记的党中央在继续深入回答前两个问题的基础上，创造性地回答了"实现什么样的发展，怎样发展"，提出了科学发展观等重大战略思想，这是中国特色社会主义理论体系的最新成果。这些与毛泽东思想一道，都是中华人民共和国60年建设和发展的伟大精神财富和思想指南。

三

60年来，我们党领导人民开创的中国特色社会主义事业在理论上和实践上都具有重大的意义。我们走的是一条通过开放，推进社会主义自我完善和发展的正确之路，是一条走向富强、民主、文明，走向现代化，实现全体人民共同富裕的成功之路。中国特色社会主义道路之所以能够在曲折的探索中成功开辟和健康发展，归根到底，关键在于中国共产党人能够在新的历史条件下实现马克思主义基本原理同中国具体实际相结合，始终坚持"一切从实际出发，走自己的道路，建设有中国特色社会主义"。

中华人民共和国成立以来的60年，就是马克思列宁主义基本原理同中国社会主义革命、建设和改革的具体实际不断结合的60年。中国发展的成功，是坚持走中国特色社会主义道路的结果。正是因为开辟了中国特色社会主义道路，中国人民的面貌、社会主义中国的面貌、中国共产党的面貌发生了历史性变化。中国特色社会主义的巨大成就引起国际社会普遍关注，中国特色社会主义发展道路也被看作一种全新的发展模式而为世界所瞩目。正如胡锦涛同志在十七大报告中指出："中国特色社会主义道路，就是在中国共产党领导下，立足基本国情，以经济建设为中心，坚持四项基本原则，坚持改革开放，解放和发展社会生产力，巩固和完善社会主义制度，建设社会主义市场经济、社会主义民主政治、社会主义先进文化、社会主义和谐社会，建设富强民主文明和谐的社会主义现代化国家。"① 中国特色社会主义发展道路的选择是历史的必然，是中华民族振兴、发展、繁荣的必由之路。除了坚持党的领导、社会主义、马克思主义、人民民主专政这四项基本原则，中国特色社会主义道路还包含三个方面的基本特征：科学发展、和谐发展与和平发展。

（一）关于科学发展

中国特色社会主义坚持走科学发展的道路。科学发展，是在社会发展问题上客观规律性和主体选择性的辩证统一。科学发展的核心是以人为本，这是经济社会发展的根本目的，其意旨是坚持以实现人的全面发展为目标，让改革发展的成果惠及全体人民。全面、协调、可持续，是科学发展观的基本要求。即通过统筹兼顾的根本方法，促进经济、政治、文化和社会建设的全面推进，促进现代化建设各个环节、各个方面相协调，促进生产力和生产关系、经济基础和上层建筑相协调，促进经济发展与人口资源环境相协调，确保经济社会永续发展。

中国特色社会主义科学发展道路的选择，既是基于现阶段中国发展所面临问题的考虑，也是基于对整个世界负责任的考虑。中国是世界上最大的发展中国家，具有发展中国家二元结构的典型特征。人口多、底子薄，自然地理条件和人口资源分布差异很大，城乡和区域发展差距也很大。改革开放虽然取得了巨大的成就，但中国仍处于并将长期处于社会主义初级阶段的基本国情并没有发生根本的变化。新世纪新阶段，中国发展呈现出一系列新的阶段性特

---

① 《胡锦涛文选》第 2 卷，人民出版社 2016 年版，第 620 页。

征，经济社会发展同人口、资源、环境压力之间矛盾逐渐突出。深刻把握中国发展面临的新课题、新矛盾，自觉走科学发展道路，是中国特色社会主义在实现什么样的发展、怎样发展这个基本问题上的创造性探索。

（二）关于和谐发展

中国特色社会主义在推进科学发展的过程中，积极构建社会主义和谐社会。中国所要努力构建的和谐社会，是中国共产党领导全国人民共同建设、共同享有的和谐社会。民主法治、公平正义、诚信友爱、充满活力、安定有序、人与自然和谐相处，这六个方面的内容既是社会主义和谐社会的价值内涵，也是中国构建社会主义和谐社会努力实现的价值目标。中国希望通过社会主义和谐社会的构建，最终实现广大人民群众各尽所能、各得其所、和谐相处的社会局面。

随着中国经济社会快速发展，社会矛盾日益凸显，社会公平问题提上议事日程，这是中国提出构建社会主义和谐社会的一个重要背景。说到底，和谐发展道路就是一条避免两极分化，最终达到共同富裕的道路。中国和谐发展道路的选择，是中国走科学发展道路的必然结果。科学发展与和谐发展相辅相成，有机统一。实现中国的和谐发展，关键是在坚持科学发展的同时，有效地协调社会各方面利益关系，化解社会矛盾。中国特色社会主义的社会制度，不仅是实现科学发展的制度保证，也是实现和谐发展的制度保证。中国将进一步发挥社会主义的制度优势，有效处理中国特色社会主义事业中的重大关系，着力解决广大人民群众最关心、最直接、最现实的利益问题，推动和谐社会的建设走向深入。

（三）关于和平发展

中国的发展是世界发展的一个重要组成部分。中国特色社会主义的发展既关乎中国人民的根本利益，也同世界的和平与发展密切相关。走和平发展道路，不仅符合中国人民的根本利益，也符合人类进步的时代潮流。其核心思想是：中国既通过维护世界和平来发展自己，又通过自身的发展来促进世界和平；中国永远不称霸，永远不搞扩张；在国内追求科学发展、和谐发展的同时，推动建设持久和平、共同繁荣的和谐世界。

随着经济全球化、世界格局多极化的深入发展，中国共产党和中国政府明确提出，中国将始终不渝地走和平发展道路，这是根据时代发展潮流和自身根本利益作出的战略抉择，是向国际社会和世界人民作出的郑重承诺和庄严宣示。这一昭告的特殊意义在于，中国的发展，从根本上说，主要依靠自身的力量和不断改革创新。中国决不走历史上一些大国那种充满刀光剑影和"血与火"的发展道路，中国不把问题和矛盾转嫁给别国，更不通过掠夺别国发展自己。即使中国将来富强了，也永远不称霸，永远做维护世界和平、促进共同发展的坚定力量。中国正为此不懈探索和努力。

中国共产党人作为发展中国特色社会主义的核心力量，把科学发展、和谐发展、和平发展的根本原则作为指导发展的核心理念，这个核心理念就是科学发展观的要旨。

毛泽东对社会主义建设道路的
探索及其历史意义[*]

毛泽东领导社会主义建设道路探索的理论与实践充分说明，我们党对中国特色社会主义道路的探索从毛泽东同志就已经开始了。毛泽东在探索中提出的正确的思想观点和所带来的经验教训，对开辟中国特色社会主义道路具有十分重要的指导和借鉴意义。在对社会主义建设道路的探索过程中，毛泽东对"什么是社会主义，怎样建设社会主义"这个历史性课题展开理论上的思索和实践上的尝试，所形成的正确的思想观点充实和丰富了毛泽东思想，为中国特色社会主义理论体系创立做了充分而必要的理论准备。

一 率先提出"以苏为鉴"的方针，强调建设
社会主义要走自己的路，开始探索适合
中国国情的社会主义建设道路

从新中国成立到 1956 年生产资料所有制社会主义改造完成，是毛泽东同志对社会主义的探索前期。在这个时期，中国如何搞社会主义，主要还是学习苏联的社会主义建设经验，照搬照抄苏

---

* 原载《理论研究动态》2010 年第 5 期。

联的建设模式。但经过很短暂的摸索，毛泽东就已然感觉到完全照搬苏联建设模式是不行的。他说："解放后，三年恢复时期，对搞建设，我们是懵懵懂懂的。接着搞第一个五年计划，对建设还是懵懵懂懂的，只能基本上照抄苏联的办法，但总觉得不满意，心情不舒畅。"①随着我国社会主义建设的深入，苏联模式逐渐暴露出其缺点和弊端，毛泽东开始认识到寻找适合中国国情的社会主义建设道路的迫切性。他明确指出："最近苏联方面暴露了他们在建设社会主义过程中的一些缺点和错误，他们走过的弯路，你还想走？过去我们就是鉴于他们的经验教训，少走了一些弯路，现在当然更要引以为戒。"②在1956年至1957年上半年党的八大前后的一年半时间里，对社会主义建设规律，毛泽东进行了卓有成效的研究思考，他率先提出"以苏为鉴"、不要机械照搬外国经验的方针。他的创造性的认识集中反映在《论十大关系》和《关于正确处理人民内部矛盾的问题》中。在《论十大关系》中，他明确指出，中国要走自己的路，要探索一条适合中国国情的建设社会主义的道路。在1956年1月的中共中央政治局会议上，毛泽东说："应该把马列主义的基本原理同中国革命和建设的具体实际结合起来，探索在我们国家里建设社会主义的道路。"③在1956年4月召开的中共中央书记处会议上他继续说："把马列主义的基本原理同中国革命和建设的具体实际相结合，民主革命时期，我们在吃了大亏之后才成功地实现了这种结合，取得了中国新民主主义革命的胜利。现在是社会主义革命和建设时期，我们要进行第二次结合，找出在中国怎样建设社会主义的道路。"④1959年底到1960年初，他在读苏联《政治经济学教科书》时，

---

① 《毛泽东文集》第8卷，人民出版社1999年版，第117页。
② 《毛泽东文集》第7卷，人民出版社1999年版，第23页。
③ 《毛泽东传（1949—1976）》（上），中央文献出版社2003年版，第498页。
④ 吴冷西：《忆毛主席》，新华出版社1995年版，第9页。

还在深入思考适合中国国情的社会主义建设道路问题，他认为："'每一个'国家都'具有自己特别的具体的社会主义建设的形式和方法'，这个提法好。"① 毛泽东关于走自己的路，找一条适合中国国情的社会主义建设道路的提法，是中国特色社会主义道路形成的历史和逻辑起点。中国革命、建设和改革发展的根本经验是，一定要把马克思主义的基本原理和中国具体实践相结合。社会主义是普遍原理，人类社会一定要走社会主义道路是普遍规律，但中国怎么走，一定要结合中国国情，这是马克思主义实事求是的根本观点，这个根本观点构成了中国特色社会主义理论体系的思想路线基础和精髓。

二 创造性地提出了社会主义社会基本矛盾、主要矛盾、人民内部矛盾和社会主义根本任务的理论

毛泽东第一次明确指出生产力和生产关系、经济基础和上层建筑的矛盾是社会主义社会的基本矛盾，认为这对矛盾是基本适应前提下的不适应，可以经过改革使社会主义制度不断完善。提出人民对于经济文化迅速发展的需要同当前经济文化不能满足人民需要的状况之间的矛盾是当时我国国内的主要矛盾，明确提出了发展生产力的社会主义根本任务。提出要正确处理人民内部矛盾，认为这是社会主义国家政治生活的主题。提出要调动一切积极因素，化消极因素为积极因素的社会主义建设的总方针。毛泽东关于社会主义基本矛盾、主要矛盾、人民内部矛盾和根本任务的理论为形成社会主义建设正确路线和社会主义改革开放提供了重要的理论依据。

---

① 《毛泽东文集》第 8 卷，人民出版社 1999 年版，第 116 页。

三 在对中国国情的初步认识的基础上，形成了关于 社会主义建设的正确路线，提出我国正处于 不发达社会主义阶段，对社会主义建设的 阶段性、长期性和曲折性有了初步认识

　　党的八大确立了以发展生产力为主要任务的全面建设社会主义的正确路线，这是建立在对我国国情的清醒认识基础上的。对国情的判断，最重要的是对我国所处发展阶段的判断，毛泽东一直在深思这个问题。他在读苏联《政治经济学教科书》时指出："社会主义这个阶段，又可能分为两个阶段，第一个阶段是不发达的社会主义，第二个阶段是比较发达的社会主义"①，认为我国正处在"不发达的社会主义阶段"。对中国处于社会主义发展初期阶段的基本国情的认识，最重要的是一定要认识到这个阶段的长期性。在党的八大期间毛泽东曾指出："要使中国变成富强的国家，需要五十到一百年的时光。"②经历了"大跃进"的挫折后，毛泽东进一步认识到："看来建设社会主义只能逐步地搞，不能一下子搞得太多太快。"③ 1961 年毛泽东会见英国蒙哥马利元帅时说："建设强大的社会主义经济，在中国，五十年不行，会要一百年，或者更多的时间"，"把时间设想得长一点，是有许多好处的，设想得短了反而有害"④。中国特色社会主义理论体系是建立在对中国长期处于社会主义初级阶段基本国情的判断上，毛泽东提出的"不发达的社会主义"观点对社会主义初级阶段的理论认识是有启发性的。

---

① 《毛泽东文集》第 8 卷，人民出版社 1999 年版，第 116 页。
② 《毛泽东文集》第 7 卷，人民出版社 1999 年版，第 124 页。
③ 《毛泽东和他的秘书田家英》，中央文献出版社 1989 年版，第 58—59 页。
④ 《毛泽东文集》第 8 卷，人民出版社 1999 年版，第 301—302 页。

四　提出建设现代工业、现代农业、现代科学技术和现代国防的社会主义强国的发展目标和中国工业化道路

　　毛泽东率先提出并初步规划了我国社会主义现代化的发展战略，他说，要"将我国建设成为一个具有现代工业、现代农业和现代科学文化的社会主义国家"①。在《读苏联〈政治经济学教科书〉的谈话》中，他又提出国防现代化的问题，"建设社会主义，原来要求是工业现代化，农业现代化，科学文化现代化，现在要加上国防现代化"②。毛泽东规划了我国社会主义"四个现代化"的建设目标，提出要把我国建设成现代化的社会主义强国、对人类作出较大贡献的思想观点。在工业化建设问题上，毛泽东强调不能照抄照搬外国经验，要正确处理农、轻、重三者关系，从中国国情出发，以农、轻、重为序，安排国民经济，走出一条中国特色的工农并举的工业化道路。

五　提出了正确处理社会主义建设和发展问题的科学方法论

　　《论十大关系》和《关于正确处理人民内部矛盾的问题》通篇贯穿了辩证法，贯穿了马克思主义处理社会主义建设和发展问题的科学方法论。《论十大关系》讲的是社会主义建设和发展中全局性的十个重大关系，十大关系就是十大矛盾，讲的是如何处理这些关系和矛盾。毛泽东要求我们必须学会用辩证的思想处理社会主义建设和发展问题，他生动形象地概括说，讲辩证法就是运用"要讲两

---

　　① 《毛泽东文集》第 7 卷，人民出版社 1999 年版，第 207 页。
　　② 《毛泽东文集》第 8 卷，人民出版社 1999 年版，第 116 页。

点"的辩证思想来观察矛盾，分析矛盾，解决矛盾。毛泽东说，一万年都有两点，将来有将来的两点，现在有现在的两点，个人有个人的两点，总之，是两点而不是一点，说只有一点，叫知其一，而不知其二。《论十大关系》和《关于正确处理人民内部矛盾的问题》通篇贯穿了毛泽东的关于"要讲两点"的辩证思想，主张处理社会主义建设和发展的重大关系和矛盾时，要讲两点，不能搞一点。毛泽东讲的两点，是有重点的两点，不是平铺直叙的两点。也就是说，在处理社会主义建设和发展的关系和矛盾时，在抓矛盾的主要方面时，也要抓好矛盾的非主要方面，处理好社会主义建设中重点和非重点的辩证关系。比如，在重工业和轻工业、统一性和独立性等方面，他都强调了两点。他说，为了建设一个强大的社会主义国家，必须有中央的强有力的统一领导，必须有统一计划和统一规律，破坏这种必要的统一是不允许的。统一性和独立性是对立的统一，要有统一性，也要有独立性。可以统一的，必须统一；不可以统一的，就不能够强求统一。

在处理国家、集体和个人三者关系问题上，毛泽东指出，不能只顾一头，必须兼顾国家、单位和个人的关系。无论只顾哪一头，都是不利于社会主义的，不利于无产阶级专政的，这是关系到全国人民的大问题。必须在全党和全国人民中间反复进行统筹兼顾的教育。在《关于正确处理人民内部矛盾的问题》一文中，毛泽东说，必须经常注意从生产问题和分配问题上处理好上述矛盾，必须兼顾国家利益、集体利益和个人利益三者之间的关系。他说，对社会主义道路的探索"开始反映中国的客观经济规律了"。统筹兼顾的思想就是用辩证法处理发展和建设问题科学方法。按照处理我国社会主义经济社会发展的辩证法思想，毛泽东在具体阐述社会主义经济社会发展的一系列重大关系中还提出了"两条腿走路""综合平衡""并举"的重要思想。

六 提出了关于社会主义商品经济、经济体制改革和对外开放问题的理论创新认识

从 1959 年底到 1960 年初，毛泽东在读苏联《政治经济学教科书》时强调："马克思这些老祖宗的书，必须读，他们的基本原理必须遵守，这是第一。但是，任何国家的共产党，任何国家的思想界，都要创造新的理论，写出新的著作，产生自己的理论家，来为当前的政治服务，单靠老祖宗是不行的。"① 毛泽东读了斯大林《苏联社会主义经济问题》一书，总结苏联社会主义建设的经验教训，对社会主义商品经济进行创造性的理论探索。他认为，我国是一个商品很不发达的国家，看商品生产、看它与什么经济相联系，与资本主义相联系就出资本主义，与社会主义相联系就出社会主义；在我国价值规律仍然起作用，价值规律是一个伟大学校，对干部要进行教育，使他们懂得价值规律、等价交换，违反就要碰得头破血流。这些认识构成了社会主义市场经济理论的重要前提。毛泽东对传统计划经济提出质疑："我们不能像前苏联那样，把什么都集中到中央，把地方卡得死死的，一点机动性都没有。"在经济体制方面，他主张着重解决中央与地方分清经济管理权限的分权问题，提出要充分发挥中央和地方两个积极性。中央向地方放权，扩大企业的自主权。关于社会主义所有制结构的改革，他提出"可以搞国营，也可以搞私营"，"可以消灭资本主义，又搞资本主义"，因为"它是社会主义经济的补充"的看法。毛泽东主张对外开放，他说："一切民族、一切国家的长处都要学……但是，必须有分析有批判地学，不能盲目地学，不能一切照抄，机械搬用。"② 他还提出实行按劳分配，反对平均主义和过分悬殊的问题。

---

① 《毛泽东文集》第 8 卷，人民出版社 1999 年版，第 109 页。
② 《毛泽东文集》第 7 卷，人民出版社 1999 年版，第 41 页。

七　提出社会主义民主政治建设的基本原则

认为中国不搞苏联的"一党制"，也不实行西方的"两党制"或"多党制"的轮流执政体制，要坚持人民民主专政，实行人民代表大会制度、共产党领导的多党合作和政治协商制度。

毛泽东提出在国家政治生活中，要扩大民主，反对官僚主义，逐步健全法制，做到"有法可依，有法必依"，共产党和民主党派要实行"长期共存，互相监督"的方针。他强调坚决实施民族区域自治制度，正确处理民族问题，促进少数民族经济文化的发展，反对大汉族主义和地方民族主义。还提出要防止国家领导人成为特殊阶层，防止领导机关的特殊化、官僚化。提出"造成一个又有集中又有民主，又有纪律又有自由，又有统一意志、又有个人心情舒畅、生动活泼，那样一种政治局面"的社会主义民主政治的总目标。

八　提出社会主义文化教育建设的
基本任务和方针

认为文化教育事业是社会主义建设的重要组成部分，必须高度重视用马克思主义、社会主义思想道德武装知识分子和人民群众，继续对封建主义和资本主义思想进行批判。

毛泽东提出必须实行"百花齐放、百家争鸣"的方针，实行"古为今用""洋为中用"，继承和吸收我国过去和外国一切有益的文化科学知识。他提出"向科学进军"的口号，充分肯定知识分子在我国社会主义建设中的地位和作用。毛泽东在八大预备会议上指出："现在的中央委员会，我看还是一个政治中央委员会，还不是一个科学中央委员会。"[1] 并计划在三个五年计划内造就 100 万到

---

[1] 《毛泽东文集》第 7 卷，人民出版社 1999 年版，第 102 页。

150 万名高级知识分子，包括工程师和科学家。提出在知识分子和人民群众中开展马克思主义和社会主义教育。

九　提出党的建设的一系列重要思想

坚持中国共产党是全国人民的领导核心，是领导社会主义事业的核心力量。

关于党的建设，毛泽东强调党要密切联系群众，他认为建设一个伟大的社会主义国家，单有党还不行，党是一个核心，它必须要有群众。要好好团结群众，团结一切可以团结的人一道工作。他重申坚持理论与实践相统一这个马克思主义最基本的原则，反对主观主义、宗派主义和官僚主义，维护党的团结统一，发扬优良传统，加强集体领导，反对个人崇拜。他还提出了思想工作是一切工作的生命线的思想。

十　提出和制定了独立自主的
和平外交的方针政策

关于对外方针和政策，毛泽东指出：自力更生为主，争取外援为辅，破除迷信，独立自主地干工业、干农业、干技术革命和文化革命，打倒奴隶思想，埋葬教条主义，认真学习外国的好经验，也一定研究外国的坏经验——引以为戒，这就是我们的路线。他提出了和平共处五项基本原则，强调要发展同一切国家的友好关系，反对大国的霸权主义，维护世界和平，促进人类进步。

毛泽东关于中国社会主义建设道路探索的正确认识，是毛泽东思想的重要组成部分，是马克思主义中国化的不断推进，是我们党理论创新宝库的伟大精神财富，是中国特色社会主义理论体系的必要前提。

推动文化大发展大繁荣，
提升中国文化软实力[*]

2009 年 12 月，我们曾齐聚湖南大学，成功召开了首届中国文化软实力研讨会。在这两年间，中国文化软实力研究中心成立，学者们围绕这一问题做出了深入的研究并取得了丰硕的成果。相隔两年之后，我们再次相聚，隆重举办"第二届中国文化软实力研究高层论坛"，来自全国各地的领导、专家学者将继续深入展开对这一主题的研究和交流，这次盛会的召开必将把我国文化软实力研究推向一个新的高度。在此，我谨代表中国社会科学院，对这次大会的顺利召开表示衷心的祝愿，对各位领导、专家和朋友们的到来表示热烈的欢迎！

当今世界，正处在大发展大变革大调整的时期，刚刚过去的新世纪十年，是我国改革发展取得新的显著成就的十年。在这十年间，中国的经济保持年均 11% 左右的增长，经济总量也跃居世界前列。但在经济蓬勃发展之余，我们不免要问：经济发展了，下一步我们要做什么？

古人云："居安思危，思则有备，有备无患。"在经济高速发展，社会更加进步的良好局面下，我们不得不承认，我国的文化软实力并未得到同步的发展，综合国力，尤其是文化发展仍存在着诸

---

    * 该文系作者 2011 年 2 月 18 日在"第二届中国文化软实力研究高层论坛"上的讲话。原载《中国社会科学报》2011 年 3 月 8 日，《光明日报》2011 年 3 月 9 日。

多问题和矛盾，这就要求我们以更为高远的视野，更为深邃的目光看待我国文化软实力的提升问题。在这里，我提出几点想法，与学界同人共勉。

第一，提升中国文化软实力，应以马克思主义为指导，大力丰富和发展社会主义先进文化，建设中华民族共有的精神家园，增强民族凝聚力和创造力。回顾近百年来的中国近现代史，就是一部为中华民族复兴而奋斗的历史，就是一部中华民族文化走向自觉、自信、自强的历史。历史事实已经证明，旧的封建文化不能救中国，外来的西方资产阶级文化也不能救中国，唯有外来先进文化——马克思主义与中国实践相结合，创造出中国化的马克思主义这一中华民族先进文化的主流意识形态，才引导中国人民努力奋斗，走上中国特色社会主义的繁荣富强发展之路。现在的问题在于，我们如何继续沿着这一正确道路走下去，不断赋予中国化马克思主义以鲜明的实践特色、民族特色、时代特色、大众特色，构建中国风格、特色、气派的马克思主义理论创新体系，引导社会主义文化大发展大繁荣，以提升我国的文化软实力。

其实，在中国特色社会主义建设进程中，我们已经在马克思主义指导下，形成了以爱国主义为核心的民族精神和以改革创新为核心的时代精神，以"八荣八耻"为主要内容的社会主义核心价值体系，这些都构成了中国特色的社会主义先进文化的重要内容。我们需要进一步解决的问题就是，在马克思主义的指导下，大力繁荣发展社会主义文化，努力提升我国的文化软实力，共建中华民族共有的精神家园，增强民族凝聚力和创造力。

第二，提升中国文化软实力，应立足现实，丰富发展中国特色社会主义文化内涵，推进文化创新，为中华民族的伟大复兴作出新的贡献。1942 年 5 月，毛泽东《在延安文艺座谈会上的讲话》中指出，"我们讨论问题，应当从实际出发，不是从定义出发"。同样，我们讨论如何提升中国的文化软实力问题，也不能单单满足于对概念的抽象剖析，不能满足于对理论的空洞论证，更不能满足于理论的玄妙表达，而是要"从客观存在的事实出发，从分析这些事实中找出方针、政策、办法来"①。

那么，现在的"客观事实"是什么？事实就是：我们国家经济总量已经跃居世界前列，国际政治影响力正在不断扩大，但文化软实力还远远落后于经济社会的总体发展水平，落后于发达国家。这就要求我们，必须进一步发展和繁荣社会主义文化，保障人民群众的基本文化权益，满足人民群众日益增长的精神文化需要，使人民在文化的发展中得实惠，进而增强我国的文化实力。

我们党历来重视文化事业，不论是在新民主主义革命时期，还是在社会主义建设时期，都把文化建设、文化事业发展作为重要工作来抓。改革开放以来，党和国家越来越加重对文化的重视程度和支持力度，提出了一系列发展社会主义先进文化的思路和举措，如物质文明和精神文明两手抓、社会主义和谐社会建设、公民思想道德建设、社会主义先进文化和社会主义核心价值观体系建设、推进传统文化的现代化等。经过改革开放三十多年来的努力，社会主义文化建设的蓝图已经初具规模。但是，目前我们依然面临着诸多需要解决的问题，如马克思主义理论创新问题、中国传统文化现代化问题、当代中国文化话语权问题、外来先进文化为我所用问题、对西方腐朽落后文化的抵制问题等。

"如何对待传统文化问题"是构建社会主义先进文化的一个不可回避的课题。新世纪伊始，随着我国经济社会的蓬勃发展，人们逐渐意识到，GDP 的增长，物质财富的增加，并不能满足人们的全部需要，更不能解决发展中遇到的所有问题。于是，一些学者主张，应该从尊孔读经开始，复兴中国传统的儒家文化，以提升中国当代文化的内容和品质。不可否认，中华民族的传统文化有很多弥

---

① 《毛泽东选集》第 3 卷，人民出版社 1991 年版，第 853 页。

足珍贵的东西，它对于今天构造社会主义先进文化具有重要的价值和意义。但是，必须注意到，传统文化有其精华，也有其糟粕，取其精华而发扬光大，除其糟粕而加以批判，是当今社会主义文化建设的一个重要任务。我们要弘扬传统文化，但并不是要一味地回到过去，对传统文化不论精华与糟粕一概继承，陷入文化复古主义的误区；也不能一味地否定过去，对传统文化不论先进与落后一概抛弃，陷入文化虚无主义的深渊，而是要批判地继承，吸收其精华，剔除其糟粕，在批判地继承传统文化的基础上，不断丰富中国特色社会主义文化，实现文化创新，唯其如此，才能真正为中华民族先进文化的伟大复兴和发展作出贡献。

第三，提升中国文化软实力，应继续深入开展文化走出去战略，从而在世界文化强林中赢得话语权，弘扬中国文化，使中华文明成为世界文明中一朵绚丽的奇葩。

当今的世界，随着全球化进程的加快，各国之间的交往日益频繁，与之伴随的也是矛盾和摩擦的日益增多。在这样的情况下，要屹立于世界强林之中，除了经济的、政治的交流之外，还要加强文化的交流，即积极地实施文化走出去战略，使西方社会更加了解中国的文化，理解、尊重和认可中国文化，只有如此，才能为塑造中国国际形象营造良好的国际氛围，才能推动世界的和谐发展。

积极推动文化走出去战略，一是要强化主流文化，壮大主流文化。中国特色社会主义文化是我们党在 90 年历史进程中领导中国人民革命和建设所形成的先进文化，是以中国化马克思主义为灵魂的文化进步的历史产物，是中国正确发展道路的文化表达，它凝聚了 56 个民族人民群众的智慧，是既来源于群众又服务于群众的大众文化。因此，不论在任何时候，都必须发扬和壮大这一主流文化，使其在对外文化交流中彰显其无穷的魅力和价值。二是要处理好中国文化与西方文化之间的关系。任何民族，都有属于自己的文化，正是文化的多样性，才构成世界文明的丰富多彩。任何民族的文化只不过是这一民族的生产方式、生活方式、人生态度、价值观念、审美向度的真实表达，都有其在本国存在发展的必然性、适应性和有利于经济社会和人的全面发展的进步性。一直以来，西方中心主义者都宣称，西方的文化才是先进文化，其他民族的文化都是落后文化，企图以自己的文化来取代其他民族文化。对于这样的"话语霸权"，必须时刻保持警惕。但同时，也应该看到西方文明的可取之处，在建设社会主义文化的过程中，取其精华，弃其糟粕，唯其如此，才能使中华文明立于不败之地。三是要创新文化传播方式，及时地适应目前网络化、信息化的要求，借助互联网等新兴媒体，从新的文化生产、传播、消费方式着手来推进文化的发展与繁荣。从而在提升文化软实力基础上，为我们国家在国际舞台上赢得国际话语权。

恩格斯曾说过："文化上的每一个进步，都是迈向自由的一步。"① 在新的历史时期，我们要实现中华民族的伟大复兴，就必须在马克思主义的指导下，坚持社会主义先进文化的前进方向，弘扬中华文化，传播优秀文化，以满足人民群众的文化需求，为世界的和平发展作出新的贡献。

同志们，今年是中国共产党成立90周年、辛亥革命100周年，同时也是"十二五"规划的开局之年，我国发展仍处在可以大有作为的重要战略机遇期，能否抓住历史的机遇，把我国的文化软实力提升上去，还需要很多工作去做。我相信，只要坚持党的领导，坚持马克思主义的指导，齐心协力，就一定能够克服任何困难，把我国的文化软实力提升上去，实现中华民族的伟大复兴和繁荣！

最后，预祝大会圆满成功。谢谢大家！

---

① 《马克思恩格斯全集》第26卷，人民出版社2014年版，第121页。

马克思主义在中国的伟大胜利*

1921年，中国近代史上发生了一起从根本上改变中国人民历史命运的大事件，这就是以马克思主义作为指导思想的中国共产党的诞生。中国共产党成立90年来，始终勇立时代潮头，坚持将马克思主义与中国实际相结合，不断在实践创新进程中推进理论创新，推进马克思主义中国化、时代化、大众化，指导中国革命、建设和改革的正确航向，从根本上改变了中国的面貌和中华民族的命运。今天，一个昔日积贫积弱、受人宰割的旧中国已跃然成为日新月异、势头强劲的社会主义中国，巍然屹立在世界东方，在全球产生了广泛而深刻的影响。社会主义在中国的胜利，就是中国人民唯一历史选择的胜利，就是中国共产党的胜利，就是马克思主义在中国的伟大胜利。

一　只有马克思主义才能救中国

马克思主义传播到中国，为中国人民所接受，在中国的土地上生根、开花、结果，是世界时势和中国国情发展的必然结果。中国人民选择马克思主义作为解救中国的真理，成为中国工人阶级政党——中国共产党的理论基础和思想指南，马克思主义作为思想武

*　原载《中国社会科学》2011年第4期，《中国社会科学报》2011年6月30日。

器与中国人民的物质力量结合在一起，转化成巨大的革命的能动力量，改变了中国的历史命运，是中国近代以来历史发展的必然逻辑。

以 1840 年鸦片战争为转折，昔日曾经创造过世界辉煌的中华民族沦为受列强欺凌的"劣等民族"。以西方资本主义国家为主的外国列强恃强凌弱，为满足殖民掠夺和强占市场的贪欲，一次次发动血腥的侵华战争，包括两次攻陷都城北京，逼迫腐败无能的清政府签订一系列不平等条约，致使中国主权惨遭粗暴侵犯、领土被蚕食鲸吞，一步步跌入半殖民地的深渊。截至 1905 年，仅对西方列强的战争赔款便累计达十余亿两白银，而清政府将这笔负担转嫁到民众身上，地方官吏趁机进行敲骨吸髓式的压榨。在外国帝国主义侵略势力和本国封建统治者的双重压迫下，民生凋敝，时局动荡，国力衰微，社会矛盾空前激化，民族危机日趋深重。为了挽救中华民族、解救中国，再造富民强国辉煌，各方政治力量提出了种种解救方案，采取了不同方式和手段。

首先是中国农民阶级、广大劳苦大众向封建统治阶级和帝国主义发起了猛烈的武装斗争。1851 年，洪秀全发起太平天国农民运动，提出纲领性文献《天朝田亩制度》，从解决土地问题入手，憧憬建立一个"有田同耕，有饭同食，有衣同穿，有钱同使，无处不均匀，无人不饱暖"的理想社会。太平天国与清政府对峙 14 年，先后攻克 600 多座城池，并在上海、苏州等地奋勇抗击进行武装干涉的英法侵略军。以农民为主体的义和团运动，掀起反帝爱国大潮，用原始武器殊死抵御八国联军，展示了中国人民不屈不挠的反抗精神，使列强受到极大震慑。鸦片战争以来，中国的农民阶级和劳苦大众的武装斗争风起云涌、前赴后继，但大多与太平天国运动命运一样，在封建统治阶级和帝国主义的联手镇压下失败。

其次是在封建统治阶级阵营内部，一些图强派人士企图实行改进措施，中兴清王朝封建统治。林则徐发动了禁烟运动，然而由于在软弱无能、反复无常的皇权下，内受腐败官僚的出卖，外受列强打击，终告失败。魏源提出"师夷长技以制夷"，洋务派官僚发起洋务运动，以"自强""求富"标榜，引进西方坚船利炮，仿效西方兴办军事、民用工业以及交通运输业等，但装备不落下风的清军却在甲午战争中惨败给日本，北洋水师全军覆没，洋务运动宣告破产。

以康有为、梁启超等人为代表的维新派吸取日本资产阶级明治维新的经验，推行改良主义，试图在保存清皇权的前提下通过变法挽救民族于危亡，虽在思想启蒙上发挥了重要作用，但维新派依靠没有实权的光绪帝推行新政，结果慈禧太后一声令下，戊戌变法仅维持103天便告夭折，谭嗣同等六君子身首异处。

伟大的资产阶级民主革命先行者孙中山先生抛弃改良主义方案，力图通过武装革命推翻清王朝统治，开创了近代旧民主主义革命。辛亥革命结束了在中国延续几千年的君主专制制度，促进了民众的思想觉醒和解放，意义非凡，影响深远。然而，"无量头颅无量血，可怜购得假共和"，这场革命果实很快被袁世凯窃取，随后发生袁世凯、张勋复辟帝制和曹锟贿选等丑剧，帝国主义列强操纵中国政治、把持中国经济命脉，军阀割据混战的格局远未被撼动，中国社会性质并没有得到实质性改变。以上各种努力和尝试均以失败告终，各种处方皆不能解救中国。到底什么办法才能救中国，实现中国的现代化？

在近代中国历史上，旨在救国救民的斗争和探索，每一次都在一定的历史条件下或多或少推动了社会进步，但一次一次又归于失败。究其主观上的根本原因就是没有正确的理论指导。除了旧式农民起义方案和局部改良方案以外，旧民主主义的民族复兴方案，其指导思想不过是资产阶级政治理论，是资产阶级启蒙和革命时期的人权、民主、博爱、自由等思想武器，其主要目标是发展资本主义的经济、政治和文化，建立现代资本主义国家。然而，为什么西方在资产阶级思想武器指导下可以成功地进行资本主义民主革命，建立资产阶级国家，走现代化的强国之路，旧中国却办不到，资产阶级思想武器为什么在旧中国失灵？这是由中国所处的具体客观条件所决定的。中国在明朝已经开始了资本主义生产方式的萌起，如果没有国际资本主义的干涉，中国也可以按照一般历史发展规律，走资产阶级民主革命之路。当中国向资本主义发展之时，西方资本主义国家的先行发展使得世界进程进入了帝国主义和无产阶级革命的时代，帝国主义已把世界殖民地分割完毕。考察国内外条件，帝国主义列强、封建统治阶级和官僚买办阶级都不允许中国建立独立富强的资产阶级民主共和国。帝国主义列强入侵中国的目的，是从其自身利益考虑，要永久地控制、剥削中国，绝不容许中国成为强大的资产阶级民主共和国，必须维持和强化中国的半殖民地半封建制度。这决定了帝国主义列强需要与封建势力和官僚资本勾结，不允许中国民族资产阶级强大起来，不允许在中国这块土地上进行资产阶级民主革命。在帝国主义、官僚买办资产阶级和封建统治阶级的强压下，中国民族资产阶级必然是一个软弱的、两重性的阶级，担当不起民主革命的领导任务。在资产阶级思想指导下，由软弱的民族资产阶级及其政党领导的旧式民主革命是不可能解救中国的。

毛泽东同志指出："十月革命一声炮响，给我们送来了马克思列宁主义。十月革命帮助了全世界的也帮助了中国的先进分子，用无产阶级的宇宙观作为观察国家命运的工具，重新考虑自己的问题。走俄国人的路——这就是结论。"[1] 中国人民选择俄国人所走的社会主义道路，选择中国工人阶级政党——中国共产党的领导，选择马克思主义指导，是世界历史和中国社会矛盾发展的必然结果，是中国人民同帝国主义、封建主义的社会主要矛盾激化的必然结果，是中国人民唯一的正确选择。从国际时代大格局来看，中国人

---

① 《毛泽东选集》第 4 卷，人民出版社 1991 年版，第 1471 页。

民对社会主义、对马克思主义、对中国共产党的历史选择，受到处于十月革命爆发和社会主义革命前夜的世界局势的深刻影响。辛亥革命之后，帝国主义国家日益走向腐朽和无产阶级革命方兴未艾的世界局势，以及旧中国继续延续甚至更加恶化的黑暗现实，特别是1914 年爆发的帝国主义战争，使中国先进知识分子对资本主义制度及其思想武器产生了怀疑，感到资产阶级的民主、自由、平等、博爱等思想武器解决不了中国问题，中国民族资产阶级旧民主主义无法解救中国。辛亥革命为什么失败，救中国的目的为什么达不到？到底什么思想武器能够解决中国问题？马克思主义和十月革命的成功对中国先进知识分子产生了巨大的震撼和影响，开阔了眼界，使他们探索中国民主解放之路的方向发生了根本转折，经过对西方各种思潮、各种社会主义思想的比较，认识到决定中国人民命运的不是资产阶级，不是资本主义，不是资产阶级思想武器，而是工人阶级、科学社会主义和马克思主义。中国先进知识分子冲破了资产阶级民主思想的藩篱，冲破了旧民主主义民主、科学、爱国主义的精神界限，接受了马克思主义，在马克思主义中找到了答案。他们选择马克思主义作为唯一思想指南，选择社会主义为中国唯一出路，选择中国工人阶级及其政党作为唯一领导。历史潮流不可阻挡。中国最早的马克思主义者李大钊豪放地预言："试看将来的环球，必是赤旗的世界！"以马克思主义为指导、代表工人阶级这一新生先进阶级的中国共产党应运而生，担负起领导中国革命、建设和改革，建设社会主义强国的伟大使命，中国面貌历经九十载焕然一新。

二 一定要实现马克思主义的中国化

马克思主义是外来的先进思想，用以指导中国人民的社会实践，就有与中国国情和中国人民的具体实践相结合的问题。只有为中国人民所接受、所消化、所使用，成为中国化的马克思主义，才能起到科学指南的作用。

中国革命到底怎样搞，中国道路怎么走，中国现代化怎么实现？马克思主义经典作家没有现成的答案，他们着重论述了在西方发达资本主义国家进行无产阶级革命和社会主义建设问题。尽管十月革命是在帝国主义统治的薄弱环节——俄国率先取得突破，但俄国已经进入资本主义发展阶段，发动社会主义革命走的是依靠工人阶级发动城市暴动的具体道路。中国是一个半殖民地半封建社会，农民占总人口的绝大多数，近代中国的产业工人仅有 200 万人左右，在这样一个东方落后大国取得革命成功，建设社会主义，是一个极为艰巨复杂的新课题。中国共产党 90 年的历史经验教训告诉我们，不能照抄马克思主义经典作家的原有结论，也不能照搬俄国和别国的革命模式和建设道路，必须走一条符合中国国情的革命和建设道路，这就迫切需要把马克思主义与中国实际相结合，创立中国化的马克思主义，武装全党，指导实践。

在中国共产党早期，由于理论准备和斗争经验不足，曾走过弯路，尤其是 1927 年、1934 年两度遭受惨痛挫折。陈独秀右倾机会主义错误，主张先搞资本主义革命、再搞社会主义革命的"两次革命论"，对国民党右派一味妥协退让，放弃中国革命的领导权，导致 1927 年大革命失败。王明"左"倾冒险主义错误，把马克思主义教条化，将共产国际决议和苏联经验神圣化，主张毕其功于一役的社会主义"一次革命论"，推进军事冒险主义和政治关门主义，导致党在苏区、白区好不容易积蓄起来的力量严重折损，导致 1934 年第五次反"围剿"失败，根据地版图急遽萎缩，中国革命几乎濒临绝境。一"左"一右，错误表现不同，但实质都一样，主观与客观相脱离，离开了中国国情。

只有把马克思主义与中国实际相结合，实现马克思主义中国化，才能引导中国革命走向胜利。毛泽东同志科学分析了中国社会的性质和中国具体国情，指出中国半殖民地半封建的社会性质，强调中国革命的实质是农民问题，制定了新民主主义革命总路线，科学论述了中国革命的性质、对象、任务、动力、前途以及策略等重大问题。同时，毛泽东同志提出中国革命要实行革命阶段论与不间断革命论相结合，通过新民主主义革命迈向社会主义的"两步走"战略：第一步，完成反帝反封建任务的新民主主义革命，新民主主义革命是由工人阶级及其政党——中国共产党所领导的新型的资产阶级民主革命；第二步，完成新民主主义革命之后，再不间断地进行社会主义革命，经过新民主主义向社会主义的过渡，进入社会主义建设时期。

在具体革命道路上，是走武装占领城市夺取政权的道路，还是走农村包围城市最后夺取政权的道路？以毛泽东同志为主要代表的中国共产党人从具体国情出发，指出中国革命的中心问题是农民问题，必须以农村为根据地，以农民为主要依靠力量，将工作重点由城市转入农村，创建工农红军和农村革命根据地，开展土地革命和游击战争，在农村保存、恢复和发展力量，走出了一条中国革命成功之路。

毛泽东同志领导全党以巨大的政治和理论勇气，运用马克思主义基本原理深刻分析中国国情、科学总结正反两方面经验，苦苦探索中国革命的新路，大胆进行马克思主义与中国实际相结合的理论创新。他集中全党智慧，在革命实践以及抵制和纠正党内"左"、右倾错误的斗争中，实现了马克思主义中国化的第一次历史性飞跃，形成了毛泽东思想，为中国革命指明了前进方向。

经过 28 年艰苦卓绝的探索与奋斗，我们党带领人民成功地走出一条救亡图存新路，赢得新民主主义革命的胜利，实现了近代以来无数仁人志士孜孜以求的民族独立和人民解放的目标，创立了新中国，开辟了中国历史的新纪元、新时代。在毛泽东思想指引下，党领导新中国迅速医治战争创伤，基本完成对农业、手工业、资本主义工商业的社会主义改造，建立了社会主义制度，从此走上社会主义道路。这是中国历史上最广泛最深刻的一次社会变革，为中国发展进步奠定了根本政治前提和制度基础。

三　必须不断推进马克思主义中国化的理论创新

马克思恩格斯揭示了资本主义必然灭亡、社会主义必然胜利的历史规律，曾预言社会主义革命将首先同时在西欧北美少数发达资本主义国家发生。他们在晚年研究俄国和东方国家发展道路时再次预言，在一定条件下，落后国家可以不经过资本主义的"卡夫丁峡谷"，充分利用资本主义创造的文明，直接过渡到社会主义，走上社会主义道路。马克思的科学预见在20世纪初的俄国有了十月革命的实践案例。"二战"之后，又有了一系列社会主义阵营的案例，有了苏联和若干国家社会主义建设初步成就的案例。然而在20世纪下半叶，形势发生了逆转，苏联解体、东欧剧变，社会主义阵营不复存在，社会主义建设遭受严重挫折，社会主义处于低潮。但是20世纪七八十年代以来，在中国共产党领导下的中国，通过改革开放，成功地取得中国特色社会主义的伟大成就，马克思的预言成为活生生的现实。中国特色社会主义的成功经验深刻表明：必须不断地推进马克思主义中国化的理论创新，才能成功指导社会主义建设的实践创新。

在新中国成立前夕，毛泽东同志展望党的执政使命，充满豪情地宣告，"我们不但善于破坏一个旧世界，我们还将善于建设一个新世界"①。如何在一个人口众多、社会生产力水平十分落后的东方大国，跨越资本主义发展阶段，建设社会主义，是一个极具挑战的

---

① 《毛泽东选集》第4卷，人民出版社1991年版，第1439页。

崭新课题。在马克思恩格斯的经典著作中没有现成答案。以毛泽东同志为核心的党的第一代中央领导集体在新的历史征程上积极带领人民探索改变贫穷落后状况、建设现代化社会主义国家的正确途径。在社会主义建设之初，更多的是向苏联经验和模式学习。鉴于苏联在建设中暴露出的问题，毛泽东同志和党中央很快意识到不能照搬苏联经验，必须摸索适合自己国情的发展道路。毛泽东同志相继发表《论十大关系》《关于正确处理人民内部矛盾的问题》等，指出在社会主义改造完成后，我国根本任务已经由解放生产力变为在新的生产关系下保护和发展生产力，提出了一系列社会主义建设方针、政策、原则和策略。毛泽东同志领导全党关于社会主义建设道路的理论和实践探索，为中国特色社会主义建设提供了具有重要借鉴意义的历史经验和理论认识，为中国特色社会主义理论体系的形成奠定了思想基础和理论前提，推进了马克思主义的中国化。

党带领全国人民通过克服重重困难，建立起独立的比较完整的工业体系和国民经济体系，取得包括"两弹一星"那样的伟大成就，古老神州发生翻天覆地的变化，为今天中国特色社会主义奠定了重要的物质技术基础。由于社会主义现代化建设是一项全新的事业，加上当时复杂严峻的国际环境的影响，党在探索中也有曲折和失误。随着指导思想上的"左"倾错误逐渐占据主导地位，乃至发生"文化大革命"，致使我国建设事业遭受严重挫折，耽误了宝贵时间，拉大了与发达国家的差距。

面对十年浩劫造成的严峻局面，在中国面临向何处去的重大历史关头，党的十一届三中全会召开，彻底否定"以阶级斗争为纲"的错误理论和实践，确立解放思想、实事求是的思想路线，拨乱反正。党顺应全党全国人民搞建设、谋发展的迫切愿望，敏锐地抓住和平与发展已成为世界两大主题这一机遇，作出把党和国家工作重点转移到社会主义现代化建设上来、实行改革开放的战略决策，实现了党的历史上具有深远意义的伟大转折，开启了我国改革开放的历史新时期。以邓小平同志为核心的党的第二代中央领导集体大力倡导解放思想，及时总结党带领人民在实践中形成的新经验新认识，提出了许多具有开创意义的新思想、新观点、新理念。邓小平同志抓住"什么是社会主义，怎样建设社会主义"这个首要的基本问题，深刻揭示了社会主义的本质，提出了社会主义改革开放的总国策和党在社会主义初级阶段的基本路线，第一次比较完整地初步回答了在中国这样经济文化比较落后的国家如何建设社会主义、如何巩固和发展社会主义等基本问题，使党的指导思想实现了与时俱进，将马克思主义中国化推到一个新境界，创立了邓小平理论，创立了中国特色社会主义理论体系的开篇。

理论创新极大地推动了实践创新。改革首先在农村展开、从经济领域入手，随后扩展到城市、延伸为全面的综合性改革，对外开放则从沿海辐射到内地，亿万人民的建设和创造热情得到充分调动与空前释放。仅十年左右时间，沿着建设中国特色社会主义这条新路，我国实现了持续快速发展，综合国力跃上新台阶，人民生活从温饱不足向小康迈进，整个国家充满新的生机和活力。

20世纪80年代末90年代初，国内发生严重政治风波；国外发生东欧剧变、苏联解体，不少长期执政的共产党相继垮台，世界社会主义运动骤然陷入低潮。国外有人谬称资本主义制度是人类历史的终点，国内也有不少怀疑、否定四项基本原则的声音，我国的发展面临空前困难和巨大压力。以江泽民同志为核心的党的第三代中央领导集体受命于这一重大历史关头，明确表示将坚定不移、毫不动摇地继续贯彻执行党的十一届三中全会以来的基本路线和基本政策，科学判断党的历史方位新变化，高度重视加强党的建设、巩固党的执政地位，将新时期党的建设提到"新的伟大工程"的高度，郑重提出党的建设两大历史性课题，即提高党的领导水平和执政水平，提高党的拒腐防变和抵御风险能力。江泽民同志集中全党智慧，科学地总结历史、思考现实、规划未来，提出了"三个代表"

重要思想。"三个代表"是我们党的立党之本、执政之基、力量之源。这一创新理论以党的执政地位作为连接点,将党的建设新的伟大工程与党领导的中国特色社会主义伟大事业结合起来进行研究和思考,进一步回答了"什么是社会主义,怎样建设社会主义"的问题,创造性地回答了"建设什么样的党,怎样建设党"的问题,丰富和发展了中国特色社会主义理论体系,将马克思主义中国化又推向前进。

在邓小平理论和"三个代表"重要思想指导下,我们党以伟大工程带动伟大事业,经受住国内外政治风波、经济风险等严峻考验,创建社会主义市场经济新体制,开创全面开放新格局,成功地稳住改革和发展的大局,人民生活总体上完成由温饱到小康的历史性跨越,胜利实现现代化建设"三步走"战略的前两步目标,进入全面建设小康社会、加快推进社会主义现代化建设新的发展阶段,将中国特色社会主义事业全面推向21世纪。

进入新世纪新阶段,世情、国情、党情发生深刻变化,我国发展呈现出一系列新的阶段性特征,所面临的机遇与挑战均前所未有。以胡锦涛同志为总书记的党中央迎难而上,开拓奋进,在新的历史起点上大力发展中国特色社会主义,集中体现了马克思主义关于发展的世界观和方法论,有针对性地提出了科学发展观等一系列新的重大战略思想,继续回答了"什么是社会主义,怎样建设社会主义",以及"建设什么样的党,怎样建设党"的问题,创造性地回答了"实现什么样的发展,怎样发展"的问题,进一步深化了中国特色社会主义理论体系,开拓了马克思主义中国化的新境界。

我们党在中国化马克思主义最新成果指导下,成功应对各种风险和挑战,包括有效应对国际金融危机冲击,经济总量已跃居世界第二位,综合国力、人民生活水平以及国际地位、国际影响力,均得到进一步提升,开创了中国特色社会主义事业新局面。

改革开放新时期以来,我们党立足社会主义初级阶段这一基本国情，紧紧围绕建设和发展中国特色社会主义这一主题，相继推出邓小平理论、"三个代表"重要思想和科学发展观等重大战略思想这三大理论成果，形成一个既一脉相承又与时俱进的系统科学的理论体系——中国特色社会主义理论体系，继承并发展了马克思列宁主义、毛泽东思想，实现了马克思主义中国化的第二次历史飞跃。实践告诉我们，一定要不断实现马克思主义中国化的理论创新，这是马克思主义在中国取得胜利的关键所在。

四　归根到底是坚持实事求是思想路线

中国共产党领导中国人民在革命、建设和改革的90年历程中，实现了马克思主义两次历史性飞跃，创造了马克思主义中国化既一脉相承又丰富发展的两个理论形态——毛泽东思想和中国特色社会主义理论体系，取得了中国革命、社会主义建设和社会主义改革开放三个伟大成就，实践创新带动理论创新，理论创新引导实践创新。我们从中可以得出许多重要启示。

（一）**马克思主义中国化的实质与精髓就是实事求是思想路线，坚持马克思主义，说到底，必须坚持实事求是思想路线。**实行党的正确领导，关键在于是不是以马克思主义作指导；以马克思主义为指导，关键在于是不是把马克思主义与中国实践相结合；把马克思主义与中国实践相结合，关键在于是不是贯彻落实实事求是思想路线。实事求是是马克思主义活的灵魂，是中国化马克思主义的精髓。一旦偏离实事求是的思想路线，再好的理论也会成为僵化空洞的教条，在实践中就会犯经验主义、教条主义的错误。马克思主义中国化的不断创新，实现于不同的历史时期，面对不同的时代主题，解决不同的时代课题，但都贯穿了马克思主义实事求是思想路线这条红线。只有坚持实事求是思想路线，才能长期坚持并不断发展中国化的马克思主义，中国特色社会主义道路才会越走越宽广。

（二）**坚持实事求是思想路线，不断推进马克思主义中国化，最重要的就是坚持理论联系实际的学风和密切联系群众的作风。**理论联系实际、密切联系群众是实事求是思想路线的一璧两面，是贯彻实事求是思想路线的两条密不可分的基本原则。是从本本出发，还是从实际出发，是联系群众，还是脱离群众，是对待马克思主义根本态度的分歧点，是采取什么样学风、作风的分水岭。坚持实事求是思想路线，推进马克思主义中国化，必须弘扬理论联系实际的马克思主义学风。学风问题是对待马克思主义的根本态度问题，是第一位重要问题。坚持实事求是，就一定要从实际出发，从中国国情出发，把马克思主义同中国实际相结合。如果学风不正，对待马克思主义的根本态度出了问题，把马克思主义变成教条，脱离实际，就会给党的事业带来灾难性的危害。作风问题是学风问题在工作上的具体化。联系实际与联系群众是一致的，联系实际最根本的就是联系群众，坚持理论联系实际的学风，就要坚持密切联系群众的作风，一切为了人民群众，一切依靠人民群众，从群众中来，到群众中去。全党树立了优良的学风和作风，才能做到实事求是，才能不断推进马克思主义中国化。

（三）**坚持理论联系实际和密切联系群众，必须密切联系不断发展的实践，永不脱离群众，不断推进马克思主义中国化的理论创新。**人民群众永远追求进步，实践永无止境，理论创新也就无止境。理论创新一旦停滞或中断，就会迷失方向，就会遭遇挫折或失败。只有坚持理论创新，才能使马克思主义始终保持蓬勃生命力，使党的工作体现时代性、把握规律性、富于创造性。90年来，我们党努力开创马克思主义在中国发展的新境界，归根到底，是科学回答了"什么是马克思主义，怎样对待马克思主义"这一核心问题，故而能够带领人民战胜一切艰难险阻，闯过一个个关口，取得中国革命的伟大胜利以及社会主义建设和改革的辉煌成就。一定要在群众实践活动中坚持马克思主义，发展马克思主义，不断推进马克思主义中国化、时代化、大众化，用发展着的马克思主义指导新的实践。

高度重视马克思主义指导，高度重视马克思主义中国化，高度重视马克思主义中国化的不断创新，是始终保持党的先进性的思想源泉和活力所在，是我们党的优良传统和政治优势。没有马克思主义和马克思主义中国化就没有中国共产党，没有中国共产党就没有中国特色社会主义。只要我们党始终坚持马克思主义和马克思主义中国化，高举中国特色社会主义伟大旗帜，就一定能够实现2020年全面建设小康社会的奋斗目标，迎来中华民族伟大复兴更加光明的前景。

大力弘扬太行精神，繁荣
发展哲学社会科学[*]

　　很高兴来到长治，参加这次太行精神理论研讨会，和大家一起学习伟大的太行精神，缅怀为民族解放和国家富强英勇牺牲、无私奉献的革命先烈和前辈们，探讨如何在新的历史条件下继承和发扬太行精神。下面，我谈一点自己的体会。

　　山西是拥有光荣革命历史传统的热土，在中华民族进行的伟大抗日战争中，山西作为华北敌后抗日根据地的中心，是八路军总部和三大主力师所在地，是抗日斗争的主战场之一。为夺取抗日战争的伟大胜利，英雄的山西人民进行了不屈不挠的斗争，做出了巨大的牺牲和突出的贡献，用鲜血和生命铸就了"不怕牺牲、不畏艰难，百折不挠、艰苦奋斗，万众一心、敢于胜利，英勇斗争、无私奉献"的太行精神。

　　太行精神是在中国共产党领导的伟大抗日战争和解放战争中孕育、铸就和发展起来的。1937 年"七七"卢沟桥事变后，日本侵略者发动全面侵华战争，叫嚣"三个月灭亡全中国"。在中华民族生死存亡的危急关头，中国共产党及时提出并坚定地实行全面的全民族抗战，八路军主力部队开赴抗日前线，紧急动员广大群众投入到山西以及全国的持久抗战中，把山西建成敌后游击战争的战略支

────────────

　　* 该文系作者 2011 年 7 月 17 日在长治"太行精神理论研讨会"上的讲话。原载《山西日报》2011 年 7 月 19 日，《光明日报》2011 年 8 月 11 日。

点，对全国的对日作战提供有力支援。活跃在各个战场的成千上万的八路军、新四军、游击队指战员和抗日民众，英勇战斗，血洒疆场。八路军副参谋长左权等指战员为捍卫民族尊严献出了宝贵的生命。抗战期间，太行山区根据地广大人民群众积极参与抗战、支持抗战，先后有近70万人参加了八路军，110余万人参加了民兵、自卫队、游击队，形成了人民战争的汪洋大海，铸就了共同抵御侵略者的铜墙铁壁。解放战争时期，太行山区人民在"解放全中国"的号召下，积极动员起来，踊跃参战，有14万多人加入到人民子弟兵的行列中，近8000名干部陆续调往全国各地，为全中国的解放做出了太行根据地特有的贡献。

太行精神体现了中国共产党人把马克思主义同中国革命具体实践有机结合的务实思想。在抗日战争中，中国共产党坚持唯物辩证法，坚持实事求是的思想路线，针对国民党片面抗战的错误思想，创造性地提出了建立广泛的抗日民族统一战线的策略与任务；同时强调，必须坚持独立自主的原则，不能一切经过统一战线。周恩来、刘少奇、朱德、彭德怀、邓小平等老一辈革命家先后来到山西，与阎锡山等国民党军政地方实力派建立了特殊形式的统一战线，改组牺盟会和地方政权，组建新军，建立"战动总会"，与国民党共同组织忻口会战，建立了巩固的根据地，使山西成为敌后游击战争的战略支点。他们关于根据地建设的一系列论述与实践，对太行精神的发展与升华产生了巨大影响。中国共产党根据战时敌强我弱、国民党正面战场节节败退的实际，创造性提出了打持久战的战略思想，指出敌后抗战基本战斗形式是游击战，但不放弃有利条件下的运动战。针对国民党的专制统治，党领导根据地军民积极探索民主政权建设的新形式，要求在根据地普遍建立"三三制"民主政权。这一系列方针政策，为夺取抗日战争的最后胜利提供了可靠保证，也使太行精神在火热的斗争实践中得到丰富和发展。

太行精神体现了中国共产党人和中华民族自强不息、不畏强

暴、不怕牺牲、艰苦创业的奋斗精神。太行地区的抗战是在极端艰难困苦的条件下进行的。在党的领导下，根据地军民一方面与日本侵略者进行顽强殊死的军事斗争，另一方面积极组织军民开展生产自救和互助运动，大力发展经济，恢复生产，在根据地挖渠打井、修桥筑路、开展贸易，努力提高人民群众的生活水平，保障战时军需供应。党员和群众，干部和战士，军队与老百姓，从八路军总部和北方局最高领导到普通士兵，都是一手拿枪、一手拿锄，靠自己的双手开荒种地、纺线织布，实现了粮食等物资的自给自足。军民和衷共济、共渡难关，正是有了这种军民鱼水、艰苦奋斗的精神，共产党及其领导的人民军队才赢得了群众，赢得了战争。

新中国成立以来，特别是改革开放以来，太行精神在三晋大地继续发扬光大。山西人民在省委、省政府领导下，紧紧抓住发展第一要务，聚精会神搞建设，一心一意谋发展，全省经济建设、政治建设、文化建设、社会建设、生态文明建设、党的建设不断取得新的成就，2010 年全省 GDP 实现 9088.1 亿元，快于全国 3.6 个百分点，圆满完成了"十一五"规划的目标任务。这些成绩的取得，是党中央、国务院正确领导、亲切关怀的结果，是山西省委、省政府统揽全局、科学决策的结果，也是全省广大干部群众在新形势下继承和发扬太行精神，团结奋斗、辛勤劳动的结果。

太行精神孕育发展于山西这块古老而光荣的土地，它是山西人民的宝贵精神财富，也是我们党、人民军队和中华民族的宝贵精神财富。太行精神与井冈山精神、长征精神、延安精神以及西柏坡精神一道，共同构成我们党领导的革命队伍和人民群众在革命和斗争的实践中创造的伟大精神，它们同时也是伟大民族精神的具体体现。几十年来，这些伟大革命精神教育、鼓舞了一代又一代人，成为激励全国各族人民奋勇前进的强大精神力量，是中国共产党和中华民族最为宝贵的精神财富。

今天我们在这里召开太行精神理论研讨会，不仅是为了缅怀革命先辈们的光荣业绩，更重要的是着眼未来，探讨如何在新的历史条件下继承和弘扬太行精神，肩负起党和人民的重托，高举中国特色社会主义伟大旗帜，坚持中国特色社会主义道路，丰富中国特色社会主义理论体系，完善中国特色社会主义制度，更好地把中国特色社会主义事业继续推向前进。

哲学社会科学工作是我们党全部工作一个十分重要的组成部分，哲学社会科学战线是一条十分重要的战线。伴随着中国共产党从诞生到不断发展壮大的光辉历程，我国的哲学社会科学事业取得了显著成绩，在革命、建设和改革各个历史时期发挥了重要作用。党领导中国人民进行革命、建设、改革的伟大实践，是我国哲学社会科学事业发展和繁荣的不竭源泉和强大动力。太行精神既是党领导的中国化马克思主义的重要实践成果，也是哲学社会科学的重要研究对象。如何在新的历史条件下深入学习太行精神，大力弘扬太行精神，不断丰富太行精神，是我国哲学社会科学界的一项重要职责。

第一，学习太行精神，要求哲学社会科学研究必须坚持正确的政治方向。坚定的共产主义信念，坚持党的领导，是太行精神的灵魂，也是繁荣发展哲学社会科学的前提。哲学社会科学是科学，但多数学科具有较强的意识形态属性，只有坚持以马克思主义为指导，坚持政治性与科学性的统一，才能确保哲学社会科学研究的健康发展。为此，要进一步加强对哲学社会科学工作者的马克思主义基本理论和中国特色社会主义理论体系教育，提高他们运用马克思主义立场观点方法指导哲学社会科学研究的自觉性和回答解决实际问题的能力。要加强社会科学研究机构党的建设，特别是基层党组织建设，牢牢掌握党对哲学社会科学的领导权。

第二，学习太行精神，要求哲学社会科学研究必须坚持理论联系实际。太行精神是马克思主义与中国革命具体实际相结合的产物，是在革命实践中灵活运用革命理论的成功典范。作为理论形态的哲学社会科学，其发展和创新的动力从根本上来源于实践，离开了人民群众丰富多彩、生动活泼的生产和生活实践，哲学社会科学就成了无源之水、无本之木。在新的历史条件下学习和弘扬太行精神，就是要大力提倡理论联系实际、求真务实、科学严谨的学风，反对闭门造车、脱离现实的不良学风。要大兴调查研究之风，通过国情调研和国情考察等活动，使哲学社会科学工作深入基层，深入实践，加深对国情的认识和了解，在实践中获得学术理论创新的源头活水。

第三，学习太行精神，要求哲学社会科学研究必须坚持"二为"方向。扎根人民，依靠人民，服务人民，是太行精神的重要内涵，也是太行山革命斗争取得胜利的法宝。人民群众是真正的英雄，哲学社会科学只有回到实践中，回到人民群众中去，接受实践的检验，为人民服务，才能真正实现哲学社会科学的价值。因此，哲学社会科学工作研究要坚持为人民服务、为社会主义服务的方向，站在劳动人民的立场上，做人民群众的代言人，为人民群众谋利益。哲学社会科学工作者要自觉树立为党和国家工作大局服务的意识，用高质量的研究成果为国家经济社会发展服务，为党和国家的重大决策服务，为丰富中华民族的精神家园服务，这是实现哲学社会科学自身价值的必由之路。

第四，学习太行精神，要求哲学社会科学研究必须勇于创新。太行山的革命斗争，是在科学理论指导下的实践创新和实践基础上理论创新的结合，没有针对太行地区革命斗争实践和抗日战争时期时局特点的战略、策略上的创新，就没有太行山革命斗争的胜利。科学研究的本质是创新，创新是繁荣发展哲学社会科学的必由之路。党的十七大和十七届五中全会提出："推进学科体系、学术观点、科研方法创新，繁荣发展哲学社会科学。"《国家"十二五"发展规划纲要》明确提出："大力推进哲学社会科学创新体系建设，实施哲学社会科学创新工程，繁荣发展哲学社会科学。"中国社会科学院即将全面启动哲学社会科学创新工程，目的在于着力改革体制机制制度，努力实现以马克思主义为指导的，以学科体系创新、学术观点创新、科研方法与手段创新、科研组织方式与管理体制机制创新、用人制度创新等为主要内容的哲学社会科学体系创新。

第五，学习太行精神，要求哲学社会科学工作者必须发扬艰苦奋斗精神。在当年极其艰难困苦的条件下，太行儿女在党的领导下，发扬百折不挠、艰苦奋斗的精神，赢得了太行地区革命斗争的胜利。攀登哲学社会科学高峰，同样要求哲学社会科学工作者发扬百折不挠、艰苦奋斗的精神。当然，现在国家富裕了，各方面条件好多了，艰苦奋斗并不是要求大家再去过太行山的革命前辈那样的苦日子，而是在科学研究的过程中不畏艰辛，不怕困难，不怕失败，百折不挠，耐得住寂寞，受得了清贫，坐得了冷板凳，十年磨一剑。对哲学社会科学机构的管理干部和领导干部来说，发扬艰苦奋斗精神，则是要求有事业心、责任心，有知难而进的精神，敢于管理，严格管理，不怕得罪人，不怕丢选票。没有这样的精神，患得患失，知难而退，管理体制机制改革就不能成功，哲学社会科学创新工程就可能落空。

中国社会科学院是中央直接领导的国家哲学社会科学研究机构。党和国家一直高度重视我院的建设和发展。2005年5月19日，胡锦涛同志主持召开中央政治局常委会议，专题听取我院工作汇报，就办好中国社科院、繁荣发展哲学社会科学作出重要指示。2007年5月，李长春同志在致我院建院30周年的贺信中，代表党中央向我院提出了"三个定位"的目标要求，即中国社会科学院要"努力建设成为马克思主义的坚强阵地，努力建设成为我国哲学社会科学研究的最高殿堂，努力建设成为党中央国务院重要的思想库和智囊团"。这三个"努力建设成为"，是对中国社会科学院职责定位和发展方向的集中概括。《国家"十二五"发展规划纲要》作出"实施哲学社会科学创新工程，繁荣发展哲学社会科学"的决定，为哲学社会科学和我院发展提出了具体的战略任务。今年我院将全力启动哲学社会科学创新工程，推进学术观点创新、科研方法创新、科研组织管理创新，努力构建哲学社会科学创新体系。我院作为国家级哲学社会科学研究机构，学科门类齐全，专家学者云集，智力资源密集。为地方经济社会发展服务，也是我院一项义不容辞的任务。我们愿与山西省加强合作，共同开展课题研究、人才培养、国情调研等活动，充分利用我院的智力优势，为山西省经济社会发展做出贡献。

衷心祝愿山西的明天更美好！

20 世纪中国三次历史性
巨变的第一次*

  由中国社会科学院和湖北省人民政府联合主办的"纪念辛亥革命一百周年国际学术研讨会",在当年辛亥首义的发生地武昌隆重开幕了。我代表中国社会科学院,代表陈奎元院长,对本次会议的召开表示热烈的祝贺!对来自全国各地及世界各地的专家学者表示热诚的欢迎!也对湖北省政府及学界的精心组织和筹划表示衷心的感谢!

  一百年前的十月,驻守湖北武昌的新军率先打响了反抗清朝统治的枪声,宣告了辛亥革命的爆发。辛亥革命一举推翻了在中国延续二千余年的封建君主专制制度,在中国历史上具有划时代的伟大意义,产生了极为深远的历史影响。

  辛亥革命是在近代中国屡遭列强欺凌,逐渐沦为半殖民地半封建社会的背景下发生的。由于清朝政府不思进取,顽固守旧,它不仅不能解决近代中国面临的危局,不能有效地抵抗列强的侵略扩张,不能实现自身的变革进而实现国家的变革,反而对内镇压民众反抗和变法维新,对外步步妥协退让,政治腐败,社会动荡,民生困苦。清朝政府已经不能担当抵抗外部侵略,进行内部变革,从而实现民族独立和国家富强的历史责任。推翻清政府的封建专制统

---

  * 该文系作者 2011 年 10 月 12 日在湖北省武汉市召开的"纪念辛亥革命一百周年国际学术研讨会"开幕式上的讲话。

治，便成为近代中国实现反帝反封建的革命任务、建立独立富强的民族国家的前提条件。此时的中国，实际上已经面临一个别无选择的局面，这就是革命。只有革命，才能扫除已经成为严重阻碍中国社会发展障碍的清朝封建统治。

在近代中国风雨如晦的年代，一切有爱国心的中国人，有感于国家的危亡，不甘于民族的屈辱，都在以各种各样的方式探求改变中国命运的道路。孙中山先生就是他们当中的杰出代表，他率先发出了"恢复中华""振兴中华"的呐喊，提出了民族、民权、民生的三民主义政治纲领，并且身先士卒，领导革命运动，进行革命宣传，发动武装起义，致力于推翻清朝政府，建立民主共和，推动国家进步，实现民族复兴的伟大事业。正是在孙中山先生及其领导的革命党人的广泛宣传、周密组织与大力策动之下，1911 年 10 月 10 日，湖北武昌新军首义，并迅速得到全国响应，对清政府失望至极的社会各阶级阶层广泛地参与到革命中来，最终成功地推翻清王朝统治，终结了在中国延续二千多年的封建君主专制制度，开创了中国历史划时代的新篇章。

辛亥革命开创了完全意义上的民族民主革命。它在中国几千年历史上提出了一个全新的奋斗目标：民族独立、民主政治、民生幸福，它不只是一次简单的历史上曾发生过若干次的改朝换代。封建君主专制在中国存在了几千年，辛亥之后，任何想在中国重新建立或复辟帝制的主张和行动，都以失败告终，被历史唾弃。这说明辛亥革命带来的民主共和观念深入人心，任何想开历史倒车的行为都不能为社会所接受。

辛亥革命促进了中华民族的思想觉醒。与推翻封建君主专制相伴而行的是，人们的思想获得前所未有的解放。曾经至高无上视为神圣的皇帝都倒了，再没有什么不可打破的东西了。新文化运动继之而起，思想解放的潮流席卷而至，人们放眼世界，从各种舶来的理论中比较着寻找着救国救民的真理，最后终于找到了一种适合中国的革命理论——马克思列宁主义，找到了一条适合中国的发展道路——社会主义道路。可以说，由辛亥革命所开启的思想解放深刻影响了其后中国历史的演进与发展。

辛亥革命还产生了重大的国际影响。100 年前，世界上实行共和政体的国家屈指可数，亚洲则没有一个共和国。辛亥革命在亚洲建立了第一个共和国，它广泛影响到亚洲和世界的殖民地、半殖民地国家和地区，成为鼓舞这些国家和地区的人民争取独立、建立民权的奋斗榜样，从而也使辛亥革命成为具有国际影响力的重大事件。

大家知道，社会的变革和进步不可能一蹴而就。辛亥革命亦不例外，它也不可避免地带有其时代的局限性。然而，辛亥革命虽然没有完成近代中国反帝反封建的历史性任务，没有改变中国半殖民地半封建的社会性质，但是，它为中国的进步开启了历史的闸门，提供了广阔的可能性。辛亥革命是 20 世纪中国三次历史性巨变中的第一次。辛亥革命作为中国民族资产阶级领导的资产阶级民主主义革命，也称为旧民主主义革命，是第一次历史性巨变；以 1949 年 10 月 1 日中华人民共和国成立，和 1956 年所有制的社会主义改造完成为标志的中国工人阶级政党共产党领导的新民主主义革命和社会主义革命，是第二次历史性巨变；以 1978 年十一届三中全会召开为开端的中国社会主义改革开放，是第三次历史性巨变。

辛亥革命的时代早已过去了，但辛亥革命的精神和意义永存。中国共产党始终高度评价辛亥革命的伟大意义，并将自己视为辛亥革命的传人，将自己领导的革命视为辛亥革命的继承和发扬。辛亥革命为中国共产党的成立做了思想准备和干部准备，为中国共产党领导的反帝反封建的新民主主义革命和社会主义革命准备了条件和前提，社会主义改革开放和中国特色社会主义事业是辛亥革命的继续和前进。中国共产党一直为实现中华民族的复兴而坚持不懈地努力奋斗，并取得了举世瞩目的成就。辛亥革命先辈们振兴中华的远大理想，如今已经或正在成为现实，中华民族的伟大复兴正展现出前所未有的光明前景。

各位学者，同志们、朋友们：

辛亥革命是中国历史和世界历史上的大事件，它早已成为学界研究的重要课题，不仅为中国学界所关注，也为国际学界所关注。若干年来的辛亥革命研究，已经产生了许多高水准的研究成果，涵盖了辛亥革命方方面面的内容，参加这次会议的学者们，都是辛亥革命史学科发展和进步的见证者。1961 年，我们首次在武汉举行纪念辛亥革命 50 周年学术讨论会。此后，从纪念辛亥革命 70 周年起，每到辛亥革命的"逢十"纪念，我们便在武汉举行国际学术讨论会，这已形成惯例，今年同样如此。不同的是，百年之际，此次参加会议的各方学者人数更多，提交会议的学术论文的数量更多，质量也更高。由此也说明，有关辛亥革命的研究正在成为一门国际性的学科，吸引着世界各地研究者的研究兴趣。希望各位学者能够在这次会议的几天时间中，对于辛亥革命的有关问题，进行充分而深入的讨论，发扬争鸣的精神，得出科学的结论，从而推动辛亥革命的研究事业不断进步！

祝纪念辛亥革命一百周年国际学术研讨会圆满成功！

祝各位参会学者在武汉身心健康，生活愉快！

深切缅怀任继愈先生，传承
中华优秀传统思想[*]

  在任继愈先生逝世三周年纪念日到来的时候，"任继愈研究会成立大会暨'任继愈先生的为人与为学'学术研讨会"在先生的家乡隆重召开，又一次表明任继愈先生仍然活在我们心中，并以他的精神和榜样继续教育、鼓舞着后人。作为任继愈先生生前长期工作过的中国社会科学院的主要负责人，作为任继愈先生曾经长期任教的北京大学哲学系的一名毕业生，请允许我对"任继愈研究会"的成立表示热烈的祝贺，对德州市委市政府、平原县委县政府邀请我参加今天的大会表示衷心的感谢，对任继愈先生的家乡父老和到会的任继愈先生各位亲属、学生、好友表示诚挚的问候！

  任继愈先生是我国著名的哲学家、宗教学家、历史学家、图书馆学家和教育家，是我国著名的哲学社会科学学者。新中国成立后，他自觉接受马克思主义对哲学社会科学教学研究工作的指导，以 1956 年光荣加入中国共产党为标志，实现了爱国知识分子与共产主义者之间历史性的跨越和统一。从此，他的一生与党的理论事业、与新中国哲学社会科学事业密不可分。他对中国的哲学社会科学事业的发展，对中国哲学史、宗教学、图书馆学等学科的发展，对中华优秀传统文化的继承发展，都做出了卓越的贡献。

---

  * 原载《科学与无神论》2012 年第 5 期，原标题为"深切缅怀任继愈先生，繁荣发展哲学社会科学"。

任继愈先生一生的学术经历和贡献可以从五个方面高度概括：

第一，任先生是中国马克思主义宗教学的奠基人。1959 年毛泽东主席找任先生谈话，亲自关心宗教研究问题。1964 年任先生根据毛主席在前一年底的专门批示，受命建立了中国第一个研究世界宗教的机构；1977 年中国社会科学院成立以后，成为中国社会科学院世界宗教研究所。任先生从担任世界宗教研究所所长，至 1987 年兼任名誉所长直到逝世，前后一共 45 年。可以说，中国社会科学院世界宗教研究所的发展离不开任先生。任先生是世界宗教研究所的创建者。他还长期担任国家社会科学基金宗教学科规划评审组召集人，中国无神论学会、中国宗教学学会理事长、会长。他坚持用马克思主义立场、观点、方法从事宗教学研究，奠定了用马克思主义世界观方法论进行宗教研究的基础工作，创立了马克思主义宗教学。任先生认为，只有以历史唯物主义观点来研究宗教，才能做到比较科学，既不走样，也不迷信，不会轻易地对其加以全盘否定或全盘肯定。这是他研究世界宗教，建立马克思主义宗教学中最为核心的理念。任先生虽然是宗教学者，但是他不信教，他坚持和提倡无神论，同时全面、辩证地认识和理解宗教，维护党的宗教政策，关心信教群众生活水平和教育水平的提高。

第二，任先生是中国最著名的中国哲学史家。任先生师从汤用彤和贺麟教授攻读中国哲学史和佛教史，1941 年毕业，获硕士学位。1942 年至 1964 年在北京大学哲学系任教，1956 年起兼任中国科学院哲学研究所研究员。他是中国哲学史学会会长，1999 年当选为国际欧亚科学院院士。他主编的《中国哲学史》四卷本教材，荣获教育部特等奖，从 20 世纪 60 年代开始，一版再版，享誉学林，启迪了一代又一代新中国学人。任先生在中国哲学史研究方面走出了一条以马克思主义思想观点来梳理中国哲学史的研究道路。任先生认为，不关注人、不关注社会问题的学问是假学问。任先生在中国哲学史的研究上实践了他的治学观点，在中国哲学史研究方面做出了卓越贡献。

　　第三，任先生是中国优秀传统文化的发扬光大者。 任先生是国务院古籍整理规划领导小组成员，2009 年 1 月被聘为中央文史研究馆馆员。他对中国传统文化有一个新的、划时代的发现，他认为，儒教是古代中国的国教。他全面论述了儒教的性质和教义、发生和发展，阐明儒教的神灵系统和组织结构，完成了"儒教是教说"的理论创造。近十余年来，通过对"儒教是教说"的深入辨析，学术界对"儒教是教说"在宗教学范畴内的意义和价值取得了越来越多的共识，中国传统文化的清理和继承，由此展现出新的面貌。任先生认为，我国当前的学者有义务为未来的文化高潮准备更多的传统资料。他对此身体力行，主导了一系列极其浩大的古典文献整理出版工程。1983 年至 1997 年，他主持编纂完成一亿多字的《中华大藏经（汉文部分）·正编》，该书获得国家古籍整理一等奖、中国社会科学院优秀科研成果奖。他还主编规模达 150 卷的《国家图书馆藏敦煌遗书》，担任规模达七八亿字的《中华大典》的总主编，担任重新校订出版《二十四史》的总主编。他为国家的古籍整理伟业奉献了全部心血。

　　第四，任先生是著名的图书馆学者。 任先生担任中国国家图书馆馆长、名誉馆长 22 年，对中国的图书馆事业做出了重要贡献，特别是在古籍整理，孤本、善本的开发和利用上做出了开拓性的学术研究。在担任中国国家图书馆馆长期间，他以耄耋之年，坚守岗位，躬亲馆务，积极推进图书馆的各项事业。他担任馆长的十余年，是中国国家图书馆有史以来得到最快发展的时期。任继愈先生对国家图书馆的发展做出了重大贡献。

　　第五，任先生是最著名的、最优秀的、最受学者和年轻人拥戴的哲学社会科学教育家。 任先生在中国哲学史、宗教学、历史学、图书馆学等领域都有非常高的造诣，他的为人、他的学问、他的书都对我们后辈起到了非常深远的教育作用。他 1941 年起在北京大学哲学系、北京师范大学任教，先后讲授中国哲学史、宋明理学、中国哲学问题、朱子哲学、华严宗研究、佛教著作选读、隋唐佛教和逻辑学等课程。1978 年以后，担任中国社会科学院研究生院教授和硕士、博士研究生导师，国务院学位委员会学科评议组成员和哲学组召集人。他数十年不离讲台，传道解惑，因材施教，造就了大批学术俊彦。他的授课，思路清晰，观点鲜明，举一反三，循循善诱，不但传授知识，而且教之以渔，尤其注重以良好学风对学生的熏染陶铸。蒙他教导的学生广布海内外，许多人早已是彪炳于世的学术大家。特别是 1978 年研究生招生制度化以后，任先生将大量精力倾注于宗教学、中国哲学学科硕士、博士研究生的培养，这些学生现在几乎都已成长为博士生导师、学科带头人、教学科研单位领导者，撑持着中国哲学史和宗教学学术研究的宏阔殿堂。我虽然没有得到任先生耳提面命的直接指导，但他的研究成果和学术思想一直影响着我，他的《中国哲学史》《老子绎读》是我经常放在手边的读物，我觉得将会受益终身。

总而言之，任继愈先生的一生，是追求真理、追求进步的一生，是走在时代前列、参与创造时代精神的一生，是把个人的一切献给中华民族、献给党和人民的一生，是为我国学术文化事业与人类文明的发展付出全部智慧和力量的一生；同时，他也不愧为学生、同事、亲友心目中平易近人、热忱诚恳的好师长、好朋友、好父兄，不愧为中华优秀文化传统的睿智继承人和忠实践行者。

在促进社会主义文化大繁荣大发展、促进哲学社会科学创新体系建设的今天，任继愈先生为我们知识界、学术界树起了一面旗帜，一座丰碑。

此时此刻，我们深切地缅怀任继愈先生，要学习任继愈先生坚定的马克思主义立场，坚持马克思主义在意识形态领域的指导地位；学习任继愈先生严谨的学风和治学态度，遵循实事求是的思想路线，理论联系实际，潜心科研创造；学习任继愈先生诲人不倦的教学风范，认真培养人才，注重德才兼备，承续优秀文化传统，致力知识系统更新；学习任继愈先生艰苦朴素的生活作风，保持纯洁高雅的情趣，拒斥奢靡低俗的浸染，努力净化社会、净化人生。

"任继愈研究会"的成立，为研究和宣传任先生的生平事迹、思想脉络、道德文章、历史地位，构建了一个平台，一条路径。我希望研究会同人认真领会和全面总结任继愈先生的宝贵精神遗产，使之在中国特色社会主义先进文化建设中持续发扬光大，也使研究会时时充满活力，永葆蓬勃生机。中国社会科学院和我本人愿意在可能的范围内，积极支持研究会的工作，并愿意将配合任继愈先生家乡的经济文化建设纳入我院与山东省"省院合作"的规划当中，发挥我院对于帮助地方社会和谐发展、科学发展的智力资源优势作用，以新的成绩迎接党的十八大胜利召开。

祝本次会议圆满成功！祝任继愈研究会在未来的日子里不断取得可喜的进展！

塑造中国学术的大国气象与世界影响[*]

在全国人民喜迎党的十八大之际，哲学社会科学界的专家学者代表齐聚徐州，共同研讨当代中国学术如何走向世界。这一议题的提出，既凝结着党和国家对哲学社会科学工作者的殷切期望，也体现了我国学者对当前世界学术格局的清醒认识和强烈的历史使命感。在此，我谨代表中国社会科学院党组、代表陈奎元院长，向参加此次会议的专家学者致以热烈的欢迎！向为承办此次会议付出辛勤劳动的江苏师范大学的领导和同志们表示衷心的感谢！

今天我主要讲三个问题。

一 中国学术走向世界是统筹国内国际 两个大局、发展中国特色社会主义、 实现中国现代化的必然要求

思想源于对现实的深刻把握。回顾人类思想史，一切划时代的思想体系都在于它回应了时代最响亮、最迫切的问题。正如马克思所说，"问题是时代的格言，是表现时代自己内心状态的最实际的

＊ 该文系作者 2012 年 12 月 25 日在江苏徐州"第六届中国社会科学前沿论坛"上的讲演。原载《中国社会科学报》2012 年 10 月 31 日。

呼声"①。推动中国学术走向世界，提升中国学术的世界影响力和国际话语权，是我们基于对我国发展态势和国际形势走向的总体判断而提出的时代课题，是哲学社会科学界深入贯彻党中央统筹国内国际两个大局、发展中国特色社会主义、实现中国现代化战略思想的重大举措。

改革开放 34 年来，特别是党的十六大以来，中国特色社会主义各个方面建设都取得了令世人瞩目的巨大成就，中国的综合国力显著提升，世界影响力大幅拓展，民族自信心空前高涨。进入 21 世纪以来，中国在国际事务中日益展现出积极进取的对外姿态，广泛地参与到世界经济、国际和平、发展援助、非传统安全等问题的讨论与解决之中，中国更加自觉主动地在各类国际论坛上提出自己的政策主张。伴随着中国国际地位的上升，世界越来越需要获得中国的参与，越来越需要倾听中国的声音，越来越需要汲取中国的智慧。世界需要中国，中国需要世界。在国际目光日益投向中国的新形势下，中国哲学社会科学走向世界既面临着难得的历史机遇，也肩负着增强国家文化软实力、进一步提升国际影响力的历史使命。

30 多年来，中国共产党带领中国人民不断探索、勇于创新、敢为人先，成功走出了一条史无前例的中国特色社会主义道路。这条道路凝结着中国人民的汗水和智慧，蕴含着丰富的实践经验和理论素材。中国道路世界瞩目。当然，中国的继续发展也面临着一系列有待解决的困难、问题与矛盾，这些难题的成功破解需要哲学社会科学认真进行经验总结、理论概括和对策提炼，需要中国的学者为前进道路上可能遇到的种种问题提供具有前瞻性的智力支持和科学的解决方案。中国特色社会主义道路是一条反对教条主义、打破西方神话、坚持独立探索的道路，它所体现的实践特征、它所提出的理论问题，是任何一种西方理论范式都无法给予充分解释的。这种

---

① 《马克思恩格斯全集》第 1 卷，人民出版社 1995 年版，第 203 页。

独特性，为中国哲学社会科学既吸取西方学术又超越西方学术、既吸取中国传统文化又超越中国传统文化、实现理论学术创新提供了极其丰沃的思想资源和实践素材，也为中国哲学社会科学走向世界、为人类文明的提升，贡献中国人自己的思想智慧奠定了坚实基础。

中国特色社会主义伟大实践不断激发着理论创新、学术创造的活力，为哲学社会科学打开了世界性的宏阔视野，奠定了中国学术走向世界的理论与现实根基。中国学术在新的历史条件下必将有所发现、有所突破、有所创造，作出具有世界意义的重要贡献。

从世界范围内看，中国哲学社会科学走向世界是中国参与世界文明重组、为人类发展贡献中国智慧的客观要求。20世纪90年代，苏联解体，冷战结束，世界社会主义运动遭受重大挫折。美国右翼思想家福山随之提出了"历史终结论"，认为冷战的结束标志着共产主义的终结，西方自由民主制度将成为"人类意识形态发展的终点"和"人类最后一种统治形式"。具有资产阶级意识形态特征的新自由主义或者说"华盛顿共识"在全球大行其道。然而，冷战后残酷的现实让新自由主义名誉扫地：休克疗法使俄罗斯一蹶不振，自由化改革让拉美身陷经济陷阱，非洲民主化浪潮造就一批所谓"失败国家"。特别是2008年欧美金融危机，更让国际思想学术界对新自由主义产生了深刻的怀疑。相反，中国在苏联解体后，沉着应对，沿着中国特色社会主义道路坚定前行，创造了令世界惊叹的中国奇迹。中国特色社会主义所取得的伟大成就，新自由主义所遭遇的尴尬境地，充分证明人类历史的社会主义必然趋势并没有终结，人类的社会主义现代化发展道路依然面临着极其广阔的空间。中国人民是不断探索人类社会新的发展道路的勇敢践行者，它在探索过程中所积累的经验，将为世界其他国家和民族探索适合自身特点的发展道路提供有益的借鉴和理论启示。人类的发展需要离不开中国经验、中国智慧，中国哲学社会科学走向世界正是对这种需求的积极回应！

二 中国哲学社会科学的繁荣发展是中国学术走向世界、争夺"话语权"、占据"思想高地"的坚实基础

伟大的时代催生伟大的精神产品。当前，中国哲学社会科学事业正处于前所未有的快速发展中，这为中国学术走向世界、争夺"话语权"、占据"思想高地"积累了宝贵经验，创造了积极条件，奠定了坚实基础。

中国当代哲学社会科学的发展与鸦片战争以来中国学术的近代转型有着不可分割的渊源关系。自以林则徐、魏源为代表的先知中国人睁眼看世界以来，中国学术的发展就与学习西方文明结下了不解之缘。从洋务运动、戊戌变法、辛亥革命到新文化运动，中国学术伴随着近代中国社会的发展持续地引进西学，向世界文明学习。而20世纪二三十年代马克思主义在中国的传播和崛起，更是中国思想史上开天辟地的大事，标志着中国学术进入一个崭新的发展阶段。新中国成立以后，伴随着学术界对马克思主义的学习与研究，马克思主义在学术研究中的主导地位得到确立和加强，取得了一大批具有历史意义的优秀科研成果。改革开放以来，我国哲学社会科学立足中国，面向世界，大力探索马克思主义中国化，充分借鉴国外人文社会科学研究的新观点、新方法、新成果，建立了相对齐全的学科体系。进入21世纪，中国哲学社会科学研究在基本完成了对西方学术理论的引介的同时，积极探索如何在新的历史起点上构建起具有鲜明中国特色的学术理论体系、在国际学术界发出中国的声音，这已经成为摆在我国哲学社会科学工作者面前的重大时代课题。繁荣发展中国哲学社会科学是历史的必然选择。

十六大以来，党中央进一步把繁荣发展哲学社会科学作为建设

社会主义文化强国的一项重要内容。十七大明确要求"繁荣发展哲学社会科学，推进学科体系、学术观点、科研方法创新"；国家"十二五"规划纲要提出："大力推进哲学社会科学创新体系建设，实施哲学社会科学创新工程，繁荣发展哲学社会科学。"十七届六中全会《决定》提出了"繁荣发展哲学社会科学"和"提高文化开放水平，推动中华文化走向世界"的重要任务。这一系列重大举措表明，随着中国特色社会主义实践的深入发展，我们党更加重视哲学社会科学事业的繁荣发展，更加娴熟地把握哲学社会科学的发展规律，更加自信自觉地塑造中国学术的国际竞争力和世界影响力。

改革开放以来，我国哲学社会科学事业取得了长足进展。广大哲学社会科学工作者奋发进取，开拓创新。马克思主义理论研究和建设工程是党的十六大以来我国思想理论建设的标志性工程，推进马克思主义中国化、时代化、大众化取得了显著成果。一大批学术新领域被开辟，研究手段、研究方法加速更新，新兴学科不断兴起，不同学术观点、学术流派相互激荡，哲学社会科学学科体系和教材体系建设得到显著加强，优秀成果、优良人才不断涌现，一批有影响的学术理论报刊成功创办并得到发展，学术新媒体快速成长，为推动和引领中国学术走向世界搭建了桥梁。

改革开放以来，我国哲学社会科学事业成果辉煌，为中国特色社会主义道路的发展提供了坚强的理论支撑和智力支持。可以说，我们正处在一个学术发展的黄金时代，中国学术已经具备了走向世界的条件。

三 立足中国、面向世界，围绕中心、服务大局，为实现中华民族的伟大复兴、为世界文明的提升贡献中国智慧

哲学社会科学走向世界，是一个严肃的时代课题，不能盲目，

不能跟风，必须有目标、有方向、有规划，必须坚持"立足中国、面向世界，以我为主、为我所用"的原则，必须坚持围绕中心、服务大局，为实现中国现代化和中华民族伟大复兴、为中国特色社会主义服务的方针。这里有三点需要特别强调。

第一，中国学术必须坚持以马克思主义为世界观方法论指南。马克思主义是当代中国学术的灵魂，在繁荣发展哲学社会科学方面发挥了龙头作用、基础作用和导向作用，为中国学术坚持正确的政治方向、理论方向和科研方向，奠定了牢固的思想基础。马克思主义是我国哲学社会科学的本质特征，是我们与西方进行理论对话的科学指导，是我们超越西方学术、赢得学术话语权的创新动力，是中国学术走向世界的理论支点。必须始终坚持马克思主义在学术研究中的主流地位。

第二，中国学术走向世界必须坚持服务于中国特色社会主义事业。中国学术自古就有经世致用的优良传统，具有"为天地立心、为生民立命、为往圣继绝学、为万世开太平"的博大情怀。以马克思主义为指导的哲学社会科学研究，是中国特色社会主义事业的有机组成部分，是实现国家文化战略的重要力量。在中国学术走向世界的进程中，哲学社会科学工作者要始终将学术研究与国家发展战略结合起来，围绕党和国家中心工作，服务于中国特色社会主义现实发展大局，将个人努力方向与国家的需要、民族的需要结合起来，不辱使命，不负重托。

中国特色社会主义实践既是中国学术走向世界的物质基础和理论资源，又是中国学术走向世界的服务目标和终极归宿。中国学术走向世界，绝不单纯是为了赢得国际学术话语权、提升国家文化软实力，更是为了通过走向世界更好地服务于中国特色社会主义伟大实践。为此，走向世界的中国哲学社会科学必须牢牢把握中国特色社会主义道路的政治方向，始终服务于中国特色社会主义政治、经济、社会、文化以及国防建设，在和世界其他国家、其他民族学术文化的深刻互动中，批判地汲取优秀智慧和营养，为党和政府破解中国特色社会主义发展道路上的种种难题提供智力保障，在与实践偕行中，努力构建具有中国特色、中国风格、中国气派、中国话语体系的哲学社会科学理论体系，以鲜明的时代感和民族性，彰显中国特色社会主义的强大生命力。

第三，与国际学术界展开平等、独立、有尊严的对话，以鲜明的中国特色和时代特征走向世界。理论的成长成熟离不开思想砥砺和学术争鸣。中国学术只有通过与国际学术界展开平等、独立、相互尊重的对话，才能真正屹立于世界学术之林，为民族、国家赢得更多的发展机遇，提供更多的智力支持。尊严来自实力。中国学术源远流长、博大精深，五千年的文明史造就了灿若星辰的文化巨擘、浩如烟海的学术经典、辉煌璀璨的民族文化，为人类知识宝库留下了极其丰富的精神遗产。当代中国的历史实践又创造了战后世界范围内国家建设的伟大奇迹。立足中华民族的光辉历史，我们没有理由对中国学术走向世界的"梦想"失去信心。只有民族的，才是世界的；只有世界的，才是民族的。在中国学术走向世界的进程中，只要我们立足中国的历史与国情，传承和发扬中国自身的特色与传统，就可以与国际学术展开平等、独立、有尊严的对话。数典忘祖、全盘西化，绝不是走向世界，而是背离中国学术发展的正确方向，必将葬送中国学术的远大前程。

与国际学术界展开对话，要坚持以科学的眼光对待其他国家、其他民族的学术观点和学术成果，既不能故步自封、狂妄自大，也不能妄自菲薄，一味崇洋。在以博大的胸怀、开放的心态吸纳世界其他文明优秀成果的同时，要坚持中国学术的自觉与自信，毫不动摇地继承和弘扬中华民族的优秀学术传统，创造并发扬光大具有时代气息的、中国特色的学术。在此基础上，推动世界不同文明之间的对话与交流，促进人类文明的整体进步和成长。

纪念胡乔木，学习胡乔木，繁荣发展中国哲学社会科学事业[*]

今天是忠诚的共产主义战士，无产阶级革命家，杰出的马克思主义理论家、政论家和社会科学家，我党思想理论文化宣传战线的卓越领导人胡乔木同志100周年诞辰纪念日。在这个特殊的日子里，深切缅怀胡乔木同志的光辉一生，学习他坚定的理想信念、崇高的革命精神和高尚品格，对于繁荣发展我国哲学社会科学事业，进一步办好中国社会科学院，具有十分重要的现实意义。

一 胡乔木同志是中国社会科学院第一任院长，虽然担任这一职务只有短短 3 年半时间，但为建立中国社会科学院做了大量开创性工作，为中国社会科学院的建设和发展作出了重要贡献

胡乔木同志一向关注我国哲学社会科学事业的繁荣和发展。新中国成立之初，他就建议在中国科学院哲学社会科学部成立文

　＊ 该文系作者 2012 年 6 月 1 日在"纪念胡乔木同志诞辰一百周年座谈会"上的发言，原载《人民日报》2012 年 6 月 1 日。

学研究所。"文革"后期直接分管哲学社会科学部，致力于学部业务工作的恢复。"文革"结束不久，胡乔木同志接手中国科学院哲学社会科学部的领导工作。面对百废待兴的局面，他一方面从思想上、理论上肃清林彪、"四人帮"的流毒；另一方面迅速恢复科研机构，解放科研人员，在很短的时间内将学部工作重心转移到科学研究上来。胡乔木同志向中央建议，将中国科学院哲学社会科学部改名为中国社会科学院。1977 年 5 月，经邓小平同志亲自批准，中国社会科学院正式建立，从此掀开了中国哲学社会科学发展的新篇章。

胡乔木同志把坚持以马克思主义为指导作为中国社会科学院建设的根本方针，保证了中国社会科学院从建院开始就沿着正确的办院方向前进。胡乔木同志指出，中国社会科学院是党中央和国务院领导的社会科学机关，是以马克思主义为指导的社会科学机关。第一，必须把系统研究和准确阐述马克思主义作为"头等重要的任务"，写出科学的、有创造性的、理论水平较高的关于马克思主义的专门著作。第二，必须对社会科学各领域中的重大理论和现实问题，作出令人信服的马克思主义的解答。第三，社科院的党员不仅要研究马克思主义，而且应该在行动上按照马克思主义的要求去做，表现出行动中的马克思主义。同时，胡乔木同志还强调，我们不能停止在马克思主义的现成书本上，而是必须运用马克思主义的基本原理，对人类的新经验、新知识作出总结，寻求和过去时代不完全相同的答案。马克思主义不是一个封闭孤立的体系，只有不断丰富和发展才能经常保持强大的生命力，才能在各门科学研究方面保持指导地位。

胡乔木同志十分重视哲学社会科学人才队伍建设，从著名学者、学术大师到学科带头人，从"双肩挑"干部到党政干部，只要是有才干、有能力的人，他都爱惜，可谓求贤若渴。在胡乔木同志努力下，一大批学有专长的研究人才和管理干部被调进中国社会科学院，极大地充实了科研和管理队伍，对中国社会科学院的院、所建设和学科发展，发挥了很重要的作用。

胡乔木同志十分重视科研规划的制定，着力运用规划推进重大问题研究和人才队伍培养，通过规划将全国社会科学研究机构和社会科学工作者组织起来，共同推动我国哲学社会科学的繁荣发展。在胡乔木同志领导下，中国社会科学院制定了中长期发展规划。胡乔木同志还依托社科院，争取中宣部支持，与教育部联手，召开了社会科学各个学科的全国规划会议，在此基础上制定了《1978—1985 全国哲学社会科学发展规划纲要》。召开了全国哲学社会科学规划座谈会，形成的会议纪要以中央文件形式印发全党，对新时期哲学社会科学的发展发挥了重大的历史性的作用。

为了更好地适应社会主义现代化建设和哲学社会科学事业发展需要，在胡乔木同志提议下，中国社会科学院新设立了一大批研究所。到 1981 年底，中国社会科学院的研究所由建院之初的 14 个增加到 32 个，从而形成了比较完整的学科体系和学术研究格局。为更好服务科研工作，还成立了中国社会科学出版社，创办了《中国社会科学》等一大批学术期刊，活跃了学术思想，推动了科学研究。

胡乔木同志十分重视哲学社会科学管理工作。根据新时期科研工作需要，胡乔木同志对社科院管理机构进行了调整，新成立了科研组织局、人事教育局、外事局等直接为科研和科研人员服务的职能部门。与此同时，胡乔木同志还十分重视和加强制度建设，明确提出要建立适合社会科学研究和发展的领导体制和管理制度。在他的提议下，恢复和完善了学术职称评审制度，新制定了几十项科研、人事、外事、行政管理等方面的规章制度，对中国社会科学院工作的规范化起到了重要作用。

二 胡乔木同志在领导中国社会科学院工作期间，立足中国哲学社会科学和中国社会科学院的实际，围绕哲学社会科学研究、科研管理、学科建设、人才培养、研究方法、领导方式等，提出了一系列重要的观点和主张。胡乔木同志关于繁荣发展哲学社会科学的思想，对哲学社会科学研究以及哲学社会科学的繁荣发展，至今仍然具有重要的现实意义

胡乔木同志高度评价哲学社会科学的地位和作用。他指出，哲学社会科学必须坚持马克思主义指导，没有哲学社会科学，就不会有科学的社会主义，就不会有中国共产党和中华人民共和国；哲学社会科学发展状况和成果应用情况，与中国革命和建设成败关系密切。胡乔木同志强调，由于种种原因，我国哲学社会科学研究工作很落后，必须努力改变这种状况，使我国哲学社会科学的规模和水平同我国的革命和建设的需要相适应，与我国所享有的国际地位相对称。

胡乔木同志十分重视哲学社会科学为党和国家工作大局服务。他认为，社会科学必须是应用的，基本上是为应用而存在的；社会科学研究领域广泛，分支很多，但一定要把研究现实问题摆在整个研究工作的首位。他提出，社会科学要探讨当代社会生活中的重大问题，努力做出解答，为社会主义现代化建设服务；社会科学应该通过科学研究的成果，来做好党和国家的得力参谋和助手；社会科学要更好地为社会主义现代化建设服务，必须与党和国家制定方针政策紧密结合起来。

胡乔木同志十分重视理论联系实际的研究方法。他提出，既要反对脱离实际的教条主义，又要反对脱离理论的实用主义，要用实事求是的态度对待理论与实际相结合，对于不同学科，有不同的要

求，不可一概而论。他强调，在研究现实问题的时候，不能忽视理论研究，要从现实中发现理论、总结理论、发展理论；在把现实问题研究摆在首位的同时，必须重视哲学社会科学各门学科本身的基础理论的研究，不断提高科学水平，把各门学科建立在扎实的理论基础上。

胡乔木同志十分重视正确处理政治和学术的关系。他强调，哲学社会科学研究既要坚持党的领导，又要坚决贯彻"双百"方针；要把政治工作贯穿到科学研究工作中去，为科学研究排除障碍。不应把学术问题与政治问题混为一谈，轻易地对学术争论做一种政治上的结论；同时，政治与学术又是相互联系的，关系国家重大利害的问题，就不是单纯的学术问题，而是涉及政治问题了，应该作为政治问题来对待。

胡乔木同志十分重视哲学社会科学研究机构的管理。他指出，社会科学要为社会主义现代化建设服务，社会科学自身和中国社会科学院也要实现现代化。为此，他提出加强中国社科院管理的两条举措：一是加强全院的计划工作，二是研究所要实行经常考核制度。胡乔木同志强调，社会科学研究也要解决好体制问题，对各级研究室人员的培养、使用和调动，要建立起一套合理的管理制度；要理顺院所关系，调动研究所的积极性。

三　胡乔木同志离开我们已经 20 年了。今天纪念胡乔木同志，最好的办法就是学习和继承他关于办好中国社会科学院、繁荣发展哲学社会科学的一系列思想，按照党的十七大和十七届六中全会精神，进一步办好中国社会科学院，繁荣发展哲学社会科学

纪念胡乔木同志，就是要学习他始终秉持坚定的理想信念和正

确的政治立场，不断提高马克思主义理论水平。胡乔木同志是杰出的马克思主义理论家，具有深厚的马克思主义理论功底，这是他能够始终坚持正确政治立场，并且比一般人站得高、看得远的重要原因。我们要像胡乔木同志那样，坚定信仰马克思主义，认真学习马克思主义，科学运用马克思主义，不断提高马克思主义理论水平，坚持用马克思主义立场观点方法指导哲学社会科学研究，努力把中国社会科学院建设成为马克思主义的坚强阵地。

纪念胡乔木同志，就是要学习他孜孜不倦、善于学习的精神。胡乔木同志重视学习，知识渊博，是党内少有的百科全书式的学术大师。他对中国社会科学院和社会科学事业发展的大气魄、大思路、大手笔、高起点的举措，只有集政治家、理论家、学术大师于一身的人才可能做到。我们要像胡乔木同志那样，重视学习，善于学习，不仅要学好自己的专业知识，而且要尽可能广泛涉猎哲学社会科学各学科的知识，甚至是自然科学的有关知识，努力使自己的头脑充实起来，以适应新形势下哲学社会科学研究工作和管理工作的需要。

纪念胡乔木同志，就是要学习他勇于开拓、甘当人梯的奉献精神。胡乔木同志到中国社会科学院工作，已经将近70岁高龄，但他本着对党的事业和哲学社会科学高度负责的态度，殚精竭虑，筚路蓝缕，艰苦创业，迅速打开了中国社会科学院发展的新局面。我们要像胡乔木同志那样，热爱党的理论研究事业，献身哲学社会科学研究和管理工作，为繁荣发展中国哲学社会科学作出应有的贡献。

纪念胡乔木同志，就是要学习他尊重科学、尊重学者的人格风范。胡乔木同志强调，党领导科学和艺术，要在科学和艺术所允许的范围里发挥它的作用；社会科学院的各级领导干部都是服务人员，是为科研工作服务的；党委和后勤工作的领导同志要帮助研究人员解决各种工作条件。我们要像胡乔木同志那样，尊重科学，尊重知识，尊重人才，尊重创造，积极探索哲学社会科学研究规律、哲学社会科学人才成长规律和中国社会科学院办院规律，努力提高管理水平，热心为研究人员服务，做好知识分子工作，为多出优秀成果和优秀人才积极创造条件。

纪念胡乔木同志，最重要的是要搞好哲学社会科学研究，进一步繁荣发展中国哲学社会科学事业，为社会主义文化大繁荣大发展服务，为中国特色社会主义服务。以胡锦涛同志为总书记的党中央十分重视哲学社会科学，2005年中央政治局常委集体听取中国社会科学院工作汇报，2007年对中国社会科学院提出了"三个定位"的目标要求，2011年党的十七届六中全会就繁荣发展哲学社会科学作出了重要部署。我们要认真学习贯彻党的十七届六中全会精神，实施好哲学社会科学创新工程，积极构建哲学社会科学创新体系，努力办好中国社会科学院，为建设中国特色社会主义事业哲学社会科学作出更大贡献，以优异的工作成绩迎接党的十八大胜利召开。

中国思想文化战线上的一面旗帜[*]

今年是郭沫若诞辰 120 周年，我们在这里隆重纪念这位为新中国奋斗了一生的革命家、忠诚的无产阶级文化战士，深切缅怀他在科学文化领域的卓越成就和他所留下的宝贵的文化遗产。

郭沫若是从我国新文化运动中孕育成长起来的杰出的作家、诗人和戏剧家，又是最早学习运用马克思主义的历史学家和古文字学家。在五四运动时期，他以充满理想主义和革命激情的诗歌创作，猛烈抨击黑暗的社会现实，发出彻底"毁坏"旧制度的呐喊，热情呼唤"创造"光明的未来与中华民族的新生，高扬起"时代的精神"。他的新诗开一代诗风，奠定了中国新诗歌发展的历史走向。他在抗战期间创作的历史剧，借古喻今，表达了"时代的愤怒"，成为教育人民、打击敌人的有力武器。他的全部文学创作和文学活动，始终充满着高昂的革命热情，饱含着对于祖国和人民真挚的热爱。

郭沫若运用马克思主义的立场、观点、方法研究中国古代社会，创造性地将古文字研究与古代史研究结合起来，为历史学研究、金文甲骨之学的研究拓展了新的学术视野和学术天地，成为中国马克思主义史学派的开创者。郭沫若博学多才，勤勉耕耘，在毕其一生的学术活动中，涉足哲学社会科学的诸多学科领域：哲学、

---

　　* 该文系作者在"郭沫若诞辰 120 周年纪念会"上的讲话。原载《中国社会科学报》2012年 12 月 19 日，《社科党建》2013 年第 1 期。

文艺学、美学、历史学、考古学、古文字学，等等，并且均有所成就。在翻译介绍马克思主义理论著作、外国进步的文艺作品、科学著作、科普著作，以及书法艺术等方面，亦有丰硕的成果和重要的建树。他被誉为百科全书式的人物，是现代中国文化史上一位文化大师。"他是继鲁迅之后，在中国共产党领导下，在毛泽东思想指引下，我国文化战线上又一面光辉的旗帜。"[①]

郭沫若是"革命的诗人"，同时又是"革命的战士"。他的文化活动总是与中国革命的历史进程息息相通，他一直站在社会革命的风口浪尖上。大革命时期，他毅然投笔从戎，参加国民革命军铲除北洋军阀的北伐战争。大革命失败后，他参加了南昌起义，并且加入中国共产党。抗战爆发后，他毁家纾难从海外归国，从事抗战文化的组织领导工作，成为"革命文化的班头"[②]。解放战争时期，他是在国民党统治区反对独裁专制，争取和平民主运动的斗士。新中国成立后，郭沫若肩负了繁重的国家事务。他先后担任中央人民政府政务院副总理兼文化教育委员会主任、全国人民代表大会常务委员会副委员长、中国人民政治协商会议全国委员会副主席、中国文学艺术界联合会主席、中国科学院院长、中国科学院哲学社会科学部主任、中国科学技术大学校长等职务，从事文化、教育、科学等领域的组织领导工作。他还在保卫世界和平运动、对外文化交往中发挥独特的作用。与此同时，郭沫若笔耕不辍，继续从事文学创作和学术研究。他为我国的社会主义革命和社会主义建设事业，为社会主义文化事业的繁荣兴盛贡献了毕生的精力。

历史走到21世纪的今天，经历了改革开放三十年的中国，正坚定不移地沿着建设中国特色社会主义道路奋勇前行。郭沫若留给20世纪中国的文化财富仍然具有当代价值和现实意义，他作为科学文化教育工作者，为广大知识分子树立了一个学习的榜样。学习和

① 《在郭沫若同志追悼会上 邓小平副主席致悼词》，《人民日报》1978年6月19日。
② 周恩来：《我要说的话》，《新华日报》1941年11月16日。

发扬他所留下的精神财富，在推动社会主义文化大发展大繁荣，进一步兴起社会主义文化建设新高潮，推进文化强国的进程中，能够给我们提供有益的思想启迪，激发文化创造活力。

纪念郭沫若，应该学习和发扬他具有创新意识，勇于创造的精神。

郭沫若是以诗歌创作登上人生舞台的，他以全新的语言、全新的形式、全新的审美意识创作的新诗集《女神》，是一曲"创造者"之歌。"创造"是他的基本主题。那不只是要创造新文学，还要创造新的社会理想。他用诗的语言表达的"我们要去创造些新的光明"，"我们要去创造一个新鲜的太阳"，体现的是对于中华民族创新意识、创造精神的期待。郭沫若认为，中华民族在历史上曾创造了辉煌灿烂的古代文明，但是在漫长的封建社会历史进程中，逐渐变得故步自封、因循守旧，这严重禁锢了中华民族的创新意识和创造精神。中国社会的现代化进程，需要打破这种旧思想观念的束缚，中华民族"性灵的复活"，需要唤醒创造进取的精神。郭沫若以自己的努力实现了思想观念的更新，发展了创新意识和创造精神，使他在人生的道路上始终保持着锐意进取的姿态，保持着文化创造的活力。他从不株守成说，敢于挑战传统的观点。他不断拓展新的研究方向，提出新的学术见解。在他所涉足的几乎每一个文化领域，他都能有所开拓，有所创新，有所成就。

我们正坚定不移地走建设中国特色社会主义道路，为全面建成小康社会而奋斗。在中国特色社会主义事业进入到了一个新的发展阶段，在当前重要的战略机遇期，面向未来，更需要创新，需要推进实践基础上的理论创新。当代的科学技术、产业变革，也处在一个革新变化飞速发展的时期，要有创新，才能走在前沿，才能抓住机遇有所超越。我们的哲学社会科学工作者，我们的科学家，我们的作家艺术家，我们的一切科学文化教育工作者，都应该具有创新意识、创新思维，在各自所从事的工作中做出创造性的努力和贡献。

纪念郭沫若，应该学习和发扬他不断探求真理，科学务实的精神。

近代以来的中国，在进行现代思想启蒙，施行社会革命的时候，曾经历了一个向西方寻求真理的过程，富有使命感的先进的知识分子们纷纷留学海外，试图寻找一条救国救民之路，郭沫若也在这样的时代背景下赴日本留学。他在那里广泛接触学习了西方先进的科学技术，接触学习了西方近代以来进步、优秀的哲学、艺术、文学，也接触学习，并最终选择了马克思主义作为自己人生的思想信仰。在这样一个学习过程中，他始终保持着一个清晰的认识：这种学习是一个探求真理的过程，应该立足于中国的社会现实，立足于本民族的文化根基。

郭沫若曾经接受泛神论思想，信奉过各种个性主义思潮，但是亲身经历了社会革命的实践，了解认识到"水平线下"的中国社会之后，他理清了思想上"各种各样的见解"的杂乱，把混沌不清的意识"自己凿死了"，然后结合中国社会的历史和现实，学习马克思主义并成为一个马克思主义者。他认为："纯粹的翻译时代应该已经过去了，今天要接受科学，主要的途径是科学的中国化。要使科学在中国的土壤里生根，从那儿发育出来，开花结实。科学的理论和实践要能和中国的现实生活配合得起来，要使它不再是借来的衣裳，而是很合身的剪裁，或甚至是自己的血肉。"[1]

探求真理，要坚持科学精神，要实事求是，也要敢于修正错误。在学术研究中，郭沫若主张既要有正确的方法论，又要充分占有可靠的资料，经过严谨的分析，才能得到科学的认识。他最初开始甲骨文和金文研究，就是为研究中国古代社会搜寻原初的、第一手的史料。他为许多历史人物、历史成说所做的"翻案"文章，都

---

① 《"五四"课题的重提》，《郭沫若全集·文学编》第 19 卷，人民文学出版社 1992 年版，第 544—545 页。

是在充分掌握文献史料的基础上，进行科学的分析、论证而后得出结论。他在为人、治学、工作上都坚持实事求是，不忌惮公开修正自己的失误与不足。科学务实的态度使他具有民主的学风，并以此带动学界形成一个良好的学术环境。他认为，"在今天人类的一切部门的认识都不能离开科学，而尤其重要的是科学的精神""这种精神态度加以运用于国家行政或社会事业，也就是民主主义"①。要"以科学的思维和方法来领导中国的一切"②。

今天，科学发展观已经成为中国特色社会主义理论体系的重要组成部分。科学发展观的提出，反映了中国社会发展的客观规律，反映了中国改革开放和社会发展的最新经验，是中国特色社会主义理论体系的新发展。我们要秉持科学的精神，根据国情，根据各个领域工作的内容和特点，将科学发展观贯彻到我们的实际工作中去，贯彻到社会主义现代化建设的全过程。

纪念郭沫若，应该学习他既有开放的胸襟，又保持文化自信的精神。

郭沫若有留学海外的经历，这为他打开了通向世界文化的眼界。他广泛地接触学习了西方进步的自然科学、哲学、文学、艺术、美学等知识，充分地汲取异域思想文化的营养，并由此形成了强烈的开放意识。他很早就认识到："如今不是我们闭关自主的时候了"，要"借他山之石，以资我们的攻错"③。他看到了西方资本主义的弊病并予以批判，但同时强调"凡是世界上适合自己的最进步的东西，无论是精神的或物质的，我们都须得尽量的摄取"④。他正是经历了一个向外来文化认真学习借鉴的过程，才有了在文学创作、学术研究等领域的发轫、发展和成就。

① 《文艺与科学》，《郭沫若全集·文学编》第20卷，人民文学出版社1992年版，第37页。
② 《学术工作展望》，《郭沫若全集·文学编》第20卷，人民文学出版社1992年版，第71页。
③ 《一个宣言》，《郭沫若全集·文学编》第15卷，人民文学出版社1990年版，第222页。
④ 《"民族形式"商兑》，《郭沫若全集·文学编》第19卷，人民文学出版社1992年版，第32页。

　　从另一方面看，在郭沫若所经历的那个以巨大热情向外来文化学习的历史时期，曾出现了全盘西化论，在新文化阵营的主流意识中，也一度表现出激烈地否定传统文化的倾向。郭沫若则坚持要有文化自信，不要妄自菲薄。他以现代思想启蒙的开放意识，对传统文化进行梳理、审视和思考，努力发掘我国古代思想文化中注重实践理性、积极进取的精神。他认为这是应该继承，并且能够在现代发扬光大的优秀文化传统。在抗战时期，他更进一步对于我国古代思想文化进行了全面系统的研究，并提出："复兴民族的真谛"，就是要复兴世代传承下来的"中华民族的精神"。对于外来文化的吸纳，一定要立足于"经过本民族的创造"，经由本民族文化的消化吸取，赋予"中国气派"和"中国作风"①。

　　郭沫若主张面对开放的世界，"我们可以决定接受文化遗产的一个主要方针，便是对于古代的东西，不怕就是本国的，应该批判的扬弃；对于现代的东西，不怕就是敌国的，应该批判的摄取"②。他怀着强烈的民族自信心和文化自信心用诗的语言表示："利用我们的优秀的头脑，批判地接受既成文化的精华，努力创造出更高一级的新的文化！"③

　　中华民族具有五千年悠久的历史，中华文明薪火相传。优秀的传统文化，是在我们漫长的文明发展历程中积累起来的丰厚的精神财富，是发展社会主义先进文化的深厚基础，是建设中华民族共有精神家园的重要支撑。在中华民族伟大复兴的历史进程中，文化成为我们民族凝聚力和创造力的重要源泉，文化强国是社会主义事业必然的选择。我们要有文化自信，才能达到文化自觉，才能怀有海纳百川的胸襟，包容借鉴世界文化的一切优秀成果，以推动实现社

---

　　①　《"民族形式"商兑》，《郭沫若全集·文学编》第19卷，人民文学出版社1992年版，第32页。

　　②　《谢陈代新》，《郭沫若全集·文学编》第19卷，人民文学出版社1992年版，第447页。

　　③　《中日文化的交流》，《郭沫若全集·文学编》第18卷，人民文学出版社1992年版，第90页。

会主义文化的大发展、大繁荣。

纪念郭沫若，还应该学习他坚持以人民为本，服务人民的精神。

郭沫若是一个诗人，但他从不是只做自我吟唱的诗人。《女神》是为了寻找"振动数相同的人""燃烧点相等的人"，是为了把人们的"心弦拨动"，把人们的"智光点燃"。"为生民立命"，郭沫若用他的诗喊出了"民族的郁积"，唱出了大众期盼理想社会的心声。① 郭沫若是一个学者，但也从不是关在书斋里"闭门造车"的书生。他研究中国古代社会，是出自"对于未来社会的待望"，而"不能不生出清算过往社会的要求"，是希望"认清过往的来程"，以确认中国社会"未来的去向"。《甲申三百年祭》总结明王朝覆亡和李自成农民起义失败的历史教训，在抗战胜利的前夕，为中国社会，为中国共产党人提示了一个历史鉴戒。毛泽东同志曾称赞他说："你的史论、史剧有大益于人民，只嫌其少，不嫌其多。"②

郭沫若的文学创作、学术研究，以及他一生所从事的所有文化活动，都具有鲜明的现实目的性，就是以之"作为策进人民幸福的工具"。他说："人民是社会的主人，是文化生活的创造者。"③ "一切应该以人民为本位，合乎这个本位的便是善，便是美，便是真，不合乎这个本位的便是恶，便是丑，便是伪。我们要制造真善美的东西，也就是要制造人民本位的东西。"④ 他把自己个体有限的生命，"融化进无限的民族生命里去"，服务人民，福泽大众。

坚持中国特色社会主义的道路，必须坚持人民的主体地位。建成小康社会的根本目的，是要全面提高全体人民的物质和精神文化

---

① 《女神》，《郭沫若全集·文学编》第 1 卷，人民文学出版社 1982 年版，第 3 页。
② 《毛泽东同志给郭沫若同志的信》（1944 年 11 月 21 日），《人民日报》1979 年 1 月 1 日。
③ 《人民至上主义的文艺》，《郭沫若全集·文学编》第 20 卷，人民文学出版社 1992 年版，第 255 页。
④ 《走向人民文艺》，《郭沫若全集·文学编》第 20 卷，人民文学出版社 1992 年版，第 88—89 页。

生活的水平。人民是历史的创造者。我们所有的科学文化教育工作者，应该密切联系人民群众，依靠人民群众，从人民群众中汲取养料、智慧，获得力量；应该到人民群众中去，与人民群众一起在实践中共同提高全民族的道德和文化素质，为全社会提供丰富的精神文化食粮，推进社会主义核心价值体系的建设，推进文化强国的建设。"文化之田，易耨深耕。文化之粮，必熟必精。有益人群，不负此生。"①

同志们、朋友们，中国共产党第十八次全国代表大会刚刚胜利闭幕。这次代表大会为我们党在新的历史条件下全面深化改革开放，为经济建设、政治建设、文化建设、社会建设、生态文明建设的全面发展，做出了一系列重大部署，为全党和全国人民进一步指明了全面发展中国特色社会主义的前进方向。我们一定要认真学习领会党的十八大精神，加紧落实党的十八大做出的各项重大部署，奋力实现党的十八大提出的宏伟目标。让我们共同努力，遵循科学发展观，用辛勤的工作，用我们的智慧和自信自强，加快推进社会主义现代化建设，实现中华民族的伟大复兴。

---

① 郭沫若给群益出版社的题词。

让世界了解中国文明，让中国了解世界文明[*]

2012 年，我曾到上海考察，向上海人民学习。当时我想，应该在"美丽上海"的发展蓝图上用浓墨重彩展现上海文化建设的美景。而且，我很高兴地发现，上海市委、市政府的领导同志与我们"英雄所见略同"，都认为未来的上海不仅应该具有强大的经济实力，也应该凸显博大的人文情怀。基于这一共识，我们商定，由中国社会科学院和上海市人民政府共同举办"世界考古·上海论坛"。在上海这个国际大都会，汇聚世界各地研究古代文明的优秀学者，共享世界重大考古发现和研究带来的震撼和启迪。在此，首先让我们对上海市委、市政府的鼎力支持表示衷心感谢。

中国社会科学院考古研究所在中国考古学界居于领先地位，集中了国内最优秀的研究力量和研究资源。建立 60 多年来，考古研究所在中国各个省、市、自治区都开展过考古工作，特别是在中华文明起源和早期王朝诞生的核心地区，在以汉唐盛世的两京——长安和洛阳为代表的中国历代都城，在广大的边疆地区开展了广泛且深入的考古工作，几乎每年都有重要考古发现和优秀研究成果问世。考古研究所在世界范围内也有广泛影响，与数十个国家的考古

---

　　* 该文系作者 2013 年 8 月 23 日在首届"世界考古·上海论坛"开幕式上的致辞。原载《文汇报》2013 年 8 月 26 日。

研究机构建立了密切的合作关系，推出了一批中外合作的重要研究成果。这让我们有充分的理由相信，中国考古的国家队完全有能力组织好世界考古论坛这样的文化盛典。

在上海市委、市政府的大力支持下，考古研究所在所长的主持下，组建论坛咨询委员会和评选委员会，形成了一个有影响力的国际团队，开展了卓有成效的论坛筹备工作。论坛得到了世界各国学者的热烈响应和大力支持。举办这一论坛，呼应了各国学者加强相互交流的共同期待，也是展现世界考古学最新研究成果的重要平台。在此，我要向各国学者对中国考古学和论坛的大力支持表示衷心的感谢！

"世界考古·上海论坛"宗旨最重要的特点是，推进国际考古学研究的深入开展和各国考古学家的交流与合作，更加注重发挥考古学研究在当代社会发展中的作用，促进人类文化遗产的保护、优秀文化传统的继承、对多样文化的尊重和保护，让世界了解中国文明，让中国了解世界文明，促进世界文明的融合发展。

现存于世界各地的古代遗迹和遗物是人类文明的重要见证，是人类共同的文化遗产，需要考古学家和媒体共同努力，使这些文化遗产所蕴含的历史文化信息更好地为全世界民众所了解，使越来越多的人更加自觉地参与到对这些文化遗产的保护中去。

我想特别强调的是，考古学并不仅仅是研究人类的过去的一门学问，它还会为解决当代社会发展所面临的一系列问题提供重要的历史经验和借鉴。

中国古代著名思想家、教育家孔子曾说过，"君子和而不同"。这一观点在今天仍然具有重要的意义。众所周知，世界各地区的文明异彩纷呈，各自有悠久而辉煌的历史和独特的发展道路，犹如百花园中的花朵，各具特色，五彩缤纷，绚丽多彩。如何认识这些文明、如何处理各文明间的关系，不仅是重大的学术问题，也是重大的现实问题。当今世界，要着力保护文化的多样性，促进各个文明在保持各自特色的基础上，相互尊重，相互理解，相互学习，取长补短，和谐共处，共同发展。

近一百多年来，中国一直在探索着适合本国国情的发展道路，并逐渐坚定了走自己的民族复兴之路的信心。这种自信心，很大程度上源于对中华文明和其独特发展道路的深刻认识：既然中华文明曾经以自己独特的方式创造过辉煌，当代中国人民也应该有足够的自信、智慧和包容，既广泛汲取各文明的优秀因素，又不盲目复制别国的发展模式，坚定地走自己的发展道路，以独特的方式再造辉煌，向世界展示中华文明的强大创新能力。我们深知，对中华文明的传承是中国坚持走自己的发展道路的根基。我们也同样懂得，对中华文明的传承，不是盲目自大和故步自封，而是要在了解和尊重世界其他文明的基础上，博采众长，吐故纳新。

世界考古论坛为我们提供了了解世界各地区文明的最佳平台。我相信，论坛必将彰显考古学的历史使命，彰显人类文明的伟大风采，在促进对人类历史经验的吸收和借鉴，推动对人类文化遗产保护和优秀文化传统继承等方面，发挥积极作用。

毛泽东是中国特色社会主义的
伟大奠基者、探索者和先行者[*]

　　毛泽东领导的社会主义建设实践与探索，同今天党领导的中国特色社会主义伟大事业，是同一件大事的两个不同的发展时期，既相互联系又有所区别，同属于中国共产党领导中国人民实现社会主义现代化和中华民族复兴伟大中国梦的总体历史进程，前者是后者的探索和准备，后者是前者的继承和发展。不论是从历史实践上还是从理论逻辑上说，毛泽东都是中国特色社会主义事业的伟大奠基者、探索者和先行者。

　　作为社会主义新中国的缔造者，在领导完成新民主主义革命胜利、创建新中国、恢复国民经济的历史任务后，毛泽东及时地领导了对生产资料私有制的社会主义"三大改造"，建立了社会主义基本制度。他率先提出要走自己的路，实现马克思主义基本原理同中国具体实际的第二次结合，探索适合中国具体情况、具有中国特点的社会主义建设道路。虽然毛泽东在探索实践中出现严重错误和挫折，但成就巨大而卓越：创建了社会主义基本制度，领导了大规模的社会主义建设，积累了社会主义的物质财富和精神财富，形成了关于社会主义建设的独创性理论成果，积累了社会主义建设宝贵的经验教训，为开创和发展中国特色社会主义伟大事业提供了制度条件、物质基础、理论准备和宝贵经验。

---

* 原载《中国社会科学》2013年第12期。

一 取得社会主义建设的巨大成就，为中国特色 社会主义奠定了制度条件和物质基础

作为占世界人口 1/4 的中国人民，走上社会主义道路，是 20 世纪中国乃至世界发展进程中的一个极其伟大的历史事件。它从根本上改变了中国历史发展的方向，对世界历史进程产生了深刻的影响，对今天中国特色社会主义事业的开创和推进有着深远而重要的理论和现实意义。

早在革命战争年代，毛泽东就指明了中国革命的前途，即通过新民主主义革命不间断地进入到社会主义革命，最终建设社会主义和共产主义。新中国成立后，他成功地领导开辟了一条具有中国特色的社会主义改造道路，创建并不断完善社会主义经济制度以及与之相适应的政治制度，领导了大规模的社会主义经济、政治和文化建设，奠定了中国特色社会主义的制度前提、思想保证、物质基础，创造了中国社会主义建设的有利外部环境。

第一，领导完成生产资料所有制的社会主义改造任务，创立并不断发展社会主义经济制度。

新中国成立以后，毛泽东领导党和人民在极其艰苦的条件下，迅速实现了国民经济的全面恢复和较快发展。他紧接着就开始思考中国向社会主义转向的问题。**1952 年 9 月 24 日**，在中央书记处会议上提出 **"中国怎样从现在逐步过渡到社会主义去"** 的战略思考。**1953 年 12 月**，他完整地提出了党在社会主义过渡时期的总路线："从中华人民共和国成立，到社会主义改造基本完成，这是一个过渡时期。党在这个过渡时期的总路线和总任务，是要在一个相当长的时期内，逐步实现国家的社会主义工业化，并逐步实现国家对农业、对手工业和对资本主义工商业的社会主义改造。"① 在毛泽东的

---

① 《毛泽东文集》第 6 卷，人民出版社 1999 年版，第 316 页。

领导下，我国全面开展了对生产资料私有制的社会主义三大改造运动，成功地开辟了一条具有中国特点的社会主义改造道路：对资本主义工商业，采取了一系列从低级到高级的国家资本主义的过渡形式，实现了对资产阶级的和平赎买，创造了一条从资本主义和平进入社会主义的独特道路；对个体农业，遵循自愿互利、典型示范和国家帮助的原则，创造了从互助组到初级农业生产合作社再到高级农业生产合作社的社会主义集体所有制形式；对于个体手工业的改造，也采取了类似的方式。

1956 年底，生产资料私有制的社会主义改造取得了决定性的胜利，社会主义性质的国营经济、合作社集体经济和公私合营经济占到了国民经济的 92.2%；农村基本上实现了土地公有，96.3% 的农户加入了农业生产合作社，建立起社会主义集体经济；绝大多数的手工业者也加入了手工业集体经济组织；以国营经济和集体经济为主体的**社会主义经济制度基本确立**。1956 年后，在开展大规模的社会主义建设过程中，尽管发生过一些曲折，出现急于向纯而又纯的"公有制"过渡，过度强调"一大二公"等情况，但是社会主义最基本的经济制度始终没有发生大的改变并不断得到巩固，为新时期改革开放和社会主义现代化建设创造了经济制度条件。

第二，与建设社会主义经济基础相适应，领导建立并不断发展社会主义政治制度和法律体系。

毛泽东首先领导党创建了社会主义的人民民主专政国体。所谓国体就是国家的政治制度。作为国体的人民民主专政，核心是对人民实行民主和对敌人实行专政，领导力量是工人阶级。人民民主专政的实质是无产阶级专政，是无产阶级专政在中国的具体形式。为了对人民实行最广泛的民主，毛泽东领导**创立了人民代表大会制度，形成了我国的根本政治制度**。他在七届二中全会上就明确指出，我们不采取资产阶级共和国的国会制度，而采取无产阶级共和国的苏维埃制度，但"在内容上我们和苏联的无产阶级专政的苏维埃是有区别的，我们是以工农联盟为基础的人民苏维埃"①。这就是说，人民代表大会制度既不是资产阶级的议会制，也不同于苏联的苏维埃制，而是完全符合中国具体实际的独特而科学的根本政治制度，是实现中国人民当家作主的重要途径和最高形式，体现了中国社会主义民主政治的鲜明特点。**在实行人民代表大会制度的前提下，毛泽东领导建立了一整套社会主义的基本政治制度。**创立了中国共产党领导的多党合作和政治协商制度，使之成为一种具有中国特色的各民主党派、各人民团体和各界人士进行民主协商、参政议政的制度平台，成为我国的一项基本政治制度。创立了正确处理民族关系的民族政策和**民族区域自治制度，**即在国家统一领导下，各少数民族聚居的地方设立自治机关，行使自治权，实行区域自治。这项政治制度不同于苏联式的联邦制度，而是根据我国历史发展、文化特点、民族关系和民族分布等具体情况做出的制度安排，符合各民族人民的共同利益和发展要求。毛泽东在领导创建社会主义一系列基本政治制度的同时，亲自领导制定和颁布实施了中华人民共和国第一部宪法，并以宪法为指导制定颁布了政治、经济、文化以及党的建设等领域的相关法律法规，**初步形成了我国的社会主义法律体系。**

进入全面建设社会主义时期之后，我国的社会主义基本政治制度进一步发展。人民民主专政的国家制度得到不断加强，抗美援朝取得重大胜利，平定了西藏上层集团的叛乱，打击了民族分裂势力，维护了社会稳定，进行了中印边界自卫反击等斗争，抗击了外来侵略，捍卫了国家主权，巩固了社会主义国家政权。分别于1954、1959、1964年召开了三届全国人民代表大会，人民民主得到了较好发展，国家根本政治制度健康运行。中国共产党同各民主党派长期共存，相互监督，民主党派和各界人士积极参政议政，政

---

① 《毛泽东文集》第 5 卷，人民出版社 1999 年版，第 265 页。

治协商制度顺利发展。继内蒙古自治区之后，1955 年到 1965 年间，又先后成立了新疆维吾尔自治区、广西壮族自治区、宁夏回族自治区和西藏自治区，民族区域自治制度得到进一步完善。

第三，领导开展大规模的社会主义建设，为社会主义巩固和发展积累坚实的物质基础。

建立社会主义制度的同时，毛泽东领导开展了大规模的社会主义建设运动，提出了实现社会主义工业现代化、农业现代化、科学技术现代化和国防现代化的伟大号召，在工业、农业、科技、国防以及文化、外交等方面取得了巨大成就，形成了比较完整的工业体系和国民经济体系，极大地提升了人民的物质文化生活水平。

积极推进社会主义工业化，工业体系和布局基本形成，工业生产能力大幅提高。中国共产党从旧中国接过来的工业是一个烂摊子，中国社会主义工业化是在"一穷二白"的基础上开始的。在毛泽东的领导下，全党全国人民奋发图强，艰苦奋斗，大力开展社会主义工业化建设，迅速摆脱了贫穷落后的工业面貌，取得了巨大成就。到 1965 年，在能源工业方面，发电量达到 676 亿瓦，电力工业基本上实现了全国联网；煤炭工业稳步向现代化发展，原煤产量达到 2.32 亿吨；石油工业实现了完全自给，原油产量达到 1131 万吨，把长期禁锢中国发展的"贫油国"帽子抛到了太平洋；在冶金工业方面，钢铁产量和品种都上了一个大的台阶，钢产量达到 1223 万吨，建成了包括鞍钢、武钢、包钢等十大钢铁公司在内的一大批重点钢铁企业；在机械工业方面，形成了门类齐全的机械制造体系，主要机械设备自给率已经达到了 90% 以上，纺织机械等产品不仅能够完全满足国内需要，而且开始向许多国家和地区提供成套设备；电子工业、原子能工业、航天工业等新兴工业，也从无到有、从小到大逐步发展起来。在工业布局方面，建成了 531 个大中型工业项目。在大力发展沿海工业基地的同时，广大内地省份也都建立起了现代工业，其工业产值在全国工业产值中的比例不断提高。社会主义工业体系达到相当规模和一定技术水平，形成比较合理的工业布局，工业生产能力得到大幅度的提高。

努力推进社会主义农业现代化，农业基础设施得到明显改善，农业机械化水平不断提升。毛泽东根据中国的具体情况，高度重视农业在国民经济中的重要地位。他强调提出，"全党一定要重视农业。农业关系国计民生极大。要注意，不抓粮食很危险。不抓粮食，总有一天要天下大乱。"① 提出"手里有粮，心里不慌，脚踏实地，喜气洋洋"②。在实现农业集体化的前提下，大力推进农业现代化。从 1958 年到 1965 年，建成了 150 多项大中型水利设施，黄河、海河、淮河等都得到了很大程度上的治理，当年为害人民生产生活的河流水系，成为社会主义农业发展的有利条件。灌溉面积在全国耕地中所占的比例从 1957 年的 24.4% 上升到了 1965 年的 32%。随着基础设施的逐步改善，中国的农业机械化、现代化也得到了极大的进展，现代机械和化学肥料在农业增产中发挥的作用不断提高，机耕面积在耕地总面积中的比重从 1957 年的 2.4% 上升到 1965 年的 15%，机灌面积在灌溉总面积中的比重从 4.4% 上升到 24.5%，化肥使用量从每亩 0.5 斤上升到 2.5 斤。与此同时，在推广良种、水土保护、植树造林、改良土壤等方面，也取得了很大成就。农业基础设施不断得到改善，农业现代化的水平不断提升，农业产值有了大幅度提高，形成了农业全面发展的局面。

大力推进科学技术现代化，科学技术发展成绩十分显著，科技成果得到了广泛运用。毛泽东极其重视科技发展，他明确指出，"科学技术这一仗，一定要打，而且必须打好。……不搞科学技术，生产力无法提高。"③ 他指导成立了国务院科学规划委员会和国家科学技术委员会。在 1956 年就制定了《1956—1967 年科学技术发展

① 《毛泽东文集》第 7 卷，人民出版社 1999 年版，第 199 页。
② 《毛泽东文集》第 8 卷，人民出版社 1999 年版，第 84 页。
③ 《毛泽东文集》第 8 卷，人民出版社 1999 年版，第 351 页。

远景规划纲要》（"十二年科技发展远景规划"），并于1962年提前基本完成。1963年，他又指导制定了《1963—1972年科学技术发展规划》（"十年科学规划"）。在毛泽东的领导下，我国科学技术事业取得了巨大成就。形成了一支比较强大的科学技术队伍，到1965年底，全国自然科学技术人员达246万人，全国专门的科学研究机构1714个，专门从事科学研究的人员达12万人，形成了由中国科学院、各部委和省市自治区直辖市的科研机构、国防系统科研机构、高校科研机构等构成的全国科研工作系统。基础科学研究方面有很多进展，1965年首次完成人工合成牛胰岛素，这项技术处于世界领先地位。科学应用技术研究方面取得了一系列重大成果，研制了众多新型材料、仪器仪表、精密机械和大型设备，试制了电子计算机、电子显微镜、射电望远镜、高速照相机、氨分子钟、30万千瓦双水内冷发电机等高精尖设备。这些技术广泛应用于工业、农业、国防等领域，推动了我国科学技术水平的总体提升。

全面推进国防现代化，国防尖端技术攻关成效显著，国防现代化初具规模。在国际军事斗争的实践中，毛泽东清楚地认识到，国防科技特别是尖端技术，决不可能依靠国外，必须要自力更生、自己攻关，建立独立的现代国防体系。20世纪50年代中期，毛泽东就明确提出要正确处理经济建设和国防建设的关系，重点研制和发展国防尖端技术，特别是提出了"两弹一星"的重大战略决策。在他的大力倡导和关怀指导下，1958年6月，中国第一座试验原子能反应堆投入试验，并开展研制核动力潜艇。1959年6月，苏联终止向中国提供核武器和导弹技术援助，同年7月毛泽东以战略家的胆识提出，我们要自己动手，从头摸起，独立自主地研制尖端技术特别是原子弹。1960年11月，仿制的"东风一号"近程液体弹道导弹发射成功，实现了中国军事装备历史上的重大转折。1964年6月29日，中国自行研制的"东风2号"中近程地对地导弹发射成功。同年10月16日，自行研制的第一颗原子弹爆炸成功。1966年10

月 27 日，又实现了原子弹与导弹"两弹结合"的成功试验。与此同时，我国在空军装备、海军装备等方面，都取得了长足发展。国防尖端技术和现代化的发展，标志着中国的国防科技已经有了迅速发展，大大提高了中国在国际上的地位，为社会主义事业提供了强大的国防军事保障。

繁荣发展教育卫生体育等事业，全面提高和改善群众生活质量，人民生活水平得到显著提高。毛泽东历来高度重视社会主义社会事业的全面发展，以及社会主义条件下人的全面发展，致力于提高人民群众的物质文化生活水平。他积极推进教育事业发展，1957年就提出了社会主义教育方针：我们的教育方针，应该使受教育者在德育、智育、体育几个方面都得到发展，成为有社会主义觉悟的有文化的劳动者。到 1965 年，全国在校学生达到 1.3 亿人；小学168.19 万所，学龄儿童入学率达到了 84.7%；普通中学 18102 所，在校学生 933.79 万人；高等学校 434 所，在校学生 67.4 万人。中国人民的文化素质得到了极大提高。毛泽东极为重视同人民身体状况直接相关的卫生事业，在他的领导支持下，我国已经建立了比较完善的医疗保健制度，形成了城乡卫生医疗网。到 1965 年，全国省地县级卫生防疫站、妇幼保健站都已建立，绝大部分公社也都建立了卫生院，各种类型的农村基层卫生医疗机构遍布乡村；群众性的爱国卫生运动全面开展，防治流行性疾病工作取得显著成就，旧中国流行的传染病如天花、霍乱、血吸虫病等，有的灭绝，有的基本消灭。我国体育事业蓬勃发展，成功地连续举办了全国运动会，竞技体育有了很大进展，我国运动员多次在世界大赛中获得世界冠军，群众体育更是快速发展，不断掀起全民体育运动高潮，人民群众的身体素质得到了极大提高。毛泽东领导党和国家全面改善群众生活，人民的物质生活水平得到了很大的改善，1964 年的猪肉、羊肉、蔬菜等副食品比 1967 年增长了 30%，纺织品、自行车、收音机等日常生活用品比 1957 年增长了 50% 以上。社会主义制度在改善、提高人民群众生活质量、生活水平方面的优越性，得到了比较好的体现。

毛泽东领导开展了大规模的社会主义文化建设，提出并不断发展完善我国思想文化建设的指导思想、根本标准、方针政策，逐步形成了社会主义的文化体系，对社会主义发展起到了思想保证作用，并在新时期中国特色社会主义事业发展中焕发出新的活力。他还领导确立了和平共处五项原则，制定了独立自主的外交政策，积极发展最广泛的国际友好合作，为中国特色社会主义开辟了有利的国际环境。

二 形成关于社会主义建设的独创性理论成果，为中国特色社会主义提供思想指南和理论准备

毛泽东在领导社会主义建设的过程中，创造了一系列独创性的关于中国社会主义建设的理论成果，极大地推进了马克思主义中国化的进程，为中国特色社会主义提出了正确的思想指南，提供了重要的理论准备。

第一，提出实现马克思主义同中国实际的第二次结合，为建设中国式社会主义确立总的指导原则。

毛泽东对马克思主义、对社会主义和共产主义事业最伟大的理论贡献，一是实现了马克思主义与中国革命实践的第一次结合；二是提出并初步探索了马克思主义与中国建设实践的第二次结合。第一次结合的主题是要找出中国自己的革命道路；第二次结合的主题是要找到中国自己的建设道路。在新民主主义革命和社会主义革命的过程中，毛泽东把马克思主义普遍真理同中国革命的具体实践相结合，走出了具有中国特色的新民主主义革命和社会主义革命道路，形成了指导中国新民主主义革命与社会主义革命的理论及路线方针政策，创立了第一次伟大结合的重大理论成果——毛泽东思

想。**当中国进入社会主义建设阶段后，毛泽东又率先提出实现马克思主义同中国建设实际的第二次结合的重要思想。**随着我国建设事业的全面开展，以及苏联模式弊端的逐渐暴露，毛泽东日益认识到寻找适合中国国情的社会主义建设道路的重要性、必要性和紧迫性。1956 年 3 月 12 日，在中共中央政治局会议上，毛泽东就提出应该自己开动脑筋，解决本国革命和建设问题。3 月 23 日，在中共中央书记处扩大会议上，他提出，"把马克思列宁主义的基本原理同我国革命和建设的具体实际结合起来，探索在我们国家里建设社会主义的道路"。4 月 4 日，他明确提出第二次结合的命题："最重要的是要独立思考，把马列主义的基本原理同中国革命和建设的具体实际相结合。民主革命时期，我们吃了大亏之后才成功地实现了这种结合。现在是社会主义革命和建设时期，我们要进行第二次结合，找出在中国怎样建设社会主义的道路。……我们应该从各方面考虑如何按照中国的情况办事……现在更要努力找到中国建设社会主义的具体道路。"① 正是在这样的理论思考之下，他率先强调中国必须以苏为戒、以苏为鉴，独立自主地探索适合中国国情、具有中国特点的社会主义建设道路。在《论十大关系》的讲话中，他告诫人们："最近苏联暴露了他们在建设社会主义过程中的一些缺点和错误，他们走过的弯路，你还想走？过去我们就是鉴于他们的经验教训少走了一些弯路，现在当然更要引以为戒。"② 在修改八大政治报告时，他写道："我国是一个东方国家，又是一个大国。因此，我国不但在民主革命过程中有自己的许多特点，在社会主义改造和社会主义建设的过程中也带有自己的许多特点，而且在将来建成社会主义社会以后还会继续存在自己的许多特点。"③ 在研读苏联《政治经济学教科书》时，对于书中关于每一个国家都应该"具有

---

① 吴冷西：《忆毛主席》，新华出版社 1995 年版，第 9—10 页。
② 《毛泽东文集》第 7 卷，人民出版社 1999 年版，第 23 页。
③ 《建国以来毛泽东文稿》第 6 册，中央文献出版社 1992 年版，第 143 页。

自己特别的具体的社会主义建设的形式和方法"的提法，他极为赞同，表示必须把"普遍规律和具体特点相结合"①。**提出实现马克思主义普遍真理同中国实际的第二次结合，走自己的路，探索适合中国国情、具有中国特点的社会主义建设道路，是毛泽东在中国社会主义发展史上的重大理论贡献，为实现马克思主义中国化第二次历史性飞跃做了充分的思想酝酿与理论准备，不仅是中国特色社会主义理论、道路、制度形成的历史和逻辑的起点，而且是中国革命、建设和改革的一条指导原则。**

第二，作出中国处于不发达社会主义阶段的理论判断，为建设中国式社会主义明确国情依据和战略目标。

实现马克思主义与中国实际的第二次结合，走中国特色社会主义道路，首先必须搞清中国社会主义建设所面临的实际国情，只有搞清国情，从实际出发，才能真正实现第二次结合。对国情的判断，最重要的就是要科学分析我国所处的发展阶段。经过深入调查研究和比较分析，毛泽东提出，社会主义分为不发达的社会主义和比较发达的社会主义两个阶段，中国不要过早地讲建成社会主义，得出了中国正在并长期处于"不发达的社会主义阶段"的判断②。从这个基本认识出发，他对我国社会主义建设的阶段性、长期性和曲折性有了初步认识。他说，"建设强大的社会主义经济，在中国，五十年不行，会要一百年，或者更多的时间"③。**毛泽东关于中国处于不发达的社会主义阶段的判断，是党提出社会主义初级阶段理论的思想源头，揭示了中国社会主义建设的国情依据和基本出发点。**从中国实际国情出发，毛泽东对中国社会主义发展战略作了科学谋划。关于中国社会主义的长远发展战略，毛泽东从新中国成立伊始就开始长期探索，做出了重要论断。新中国成立初期提出"三年五年恢复，

---

① 《毛泽东文集》第 8 卷，人民出版社 1999 年版，第 116 页。
② 《毛泽东文集》第 8 卷，人民出版社 1999 年版，第 116 页。
③ 《毛泽东和他的秘书田家英》，中央文献出版社 1990 年版，第 59 页。

十年八年发展"的规划，50年代早期提出经过三个五年计划完成过渡任务的战略，在社会主义改造的进程中提出了要过好民主主义的关、过渡时期关和社会主义关的"过三关"思想。他多次明确提出中国要经过50年到100年的时间，赶上和超过英美等资本主义发达国家，把中国建设成为强大的富强的社会主义国家的战略目标。在《关于正确处理人民内部矛盾的问题》中，比较完整地提出了社会主义现代化的发展战略，这就是要"将我国建设成为一个具有现代工业、现代农业和现代科学文化的社会主义国家"[①]。在阅读苏联《政治经济学教科书》时，又提出要加上国防现代化："建设社会主义，原来要求是工业现代化，农业现代化，科学文化现代化，现在要加上国防现代化。"[②] 他提出的社会主义战略目标对新时期我国社会主义现代化发展战略的制定具有极大的前瞻性和指导性。

第三，创立社会主义基本矛盾、主要矛盾和人民内部矛盾学说，为建设中国式社会主义提供哲学依据和科学方法。

在《论十大关系》《关于正确处理人民内部矛盾的问题》等著作中，毛泽东运用对立统一的观点观察分析当时我国社会的阶级、阶级斗争和社会矛盾问题，明确提出了关于社会主义基本矛盾、主要矛盾和人民内部矛盾的创新理论。他在马克思主义发展史上第一次明确提出，社会主义社会的基本矛盾仍然是生产力和生产关系、上层建筑和经济基础的矛盾，二者之间基本适应但又有不适应的方面，这种不适应可以通过改革使社会主义制度不断完善加以解决。他指出，进入社会主义建设时期，阶级斗争已经不是我国的主要矛盾，人民对于经济文化迅速发展的需要同当前经济文化不能满足于人们需要的状况之间的矛盾是国内的主要矛盾，这个矛盾决定了发展生产力是社会主义的根本任务。明确提出，社会主义社会存在着两类不同性质的矛盾，即敌我矛盾和人民内部矛盾，前者是对抗性

---

① 《毛泽东文集》第7卷，人民出版社1999年版，第207页。
② 《毛泽东文集》第8卷，人民出版社1999年版，第116页。

质的，后者是非对抗性质的，两种不同性质的矛盾的解决方法是不同的，必须要正确区分和处理两类不同性质的矛盾，特别是要把正确处理人民内部矛盾作为国家政治生活的主题。在《论十大关系》中，他以马克思主义的唯物辩证法为指导，系统论述了社会主义建设和发展中的带有全局性的重大关系，强调必须用辩证法思想、统筹兼顾的方法来处理这些关系，既要坚持两点论，又要坚持重点论；既要抓好主要矛盾，又要解决好非主要矛盾；在处理国家、集体和个人三者利益的关系上，必须统筹兼顾，不能只顾一头；在中央和地方的关系上，必须处理好统一性和独立性的关系……认为这种辩证法思想必须要贯彻到社会主义建设的方方面面。**毛泽东关于社会主义基本矛盾、主要矛盾和人民内部矛盾的理论，是我国实现拨乱反正，实行改革开放政策，确立以经济建设为中心的基本路线的哲学根据；他关于社会主义建设方法的探索，为形成社会主义建设正确路线提供了重要的方法论依据。**

第四，制定社会主义民主政治建设的总方针和总目标，为建设中国式社会主义明确政治方向和基本方针。

新中国成立后，毛泽东就一直致力于探索社会主义政治发展道路，提出要形成一种有利于社会主义建设的**良好政治局面**。1957 年**他提出了社会主义民主政治建设的总目标**，即"要造成一个又有集中又有民主，又有纪律又有自由，又有统一意志、又有个人心情舒畅、生动活泼，那样一种政治局面"。怎样形成良好的政治局面呢？在《论十大关系》中，毛泽东开宗明义地**提出了一个基本方针**，"就是要把国内外一切积极因素调动起来，为社会主义事业服务"；"要调动一切直接的和间接的力量，为把我国建设成为一个强大的社会主义国家而奋斗"①。为了调动一切积极因素，他提出了要处理好一系列重要的政治关系，他所论述的十大关系，其中有五个方面

---

① 《毛泽东文集》第 7 卷，人民出版社 1999 年版，第 23 页。

都是有关政治建设的，即汉族和少数民族的关系、党和非党的关系、革命和反革命的关系、是非关系、中国和外国的关系。围绕着这个基本方针，毛泽东**在社会主义民主政治建设问题上，提出了一系列重要的观点**：在国家的根本政治制度上，必须始终坚持人民民主专政，实行人民代表大会制度；在中国共产党和民主党派的关系上，必须加强中国共产党领导下的多党合作和政治协商制度，共产党和民主党派要实行"长期共存、相互监督"的方针；在民族问题上，坚决实施民族区域自治制度，推动民族地区的民主改革，促进少数民族经济文化发展，反对大汉族主义和地方民族主义。毛泽东**对社会主义民主法制是高度重视的**，他多次强调，在国家政治生活中要扩大党内民主和社会民主，把坚持民主集中制和发扬社会主义民主，提高到巩固国家政权的高度，"没有民主集中制，无产阶级专政不可能巩固"。在法制问题上，他强调必须反对官僚主义，逐步健全社会主义法制，真正做到"有法可依、有法必依"。

第五，探求指导社会主义建设的经济理论和经济政策，为建设中国式社会主义做出重要的政治经济学理论创新。

毛泽东强调，为了推进中国社会主义经济建设，**既要坚持马克思主义政治经济学的基本原理，又要立足中国国情，总结中国经验，不断推进马克思主义理论创新，产生自己的理论家，创造自己的经济学理论，形成具有中国自己特色的政治经济学理论**。他在读苏联《政治经济学教科书》时明确指出："马克思这些老祖宗的书，必须读，他们的基本原理必须遵守，这是第一。但是，任何国家的共产党，任何国家的理论界，都要创造新的理论，写出新的著作，产生自己的理论家，来为当前的政治服务，单靠老祖宗是不行的。"[1] **毛泽东自己就在社会主义政治经济学理论方面做出了重要的理论创新，在经济体制、商品经济、对外开放等方面提出了一系列**

---

[1] 《毛泽东文集》第 8 卷，人民出版社 1999 年版，第 109 页。

重要理论论断。他率先提出社会主义要大力发展商品生产和商品交换，认为商品生产本身是没有什么制度性的，它只是一种工具，看一种商品经济的制度特征，"要看它是同什么经济制度相联系，同资本主义制度相联系就是资本主义的商品生产，同社会主义制度相联系就是社会主义的商品生产"。社会主义时期，必须充分利用商品经济这个工具，使之为社会主义建设服务，中国的商品经济很不发达，一定要"有计划地大力发展社会主义的商品生产"；一味否定商品经济的观点"是错误的，这是违背客观法则的"①。他明确指出，价值规律在我国的社会主义建设中发挥着作用，价值法则"是一个伟大的学校，只有利用它，才有可能教会我们的几千万干部和几万万人民，才有可能建设我们的社会主义和共产主义。否则一切都不可能"②。他从中国实际国情出发明确指出，基于中国经济发展的现实状况，在对待资本主义和私营经济问题上，他既不搞教条化，也不搞西化，认为可以在搞国营的基础上搞私营，坚持社会主义的前提下搞资本主义，"可以搞国营，也可以搞私营"，可以消灭资本主义，又搞资本主义，因为"它是社会主义经济的补充"。在经济体制和所有制结构方面，他明确提出要调动两个积极性的思想，"我们不能像苏联那样，把什么都集中到中央，把地方卡得死死的，一点机动性都没有"，一定要划分好中央和地方的经济管理权限，充分发挥好中央和地方两个积极性。在对外开放的问题上，他提出"向外国学习"的口号，在对外开放问题上，要搞两点论而不是一点论，"一切民族、一切国家的长处都要学，政治、经济、科学、技术、文学、艺术的一切真正好的东西都要学。但是，必须有分析有批判地学，不能盲目地学，不能一切照抄，机械搬用"③。他在经济建设的基本方针和方法上提出：既要反对保守又要反对冒

---

① 《毛泽东文集》第7卷，人民出版社1999年版，第434—441页。
② 《毛泽东文集》第8卷，人民出版社1999年版，第34页。
③ 《毛泽东文集》第7卷，人民出版社1999年版，第41页。

进，在综合平衡中稳步前进，以农业为基础，以工业为主导，按农轻重的次序安排国民经济计划，从中国的具体情况出发，搞好综合平衡，统筹兼顾，适当安排，勤俭办事。**这些重要论断为改革开放时期我们党提出经济体制改革、对外开放、社会主义市场经济体制等做了重要的理论储备。**

第六，提出发展社会主义文化的方针政策和战略思考，为建设中国式社会主义确定思想指南和文化旨要。

毛泽东首先明确了马克思主义在我国社会主义建设中的根本指导地位，把马克思主义牢固地确立为社会主义**思想文化的灵魂**。他反复强调，马克思主义是指导我们思想的理论基础，"马克思主义的基本原则又是不能违背的，违背了就要犯错误"①。马克思主义不是某一方面工作的指导思想，而是社会主义建设全部工作的根本指针，是当代中国一切发展进步的方向引领和思想保证，任何时候都不能偏离更不能动摇。他亲自主持把马克思列宁主义作为指导思想写进新中国的首部宪法当中，使作为领导阶级的工人阶级的世界观方法论——马克思主义成为社会主义的国家意志，使党的指导思想上升为国家的主流意识形态，形成了中国社会主义文化建设的核心内容和根本原则。他从中国社会主义制度长远发展的战略高度，高度强调共产主义理想信念教育，提出了培养共产主义接班人的重大历史任务，并提出了**"又红又专"的接班人标准**。明确提出了社会主义文化发展中判别大是大非的六条根本标准，即有利于团结全国各族人民、有利于社会主义改造和社会主义建设、有利于巩固人民民主专政、有利于巩固民主集中制、有利于巩固共产党的领导、有利于社会主义的国际团结和全世界爱好和平人民的国际团结，并特别强调，"这六条标准中，最重要是社会主义道路和党的领导两条"②。这六条标准成为**四项基本原则的直接理论源头**，邓小平曾明

---

① 《毛泽东文集》第 7 卷，人民出版社 1999 年版，第 278 页。
② 《毛泽东文集》第 7 卷，人民出版社 1999 年版，第 233—234 页。

确说过"四项基本原则并不是新东西，是我们党长期以来所一贯坚持的"①。毛泽东创造性地提出了繁荣发展社会主义文化的根本方针，他指出："百花齐放，百家争鸣，这是一个基本性的同时也是长期性的方针，不是一个暂时性的方针。"② 他提出要做到"古为今用、洋为中用"，继承和吸收古今中外一切有益的科学文化知识。他高度重视科学技术在社会主义建设中的极端重要性，明确提出了"向科学进军"的口号，并把科学技术现代化作为社会主义现代化的重要组成部分。他充分肯定知识分子在社会主义建设中的地位作用，明确提出我国知识分子的大多数已经是中国工人阶级的组成部分，要实现达到世界先进水平的伟大目标，"决定一切的是要有干部，要有数量足够的、优秀的科学技术专家"③。

第七，规定中国外交工作总的方针政策，为建设中国式社会主义争取有利的外部环境。

毛泽东提出了"互相尊重主权和领土完整、互不侵犯、互不干涉内政、平等互利、和平共处"的五项原则，确定了新中国处理国际关系的根本原则。在世界总体格局上，提出了"三个世界"划分的战略思想，认为中国作为第三世界国家，要加强同广大第三世界国家的团结，争取第二世界国家，反对超级大国的控制，反对殖民主义、帝国主义和霸权主义，中国现在不是，将来也决不做超级大国，着力改善和发展同新兴民族独立国家尤其是邻近国家的关系。在党际关系上，强调各个国家的共产党是兄弟党而不是父子党关系，各国共产党应该根据本国的具体国情确定自己的路线方针政策，在社会主义阵营中，各个国家应该独立自主地探索符合自身国情的社会主义道路。在依靠自己和借鉴外国经验的关系上，提出了自力更生为主、争取外援为辅的基本路线，强调必须破除迷信，独

---

① 《邓小平文选》第2卷，人民出版社1994年版，第165页。
② 《毛泽东文集》第7卷，人民出版社1999年版，第278页。
③ 《毛泽东文集》第7卷，人民出版社1999年版，第2页。

立自主地干工业、干农业、干科技革命和文化革命，打倒奴隶思想，埋葬教条主义，要认真学习外国的好经验也一定要研究外国的坏经验。毛泽东坚持独立自主的外交方针，为维护国家主权，同美国、苏联等超级大国进行斗争，坚决反对美国炮制的"两个中国"的阴谋，顶住来自苏联的压力，合理调整社会主义阵营中的党际国际关系；全面改善同周边国家的关系，和平解决同西南邻国的边界问题；妥善处理同世界范围内三种力量的关系，积极发展同广大发展中国家特别是亚非拉国家的友好合作关系；经过长时间艰苦的外交斗争，在 1971 年第 26 届联合国大会上成功恢复中华人民共和国在联合国的一切合法权利，取得了外交工作的重大突破；在反对大国霸权主义的前提下，同法国、加拿大、意大利、英国、日本等西方大国展开全面外交，并成功启动了中美关系正常化的历史进程。这些重大成果，极大地改善了中国的安全环境，拓展了中国外交活动的舞台，为开展社会主义建设创造了比较好的国际环境，为新时期的改革开放和更加积极地参与国际事务活动创造了前提基础。

第八，坚持中国共产党在中国社会主义建设中的领导核心地位，为建设中国式社会主义提供重要的组织保证。

毛泽东深刻论述了中国共产党在社会主义建设中的重要地位，强调党是全国人民的领导核心，是领导中国社会主义建设事业的核心力量，任何时候都必须坚持中国共产党的领导。党的七届二中全会上，他就告诫全党同志要牢记"两个务必"。新中国成立以后，针对中国共产党夺取政权后的形势和特点，及时提出了加强执政党建设的紧迫任务，强调要始终警惕和预防共产党变质变色。高度重视党的制度建设，强调维护和发展民主集中制，发展党内民主，加强党内监督，加强集体领导，反对个人崇拜，维护党的团结统一，初步提出了废除领导干部终身制的设想，并明确提出自己希望退出领导岗位，提出了在中央领导中设置一线、二线，推行党代表常任制和领导干部任期制。他还提出了思想工作是一切工作的生命线等科学论断，大力加强党的作风建设、思想建设，强调必须始终贯彻党的群众路线，密切联系群众，反对主观主义、宗派主义和官僚主义，全面推进党的建设伟大工程。

三 积累社会主义建设正反两方面的经验教训，为中国特色社会主义提供宝贵经验

在中国搞社会主义建设是前无古人的事情，必须要在实践中边实践、边探索、边总结、边发展。1961 年 6 月 12 日，毛泽东在中共中央扩大会议上就谈道："社会主义谁也没有干过，没有先学会社会主义的具体政策而后搞社会主义的。我们搞了十一年社会主义，现在要总结经验。"[①] 在探索中不可能一帆风顺，失误在所难免，失误的教训也是宝贵经验。1963 年 9 月 3 日，他曾谈道："我们有两种经验，错误的经验和正确的经验。正确的经验鼓励了我们，错误的经验教训了我们。"[②] 毛泽东在探索中既留下了成功的经验，也留下了失误的教训，这两方面都为当今中国特色社会主义建设积累了宝贵经验和重要启示。

第一，毫不动摇地坚持马克思主义指导，坚持不懈地推进马克思主义中国化。

在第一届全国人民代表大会上，毛泽东明确指出，指导我们思想的理论基础是马克思列宁主义。从那时起，马克思主义就一直写在宪法当中，成为指导中国人民建设社会主义的光辉旗帜。正是坚持马克思主义的普遍原理同中国具体实际的有机结合，我们党开始独立自主地探索社会主义建设道路，取得了重大成就并不断纠正探索中的失误，在新的历史时期成功开辟了中国特色社会主义道路。进一步推进中国特色社会主义发展，必须毫不动摇地坚持马克思主

---

① 《毛泽东文集》第 8 卷，人民出版社 1999 年版，第 276 页。
② 《毛泽东文集》第 8 卷，人民出版社 1999 年版，第 338 页。

义的指导地位，夯实党和国家发展的理论基础，任何企图搞指导思想多元化的主张都是错误的。同时，必须科学地而不是教条主义地对待马克思主义，着力用马克思主义的基本原理来解决发展中的矛盾和问题，提出新的思想、观点和论断，与时俱进地发展马克思主义，不断形成马克思主义中国化的理论创新成果，以不断创新的中国化的马克思主义指导不断前行的实践。

第二，始终不渝地坚持中国共产党的领导，不断提高执政党建设的科学化水平。

在探索中国社会主义建设道路的过程中，毛泽东反复强调，领导我们事业的核心力量是中国共产党。党的领导核心地位，不是自封的，而是历史的选择、人民的选择。党领导人民建立了人民民主专政的国家政权，真正实现人民当家作主，建立了社会主义制度，实现了中国历史上最深刻的社会变革，并经过艰辛探索开创了中国特色社会主义的伟大事业。中国共产党是当代中国一切发展进步的坚强领导核心，进一步推进中国特色社会主义发展，必须始终不渝坚持和巩固党的领导，充分发挥党总揽全局、协调各方的领导核心作用，任何企图搞多党制，动摇党的领导地位的主张都是错误的。同时，必须不断提高党的建设的科学化水平，保持党的先进性和纯洁性，增强党的创造力、凝聚力、战斗力，改进党的领导方式和执政方式，提高党科学执政、民主执政、依法执政水平，建设学习型、服务型、创新型的马克思主义执政党，确保党始终成为中国特色社会主义事业的坚强领导核心。

第三，坚定不移地走社会主义道路，牢固树立中国特色社会主义共同理想。

只有社会主义才能救中国，这是中国人民从近代以来救国救民的艰辛探索和革命建设改革的实践中得出的不可动摇的历史结论，中国离开社会主义必然退回到半封建半殖民地的落后挨打的状态。改革开放以来，我们党成功开辟了中国特色社会主义道路，社会主义在中国获得了巨大成功，取得了举世瞩目的辉煌成就。中国特色社会主义是当代中国发展进步的根本方向，只有中国特色社会主义才能发展中国，越来越成为全体中国人民的集体共识，企图走封闭僵化的老路，或者改旗易帜的邪路，都是极端错误的。正如习近平总书记所说："中国特色社会主义在本质上是科学社会主义而不是其他什么主义"，"是科学社会主义理论逻辑和中国社会发展历史逻辑的辩证统一，是根植于中国大地、反映中国人民意愿、适应中国和时代发展进步要求的科学社会主义。"① 任何企图放弃科学社会主义的基本原则，用其他的各种"主义""理论"来解释甚至取代中国特色社会主义的主张都是必须坚决反对的。

第四，加强和巩固人民民主专政，为中国特色社会主义发展提供最可靠的保障。

人民民主专政的国家政权，是中国人民发展中国特色社会主义的根本保障。人民民主专政从根本上说就是对人民实行民主、对敌人实行专政，没有人民民主专政，我们就不可能保卫从而也不可能建设社会主义。发展中国特色社会主义民主政治，必须坚持党的领导、人民当家作主、依法治国有机统一，以保证人民当家作主为根本，以增强党和国家活力、调动人民积极性为目标，扩大社会主义民主，加快建设社会主义法治国家，发展社会主义政治文明。但是，发展社会主义民主并不是要弱化甚至消除对敌视和破坏社会主义的势力的专政。我们正处于改革开放的关键时期，一些敌视和反对社会主义的势力乘势骚动，西方敌对势力也加紧对我进行西化、分化，制造民族分裂，危害社会稳定，形成了特殊形式的阶级斗争。对于这些企图反对和颠覆社会主义的势力，必须实行人民民主专政，否则中国特色社会主义的事业就会受到冲击。

---

① 《习近平谈治国理政》第 1 卷，外文出版社 2018 年版，第 21—22 页。

第五，紧紧抓住经济建设这个中心不放松，把发展社会主义社会生产力作为根本任务。

当年，毛泽东及时领导党和国家把工作重心转移到以经济建设为中心的社会主义建设上来，大力发展社会生产力。后来一度偏离了以经济建设为中心的正确轨道，走了一些弯路。改革开放以来，我们党明确提出，贫穷不是社会主义，发展才是硬道理，必须坚持以经济建设为中心、坚持改革开放、坚持四项基本原则的基本路线，使我国的经济社会发展不断实现新的飞跃。进一步推进中国特色社会主义发展，必须把解放和发展社会生产力作为根本任务，坚持以经济建设为中心为兴国之要，推动经济持续健康发展，筑牢国家繁荣富强、人民幸福安康、社会和谐稳定的物质基础。任何企图动摇以经济建设为中心、更换中心或搞"多中心论"的主张都是错误的，必须坚决反对。

第六，一刻也不能忘记和放松党的意识形态和宣传思想工作，不断巩固和强化全党全国人民发展中国特色社会主义的共同思想基础。

历史经验表明，经济工作搞不好，要出大问题；意识形态工作抓不好，也要出大问题。经济建设是中心工作，必须紧紧抓住不松劲，意识形态工作同样也不能有丝毫松懈。在以经济建设为中心工作的同时，必须大力抓好党的意识形态和宣传思想工作，抓好全党全国人民的思想道路建设，抓好社会主义核心价值观建设，筑牢全党全国人民团结奋斗、发展中国特色社会主义的思想理论基础。

第七，必须从社会主义初级阶段的基本国情出发制定路线方针政策，以最大的政治勇气推进改革开放。

科学认识和把握基本国情，是正确制定路线方针政策的根本依据和出发点。什么时候能够正确地科学地把握基本国情，什么时候社会主义建设事业就能够顺利发展，相反则会遭遇到曲折甚至严重挫折。毛泽东在民主革命时期就指出："认清中国社会的性质，就是说，认清中国的国情，乃是认清一切革命问题的基本的依据。"①
革命如此，建设和改革更是如此。改革开放以来，我们党科学把握
基本国情，明确提出我国仍处于并将长期处于社会主义初级阶段，
从这个最大的实际出发制定政策，推进各个方面的改革发展。立足
于社会主义初级阶段的基本国情，我们必须把改革开放作为坚持和
发展中国特色社会主义的必由之路，把改革创新精神贯彻到治国理
政各个环节，以更大的政治勇气和智慧，发展和完善以公有制为主
体、多种所有制经济共同发展的基本经济制度，把社会主义制度同
市场经济结合起来，发展和完善社会主义市场经济体制；与此同
时，不断推进政治、文化、社会等各方面改革创新，实现社会主义
制度的自我完善和发展。

**第八，把尊重历史规律同尊重群众首创精神结合起来，形成发
展中国特色社会主义的历史合力。**

社会主义建设是一项十分艰巨复杂的宏大历史工程，必须尊重
客观规律，按照经济建设的规律办事。社会主义又是一项群众性的
事业，必须充分尊重人民群众的创造性。毛泽东能够及时提出把工
作重心转移到经济建设上来，把发展社会主义生产力作为工作中
心，提出价值法则是一所大学校，必须学习经济规律。他能够适时
地把广大群众建设社会主义的热情转化为行动，掀起社会主义建设
的高潮。调动一切积极因素、团结一切可以团结的力量，把我国建
设成为伟大的社会主义强国，为中华民族的发展振兴和人类的和平
发展做出更大贡献，是毛泽东在探索中国社会主义建设中特别强调
的基本方针。毛泽东同样告诉我们，不尊重历史发展的客观规律就
会片面夸大人的主观能动性而陷入主观主义，不尊重群众的创造性
就会错失发展机遇，这两种做法都会使社会主义建设遭遇严重挫
折。发展中国特色社会主义，必须尊重历史发展的客观规律，科学

---

① 《毛泽东选集》第 2 卷，人民出版社 1991 年版，第 633 页。

制定发展战略和方针政策，同时必须尊重人民群众的首创精神，牢牢坚持人民主体地位，实现客观与主观的良性互动，形成推进中国特色社会主义发展进步的历史合力。

第九，勇于纠正工作失误并及时总结经验教训，推动中国特色社会主义健康发展。

由于缺乏历史经验和各种因素的影响，毛泽东在社会主义建设道路探索中出现过一些严重曲折。作为一个真正的马克思主义者，毛泽东勇于面对错误、挫折，并努力纠正工作失误。他多次进行纠偏努力，大力提倡调查研究，充分发扬党内民主和人民民主，吸收各方面智慧，带头进行自我批评，勇于改正工作失误，较好地实现了国民经济的恢复调整，极大地减轻了失误带来的损失，使社会主义建设总体上走在健康发展的道路上。当然，由于对国内主要矛盾的判断出现了重大偏差，20 世纪 60 年代中期以后又遭遇了更严重的挫折，虽然毛泽东多次试图纠正，但没有从根本上改变。改革开放后，我们党充分吸取了这个经验教训，使中国特色社会主义事业日益兴旺发达，中国特色社会主义道路越走越宽。如今，改革开放事业又到了一个关键时期，当代中国共产党人既不能幻想失误不会出现，也不能在失误面前惊慌失措或刻意回避，而是要敢于知错认错纠错，及时总结经验教训，以发展着的马克思主义指导新的实践，不断增强发展的科学性和规范性，把中国特色社会主义事业进一步推向前进。

第十，深入探索社会主义建设的科学方法，完善中国特色社会主义的总布局。

分析把握和正确处理社会主义建设中的重大关系，是毛泽东留给后人最可宝贵的重要经验之一。改革开放以来，我们党坚持和发展了这个宝贵经验，正确认识和妥善处理中国特色社会主义事业中的重大关系，统筹改革发展稳定、内政外交国防、治党治国治军各方面工作，统筹城乡发展、区域发展、经济社会发展、人与自然和谐发展、国内发展和对外开放，统筹各方面利益关系，形成了良好的发展局面。在进一步推进中国特色社会主义事业的进程中，我们应该更加自觉地探索改革发展的科学方法，坚持全面协调可持续的科学发展，全面落实并不断完善经济建设、政治建设、文化建设、社会建设、生态文明建设五位一体的总布局，促进社会主义现代化建设各方面相协调，促进生产关系与生产力、上层建筑与经济基础相协调，不断开拓生产发展、生活富裕、生态良好的文明发展道路。

当前，我国已经站在实现社会主义现代化和中华民族伟大复兴的新的历史起点上，党的十八大全面系统地提出了发展中国特色社会主义的八项基本要求，即必须坚持人民主体地位、解放和发展社会生产力、推进改革开放、维护社会公平正义、走共同富裕道路、促进社会和谐、和平发展、党的领导。这些基本要求揭示了中国特色社会主义建设中最本质的东西，体现了共产党执政规律、社会主义建设规律、人类社会发展规律，显示了中国共产党对中国特色社会主义规律的深度把握，对我国全面建成小康社会的各项工作，具有重大而长远的指导意义。我们一定要毫不动摇地牢牢把握坚持和发展中国特色社会主义的基本要求，努力把中国特色社会主义事业推向前进，为实现社会主义现代化和中华民族伟大复兴的中国梦而努力奋斗，创造中国人民和中华民族更加幸福美好的未来。

没有毛泽东对中国特色社会主义的奠基工作和先行探索，就没有中国特色社会主义的今天；同样，没有中国特色社会主义的今天，毛泽东开创的社会主义建设事业就不会持续发展。

坚持和发展毛泽东思想，坚定不移地发展中国特色社会主义[*]

在马克思列宁主义、毛泽东思想、中国特色社会主义理论体系与党的十八大、十八届二中、三中全会精神指引下，全党全军全国各族人民贯彻执行党的基本路线，为实现全面建成小康社会、建成富强民主文明和谐的社会主义现代化国家的奋斗目标，实现中华民族伟大复兴的中国梦而奋斗。在这种新形势下，隆重纪念毛泽东同志，对于坚持和发展毛泽东思想及其开创的伟大事业，夺取中国特色社会主义新胜利，不仅具有非常重要的理论意义和政治意义，而且具有十分深远的历史意义和现实意义。

一　正确认识毛泽东同志的丰功伟绩和历史地位

毛泽东同志是中国历史上，特别是近代以来最伟大的民族英雄和人民领袖。他早年投身革命，通过长期艰苦的实践斗争和理论探索，成为坚定的马克思主义者和党的第一代中央领导集体的核心。他为我国新民主主义革命、社会主义革命和社会主义建设的伟大事业，为世界被压迫民族的解放和人类进步事业，建立了不可磨灭的功勋，为探索中国特色社会主义道路作出了

　＊　原载《世界社会主义研究动态》2013 年 12 月 16 日。

重要贡献。

第一，在毛泽东同志领导下，中国共产党依靠人民完成了新民主主义革命，实现了民族独立、人民解放，建立了新中国，开启了中华民族新的历史纪元。

在旧中国这样的半殖民地半封建的东方大国，工人阶级人数较少，农民占人口的绝大多数，分散的小农经济、小生产广泛存在，又遭受西方列强的侵略和压迫，怎样在共产党领导下，团结全国各族人民，首先争取国家独立和人民解放，然后开辟向社会主义前进的道路，是关系中国革命能否成功的关键问题，也是世界无产阶级革命史上的崭新课题。毛泽东同志运用马克思列宁主义基本原理，分析中国社会形态和阶级状况，明确了中国革命的性质、对象、任务和动力，提出了通过新民主主义革命走向社会主义的两步走战略，制定了新民主主义革命的总路线，实施了党的建设伟大工程，开辟了一条农村包围城市、武装夺取政权的革命道路。经过长期的斗争和艰苦的探索，毛泽东同志及其战友们缔造了一个用马克思列宁主义武装起来的、具有广泛群众性的无产阶级政党，一个在党的绝对领导下为人民的事业英勇奋战的人民军队，一个团结全民族绝大多数人共同奋斗的统一战线。依靠这三大法宝，经过二十八年的浴血奋战，推翻了压在中国人民头上的"三座大山"，取得了新民主主义革命的伟大胜利，成立了中华人民共和国。中国人民从此站起来了，世界近代史上那种看不起中国人、看不起中国文化的时代完结了。正如邓小平同志所说："如果没有毛泽东同志的卓越领导，中国革命有极大的可能到现在还没有胜利，那样，中国各族人民就还处在帝国主义、封建主义、官僚资本主义的反动统治之下，我们党就还在黑暗中苦斗。所以说没有毛主席就没有新中国，这丝毫不是什么夸张。"[1]

---

① 《邓小平文选》第 2 卷，人民出版社 1994 年版，第 148 页。

第二，在毛泽东同志领导下，中国共产党依靠人民完成了社会主义革命，建立了社会主义基本制度，实现了中国历史上最深刻、最伟大的社会变革。

新中国成立以后，以毛泽东同志为核心的党中央领导人民，迅速医治战争创伤，恢复国民经济，巩固新生的人民政权，取得了抗美援朝的胜利。1952 年，毛泽东同志又及时提出党在过渡时期的总路线："要在一个相当长的时期内，逐步实现国家的社会主义工业化，并逐步实现国家对农业、对手工业和对资本主义工商业的社会主义改造。"① 在这条总路线的指引下，我们成功地开辟了一条具有中国特点的社会主义改造道路：对资本主义工商业，采取了一系列从低级到高级的国家资本主义的过渡形式，实现了对资产阶级的和平赎买；对个体农业，遵循自愿互利、典型示范和国家帮助的原则，创造了从互助社到初级农业生产合作社再到高级农业生产合作社的社会主义集体所有制形式；对个体手工业的改造，也采取了类似的方式。到 1956 年底，我国工业化的基础已初步形成，以国营经济和集体经济为主体的社会主义经济制度基本确立；与建设社会主义经济基础相适应，毛泽东同志领导党和人民建立了人民民主专政的社会主义国家，创立了人民代表大会制度、中国共产党领导的多党合作和政治协商制度、民族区域自治制度；制定和实施了中华人民共和国第一部宪法以及经济、政治、文化各领域的法律法规，初步形成了我国社会主义政治制度和法律体系。社会主义改造的完成和社会主义制度的确立，不仅使中国这个占世界人口四分之一的东方大国顺利进入了社会主义社会，使广大劳动人民真正成为生产资料和国家的主人，为当代中国一切发展进步奠定了根本前提和制度基础；而且极大地改变了世界经济政治格局，增强了世界社会主义的力量。这是继俄国十月革命后，国际共运史上又一个伟大

① 《毛泽东文集》第 6 卷，人民出版社 1999 年版，第 316 页。

胜利。

第三，在毛泽东同志领导下，中国共产党依靠人民全面进行社会主义建设，并对适合中国国情的社会主义道路进行了艰辛探索，为社会主义现代化建设奠定了重要的物质技术基础，取得了重要的理论成果和宝贵经验。

1956 年，毛泽东同志在中央政治局扩大会议上作《论十大关系》的报告，提出要把国内外一切积极因素调动起来，为社会主义事业服务的基本方针。鉴于苏联忽视农业、轻工业，片面发展重工业的教训，报告提出我国的经济计划应适当调整，更多地发展农业、轻工业，更多地发展沿海工业，降低军政费用的比例。这些思想涉及如何走中国式的工业化道路的问题。报告还论述了国家、生产单位和生产者个人的关系，中央和地方的关系，汉族和少数民族、党和非党、革命与反革命、是和非、中国和外国等涉及经济、政治、文化和外交各方面的重大关系问题。1957 年，毛泽东同志在最高国务会议上，提出正确区分和处理社会主义社会敌我矛盾和人民内部矛盾两类不同性质的矛盾，并把正确处理人民内部矛盾作为国家政治生活的主题，阐述了"百花齐放，百家争鸣""长期共存，相互监督"的方针。接着，他提出要造成一个又有集中又有民主，又有纪律又有自由，又有统一意志，又有个人心情舒畅、生动活泼的政治局面。1958 年，毛泽东同志提出要把党和国家的工作重点转到技术革命和社会主义建设上来。他在领导纠正"大跃进"和人民公社化运动中的错误时，还提出了不能剥夺农民，不能超越社会发展阶段，反对平均主义，要发展商品生产、遵循价值规律和搞好综合平衡，主张以农轻重为序安排国民经济计划等思想。毛泽东同志在领导调整国民经济的过程中制定了工业、商业、教育、科学、文艺等方面的工作条例，建立起独立的比较完整的工业体系和国民经济体系。第三届全国人民代表大会宣布：要努力把我国建设成为一个具有现代农业、现代工业、现代国防和现代科学技术的社会主义强国。所有这些，都可以看作是对中国自己的社会主义建设道路的有益探索。由于缺乏实践经验和理论准备，加上对国际国内形势判断问题，毛泽东同志在领导党和人民建设社会主义的过程中，出现了"大跃进""反右斗争扩大化"甚至发动"文化大革命"的严重错误。但即使在"文革"期间，我国社会主义建设仍然取得了巨大进展，粮食生产保持了稳定增长，工业、交通和科学技术取得了一批重大成果，包括一些技术先进的大型企业的投产，氢弹试验和人造卫星发射回收成功，杂交水稻的育成和推广，对外工作打开新局面；我们党、人民政权、人民军队和整个社会的性质都没有改变。"人非圣贤，孰能无过？"不能因为在社会主义建设的最先尝试和摸索过程中出现过失误和挫折，就否认毛泽东同志是中国特色社会主义的伟大奠基者、探索者和先行者。

纵观毛泽东同志一生的奋斗，他领导党和人民从根本上改变了国家和民族的面貌，不可逆转地结束了中国内忧外患、积贫积弱的悲惨命运，不可逆转地开启了中华民族实现独立自主、走向伟大复兴的历史进军。这在中国历史乃至国际共运史上，都占有承先启后、继往开来的重要地位。他的历史功绩永远是第一位的，他晚年的错误只是第二位的，是一个伟大的革命家、伟大的马克思主义者所犯的错误。对于这样一位对国家、民族、人民作出卓越贡献的伟大领袖，我们应该永远铭记在心。那些给毛泽东同志抹黑，甚至全盘否定毛泽东，否定毛泽东思想的少数别有用心的人，只能有一种前途，那就是"尔曹身与名俱灭，不废江河万古流"。

二　深刻把握毛泽东思想的科学体系和指导意义

在长期的革命和建设过程中，以毛泽东同志为主要代表的中国共产党人，不断推进马克思主义中国化时代化大众化，开始形成中国共产党自己的指导思想——毛泽东思想。毛泽东同志不仅把马克思列宁主义基本原理同新民主主义革命具体实际结合起来，实现了第一次历史性飞跃；而且提出了把马克思列宁主义基本原理与社会主义革命和建设具体实际进行"第二次结合"的历史任务。早在1956年4月，他在中央政治局扩大会议上就提出："最重要的是要独立思考，把马列主义的基本原理同中国革命和建设的具体实际相结合。民主革命时期，我们吃了大亏之后才成功地实现了这种结合，取得了新民主主义革命的胜利。现在是社会主义革命和建设时期，我们要进行第二次结合，找出在中国怎样建设社会主义的道路。"[①] 毛泽东同志领导党和人民进行的"第二次结合"的艰辛探索，形成的社会主义建设独创性的思想成果，也是毛泽东思想的重要组成部分，为新的历史时期开创中国特色社会主义提供了宝贵经验和理论准备。

第一，毛泽东思想比较系统地回答了在中国这样一个落后的东方大国如何进行新民主主义革命，如何进行社会主义革命和建设的一系列重大问题，是马克思列宁主义在中国的创造性运用和发展。

大家知道，在20世纪二三十年代，国际共产主义运动和我们党内盛行把马克思主义教条化、把共产国际决议和苏联经验神圣化的错误倾向，使中国革命几乎陷于绝境。正是在同这些错误倾向作斗争的过程中，毛泽东思想逐步形成和发展起来。它在土地革命战争后期和抗日战争时期达到成熟，在解放战争时期和新中国成立以后继续发展，是被实践证明了的关于中国革命和社会主义建设的正确的理论和经验的总结。毛泽东思想是一个完整严密的、博大精深的科学体系，在新民主主义革命，社会主义革命和社会主义建设，革命军队建设、军事战略和国防建设，政策和策略，思想政治工作和文化工作，国际战略和外交工作以及党的建设等方面，都以独创性的理论观点丰富和发展了马克思列宁主义，使马克思主义在中国

---

① 中共中央文献研究室编：《毛泽东传（1949—1976）》（上），中央文献出版社2003年版，第506页。

扎根、开花、结果。在上述组成部分中，前两个部分，即新民主主义革命，社会主义革命和社会主义建设理论是全局性和根本性的。后五个部分，即革命军队建设、军事战略和国防建设，政策和策略，思想政治工作和文化工作，国际战略和外交工作以及党的建设理论，是某个具体领域的，是为完成中国革命和建设的历史任务服务的。毛泽东思想不是马克思列宁主义的简单运用，而是马克思列宁主义在中国以至世界东方的重大发展；毛泽东思想不是在个别方面，而是在整体、在众多领域都为马克思主义的理论宝库增添了新的内容。因此，毛泽东思想不仅对中国革命和建设事业产生了巨大而深远的影响，而且推动了国际共产主义运动乃至世界文明的发展和进步。

第二，毛泽东思想活的灵魂，是贯穿其产生发展全过程和理论体系各方面的立场、观点、方法，是辩证唯物主义和历史唯物主义在中国革命和建设中的集中体现和丰富发展。

它有三个基本方面，即实事求是、群众路线、独立自主。实事求是，就是一切从实际出发，理论联系实际，不断深化对中国国情的认识，找出适合中国情况的革命和建设道路，确定党领导人民改造旧世界、建设新中国的战略策略，达到推动历史前进的目的。群众路线，就是把马克思列宁主义关于人民群众是历史创造者的原理，系统地运用到党的全部活动中，形成党的根本工作路线，即一切为了群众，一切依靠群众，从群众中来，到群众中去。独立自主，就是坚持独立思考，走自己的路，坚定不移地维护民族独立、捍卫国家主权，把立足点放在依靠自己力量的基础上，同时积极争取外援，开展国际交流，学习国外一切对我们有益的成果。实事求是、群众路线、独立自主是紧密联系、有机统一的，共同构成了毛泽东思想的灵魂和精髓。实事求是，讲的是唯物论、辩证法，是马克思主义世界观和方法论的基础，是毛泽东思想的出发点和根本点。群众路线，讲的是政治立场和根本方法，倘若离开了群众，唯物论、辩证法只能局限在头脑中，停留在口头上，实事求是也就成了一句空话。独立自主，讲的是民族精神和主体力量，如果一切听命于他人，跟着外国指挥棒转，就不可能制定出适合本国国情的路线、方针和政策，也就必然脱离人民群众，违背实事求是。三者相互渗透、融为一体，是毛泽东思想中最本质的东西，起统帅和决定性的作用。缺少其中的任何一个方面，就没有毛泽东思想，没有中国革命和建设的胜利，也就没有今天的中国特色社会主义。

第三，毛泽东思想是中国共产党和中国人民历尽艰辛获得的宝贵精神财富，是指引全党全国人民夺取中国革命胜利的强大理论武器，也是中国社会主义事业的思想理论基础。

毛泽东思想是中国共产党集体智慧的结晶，但是毛泽东同志的贡献永远是第一位的，并且是最主要的。他之所以比同时期的其他领导人、他的战友们站得更高些，看得更远些，成为毛泽东思想的主要创立者，除了客观的社会条件，还与他个人的性格、气质、学识、胆略、经历等因素紧密相关。从青年时代起，毛泽东同志就树立远大理想，立志"改造中国与世界"；他注重社会调查，深入了解国情；他勤奋好学，从经史子集到马列经典，从稗官野史到世界名著，几乎无所不读；他"性不好束缚"，"好独辟蹊径"，不信邪、不怕鬼，具有大无畏的勇气和创新精神。用毛泽东来命名中国共产党的理论成果和指导思想，这不是偶然的、随意的，更不是某个人自封的，而且是历史发展的必然和社会实践的需要，是党和人民慎重选择的结果。党的七大通过的党章明确规定："中国共产党，以马克思列宁主义的理论与中国革命的实践之统一的思想——毛泽东思想，作为自己一切工作的指针。"党的十一届六中全会通过的《关于建国以来党的若干历史问题的决议》，实事求是地评价了毛泽东同志的历史地位，充分阐述了毛泽东思想作为我们党的指导思想的伟大意义，强调"毛泽东思想是我们党的宝贵的精神财富，它将长期指导我们的行动"。毛泽东思想形成和发展的历史条件，与我们今天面临的形势和任务有很大的不同，但丝毫没有减弱和降低毛泽东思想的科学价值和指导作用。毛泽东同志追求和倡导的中华民族重新自立于世界民族之林的远大理想、实事求是的思想路线、全心全意为人民服务的根本宗旨、自力更生艰苦奋斗的革命精神，永远是党和人民团结奋斗的强大动力；毛泽东思想包含的许多原理、原则和科学方法，具有普遍的、深远的指导意义，现在和今后都具有重要的指导作用。邓小平同志说得好："毛泽东思想过去是中国革命的旗帜，今后将永远是中国社会主义事业和反霸权主义的旗帜，我们将永远高举毛泽东思想的旗帜前进。"[1] 毛泽东思想作为中国共产党人的理论宝库和中华民族的精神支柱，永远是我们建设和巩固社会主义的行动指南。

　　毛泽东同志逝世以后，反复出现一种社会历史现象：每当中国共产党即将召开全国代表大会，为改革开放和现代化建设作出重大决策时，或者是每逢纪念毛泽东同志诞辰之时，总会有一些人出来鼓噪一番，肆意攻击和否定毛泽东同志和毛泽东思想，企图在中国共产党指导思想的旗帜上，拿掉马克思列宁主义和毛泽东思想。但是，这种阴谋总是不能得逞。因为这种鼓噪不仅不得人心，而且会使中国误入歧途，导致社会动乱和历史倒退。针对党内外有些人否定和反对毛泽东思想的错误倾向，邓小平同志告诫我们："我们任何时候都不能损害毛泽东同志在整个中国革命史上的光辉形象，不能动摇高举毛泽东思想旗帜的原则。我们要有这个觉悟，要有这个认识。这不但是中国共产党的利益所在，中华民族的利益所在，而且是国际共产主义运动的利益所在。"[2] 江泽民、胡锦涛和习近平同志也在多种场合充分肯定毛泽东思想的历史地位。实践已经并将继续证明，正确评价毛泽东同志，坚持毛泽东思想的指导地位，是关系到党的生死存亡、国家的长治久安和人民的前途命运的重大历史

① 《邓小平文选》第 2 卷，人民出版社 1994 年版，第 172 页。
② 《邓小平文选》第 2 卷，人民出版社 1994 年版，第 279 页。

抉择。

三　坚持和发展毛泽东思想，坚定不移
推进中国特色社会主义

党的十一届三中全会以后，我们党解决了正确评价毛泽东同志和毛泽东思想的历史地位，根据历史经验和新的实际，探索改革开放和社会主义现代化建设新路这两个相互联系的重大历史课题，开创中国特色社会主义道路，形成中国特色社会主义理论体系，完善中国特色社会主义制度，把社会主义事业推向一个新的历史阶段。

第一，要正确区分毛泽东思想和毛泽东晚年的错误。

"文化大革命"结束后，在对毛泽东和毛泽东思想的认识和评价问题上，存在两种错误倾向：一种认为凡是毛泽东作出的决策、指示，都必须坚决维护、始终遵循；另一种是借口毛泽东晚年犯了严重错误，全盘否定毛泽东同志的历史地位和毛泽东思想的指导作用。这两种态度都没有把经过长期历史考验形成科学理论的毛泽东思想，同毛泽东晚年所犯的错误区别开来。毛泽东晚年的错误是由于违背了毛泽东思想，特别是违反了他自己主张的实事求是原则。对毛泽东思想要有完整的准确的认识，不能只从个别词句去理解，以为凡是毛泽东说过的话都是不可移易的真理，只能照抄照搬。对这种错误认识，邓小平同志作过严肃的批评：如果把毛泽东的每一个观点、每一句话都置于毛泽东思想科学体系之内，那是对毛泽东思想的歪曲和篡改，只会损害毛泽东思想。他深刻指出："我们坚持的和要当作行动指南的是马列主义、毛泽东思想的基本原理，或者说是由这些基本原理构成的科学体系。""要善于学习、掌握和运用毛泽东思想的体系来指导我们各项工作。"[①] 即使对毛泽东在

———————

① 《邓小平文选》第2卷，人民出版社1994年版，第17、42页。

"文化大革命"时期的理论观点，也要作实事求是的分析和恰如其分的评价，把他晚年探索中的正确成分与"怀疑一切、打倒一切、全面内战"等错误理论区别开来，把他关于保持党和政权永不变质的战略思想与"文化大革命"的错误理论区别开来。既不能对毛泽东同志的言论采取教条主义的态度，也不能对毛泽东思想采取虚无主义的态度。

第二，要正确处理改革开放前和改革开放后两个历史时期的辩证关系。

我们党领导人民进行社会主义建设，有改革开放前和改革开放后两个历史时期。这是两个相互联系又有重大区别的时期，本质上都是我们党领导人民进行社会主义建设的积极探索，后一个历史时期是对前一个历史时期的坚持、改革、发展。正如邓小平同志所说："三中全会以后，我们就是恢复毛泽东同志的那些正确的东西嘛，就是准确地、完整地学习和运用毛泽东思想嘛。基本点还是那些。从许多方面来说，现在我们还是把毛泽东同志已经提出、但是没有做的事情做起来，把他反对错了的改正过来，把他没有做好的事情做好。今后相当长的时期，还是做这件事。当然，我们也有发展，而且还要继续发展。"[1] 我们要永远铭记，改革开放伟大事业，是在以毛泽东同志为核心的党的第一代中央领导集体带领全党全国各族人民建立新中国、取得社会主义革命和建设伟大成就，以及艰辛探索社会主义建设规律取得宝贵经验的基础上进行的。习近平同志在新进中央委员会的委员、候补委员学习贯彻党的十八大精神研讨班上的讲话中指出："中国特色社会主义是在改革开放历史新时期开创的，但也是在新中国已经建立起社会主义基本制度、并进行了 20 多年建设的基础上开创的。虽然这两个历史时期在进行社会主义建设的思想指导、方针政策、实际工作上有很大差别，但两者

---

[1] 《邓小平文选》第 2 卷，人民出版社 1994 年版，第 300 页。

决不是彼此割裂的，更不是根本对立的。不能用改革开放后的历史时期否定改革开放前的历史时期，也不能用改革开放前的历史时期否定改革开放后的历史时期。要坚持实事求是的思想路线，分清主流和支流，坚持真理，修正错误，发扬经验，吸取教训，在这个基础上把党和人民事业继续推向前进。"① 试想一下，如果改革开放之初全盘否定了毛泽东同志，取消了毛泽东思想的指导地位，那我们党还能站得住吗？我们国家的社会主义制度还能站得住吗？肯定站不住，肯定会天下大乱。我们要尊重历史而不能割断历史，尊重前人而不能苛求前人，坚持新民主主义革命的胜利成果决不丢失，社会主义革命和建设的成就决不否定，改革开放和社会主义现代化建设的方向决不动摇。

第三，要正确处理毛泽东思想和中国特色社会主义理论体系的辩证关系。

马克思主义创始人曾经说过："一切划时代的体系的真正的内容都是由于产生这些体系的那个时期的需要而形成起来的。所有这些体系都是以本国过去的整个发展为基础的，是以阶级关系的历史形式及其政治的、道德的、哲学的以及其他的后果为基础的。"② 从这种辩证的、历史的唯物主义观点来看，任何理论的形成和发展，都表现为对前人思想成果的继承和创新。毛泽东同志在读苏联《政治经济学教科书》的谈话中指出："马克思这些老祖宗的书，必须读，他们的基本原理必须遵守，这是第一。但是，任何国家的共产党，任何国家的思想界，都要创造新的理论，写出新的著作，产生自己的理论家，来为当前的政治服务，单靠老祖宗是不行的。""现在，我们已经进入社会主义时代，出现了一系列的新问题，如果单有《实践论》、《矛盾论》，不适应新的需要，写出新的著作，形成

① 《习近平谈治国理政》第 1 卷，外文出版社 2018 年版，第 22—23 页。
② 《马克思恩格斯全集》第 3 卷，人民出版社 1995 年版，第 544 页。

新的理论，也是不行的。"① 十一届三中全会以来，我们党坚持马克思列宁主义、毛泽东思想，运用它们的立场、观点和方法来研究、解决改革开放和现代化建设中出现的新问题，形成了包括邓小平理论、"三个代表"重要思想、科学发展观在内的中国特色社会主义理论体系，把我们对人类社会发展规律、社会主义建设规律、共产党执政规律的认识提高到新的水平，开辟了马克思主义在中国发展的新阶段、新境界。毛泽东思想和中国特色社会主义理论体系是马克思主义中国化的两大理论成果，是既一脉相承又与时俱进的统一的科学体系。从本质内容上讲，这两大理论成果表现为两种具体形态，即新民主主义革命、社会主义革命理论和社会主义建设理论。特别是毛泽东同志提出的关于处理好社会主义建设的各种关系，关于正确认识和把握社会主义社会基本矛盾，严格区分两类不同性质的矛盾，正确处理人民内部矛盾等重要思想观点，都是中国特色社会主义理论体系的直接理论来源。中国特色社会主义理论体系的形成和发展与毛泽东思想有深厚的理论渊源，是对毛泽东同志探索中国自己的社会主义建设道路所取得的理论成果的继承和创新。党的十八届三中全会通过的《关于全面深化改革若干重大问题的决定》强调："必须高举中国特色社会主义伟大旗帜，以马克思列宁主义、毛泽东思想、邓小平理论、'三个代表'重要思想、科学发展观为指导，坚定信心，凝聚共识，统筹谋划，协同推进，坚持社会主义市场经济改革方向，以促进社会公平正义、增进人民福祉为出发点和落脚点，进一步解放思想、解放和发展社会生产力、解放和增强社会活力，坚决破除各方面体制机制弊端，努力开拓中国特色社会主义事业更加广阔的前景。"这就为我们在改革的攻坚阶段和发展的关键时期，坚持和发展毛泽东思想，坚定不移推进中国特色社会主义，实现中华民族伟大复兴，指明了正确的方向和现实的道路。

---

① 《毛泽东文集》第 8 卷，人民出版社 1999 年版，第 109 页。

毛泽东同志是继马克思、恩格斯、列宁、斯大林之后的又一个伟大的历史人物，他既属于中国，也属于世界，永远受到中国各族人民所爱戴，受到世界一切正直的人们所尊重。他虽然离开我们已有 37 个年头了，但他的英名和业绩、思想和精神永远鼓舞和激励着中国和世界人民。对毛泽东同志最好的纪念，就是把老一辈无产阶级革命家艰辛开创的伟大事业继续推向前进，谱写中华民族伟大复兴新的壮丽史诗。让我们紧密团结在以习近平同志为核心的党中央周围，高举中国特色社会主义伟大旗帜，全面贯彻党的十八大和十八届二中、三中全会精神，万众一心、艰苦创业，坚定不移沿着中国特色社会主义道路前进，为全面建成小康社会、不断夺取中国特色社会主义新胜利、实现中华民族伟大复兴的中国梦、推动人类和平发展的进步事业作出新的更大的贡献！

邓小平是中国特色社会主义的创建者[*]

20 世纪 70 年代末，"文化大革命"刚刚结束，神州大地，百废待兴，中国正面临着向何处去的历史关头。在这关键的历史时刻，邓小平高瞻远瞩，推动并领导了中国历史上又一次伟大变革，实现了马克思主义与中国实践相结合的第二次历史飞跃。他在总结新中国成立以来正反两方面经验、研究世界形势和其他国家经验教训的基础上，吹响走自己的路、建设中国特色社会主义的时代号角，作出把党和国家工作重心转移到经济建设上来、实行改革开放的历史性决策，成功地开创了中国特色社会主义。不论从历史发展、实践探索还是从理论创新、制度变迁上说，邓小平都不愧为改革开放和现代化建设的总设计师，不愧为中国特色社会主义道路、理论体系、制度的创建者。

一　开辟中国特色社会主义道路，找到当代中国发展进步的根本方向和实现途径

十一届三中全会是 1949 年以来我党历史上的伟大转折。在邓小平的领导下，全会高度评价关于真理标准问题的讨论，批评"两个凡是"的错误方针；毅然抛弃"以阶级斗争为纲"，把党和国家

---

* 原载《理论研究动态》2014 年第 9 期，《中国社会科学报》2014 年 8 月 2 日。

的工作重心转移到经济建设上来，并作出改革开放的战略决策；开始形成以邓小平为核心的党的第二代中央领导集体，由此重新确立了马克思主义的思想路线、政治路线和组织路线，开启了新的伟大革命。邓小平以巨大的理论勇气和卓越的政治智慧，在全会前召开的中央工作会议上发表《解放思想，实事求是，团结一致向前看》的重要讲话，发出了打破禁锢、开辟新路的宣言书。

十一届三中全会以后，邓小平领导改革开放和社会主义现代化建设逐步展开。农村迅速推广家庭联产承包责任制和统分结合的双层经营体制；城市则逐渐扩大企业自主权，放宽发展集体经济、个体经济和私营经济，允许开办"三资"企业；开始创办深圳、珠海、汕头、厦门四个经济特区，打开了对外开放的大门。邓小平把特区看作是了解世界的一个"窗口"，是技术的窗口，管理的窗口，知识的窗口，也是对外政策的窗口；同时又看作是一个"基地"，是现代经济发展的基地，人才培养的基地。针对"拨乱反正"过程中出现的错误思潮，邓小平在党的理论工作务虚会上强调必须坚持社会主义道路、坚持人民民主专政、坚持共产党的领导、坚持马列主义、毛泽东思想。这四项基本原则是实现"四个现代化的根本前提"[1]。邓小平主持起草的、十一届六中全会通过的《关于建国以来党的若干历史问题的决议》，对"文化大革命"作出正确的总结，肯定十一届三中全会以来逐步确立的"适合我国情况的社会主义现代化建设的正确道路"[2]，指明了我国社会主义事业和党的工作继续前进的方向。

1982 年 9 月，党的十二大胜利召开。邓小平在大会开幕词中联系革命和建设的经验教训深刻指出："我们的现代化建设，必须从中国的实际出发。无论是革命还是建设，都要注意学习和借鉴外国经验。但是，照抄照搬别国经验、别国模式，从来不能得到成功。

---

① 《邓小平文选》第 2 卷，人民出版社 1994 年版，第 164 页。
② 《三中全会以来重要文献选编》（下），人民出版社 1982 年版，第 839 页。

这方面我们有过不少教训。把马克思主义的普遍真理同我国的具体实际结合起来，走自己的道路，建设有中国特色的社会主义，这就是我们总结长期历史经验得出的基本结论。"① 这一重要论述不仅提出了"建设有中国特色社会主义"的新范畴，而且确定了改革开放新时期党的实践和理论探索的主题，标志着"我们打开了一条一心一意搞建设的新路"②。

十二大以后，在邓小平的领导和推动下，我国改革开放和社会主义现代化建设全面展开，从农村改革到城市改革，从经济体制改革到各方面体制的改革，从对内搞活到对外开放，有力推动了我国经济发展和社会进步。1984 年 2 月，邓小平视察了深圳、珠海、厦门等经济特区，并题词："深圳的发展和经验证明，我们建立经济特区的政策是正确的。"同年 5 月，中央决定开放大连、天津等 14 个沿海港口。翌年 2 月，中央决定再将长江三角洲、珠江三角洲、闽东南地区和环渤海地区开辟为沿海经济开发区。这样，就形成了多层次、有重点、逐步推进的对外开放格局。1984 年 10 月，党的十二届三中全会通过了关于经济体制改革的决定，提出我国社会主义经济是公有制基础上的有计划商品经济，开始突破把计划经济与商品经济对立起来的观念与做法。邓小平认为："这次经济体制改革的文件好，就是解释了什么是社会主义，有些是我们老祖宗没有说过的话，有些新话。""我们用自己的实践回答了新情况下出现的一些新问题。"③ 为保证现代化建设顺利推进，邓小平还制定"三步走"发展战略，即第一步实现国民生产总值比 1980 年翻一番，解决人民的温饱问题；第二步到 20 世纪末，使国民生产总值再增长一倍，人民生活达到小康水平；第三步到 21 世纪中叶，人均国民生产总值达到中等发达国家水平，人民生活比较富裕，基本实现

---

① 《邓小平文选》第 3 卷，人民出版社 1993 年版，第 2—3 页。
② 《邓小平文选》第 3 卷，人民出版社 1993 年版，第 11 页。
③ 《邓小平文选》第 3 卷，人民出版社 1993 年版，第 91 页。

现代化，然后在这个基础上继续前进。这就使中国社会主义建设和中华民族的复兴大业第一次有了明朗清晰和切实可行的时间表和路线图。

1987年10月，党的十三大根据邓小平的思想，第一次比较系统地论述了社会主义初级阶段的理论，制定了党的"一个中心、两个基本点"的基本路线，强调中国特色社会主义道路是马克思主义与中国实践相结合的过程中，继找到中国新民主主义革命道路、实现第一次历史性飞跃之后的第二次历史性飞跃。在苏东社会主义出现挫折、国内发生严重政治风波的复杂形势下，邓小平力挽狂澜，领导党和人民稳定局势，实施治理经济环境、整顿经济秩序、推进改革开放的方针政策，牢牢驾驶中国特色社会主义这艘巨轮乘风破浪、勇往直前。1992年初，邓小平在武昌、深圳、珠海、上海等地视察时，发表了著名的"南方谈话"，明确回答了长期困扰和束缚人们的一系列重大问题，强调"不坚持社会主义，不改革开放，不发展经济，不改善人民生活，只能是死路一条。基本路线要管一百年，动摇不得"①。他要求我们思想更解放一点，改革开放的胆子更大一点，建设的步子更快一点，千万不可丧失时机。这是坚持和拓展中国特色社会主义道路，把改革开放和现代化建设推进到新阶段的又一个解放思想、实事求是的宣言书。

邓小平领导党和人民进行拨乱反正，探索中国特色社会主义新路的伟大历史创造，逐步实现从"以阶级斗争为纲"到以经济建设为中心，从固守成规到全面改革，从封闭半封闭到对外开放等一系列重大转变，带领我们走上了既适合中国国情又体现时代特征、既坚持科学社会主义基本原则又凸显中国特色的"人间正道"。这条道路，得到以江泽民、胡锦涛、习近平为主要代表的中国共产党人的坚持和拓展。党的十八大将这条道路概括为：在中国共产党领导

---

①　《邓小平文选》第3卷，人民出版社1993年版，第370—371页。

下，立足基本国情，以经济建设为中心，坚持四项基本原则，坚持改革开放，解放和发展社会生产力，建设社会主义市场经济、社会主义民主政治、社会主义先进文化、社会主义和谐社会、社会主义生态文明、促进人的全面发展，逐步实现全体人民共同富裕，建设富强民主文明和谐的社会主义现代化国家。① 以邓小平为核心的党的第二代中央领导集体披荆斩棘、艰辛探索，赋予中国特色社会主义道路以下本质内涵和鲜明特点。

第一，既坚持以经济建设为中心，又推动社会全面进步。邓小平主张："现代化建设的任务是多方面的，各个方面需要综合平衡，不能单打一。但是说到最后，还是要把经济建设当作中心。离开了经济建设这个中心，就有丧失物质基础的危险。其他一切任务都要服从这个中心，围绕这个中心，决不能干扰它，冲击它。"② 社会主义又是全面进步、协调发展的社会，要实行"两手抓、两手都要硬"的战略方针，包括一手抓改革开放，一手抓打击犯罪；一手抓经济建设，一手抓民主法制；一手抓物质文明，一手抓精神文明，等等。只有物质文明和精神文明建设都搞好，经济政治文化协调发展，才是有中国特色的社会主义。坚持重点论和两点论的统一，体现了中国特色社会主义的本质规律，遵循了社会主义建设的唯物论和辩证法。

第二，既坚持四项基本原则，又坚持改革开放。邓小平强调：搞现代化建设使中国兴旺发达起来，必须实行改革开放政策，必须坚持四项基本原则，反对资产阶级自由化，反对走资本主义道路。"这两个基本点是相互依存的。"③ 改革开放政策的基础，就是四项基本原则，否则，"我们的社会就将是一个乱的社会，就谈不上安

---

① 《中国共产党第十八次全国代表大会文件汇编》，人民出版社 2012 年版，第 11 页。
② 《邓小平文选》第 2 卷，人民出版社 1993 年版，第 250 页。
③ 《邓小平文选》第 3 卷，人民出版社 1993 年版，第 248 页。

定团结，什么建设改革、振兴中华，都将成为空话"①。四项基本原则又要在改革开放中不断获得新的内容，否则，就会变成空洞的口号、僵化的教条，就会失去政治保障作用。我们的改革开放之所以取得成功，就在于它是坚持四项基本原则、有利于巩固和发展社会主义的改革开放。中国特色社会主义之所以具有蓬勃的生命力，就在于它是实行改革开放、能够实现自我完善和发展的社会主义。

第三，既坚持不断解放和发展社会生产力，又追求全体人民共同富裕。邓小平认为：社会主义阶段的根本任务就是发展生产力。过去只讲在社会主义条件下发展生产力，没有讲还要通过改革解放生产力，"应该把解放生产力和发展生产力两个讲全了"②。贫穷不是社会主义，少数人富裕也不是社会主义。"社会主义与资本主义不同的特点就是共同富裕，不搞两极分化。"③ "走社会主义道路，就是要逐步实现共同富裕。"④ 不断解放和发展生产力、实现共同富裕，是邓小平开创的中国特色社会主义道路的价值目标和战略选择，是我们坚持和发展中国特色社会主义的本质要求和中心课题。

第四，既坚持独立自主、自力更生，又促进世界和平、共同发展。邓小平强调，中国的事情要按照中国的情况来办，要依靠中国人自己的力量来办。"独立自主，自力更生，无论过去、现在和将来，都是我们的立足点。"⑤ 和平与发展是当代世界两个带有全球性、战略性的问题。我们实行独立自主的和平外交政策，反对霸权主义，维护世界和平，在平等互利的基础上发展同世界各国的交流与合作。这与西方发达国家对内剥削、对外侵略的资本主义道路具有本质的区别。

邓小平说过：到20世纪末中国实现小康的目标，"也就是社会

① 《邓小平文选》第3卷，人民出版社1993年版，第146页。
② 《邓小平文选》第3卷，人民出版社1993年版，第370页。
③ 《邓小平文选》第3卷，人民出版社1993年版，第123页。
④ 《邓小平文选》第3卷，人民出版社1993年版，第373页。
⑤ 《邓小平文选》第3卷，人民出版社1993年版，第3页。

主义的一个成功"；到 21 世纪再用 50 年，我们基本实现现代化，"那就可以进一步断言社会主义成功"①。中国特色社会主义道路不仅得到全国各族人民的高度认同，而且受到世界进步人士的广泛关注。西方一些学者认为，中国的发展道路提供了一种新的启示，正在颠覆西方资本主义的发展模式，探索"中国成功之谜"很有意义。在诺贝尔经济学奖获得者斯彭斯看来，许多亚洲国家和地区曾有过高速且持续的经济增长，但从未见过像中国这样规模庞大的经济体，在一段长时间内如此强劲增长，其发展规模和重要性之大，影响人口之多，都是空前的，中国经济发展模式独一无二。② 实践已经并将继续证明，中国特色社会主义道路，是实现国家富强、民族振兴的唯一正确道路，是创造人民美好生活的必由之路。

二 创立邓小平理论，为中国特色社会主义 奠定理论基础和行动指南

党的十一届三中全会以后，以邓小平为主要代表的中国共产党人，把马克思主义基本原理同当代中国实际和时代特征结合起来，第一次比较系统地初步回答了在中国这样经济文化比较落后的国家如何建设社会主义、如何巩固和发展社会主义的一系列基本问题，形成了新的建设有中国特色社会主义理论的科学体系，奠定了中国特色社会主义理论体系的基础，标志着马克思主义在中国发展的新阶段。党的十三大概括建设中国特色社会主义理论的十二个思想观点，指出这些观点构成了这一理论的轮廓。党的十四大从九个方面阐述了这一理论的主要内容，把它称为"邓小平同志建设有中国特色社会主义理论"。党的十五大对邓小平的这一理论又作了进一步概括和阐述，将其命名为"邓小平理论"，并作为我们党的指导思

---

① 《邓小平文选》第 3 卷，人民出版社 1993 年版，第 320 页。
② ［美］迈克尔·斯彭斯：《中国经济发展模式独一无二》，香港《信报》2005 年 2 月 3 日。

想写入党章。这一理论内容丰富、博大精深，以一系列独创性的思想观点，坚持和发展了马克思列宁主义、毛泽东思想。

第一，关于社会主义本质论。什么是社会主义、怎样建设社会主义，是邓小平在领导改革开放和社会主义现代化建设过程中，不断提出和长期思考的首要的基本问题。而搞清楚这个问题，关键是要在正确总结历史经验和实践成果的基础上，深刻揭示社会主义的本质。他认为：社会主义是一个很好的名词，但是如果搞不好，不能正确理解，不能采取正确的政策，那就体现不出社会主义的本质。"社会主义的本质，是解放生产力，发展生产力，消灭剥削，消除两极分化，最终达到共同富裕。"[①] 这一科学概括，从生产力、生产关系、最终目的三个层面揭示了社会主义的本质规定性，体现了人民群众的根本利益和时代进步的必然要求，从而把对社会主义的认识提高到新的科学水平，把对中国特色社会主义发展规律的认识提高到新的科学水平。

第二，关于社会主义初级阶段论。社会主义替代资本主义必然经历一个漫长的历史过程，社会主义的根本任务和发展目标是分阶段实现的。正确分析社会发展阶段和基本国情，是我们党制定路线、方针、政策的根本依据。邓小平指出："社会主义本身是共产主义的初级阶段，而我们中国又处在社会主义的初级阶段，就是不发达的阶段。一切都要从这个实际出发，根据这个实际来制订规划。"[②] 这个科学判断，使我们对社会主义建设的长期性、艰巨性、复杂性有了清醒的认识，把我们的路线、方针、政策置于现实的、科学的基础上，避免犯"左"和右的错误。

第三，关于社会主义改革开放论。改革开放是党领导人民在新的时代条件下进行的新的伟大革命。邓小平强调，"改革是中国的

---

① 《邓小平文选》第 3 卷，人民出版社 1993 年版，第 373 页。
② 《邓小平文选》第 3 卷，人民出版社 1993 年版，第 252 页。

第二次革命"①，是解放和发展生产力、完成社会主义现代化的必由之路，僵化停滞没有出路。中国长期处于停滞和落后状态的一个重要原因是闭关自守。"关起门来搞建设是不能成功的，中国的发展离不开世界"②，对外开放是建设中国特色社会主义的一项基本国策。社会主义要赢得与资本主义相比较的优势，就必须大胆吸取和借鉴人类社会创造的一切文明成果，吸取和借鉴当今世界各国包括资本主义发达国家的一切反映现代社会化生产规律的先进经营方式、管理方法。改革是社会主义发展的直接动力，开放是社会主义建设的必要条件，改革开放是决定当代中国命运的关键抉择。

第四，关于社会主义市场经济论。很长一个时期，国内外的学者和政要大多把市场经济视为资本主义的专利品和社会主义的异己物。邓小平却提出："我们必须从理论上搞懂，资本主义与社会主义的区分不在于是计划还是市场这样的问题。社会主义也有市场经济，资本主义也有计划控制……不要以为搞点市场经济就是资本主义道路，没有那么回事。计划和市场都得要。不搞市场，连世界上的信息都不知道，是自甘落后。"③ "计划经济不等于社会主义，资本主义也有计划；市场经济不等于资本主义，社会主义也有市场。计划和市场都是经济手段。"④ 社会主义也可以搞市场经济，把计划与市场结合起来，更能解放生产力，加速经济发展。这些重要论断是对马克思主义的政治经济学和科学社会主义的重大创新，极大地解放了全党全国人民的思想。党的十四大以来在社会主义市场经济理论问题上的突破，在建立和完善社会主义市场经济体制方面所取得的进展，在社会主义现代化建设上所取得的成就，都是以邓小平的这些重要论断为理论指导的。

----

① 《邓小平文选》第 3 卷，人民出版社 1993 年版，第 64 页。
② 《邓小平文选》第 3 卷，人民出版社 1993 年版，第 78 页。
③ 《邓小平文选》第 3 卷，人民出版社 1993 年版，第 364 页。
④ 《邓小平文选》第 3 卷，人民出版社 1993 年版，第 373 页。

第五，关于社会主义精神文明论。社会主义精神文明是社会主义社会的重要特征，是现代化建设的重要目标和重要保证。邓小平主张：在社会主义国家，一个真正的马克思主义政党在执政以后，一定要致力于发展生产力，并在这个基础上逐步提高人民的生活水平。这就是建设物质文明。"与此同时，还要建设社会主义的精神文明，最根本的是要使广大人民有共产主义的理想，有道德，有文化，守纪律。国际主义、爱国主义都属于精神文明的范畴。"① 只要我们的生产力发展，保持一定的经济增长速度，坚持两手抓，社会主义精神文明建设就可以搞上去。抓精神文明建设，抓党风、社会风气好转，必须狠狠地抓，一天不放松地抓，从具体事件抓起，从娃娃抓起。思想政治工作必须加强而不能削弱，思想文化战线上的同志都应该是人类灵魂的工程师。要继承和发扬民族的优秀文化和党的优良传统，吸收和借鉴世界各国的一切文明成果，树立对马克思主义的坚定信仰和共产主义的远大理想，培育有理想、有道德、有文化、有纪律的社会主义新人。

第六，关于社会主义领导核心论。办好中国的事情，关键在党。中国共产党是社会主义事业的领导核心。邓小平在改革开放之初就提出："要进一步明确党在四个现代化建设中的地位和作用。执政党应该是一个什么样的党，执政党的党员应该怎样才合格，党怎样才叫善于领导？"② 强调要切实加强党的建设，把我们党建设成为有战斗力的马克思主义政党，成为领导人民进行社会主义现代化建设的坚强核心。他在视察南方发表的重要谈话中明确地说："中国要出问题，还是出在共产党内部。"对这个问题要清醒，要注意培养人，要按照"革命化、年轻化、知识化、专业化"的标准，选拔德才兼备的人进班子。"我们说党的基本路线要管一百年，要长治久安，就要靠这一条。""说到底，关键是我们共产党内部要搞

① 《邓小平文选》第3卷，人民出版社1993年版，第28页。
② 《邓小平文选》第2卷，人民出版社1994年版，第276页。

好，不出事，就可以放心睡大觉。"① 以邓小平为核心的党的第二代中央领导集体，对在改革开放和发展市场经济的新的历史条件下加强执政党的建设，改善党的领导，推进党的建设新的伟大工程提出了一系列新思想、新观点，深化了对共产党执政规律和马克思主义政党建设规律的认识。

除了上述六个方面外，邓小平理论体系中还包括党的思想路线、社会主义建设科学方法论、社会主义民主政治建设、统一战线、军队和国防建设、祖国统一、外交战略等理论。邓小平理论贯通马克思主义哲学、政治经济学、科学社会主义等领域，涵盖治党治国治军、内政外交国防、改革稳定发展等方面，形成了一个新的完备的建设中国特色社会主义理论的科学体系，又是一个需要从各方面进一步丰富发展的科学体系。

十三届四中全会以来，以江泽民为核心的党的第三代中央领导集体，创造性地提出了"三个代表"重要思想，把中国特色社会主义事业成功地推向 21 世纪。十六大以来，以胡锦涛为总书记的党中央在全面建设小康社会新的伟大实践中，树立和落实科学发展观，成功地坚持和发展了中国特色社会主义。十八大以来，习近平总书记发表一系列重要讲话，提出了许多富有创见的新思想新观点新论断新要求，进一步升华了我们党对中国特色社会主义规律和马克思主义执政党建设规律的认识，是坚持和发展中国特色社会主义的最新理论成果，为我们在新的历史起点上实现国家富强、民族振兴、人民幸福的中国梦提供了科学指南和基本遵循。正因为我们坚持和发展了邓小平理论，以中国特色社会主义理论体系武装全党、教育人民，才经受住了各种风险考验，实现经济发展、政治昌明、文化繁荣、民族团结，社会全面进步，国际地位空前提高。

如果说马克思、恩格斯使社会主义从空想变成科学，列宁、毛

---

① 《邓小平文选》第 3 卷，人民出版社 1993 年版，第 380—381 页。

泽东使社会主义从理论变成现实，那么，从邓小平到江泽民、胡锦涛，到习近平，使社会主义焕发新的生机，富有中国特色和时代特征。正如胡锦涛所指出的那样："没有毛泽东思想的正确指引，就没有中国革命的胜利和社会主义制度的确立。没有邓小平理论的正确指引，就没有改革开放和建设中国特色社会主义新道路的开辟。"① 俄罗斯科学院院士季塔连科发表长篇论文，说明中国现代化过程中克服落后的经验，不但赢得了全世界的尊重，也为弱小国家及其人民从"金元帝国"的政治附庸变成平等主体和合作伙伴树立了榜样；在社会主义处于深刻危机和战略撤退的情况下，邓小平提出的"建设有中国特色社会主义理论"避免了社会主义被抛出历史舞台的危险。他还强调：挖掘中国现代化、改革开放经验的国际意义，"对预见世界未来是极其重要的"②。国内外有代表性的舆论表明，邓小平理论不仅对当代中国的发展进步具有深远的指导意义，而且对世界社会主义运动和人类文明进步事业产生了巨大的影响。

三　坚持和完善中国特色社会主义制度，为中国特色社会主义提供制度基础和根本保障

中国特色社会主义道路、理论、制度是有机结合、高度统一的。邓小平领导党和人民，既把建设中国特色社会主义的实践经验上升为理论，又以正确的理论指导新的实践，还把实践中行之有效的方针政策及时确立为党和国家的制度。在中国特色社会主义的三种形态中，制度的确立，意义重大、影响深远，是中国特色社会主义走向成熟稳定的标志。邓小平对创建中国特色社会主义制度，推动社会主义制度的自我完善和发展作出了巨大的、历

---

① 《十六大以来重要文献选编》（上），中央文献出版社 2005 年版，第 366 页。

② ［俄］季塔连科：《中国现代化经验的国际意义》，《远东问题》2004 年第 5 期，中译本载《参考消息》2004 年 11 月 2 日。

史性的贡献。

第一，科学总结社会主义建设的经验教训，把社会主义制度建设摆在更加突出的位置。旧中国留下来的封建专制传统比较多，民主法制传统很少。新中国成立以后，我们还没有完全系统全面地建立起保障人民民主权利的制度体系，法制尚不完备，以致发生反右扩大化、"文化大革命"等问题，给党、国家和人民都造成很大灾难。早在1980年8月召开的中央政治局扩大会议上，邓小平就明确提出："我们过去发生的各种错误，固然与某些领导人的思想、作风有关，但是组织制度、工作制度方面的问题更重要。"[①] 他深刻指出，这些方面的制度好可以使坏人无法任意横行，制度不好可以使好人无法充分做好事，甚至会走向反面。即使像毛泽东这样伟大的人物，也受到一些不好的制度的影响，以致对党对国家对他个人都造成了很大的不幸。这个教训是极其深刻的。不是说个人没有责任，而是说领导制度、组织制度问题更带有根本性、全局性、稳定性和长期性。"这种制度问题，关系到党和国家是否改变颜色，必须引起全党的高度重视。"[②] 正是在邓小平的倡导和推动下，我们才走上了注重制度建设，依靠制度的完善和改革推动社会主义事业发展的新路子。

第二，在坚持和完善社会主义基本制度的前提下，全面推进社会主义体制改革。中国特色社会主义制度体系既包括基本的政治经济制度，又包括各种具体体制，前者具有稳定性、连续性，后者则是灵活的、变动的。邓小平在改革开放之初就提出："过去行之有效的东西，我们必须坚持，特别是根本制度，社会主义制度，社会主义公有制，那是不能动摇的。"[③] 针对一些人认为我们改革是搞资本主义的疑虑，邓小平强调："我们建立的社会主义制度是个好制

---

① 《邓小平文选》第2卷，人民出版社1994年版，第333页。
② 《邓小平文选》第2卷，人民出版社1994年版，第333页。
③ 《邓小平文选》第2卷，人民出版社1994年版，第133页。

度，必须坚持。"① "改革是社会主义制度的自我完善"②，不能照搬西方资本主义制度。资本主义社会讲的民主，实际上是资产阶级的民主、垄断资本的民主，"无非是多党竞选、三权鼎立、两院制。我们的制度是人民代表大会制度，共产党领导下的人民民主制度，不能搞西方那一套"③。他在审阅十四大报告时说：民主集中制，这个问题不要丢。民主集中制我们讲得太少。这个制度是最便利的制度，最合理的制度，是我们的根本制度。不管怎么样，要树立一个观念，就是我们党和国家的根本制度是民主集中制。另一方面，邓小平告诫我们，"社会主义基本制度确立以后，还要从根本上改变束缚生产力发展的经济体制，建立起充满生机和活力的社会主义经济体制，促进生产力的发展"④。他在谈到政治体制改革与经济体制改革的关系时指出，不改革政治体制，就不能保障经济体制改革的成果，不能使经济体制改革继续前进，就会阻碍生产力的发展，阻碍四个现代化的实现。政治体制改革总的目标是：巩固社会主义制度；发展社会主义社会的生产力；发扬社会主义民主，调动广大人民的积极性。⑤ 由于政治体制改革很复杂，涉及千千万万人的利益，"政治体制改革要分步骤、有领导、有秩序地进行。" "我们的经济体制改革，也是有领导有秩序地进行，不能搞无政府主义。"⑥ 这样，邓小平就阐明了推进改革的原因、内容和目标、界限，为坚持和完善中国特色社会主义制度确定了正确的方法、途径和必须遵循的原则，对于我们今天全面深化改革仍然具有指导作用。

第三，切实加强社会主义法制建设，加快构建中国特色社会主义法律体系。作为中国特色社会主义制度的重要组成部分，法律体

① 《邓小平文选》第 3 卷，人民出版社 1993 年版，第 116 页。
② 《邓小平文选》第 3 卷，人民出版社 1993 年版，第 142 页。
③ 《邓小平文选》第 3 卷，人民出版社 1993 年版，第 240 页。
④ 《邓小平文选》第 3 卷，人民出版社 1993 年版，第 370 页。
⑤ 《邓小平文选》第 3 卷，人民出版社 1993 年版，第 178 页。
⑥ 《邓小平文选》第 3 卷，人民出版社 1993 年版，第 252 页。

系与邓小平领导的改革开放相伴而生，将国家各项事务和经济社会发展纳入法制化轨道。邓小平在十一届三中全会之前召开的中央工作会议上，就将发展社会主义民主、健全社会主义法制确定为党和国家坚定不移的基本方针，明确指出："为了保障人民民主，必须加强法制。必须使民主制度化、法律化，使这种制度和法律不因领导人的改变而改变，不因领导人的看法和注意力的改变而改变。"①要集中力量制定刑法、民法、诉讼法和其他各种必要的法律，加强检察机关和司法机关，做到有法可依，有法必依，执法必严，违法必究。在他看来，"没有民主就没有社会主义，就没有社会主义的现代化"②。他亲自领导了对 1978 年宪法的修改工作，主张"要使我们的宪法更加完备、周密、准确，能够切实保证人民真正享有管理国家各级组织和各项企业事业的权力，享有充分的公民权利，要使各少数民族聚居的地方真正实行民族区域自治，要改善人民代表大会制度，等等。关于不允许权力过分集中的原则，也将在宪法上表现出来"③。这些重要论述为制定 1982 年现行宪法确立了指导思想。宪法第一条规定："中华人民共和国是工人阶级领导的、以工农联盟为基础的人民民主专政的社会主义国家。"这就准确地表达了我国政权的性质和特点。为避免"文化大革命"之类悲剧的重演，1982 年宪法确认人民代表大会制度是我国的根本政治制度，规定"人民行使国家权力的机关是全国人民代表大会和地方各级人民代表大会"，并规定人民代表大会的基本原则、组成方式和运作程序，扩大了全国人大常委会的职权，增设了全国人大专门委员会。宪法还确立了我国基本的经济制度、基层群众自治制度以及社会主义法制原则、民主集中制原则，等等，表明中国特色社会主义经济政治制度日益完善。宪法还吸收民族工作拨乱反正的主要成果，继

---

① 《邓小平文选》第 2 卷，人民出版社 1994 年版，第 146 页。
② 《邓小平文选》第 2 卷，人民出版社 1994 年版，第 168 页。
③ 《邓小平文选》第 2 卷，人民出版社 1994 年版，第 339 页。

承和发展了 1954 年宪法确立的民族区域自治制度，规定"各少数民族聚居的地方实行区域自治，设立自治机关，行使自治权"。1984 年，邓小平又指导制定了《中华人民共和国民族区域自治法》，标志着我国民族区域自治进一步得到法制化、规范化。习近平同志对 1982 年宪法的重大意义作了这样的评价："我国宪法以国家根本法的形式，确立了中国特色社会主义道路、中国特色社会主义理论体系、中国特色社会主义制度的发展成果，反映了我国各族人民的共同意志和根本利益，成为历史新时期党和国家的中心工作、基本原则、重大方针、重要政策在国家法制上的最高体现。"①

第四，带头废除领导职务终身制，为改革和完善党和国家领导制度创造条件。我国政治体制改革是从改革党和国家的领导制度起步的。早在 1980 年中央政治局扩大会议上，邓小平就指出："从党和国家的领导制度、干部制度方面来说，主要的弊端就是官僚主义现象，权力过分集中的现象，家长制现象，干部领导职务终身制现象和形形色色的特权现象。"② 只有对这些弊端进行有计划、有步骤而又坚决彻底的改革，人民才会信任我们的领导，才会信任党和社会主义，我们的事业才有无限的希望。从 1980 年 9 月起，他本人就带头不兼任国务院副总理职务。在他的坚定支持下，1982 年 2 月中央作出了《关于建立老干部退休制度的决定》，强调："建立老干部离休退休和退居二线的制度，妥善解决新老干部适当交替的问题，这是一场干部制度方面的深刻革命，是关系我们党兴旺发达，国家长治久安，社会主义现代化建设宏伟事业能够顺利实现的具有战略意义的重大决策。"1986 年 10 月，党的十二届六中全会前后，邓小平、陈云等同志主动退出了党的中央委员会。1989 年 6 月，党的十三届四中全会选举江泽民担任中央委员会总书记，标志着以江

---

① 习近平：《在首都各界纪念现行宪法公布施行 30 周年大会上的讲话》，人民出版社 2012 年版，第 3 页。

② 《邓小平文选》第 2 卷，人民出版社 1994 年版，第 327 页。

泽民为核心的党的第三代中央领导集体正式形成。9月4日，邓小平给中央政治局写信，请求辞去中央军事委员会主席职务，实现退休夙愿。正像他自己说的那样，他"最后的作用是带头建立退休制度"①，体现了一个共产党领袖的宽广胸怀和战略眼光。党的十四大高度赞扬邓小平等老同志为废除领导职务终身制，保证党和国家的事业继往开来、万古长青所作出的重大贡献。

美国学者耶金和斯坦尼斯罗认为："正是具有献身精神的革命者邓小平在信奉马克思主义的同时，果断地使中国这个世界上最大的国家从旧体制中解脱出来，并融入世界经济。"②邓小平通过总结中国特色社会主义制度的产生、发展的历史经验，满怀信心地预言："我们的制度将一天天完善起来，它将吸收我们可以从世界各国吸收的进步因素，成为世界上最好的制度。"③我们一定要坚定这样的制度自信，使各方面制度更加成熟更加定型，为夺取中国特色社会主义新胜利提供更加有效的制度保障。

邓小平曾经说过：如果没有毛泽东，中国人民至少还要在黑暗中摸索更长的时间。我们今天同样应当说，如果没有邓小平，中国人民就不能有今天的新生活，中国就不可能有改革开放的新局面和社会主义现代化的光明前景。伟人虽逝，精神永存。邓小平留给我们的最可宝贵的财富，就是他创立的邓小平理论和在这个理论指导下制定的党在社会主义初级阶段的基本路线。他的光辉业绩和科学理论，已经并将继续改变和影响中国和世界。习近平总书记指出："坚持和发展中国特色社会主义是一篇大文章，邓小平同志为它确定了基本思路和基本原则，以江泽民同志为核心的党的第三代中央领导集体、以胡锦涛同志为总书记的党中央在这篇大文章上都写下

---

① 《邓小平文选》第2卷，人民出版社1994年版，第316页。
② ［美］丹·耶金、约·斯坦尼斯罗：《制高点——重建现代世界的政府与市场之争》，段宏等译，外文出版社2000年版，第11页。
③ 《邓小平文选》第2卷，人民出版社1994年版，第337页。

了精彩的篇章。现在，我们这一代共产党人的任务，就是继续把这篇大文章写下去。"① 让我们更加紧密地团结在以习近平同志为核心的党中央周围，高举中国特色社会主义伟大旗帜，坚定道路自信、理论自信、制度自信，谱写改革开放伟大事业新篇章，为实现"两个一百年"奋斗目标和中华民族伟大复兴的中国梦而努力奋斗！

---

① 中共中央宣传部：《习近平总书记系列重要讲话读本》，学习出版社、人民出版社 2014 年版，第 20—21 页。

中国近代以来第三次伟大历史变革的发起者和领导者[*]

  自 1840 年鸦片战争后中国沦为半殖民地半封建社会以来，中国人民发动了三次伟大的历史变革。第一次是以孙中山为代表的民族资产阶级发动和领导的资产阶级民主主义革命，推翻了统治中国几千年的封建专制。第二次是以毛泽东同志为代表的中国共产党人发动和领导的中国新民主主义革命和社会主义革命，建立了社会主义新中国，为中国特色社会主义提供了制度基础、物质条件、经验积累和理论准备。第三次是以邓小平同志为代表的当代中国共产党人发动和领导的社会主义改革开放，掀起了中国共产党领导的第二次革命，开辟了中国特色社会主义道路，形成了中国特色社会主义制度和理论体系，开创了中国特色社会主义伟大事业的新局面。三次伟大历史变革推动了中国社会巨大进步，使中国从来没有像今天这样日益接近实现中华民族伟大复兴的中国梦。作为党的第一代中央领导集体的重要成员，邓小平同志对第二次伟大历史变革作出了重要贡献，是这次伟大历史变革的亲自参加者和领导人之一。邓小平同志是党的第二代中央领导集体的核心，作为中国特色社会主义的伟大开创者，中国社会主义改革开放和现代化建设的总设计师，中国特色社会主义理论体系的开篇人，邓小平同志对第三次伟大历史变革作出了历史性的重大贡献，是

  * 原载《中国社会科学》2014 年第 9 期，《马克思主义哲学论丛》2014 年第 11 辑。

这次伟大历史变革的发起者和领导者。站在这样一个历史高度和时空跨度上，我们就能够更加科学更加全面地评价邓小平同志作为一个伟大历史人物的伟大历史作用。

一　中国特色社会主义的伟大开创者

开创中国特色社会主义，邓小平同志要领头一功。"文化大革命"之后，中国面临着重大的历史关头，摆在面前有三条道路：一是走邪路，放弃社会主义制度倒向资本主义；二是走老路，继续坚持"文化大革命"的理论和实践；三是走新路，探索有中国特色的社会主义道路。邓小平同志以一个伟大的马克思主义者的坚定信念和勇气智慧，领导全党全国人民，既不走改旗易帜的邪路，也不走封闭僵化的老路，找到了在改革开放中实现社会主义现代化的新道路——中国特色社会主义道路，成功地开创了中国特色社会主义的伟大事业，实现了中国近代以来历史上又一次伟大变革。

第一，全力完成拨乱反正的历史任务，恢复正确的思想路线、政治路线和组织路线，实现历史性的伟大转折，为开创中国特色社会主义提供了重要的思想、政治和组织准备。

结束"文化大革命"是一个时代的终结，但并没有真正开启一个新的时代。当时，党和国家面临的局势相当严峻，任务非常艰巨，不仅需要从"文化大革命"灾难中彻底摆脱出来，而且需要跟上急剧发展的世界形势，重新思考中国社会主义建设道路，奋起发展。面临重大历史关头，邓小平同志以巨大的政治和理论勇气领导全党全国人民，出色完成了拨乱反正的历史任务。他以深邃的远见卓识，丰富的政治经验，坚决抵制和反对"两个凡是"的错误观点，支持和领导真理标准问题的讨论，推动全党全国人民思想大解放，重新确立了党的实事求是思想路线，实现思想路线上的拨乱反正。他领导全党毅然抛弃"以阶级斗争为纲"的错误方针，把党和

224222222222

国家的工作重心转移到经济建设上来，实现了政治路线上的拨乱反正。他领导全党重新评价历史，彻底纠正了一系列重大冤假错案，解放了一大批党的优秀干部，实现了组织路线上的拨乱反正。拨乱反正历史任务的顺利完成，为开创中国特色社会主义提供了重要的思想理论、政治路线和组织干部前提，实现了"我国历史上的一个伟大的转折"①，这个同遵义会议有同等重要意义的历史转折，开启了我国社会主义改革开放和现代化建设的历史新时期。

第二，深刻总结我国社会主义建设和国际共产主义运动正反两方面的经验教训，提出一切从实际出发，不照搬他国模式，走自己的路，找到中国特色社会主义的正确道路。

在探索中国社会主义建设道路的历程中，我们党吃过照搬别国模式的大亏，走了不少弯路。为此，毛泽东同志在20世纪50年代就提出要探索适合中国国情的、具有中国特点的社会主义建设道路。邓小平同志在毛泽东同志初步探索的基础上，深刻总结国际共产主义运动和我国社会主义正反两方面的经验教训，及时总结中国特色社会主义实践的新鲜经验，着力探索中国特色社会主义的正确道路。他多次强调，必须从中国的特点出发，走出一条中国式的现代化道路，决不能脱离自己的特点照搬别国的现代化模式。经过长期思考，他在党的十二大上响亮地提出了一个具有重大历史意义的科学命题："把马克思主义的普遍真理同我国的具体实际结合起来，走自己的道路，建设有中国特色的社会主义。"② 这个科学命题旗帜鲜明地告诉世人：中国要建设的社会主义就是中国特色的社会主义，走自己的路就是要走"建设有中国特色的社会主义的道路"③。这是总结长期历史经验得出的基本结论，确立了中国改革开放和社会主义现代化建设的根本主题和明确方向，

① 《邓小平文选》第2卷，人民出版社1994年版，第159页。
② 《邓小平文选》第3卷，人民出版社1993年版，第3页。
③ 《邓小平文选》第3卷，人民出版社1993年版，第65页。

是中国特色社会主义道路形成的重要标志，是中国特色社会主义发展史上的重要里程碑。

第三，科学判断世情国情，提出新的时代观点，作出改革开放的重大决策，领导制定党在社会主义初级阶段的基本路线，明确中国社会主义改革开放的根本方向和基本方针。

邓小平同志深刻分析当今世界的总体格局，提出了和平与发展是当今世界两大主题的科学论断，揭示了当代世界发展的时代特征。他认为，虽然总的时代本质和发展趋势没有改变，仍然是马克思恩格斯所判断的资本主义与社会主义两种前途命运博弈的时代，但时代主题已经发生了阶段性变化，由战争与革命转变为和平与发展，新的世界大战打不起来，一定要抓住机遇，集中力量把经济建设搞上去。他深刻剖析了中国社会主义初级阶段的基本国情，提出了我国将长期处于社会主义初级阶段的科学论断，主张一切要从中国的实际国情出发，根本任务是发展生产力。在十一届三中全会上，他领导全党成功实现了党的工作重心的转移，作出了改革开放和社会主义现代化建设的重大决策，奠定了"一个中心、两个基本点"基本路线的基础。1979年3月，他针对改革开放新时期的形势和任务，旗帜鲜明地强调：必须坚持社会主义道路，坚持无产阶级专政，坚持共产党的领导，坚持马列主义、毛泽东思想，这四项基本原则是实现四个现代化的政治保障，在任何情况下都决不允许动摇，"如果动摇了这四项基本原则中的任何一项，那就动摇了整个社会主义事业，整个现代化建设事业"①。此后，以经济建设为中心，坚持四项基本原则，坚持改革开放，逐步在实践中得到贯彻，在全党全国人民中达成共识，并不同程度地写进了党的文献中。1987年，党的十三大报告对党的基本路线作出了完整表述："领导和团结全国各族人民，以经济建设为中心，坚持四项基本原则，坚持改革开放，自力更生，艰苦创

---

① 《邓小平文选》第2卷，人民出版社1994年版，第173页。

业，为把我国建设成为富强、民主、文明的社会主义现代化国家而奋斗。"① 依据党的基本路线，邓小平同志带领全党制定了改革开放的路线方针政策，作出了一系列改革开放重大举措。基本路线是新时期社会主义现代化建设的根本纲领，是开创和发展中国特色社会主义事业的生命线，必须毫不动摇地牢牢坚持。

第四，全面回答社会主义现代化的奋斗目标、战略步骤等重大问题，设计"三步走"的发展战略，规划我国社会主义现代化建设的时间表和路线图。

历史已经证明并将继续证明，邓小平同志当之无愧地是我国改革开放和社会主义现代化建设的总设计师。十一届三中全会重申了四个现代化的奋斗目标后，邓小平同志就开始认真思考和规划社会主义现代化建设的发展战略。1979年，他提出必须走出一条中国式的现代化道路，建设小康社会。在他的指导下，党的十二大提出了两步走、翻两番的发展战略，即到20世纪末实现全国工农业年产值"翻两番"，实现这个目标要分"两步走"，前10年打基础，后10年大发展。1987年4月，他完整地提出了"三步走"的战略：第一步，到20世纪80年代末，实现国民生产总值比1980年翻一番，人均达到500美元，解决人民的温饱问题；第二步，到20世纪末，国民生产总值再翻一番，人均达到1000美元，人民生活达到小康水平，把贫困的中国变成小康的中国；第三步是到21世纪中叶，国民生产总值再翻两番，达到中等发达国家水平，人民生活比较富裕，基本实现社会主义现代化。② 党的十三大报告根据邓小平同志的思想，正式提出了社会主义现代化建设"三步走"的发展战略。这个战略系统回答了中国社会主义现代化建设的奋斗目标、战略步骤等关系全局的重大问题，集中体现了中国特色社会主义的

---

① 中共中央文献研究室编：《十三大以来重要文献选编》中册，人民出版社1991年版，第1216页。

② 参见《邓小平文选》第3卷，人民出版社1993年版，第224页。

重大原则和方针政策，是一面引导全国人民前进的伟大旗帜，对后来中国几十年的发展产生了极其深远影响。

第五，牢牢把握中国特色社会主义的发展方向，坚持发展才是硬道理，提出一系列重大举措，成功领导改革开放和社会主义现代化建设的伟大实践。

邓小平同志是我国社会主义改革开放和现代化建设新时期的伟大开启者和领导者。在他的直接领导下，我国的改革开放从十一届三中全会起步，十二大以后全面展开，从农村改革到城市改革，从经济体制的改革到各方面体制的改革，从对内搞活到对外开放，走过了波澜壮阔的伟大历史进程，生产力实现突飞猛进的增长，人民生活得到很大的提高，社会主义中国的面貌发生了历史性变化。20世纪80年代末90年代初，国际国内发生政治风波，我们面临着又一个重大历史关头。邓小平同志领导党旗帜鲜明地坚持四项基本原则，维护国家的独立、尊严、安全和稳定，毫不动摇地坚持党的基本路线，坚持发展才是硬道理，推进经济建设和改革开放，使我们党和国家经受住了严峻考验，坚持了中国特色社会主义的正确方向，继续沿着中国特色社会主义道路蓬勃发展。1992年初，他发表了南方重要谈话，斩钉截铁地强调："要坚持党的十一届三中全会以来的路线、方针、政策，关键是坚持'一个中心、两个基本点'。不坚持社会主义，不改革开放，不发展经济，不改善人民生活，只能是死路一条。基本路线要管一百年，动摇不得。"[1] 他深刻总结了改革开放以来的基本实践和重要经验，从理论上深刻回答了困扰和束缚人们思想的许多重大认识问题，提出了对整个社会主义现代化建设具有现实和长远指导意义的重要思想，指引了发展进步的航向，掀起了新一轮改革开放的高潮，推动社会主义现代化建设进入一个新的发展阶段。正如江泽民同志所指出的：如果没有邓小平同

---

[1] 《邓小平文选》第3卷，人民出版社1993年版，第370—371页。

志，中国人民就不可能有今天的新生活，中国就不可能有今天改革开放的新局面和社会主义现代化的光明前景。①

二 中国特色社会主义理论体系的伟大开篇者

邓小平同志在领导改革开放和社会主义现代化建设新的伟大实践中，成功实现了马克思主义同中国实际第二次伟大结合，开始了马克思主义中国化第二次历史性飞跃的伟大征程，科学系统地回答了建设中国特色社会主义的一系列基本问题，创立了邓小平理论这一中国特色社会主义理论体系的第一个壮丽篇章，标志着中国特色社会主义理论体系的伟大开篇。

第一，正确解决科学评价毛泽东历史地位和毛泽东思想科学体系的重大历史课题，坚持和发展中国化马克思主义，为创立中国特色社会主义理论体系奠定了思想政治前提。

十一届三中全会前后，如何正确看待毛泽东的历史地位和毛泽东思想的科学体系，成为关系党和国家前途命运的重大历史课题。当时，中国思想界出现了两种相反的思潮：一是神化毛泽东的"两个凡是"思潮，限制人们对"文化大革命"错误的反思，维护毛泽东晚年的错误，阻碍新道路的开辟；二是全面否定毛泽东的"非毛化"思潮，否定毛泽东的历史功绩，否定毛泽东思想的指导地位，进而否定中国革命和党的历史，否定马克思主义，否定社会主义，否定人民民主专政，否定党的领导。维护还是否定毛泽东，坚持还是丢掉毛泽东思想，成为党所面临的一个重要的理论选择和严峻的思想考验。面对这个重大政治问题，邓小平同志显示出一个伟大马克思主义者的政治上的坚定性、理论上的彻底性和思想上的原则性。他高瞻远瞩，鲜明果断地指出：既要捍卫毛泽东的历史地位

---

① 参见中共中央文献研究室编《十六大以来重要文献选编》中册，中央文献出版社 2006 年版，第 156 页。

又必须纠正其晚年错误，既要毫不动摇地坚持毛泽东思想的指导地位又必须完整准确地把握其科学体系。他强调，对毛泽东的评价，对毛泽东思想的阐述，同我们党、我们国家的整个历史是分不开的；毛泽东思想这个旗帜丢不得，丢掉了这个旗帜，就是否定我们党的光辉历史。"毛泽东思想过去是中国革命的旗帜，今后将永远是中国社会主义事业和反霸权主义事业的旗帜，我们将永远高举毛泽东思想的旗帜前进。"① 在他的亲自领导和主持下，我们党作出了《关于建国以来党的若干历史问题的决议》，根本否定了"文化大革命"的错误实践和理论，同时坚决顶住"非毛化"的错误思潮，科学评价了毛泽东同志的历史地位：毛泽东是伟大的马克思主义者，是伟大的无产阶级革命家、战略家和理论家，他虽然犯了严重错误，但就他的一生来看，他对中国革命和建设的功绩远远大于他的过失，他的功绩是第一位的，错误是第二位的。对毛泽东思想的科学理论体系进行了科学理论概括：毛泽东思想是马克思列宁主义的基本理论与中国革命具体实践相结合的产物，是被实践证明过的正确的理论思想和经验总结，包含着关于新民主主义革命、关于社会主义革命和社会主义建设、关于革命军队的建设和军事战略、关于政策和策略、关于思想政治工作和文化工作、关于党的建设等方面的思想内容。实事求是是毛泽东思想的精髓，实事求是、群众路线、独立自主是毛泽东思想活的灵魂。这些重要论断高度概括了毛泽东思想这一中国化马克思主义的重大理论成果，奠定了中国特色社会主义理论体系形成发展的坚实理论基础。

第二，高度强调"解放思想、实事求是"，发展毛泽东关于实事求是的思想内涵，丰富和完善党的思想路线，奠定中国特色社会主义的哲学理论根据。

思想路线是党的一切工作的保证，是党的全部理论的灵魂，是

---

① 《邓小平文选》第 2 卷，人民出版社 1994 年版，第 172 页。

党的实践活动的思想方法和工作原则，是党制定政治路线、组织路线和各项方针政策的哲学依据，也是正确理解和贯彻执行党的路线、方针、政策的理论基础，是党不断取得胜利的法宝。"文化大革命"结束之际，邓小平同志明确提出实事求是是马列主义、毛泽东思想的精髓的科学论断，学习和掌握毛泽东思想特别是要把握实事求是这个精髓。针对当时中国思想政治领域的情况，特别是"两个凡是"的严重思想障碍，邓小平同志高度强调解放思想的极端重要性，把解放思想作为重大问题提出来，指出"首先是解放思想"①。他领导和支持了关于实践是检验真理唯一标准的大讨论，号召全党解放思想，实事求是，恢复和发展毛泽东同志提出的实事求是的思想路线。在《解放思想，实事求是，团结一致向前看》的重要讲话中指出："只有解放思想，坚持实事求是，一切从实际出发，理论联系实际，我们的社会主义现代化建设才能顺利进行，我们党的马列主义、毛泽东思想的理论也才能顺利发展。"他号召全党全国人民要"解放思想，开动脑筋，实事求是，团结一致向前看"②。关于解放思想和实事求是的关系，邓小平同志作出了科学的分析阐述："解放思想，就是使思想和实际相符合，使主观和客观相符合，就是实事求是。"③ 这一科学阐述极大地丰富和发展了党的思想路线，成为改革开放的思想引领。党的思想路线的重新确立和丰富发展，指导了拨乱反正的顺利完成，为改革开放廓清了思想领域的迷雾，为党和国家的发展确定了正确方向，是马克思主义认识论在马克思主义中国化实践中的成功运用、丰富和发展，为发展中国特色社会主义提供了思想理论基石，对发展中国特色社会主义具有极其重要的意义。在改革开放和现代化建设实践中，党始终坚持正确思想路线，并随着中国特色社会主义实践的日益深入而不断丰富完善

---

① 《邓小平文选》第 2 卷，人民出版社 1994 年版，第 141 页。
② 《邓小平文选》第 2 卷，人民出版社 1994 年版，第 143、141 页。
③ 《邓小平文选》第 2 卷，人民出版社 1994 年版，第 364 页。

这一思想路线。

第三，大力提倡并灵活运用马克思主义辩证法，深化和丰富关于社会主义建设的辩证法，为发展中国特色社会主义伟大事业提供科学方法论指南。

在人类的认识史中，从来就有关于宇宙发展法则的两种见解，一种是形而上学的见解，另一种是辩证法的见解，形成了两种相互对立的宇宙观。辩证法用联系的、发展的、全面的观点观察认识世界，形而上学用孤立的、静止的、片面的观点观察认识世界。在运用辩证思维、发展创新关于社会主义建设的辩证法方面，邓小平同志为我们树立了创造性的典范。早在20世纪50年代，他就提出要"照辩证法办事"。毛泽东同志说过："要照辩证法办事。这是邓小平同志讲的。"① 邓小平同志精于辩证法，他对辩证法的贡献不仅在一般辩证法的理论上，而且体现在领导活动、战略决策上，体现在对具体问题的处理上。在领导中国特色社会主义建设的实践中，他娴熟地运用唯物辩证法，形成了极其丰富的关于社会主义建设的辩证法思想。他科学把握一般与个别、共性与个性的辩证关系，坚持把马克思主义普遍真理同中国具体国情有机结合起来，坚持科学社会主义的基本原则，同时主张必须走自己的路，建设有中国特色的社会主义；他明确提出要树立全局观念，用宏观战略的眼光分析问题，要"着眼于大局，着眼于长远"，"一切从大局出发"，从长远、全局、根本出发看问题，形成了内涵丰富的大局观和战略观；他反复要求要坚持两点论和重点论的统一，反对形而上学的片面性，"两手抓，两手都要硬"，任何时候都必须坚持"一个中心、两个基本点"，坚持以经济建设为中心扭住不放，坚持四项基本原则和改革开放这两个基本点绝不动摇；他始终坚持平衡性与不平衡性的统一，充分认识社会主义现代化建设中平衡与不平衡的辩证关

---

① 《毛泽东文集》第7卷，人民出版社1999年版，第200页。

系，提出要实现波浪式前进，"几年上一个台阶"，处理好先富与共富的关系，让一部分人一部分地区先富起来，带动其他人其他地区共同富裕；他突出强调必须正确处理改革发展稳定的关系，提出要追随日新月异的世界形势，抓住机遇，推进改革，发展自己，同时必须保持一个安定团结的政治局面，压倒一切的是稳定，没有稳定的环境，什么都搞不成，已经取得的成果也会失掉；他关于"两个文明"建设、一国两制、大国与小国、全局与局部、大道理与小道理、和平与发展、民主与法制、计划与市场、主体与补充等思想，都闪烁和体现着高超的矛盾分析方法的智慧。总之，邓小平同志在实践中，创造性地坚持、丰富和发展了唯物辩证法，实际地运用唯物辩证方法认识事物、推动事物发展，创造了许多灵活运用辩证法观点分析问题、指导实践并取得成功的鲜活范例，极大地深化和丰富了关于社会主义建设的辩证法思想，构成了指导中国特色社会主义实践的科学方法论。

第四，系统回答什么是社会主义、怎样建设社会主义这一首要的基本问题，创立社会主义本质理论，揭示中国特色社会主义的根本任务和最终目标。

邓小平同志是深刻揭示社会主义本质的第一人，是社会主义本质理论的首创者。他从改革开放一开始就反复追索"什么是社会主义和怎样建设社会主义"这个核心问题，明确提出要在"什么是社会主义"这个问题上解放思想，"要弄清楚什么是社会主义以及社会主义的主要任务是什么"。他在深刻总结国内外经验教训的基础上，明确提出"贫穷不是社会主义""发展太慢不是社会主义""不发展生产力不能叫社会主义"，破除了不正确的社会主义观念。他深刻总结中国特色社会主义的发展实践，提出"社会主义原则，第一是发展生产，第二是共同致富"①，强调公有制和共同富裕是社

① 《邓小平文选》第3卷，人民出版社1993年版，第172页。

会主义的本质要求，揭示了社会主义的根本特征和原则。经过长期探索，他在南方谈话中对社会主义本质作出了全面准确深刻的阐述："社会主义的本质，是解放生产力，发展生产力，消灭剥削，消除两极分化，最终达到共同富裕。"① 这个概括体现了生产力和生产关系、经济基础和上层建筑、根本任务和奋斗目标、发展过程和发展方向的辩证统一，从最高层次上阐明了"什么是社会主义和怎样建设社会主义"这一中国特色社会主义的首要的基本问题，从根本上揭示了中国特色社会主义的根本任务、发展进程和最终目标，把对社会主义的认识提升到了一个新的高度，为科学社会主义理论宝库增添了极其重要的新内容，在马克思主义发展史上具有开创性的意义。

第五，准确把握当代中国的具体实际和发展阶段，创立社会主义初级阶段理论，明确中国特色社会主义的总依据。

科学把握当代中国的具体实际和发展阶段，是取得社会主义改革开放和现代化建设伟大胜利的总依据，是正确制定路线方针政策的根本出发点。邓小平同志从改革开放之初就高度重视对我国现实实际和发展阶段的分析把握。他强调，一切从中国的实际出发，选择适合中国实际国情的独特道路。中国最大的实际是什么？中国正处于社会主义初级阶段就是中国最大的国情实际。一切从实际出发，就是从中国社会主义初级阶段的实际出发。在邓小平同志的直接领导下，党对我国社会主义发展阶段的认识逐步深入和明确，《关于建国以来党的若干历史问题的决议》中首次提出"我们的社会主义制度还是处于初级的阶段"；十二大报告提到"我国的社会主义社会现在还处在初级发展阶段"，"物质文明还不发达"是这个阶段的根本特征；十二届六中全会进一步指出："我国还处在社会主义的初级阶段"，这是一个"相当长历史时期"。随着认识的

---

① 《邓小平文选》第 3 卷，人民出版社 1993 年版，第 373 页。

日益深入，邓小平同志关于社会主义初级阶段的理论已经成熟。1987年8月，他明确提出，中国的社会主义"是初级阶段的社会主义……一切都要从这个实际出发"①。党的十三大报告根据邓小平同志的思想，系统阐述了社会主义初级阶段理论：我国社会已经是社会主义社会，我们必须坚持而不能离开社会主义；我国的社会主义还处在初级阶段，我们必须从这个实际出发而不能超越这个阶段；这是一个相当长的历史时期，是中国社会主义社会发展必须经历的一个特殊历史阶段。社会主义初级阶段理论，深刻揭示了中国特色社会主义的总依据，为制定改革开放和社会主义现代化建设的各项路线方针政策提供了理论论据，是对马克思主义社会发展阶段理论和社会主义建设理论的重大创新。

第六，深刻把握社会主义制度同市场经济的辩证关系，创立社会主义市场经济理论，指出中国特色社会主义优越性发挥的基本途径。

提出社会主义市场经济理论是以邓小平同志为代表的中国共产党人对马克思主义理论宝库的发展创新，建立社会主义市场经济体制是中国共产党的伟大创举，这个伟大创举正是建立在社会主义市场经济理论的科学基础之上的。我国经济体制改革的根本任务，就是要建立体现社会主义制度优越性、符合中国具体国情、促进经济发展的新经济体制，关键就是要正确把握好计划与市场的关系，把社会主义制度优越性同市场经济体制的优势有机结合起来。邓小平同志对计划和市场的关系作了长期深入的探索，形成了科学的理论判断：市场经济不是资本主义的专属，社会主义也可以搞市场经济。"计划多一点还是市场多一点，不是社会主义与资本主义的本质区别。计划经济不等于社会主义，资本主义也有计划；市场经济不等于资本主义，社会主义也有市场。计划和市场都是经济手

---

① 《邓小平文选》第3卷，人民出版社1993年版，第252页。

段。"① 正是在这些思想的引领下，中国共产党人以极大的智慧和勇气，冲破思想观念束缚，从高度集中的计划经济体制到计划经济为主、市场调节为辅，从有计划的商品经济到国家调节市场、市场引导企业的机制，直到确定建立社会主义市场经济体制，明确了社会主义经济体制改革的基本走向，找到了发挥社会主义制度优越性的有效途径，开辟了一条在社会主义条件下更好地解放和发展生产力的崭新道路。这是邓小平同志和中国共产党人对马克思主义经济理论的重大发展，对社会主义建设道路的重大创新，对马克思主义在新的历史条件下实现丰富和发展所作出的重大贡献。

第七，创造性地把生产力、国家综合实力和人民利益有机结合起来，提出"三个有利于"判断标准，为衡量改革开放和各项工作是非得失提供了根本准则。

在中国特色社会主义建设实践中，如何看待工作的是非得失，如何评价各项政策的实际成效，如何判断改革开放的性质，需要有明确的标准。邓小平同志针对实践中的困惑和理论上的争论，把马克思主义的实践标准、生产力标准理论具体化，提出了"三个有利于"标准。1979 年 3 月，他讲道："政策是否有连续性，关键是看它对不对。如果这个政策对，符合国家的利益，有利于发展生产力，有利于提高人民生活水平，人民就欢迎，谁也变不了。"② 同年 10 月，他又说道："对实现四个现代化是有利还是有害，应当成为衡量一切工作的最根本的是非标准。"③ 1980 年 5 月，他针对我国的经济政策提出："社会主义经济政策对不对，归根到底要看生产力是否发展，人民收入是否增加。这是压倒一切的标准。"④ 1983 年 1 月，他围绕着中国特色社会主义这个根本主题提出："各项工

---

① 《邓小平文选》第 3 卷，人民出版社 1993 年版，第 373 页。
② 《邓小平文选》第 3 卷，人民出版社 1993 年版，第 150 页。
③ 《邓小平文选》第 2 卷，人民出版社 1994 年版，第 209 页。
④ 《邓小平文选》第 2 卷，人民出版社 1994 年版，第 314 页。

作都要有助于建设有中国特色的社会主义，都要以是否有助于人民的富裕幸福，是否有助于国家的兴旺发达，作为衡量做得对或不对的标准。"① 在这些论述中，"三个有利于"标准已经基本形成。在南方谈话中，他针对当时党内外在改革开放问题上迈不开步子、不敢闯，以及理论界对"姓资姓社"和改革开放性质的争论，系统论述了"三个有利于"标准："判断的标准，应该主要看是否有利于发展社会主义社会的生产力，是否有利于增强社会主义国家的综合国力，是否有利于提高人民的生活水平。"② 这个标准帮助人们从抽象的固定思维模式中跳出来，为衡量改革开放和各项工作是非得失，提供了根本指南，指明了正确方向。它把历史唯物主义的基本原理运用于中国特色社会主义建设实践，把生产力标准、国家发展标准、人民利益标准有机结合起来，进一步丰富了社会主义本质的内涵，揭示了社会主义的根本目的和中心任务，在怎样建设社会主义的探索上达到了新的高度。

概括起来说，邓小平同志把马克思主义基本原理同当代中国的具体实际和时代特征有机结合起来，科学把握和平与发展的时代主题，总结我国社会主义胜利和挫折的历史经验，借鉴其他社会主义国家兴衰成败的经验教训，立足改革开放和现代化建设实践，从思想路线、科学方法、政治路线、发展道路、发展阶段、根本任务、发展动力、外部条件、政治保证、战略步骤、领导力量和依靠力量、祖国统一等方面，科学回答了中国这样的经济文化比较落后的国家如何建设社会主义、如何巩固和发展社会主义的一系列基本问题，用新的思想、观点，继承和发展了马克思主义、毛泽东思想，创立邓小平理论这一马克思主义中国化的又一重大理论创新成果，开拓了马克思主义的新境界，把对社会主义的认识提高到新的科学水平，创建了中国特色社会主义理论体系。

① 《邓小平文选》第3卷，人民出版社1993年版，第23页。
② 《邓小平文选》第3卷，人民出版社1993年版，第372页。

三 高举中国特色社会主义伟大旗帜奋勇前进

纵观邓小平同志的一生，他对中国革命、建设和改革事业都作出了重大贡献。其中，最伟大、最重要的贡献，就是高高地举起了中国特色社会主义伟大旗帜，创立了邓小平理论，勇敢地开创了中国特色社会主义伟大事业。邓小平同志在领导中国特色社会主义事业的进程中，立足现实，着眼未来，实践上开拓进取，理论上深入思考，对事关中国特色社会主义发展的重大问题，作出了理论创新和政治交代，为我们留下了重要的思想政治遗产。纪念邓小平同志，学习邓小平同志，说到底就是要继承他的事业，而最为重要的就是高举中国特色社会主义伟大旗帜，坚持和发展中国特色社会主义理论体系，坚定不移地走中国特色社会主义道路，争取中国特色社会主义新的伟大胜利。

第一，必须坚定马克思主义的理想信念。

邓小平同志对马克思主义和社会主义事业有着坚定的信念，始终不渝地遵循马克思主义的科学真理。他多次强调，对马克思主义的信仰，是中国革命、建设、改革胜利的强大精神动力，马克思主义是打不倒的，马克思主义真理是颠扑不破的。面对苏联解体、东欧剧变、世界社会主义运动跌入低谷的情况，他毫不动摇地坚信："世界上赞成马克思主义的人会多起来的，因为马克思主义是科学……一些国家出现严重曲折，社会主义好像被削弱了，但人民经受锻炼，从中吸收教训，将促使社会主义向着更加健康的方向发展。因此，不要惊慌失措，不要认为马克思主义就消失了，没用了，失败了。哪有这回事！"①

第二，必须坚持解放思想、实事求是的精神。

实事求是是马克思主义、毛泽东思想的精髓，也是包括邓小平

---

① 《邓小平文选》第3卷，人民出版社1993年版，第382—383页。

理论在内的中国特色社会主义理论体系的精髓。突出强调解放思想、实事求是，是邓小平同志科学世界观和工作作风最鲜明的特征，他曾自豪地称自己是"实事求是派"①，认为我们取得的一切胜利是"靠实事求是"②。他强调：一个党，一个国家，一个民族，如果一切从本本出发，思想僵化，迷信盛行，那它就不能前进，它的生机就停止了，就要亡党亡国。对于马克思主义，也必须坚持解放思想、实事求是的态度，必须把马克思主义同中国实际相结合，"只有结合中国实际的马克思主义，才是我们所需要的真正的马克思主义"③。

第三，必须坚持走中国特色社会主义道路。

邓小平同志始终强调，只有社会主义才能救中国，只有中国特色社会主义才能发展中国。20 世纪 80 年代末 90 年代初，面对国际国内急剧变化的形势，他明确表示，中国搞社会主义，是谁也动摇不了的，中国的改革开放是社会主义的改革开放而不是资本主义的改革开放，中国不可能也绝不会改变自己的方向和道路，"中国肯定要沿着自己选择的社会主义道路走到底"④，全党全国人民"要在建设有中国特色的社会主义道路上继续前进"⑤，承担起捍卫和发展中国特色社会主义的重大历史责任。

第四，必须坚持和完善中国特色社会主义制度。

邓小平同志指出，依靠无产阶级专政保卫社会主义制度，这是马克思主义的一个基本观点。巩固和发展社会主义制度，需要一个很长的历史阶段，需要几代人、十几代人甚至几十代人坚持不懈的努力奋斗。我国已经初步形成了中国特色社会主义的经济、政治和各方面的制度和体制，但是还不够完善，要用 30 年左右的时间，

---

① 《邓小平文选》第 3 卷，人民出版社 1993 年版，第 249 页。
② 《邓小平文选》第 2 卷，人民出版社 1994 年版，第 143 页。
③ 《邓小平文选》第 3 卷，人民出版社 1993 年版，第 213 页。
④ 《邓小平文选》第 3 卷，人民出版社 1993 年版，第 321 页。
⑤ 《邓小平文选》第 3 卷，人民出版社 1993 年版，第 383 页。

"在各方面形成一整套更加成熟、更加定型的制度"①，并使在这个制度下形成并实施的方针、政策更加定型化。制度是管根本的、管长远的。加强中国特色社会主义制度建设，使中国特色社会主义制度配套化、完善化、固定化，更好地发挥作用，是我们党在新的历史起点上的重大政治任务。

第五，必须坚持和发展中国特色社会主义理论体系。

邓小平同志给我们留下了中国特色社会主义理论体系的开篇之作——邓小平理论，这是贯通哲学、政治经济学、科学社会主义等领域，涵盖经济、政治、科技、教育、文化、民族、军事、外交、统一战线、党的建设等方面系统完备的科学体系，又是需要从各方面进一步丰富发展的科学体系。他从不固守已有的理论，而是反复要求必须要创造性地运用和发展马克思主义，不断把群众实践创造的新经验提升到理论高度，推进马克思主义在中国的新发展，强调"不以新的思想、观点去继承、发展马克思主义，不是真正的马克思主义者"②。

第六，必须毫不动摇地坚持党的基本路线。

党在社会主义初级阶段的基本路线，是社会主义现代化建设的根本纲领，是开创和发展中国特色社会主义的灵魂，必须毫不动摇地坚持。邓小平同志果断地指出：党的基本路线"不能改变，谁改变谁垮台"③，"谁要改变三中全会以来的路线、方针、政策，老百姓不答应，谁就会被打倒"④。他指出，在整个改革开放的过程中，必须始终注意坚持四项基本原则，四项基本原则是中国特色社会主义最根本的政治保障。他同时强调，经济建设是一切问题的中心，一定要紧紧扭住不放；改革开放胆子要大一些，大胆地试，大胆地

---

① 《邓小平文选》第 3 卷，人民出版社 1993 年版，第 372 页。
② 《邓小平文选》第 3 卷，人民出版社 1993 年版，第 292 页。
③ 《邓小平文选》第 3 卷，人民出版社 1993 年版，第 324 页。
④ 《邓小平文选》第 3 卷，人民出版社 1993 年版，第 371 页。

闯；正确处理好改革发展稳定的关系，牢牢记住发展才是硬道理，改革开放是决定中国命运的一招，压倒一切的是需要稳定。

第七，必须坚持社会主义市场经济的改革方向。

改革开放以来，邓小平同志坚持社会主义市场经济的改革方向，致力于探索社会主义条件下发展市场经济。在南方谈话中，他系统阐述了社会主义同市场经济的辩证关系，使得建立社会主义市场经济体制逐步得到了全党全国人民的共识。1992 年 6 月 9 日，江泽民同志明确提出了"社会主义市场经济体制"概念，邓小平同志对此高度赞同，明确提出要把建立社会主义市场经济体制作为十四大的主题。从那时以来，建立和完善社会主义市场经济体制始终是我国经济体制的改革方向。

第八，必须坚持共同富裕的社会主义本质要求。

邓小平同志对共同富裕高度重视，把它纳入到社会主义根本原则和本质要求的高度。随着中国经济社会的发展，严重影响共同富裕的两极分化问题开始出现。他在 1993 年明确指出，一定要认真考虑分配这个大问题，"分配的问题大得很。我们讲要防止两极分化，实际上两极分化自然出现。要利用各种手段、各种方法、各种方案来解决这些问题……少部分人获得那么多财富，大多数人没有，这样发展下去总有一天会出问题。分配不公，会导致两极分化，到一定时候问题就会出来。这个问题要解决"[1]。

第九，必须认真解决好发展中产生的新问题。

邓小平同志认为，中国特色社会主义事业是在实践中不断向前发展的，不发展有不发展的问题，发展起来以后的问题并不比不发展时少，随着改革开放和社会主义现代化事业的推进，问题会越来越多，越来越复杂，随时都会出现新问题。对于这些问题丝毫不能掉以轻心，解决这些问题比解决发展起来的问题还困难。必须在实

---

[1] 中共中央文献研究室编：《邓小平年谱（1975—1997）》下册，中央文献出版社 2004 年版，第 1364 页。

践中探索解决问题的方式方法，创造新的思想理论观点，推进实践创新和理论创新，用发展的方法，利用各种手段、各种方法、各种方案来解决发展中出现的问题。

第十，必须坚持和完善党的领导。

中国共产党是中国特色社会主义事业的领导核心，中国的问题关键在党，必须聚精会神地抓党的建设。针对党内存在的一些严重问题，邓小平同志认为"这个党该抓了，不抓不行了"①。加强党的领导，关键的一条就是要维护中央的权威，"没有这一条，就是乱哄哄，各行其是……中央定了措施，各地各部门就要坚决执行，不但要迅速，而且要很有力"②；对于冲击中央权威的干部决不能手软："对于不听中央、国务院的话的，处理要坚决，可以先打招呼，不行就调人换头头。"③ 他特别强调，执政党的党风关系到党的生死存亡，反腐败工作关系到人心向背，必须一手抓改革开放，一手抓惩治腐败，两手抓两手都要硬，对于腐败的事情"要雷厉风行地抓，要公布于众，要按照法律办事。该受惩罚的，不管是谁，一律受惩罚"④。

总之，邓小平同志把毕生心血和精力都献给了中国人民，他不仅为中华民族的独立和解放、为中国特色社会主义事业建立了不朽的功勋，而且以其光辉的实践和睿智的思考留下了丰厚的精神财富和伟大的政治遗产，长期激励和指引着全党全国各族人民。

当代中国共产党人牢记邓小平同志的嘱托，坚定不移地发展中国特色社会主义事业。以江泽民同志为核心的党的第三代中央领导集体，创立了"三个代表"重要思想，进一步回答了什么是社会主义、怎样建设社会主义的问题，创造性地回答了建设什么样的党、

---

① 《邓小平文选》第 3 卷，人民出版社 1993 年版，第 314 页。
② 《邓小平文选》第 3 卷，人民出版社 1993 年版，第 277 页。
③ 《邓小平文选》第 3 卷，人民出版社 1993 年版，第 319 页。
④ 《邓小平文选》第 3 卷，人民出版社 1993 年版，第 297 页。

怎样建设党的问题，成功把中国特色社会主义推向 21 世纪。以胡锦涛同志为总书记的党中央，创立了科学发展观，继承和发展了马克思主义关于发展的世界观和方法论，对新形势下实现什么样的发展、怎样发展等重大问题作出了新的科学回答，把对中国特色社会主义规律的认识提高到新的水平。

党的十八大以来，以习近平同志为核心的党中央，高举中国特色社会主义伟大旗帜，大力解放思想，全面深化改革，推进社会主义经济、政治、文化、社会、生态文明建设和党的建设新的伟大工程，在新的历史起点上坚持和发展了中国特色社会主义，中国特色社会主义事业取得了新进展。习近平总书记围绕改革发展稳定、内政外交国防、治党治国治军等方面，发表了一系列重要讲话，提出了许多富有创见的新思想、新观点、新论断、新要求，深刻回答了新的历史条件下党和国家发展的重大理论和现实问题，丰富和发展了党的科学理论，进一步深化了对中国特色社会主义规律和马克思主义执政党建设规律的认识。我们一定要紧密团结在以习近平同志为核心的党中央周围，认真学习和贯彻落实习近平总书记系列讲话精神，沿着邓小平同志开创的中国特色社会主义道路开拓前进，不断发展中国特色社会主义理论体系，完善中国特色社会主义制度，增强中国特色社会主义的道路自信、理论自信、制度自信，为全面建成小康社会、实现中华民族伟大复兴的中国梦而努力奋斗。

中国特色社会主义理论
体系的丰富和发展*

党的十八大以来，以习近平同志为核心的新一届中央领导集体，高举中国特色社会主义伟大旗帜，励精图治、开拓创新、稳中求进、稳中有为，带领全党全国各族人民开创了党和国家事业发展新局面，得到了干部群众衷心拥护和国际社会高度评价。成绩的取得，凝结着新一届党和国家领导人的政治智慧和理论创造。

一年多来，习近平总书记在党和国家重要会议，在国内考察、出国访问和国际论坛等多种场合，发表了一系列重要讲话。深入学习贯彻习近平总书记系列重要讲话精神，是当前和今后一个时期全党的重大政治任务，这对于全党全国进一步统一思想、统一行动，不断开创中国特色社会主义事业新局面，具有十分重要的理论意义和现实意义。

一 中国经济社会发展决定性阶段坚持发展
中国特色社会主义的政治宣言

党的十八大标志着我们党领导的中国特色社会主义伟大事业进入发展的决定性阶段，我们党领导人民开创的前所未有的社会主义

---

* 原载《哲学动态》2014 年第 3 期，《马克思主义哲学论丛》2014 年第 11 辑。

伟大实践，已经行进到一个新的历史起点上，正在向新的发展目标前进。

从国际看，由美国次贷危机引发的国际金融危机使国际形势发生了显见逆转，世界力量对比发生了深刻变化，西强我弱的局面正在悄然转化，形势越发有利于我，但争斗却更为激烈，竞争更为残酷，使我既面临有利的国际环境，又面临复杂的全球局面。目前，国际经济危机还在持续发酵，已经引起了美国财政悬崖和政府停摆、欧债危机，长期经济低迷的日本仍处于徘徊期；从美国的"占领华尔街"运动到欧洲持续不断的群众运动，到北非中东的一系列动乱，从利比亚动乱到叙利亚内战、伊核问题……接连不断地突发了一系列重大国际事件。一方面，中国特色社会主义成功地抵御了国际金融经济危机，证明了社会主义的生命力和马克思主义的真理性；另一方面，西方敌对势力在这场危机中整体实力呈下滑趋势，整个敌我对比呈现彼降我升的态势，当然总体上还是西强我弱。形势的变化迫使西方反华反社会主义势力更加紧实施对我"两手策略"：一手是经济上有求于我，与我加强联络合作；另一手是加紧集中力量打压我们，合作与打压并举，在与我合作的同时，尤为加紧对我实施西化、分化、私有化的"和平演变"策略。可以判断，西方敌对势力遏制我们，把社会主义中国作为主要对手的战略修补和部署已经到位，表现为在经济上、政治上、军事上对我施压，尤其是在意识形态领域加紧对我实施促变图谋，大力推行其世界观、价值观和政治理念。国际复杂形势必然反映到国内，各种错误思潮纷纷登台，拼命表现自己，企图影响舆论、影响民众，干扰党的正确领导，干扰中国特色社会主义的正确方向。

从国内看，一方面，经过35年的改革开放，中国特色社会主义取得了伟大成就，证明了中国特色社会主义道路是中国人民正确的历史选择，证明了中国特色社会主义理论体系是我们事业的科学指南，证明了中国特色社会主义制度是我们必须始终坚持的社会制度。但另一方面，经过 35 年的高速发展，在取得巨大成绩的同时也累积了一定的难题，我们面临着极其复杂多变的局面，面临着巨大的压力、挑战和风险。

国际国内两个大势，有利与不利两个方面，都说明我们正处于经济社会发展的转折点和关键期，改革开放的深水期和攻坚期，完成全面建成小康社会、实现"两个一百年"目标中国梦的决胜阶段。在这样一个极其关键的时间转折点上，既要坚定不移地高举中国特色社会主义伟大旗帜，坚持中国特色社会主义理论体系、制度和道路，坚持社会主义改革方向，坚持党的领导，坚持马克思主义；又要以极大的勇气和智慧，进一步解放思想，全面推进改革开放，加大社会主义市场体制改革力度，加强国际合作，创造良好的国际环境，解放和发展社会生产力，解放和增强社会活力，推进中国特色社会主义现代化。

纵观国内外大局，在这样一个关节点上，在马克思主义立场观点方法的基础上统一起来，正确判定形势，总结经验，肯定成绩，认清问题，明确方向，确定任务，提出对策，进一步坚定走中国特色社会主义道路的决心、信心和定力，提出全面建成小康社会和全面深化改革的新思路、新举措，是摆在全党全国人民面前十分紧迫的、居于头等地位的一件大事。

正是在党和国家事业发展的这一决定性的关键时刻，习近平总书记高瞻远瞩，适应国内外形势发展变化的新需要，适应党和国家事业发展的新要求，适逢其时，发表一系列重要讲话，提出一系列内涵极其丰富的重要思想观点，这是治党治军治国理政的基本遵循，是高举中国特色社会主义旗帜的政治宣言，是坚定不移地走中国特色社会主义道路的行动纲领。

习近平总书记系列重要讲话理论彻底、旗帜鲜明、方向明确、是非清楚、态度坚决，文风质朴实在，道理明白易懂，对事关中国特色社会主义前途命运的重大问题作出了十分肯定的政治结论，向全党、全国、全世界亮明了我们党一贯坚持的鲜明的政治态度，昭示了一贯坚持的马克思主义的基本原则、共产主义远大理想和中国特色社会主义共同理想的信仰追求，表明了共产党人始终不渝坚持的人民立场、政治信念、理论信仰、道德追求和思想底线，为我们指明了前进的方向和目标，提供了必须遵循的基本原则和行动方针，这对于全党在一系列重大问题上统一思想、统一行动起到了至关重要的把关、定向、凝心和聚力作用。

在重大原则和根本方向问题上，习近平总书记毫不含糊地表明我们党一贯的政治主张，反对一切离开党的正确主张的错误思潮，使我们的党员、领导干部有了极其明确的言行准则。习近平总书记系列重要讲话对于"坚持什么、反对什么"，"肯定什么、否定什么"，"做什么、不做什么"，都发出了明确无误的政治信号，有利于我们坚定"主心骨"，筑牢"压舱石"，知道"做什么""为什么做""怎么做"，更加坚定对马克思主义、科学社会主义、毛泽东思想和中国特色社会主义理论体系的信仰，更加坚定对共产主义远大理想和中国特色社会主义共同理想的信念，更加坚定走中国特色社会主义道路的决心和信心，更加坚定全面深化改革开放、坚持社会主义市场经济体制的改革取向和政策选择。

高举中国特色社会主义伟大旗帜，坚定不移地走中国特色社会主义道路，这是我们党最根本的政治理念。习近平总书记就坚持和发展中国特色社会主义这一根本问题表明了我们党的最根本的政治主张。他科学地分析了国际共产主义运动和社会主义运动的历史发展进程，特别是我们党探索中国特色社会主义的历史进程和伟大实践，全面系统深刻地阐述了坚持和发展中国特色社会主义需要把握的重大理论和现实问题，起到了认祖归宗、正本清源、把关定向、明辨是非、提高认识的重大作用。他关于中国特色社会主义是社会主义，不是别的什么主义；只有社会主义才能救中国，只有中国特色社会主义才能发展中国；中国特色社会主义是社会主义，不论怎么改革、怎么开放，都始终要坚持中国特色社会主义道路、理论体系和制度；在新的历史条件下体现科学社会主义基本原则的内容不能丢，丢了这些，就不成其为社会主义；不能用改革开放后的历史时期否定改革开放前的历史时期，也不能用改革开放前的历史时期否定改革开放后的历史时期，本质上都是我们党领导人民进行社会主义建设的实践探索；资本主义必然灭亡、社会主义必然胜利，马克思、恩格斯关于资本主义社会基本矛盾的分析没有过时，要始终坚持马克思列宁主义、毛泽东思想和中国特色社会主义理论体系；改革开放是决定当代中国命运的关键一招，也是决定实现"两个一百年"奋斗目标、实现中华民族伟大复兴的关键一招，要坚定不移地推进改革开放；我们的改革是有方向、有立场、有原则的，是中国特色社会主义道路上不断前进的改革，即坚持社会主义市场经济方向的改革；问题的实质是改什么、不改什么，有些不能改的，再过多长时间也不能改，既不走封闭僵化的老路，也不走改旗易帜的邪路；密切党群、干群关系，保持同人民群众的血肉联系，始终是我们党立于不败之地的根基；如果我们脱离群众，失去人民的拥护和支持，最终也会走向失败，以及对苏联垮台根本原因的判断等一系列重要论断，在错综复杂的国际国内环境下，为我们指明了方向，明确了目标，树立了必胜的信心和决心。全党只有用讲话精神武装头脑，用讲话思想指导实践，认识才能统一、步调才能一致，在大是大非面前才能毫不含糊，在根本方向、根本原则问题上立场才能愈益坚定。

二　全面阐述事关中国特色社会主义前途命运一系列重大原则问题的马克思主义重要文献

习近平总书记系列重要讲话，站在时代和实践发展的战略高度，立足国际国内发展全局，适应时代和实践发展的新要求，把握人民群众的新期待，继往开来，面向未来，围绕坚持和发展中国特色社会主义，围绕实现"两个一百年"奋斗目标和实现中华民族伟大复兴的中国梦，围绕推进经济建设、政治建设、文化建设、社会建设、生态文明建设和党的建设，围绕推进社会主义市场经济的改革开放，围绕贯彻落实党的群众路线、反对"四风"、转变作风等，运用马克思主义立场观点方法，对中国特色社会主义的重大理论和现实问题给予明确回答，作出深刻论述，提出并形成了一系列富有创建的新思想、新观点、新论断、新要求、新举措，进一步升华了我们党对人类历史发展规律、社会主义发展规律、马克思主义执政党建设规律的认识，为我们在新的起点上实现中华民族伟大复兴中国梦的奋斗目标提供了基本方针，为中国特色社会主义伟大实践提供了行动指南，是对党的十八大精神的深入阐发，是对中国特色社会主义理论体系的进一步丰富、发展和创新，是进一步推进马克思主义中国化、时代化和大众化的重要文献。

一是关于坚持和创新马克思主义、毛泽东思想和中国特色社会主义理论体系的重要论述。加强思想理论建设，坚持马克思主义指导地位，用马克思主义、毛泽东思想和中国特色社会主义理论体系武装全党，这是习近平总书记系列重要讲话始终强调的我们党的根本政治任务。习近平总书记指出，认真学习马克思主义理论，是我们做好一切工作的看家本领，也是领导干部必须普遍掌握的工作制胜的看家本领。既要把"老祖宗"的话说对，又要把"新话"说好。只有学懂了马克思列宁主义、毛泽东思想和中国特色社会主义理论体系，特别是领会了贯穿其中的马克思主义立场观点方法，才能心明眼亮，才能深刻认识和准确把握共产党执政规律、社会主义建设规律、人类社会发展规律，才能始终坚定理想信念，才能在纷繁复杂的形势下坚持科学指导思想和正确前进方向，才能带领人民走对路，才能把中国特色社会主义不断推向前进。习近平总书记还指出，马克思主义必定随着时代、实践和科学的发展而不断发展，不可能一成不变，社会主义从来都是在开拓中前进的；坚持马克思主义，坚持社会主义，一定要有发展的观点，一定要以中国改革开放和现代化建设的实际问题、以我们正在做的事情为中心，着眼于马克思主义理论的运用，着眼于对实际问题的理论思考，着眼于新的实践和新的发展，始终坚持随着时代、实践和科学的发展，不断丰富和发展马克思列宁主义、毛泽东思想，不断丰富和发展中国特色社会主义理论体系。

二是关于坚持和发展中国特色社会主义的重要论述。坚持和发展中国特色社会主义，是改革开放以来我们党全部理论和实践的鲜明主题，是贯穿习近平总书记系列重要讲话的鲜明主题，也是理解和把握讲话精神的聚焦点、着力点和落脚点。学习贯彻好习近平总书记系列重要讲话精神，要明确中国特色社会主义是科学社会主义理论逻辑和中国社会发展历史逻辑的辩证统一，必须始终不渝地高举中国特色社会主义伟大旗帜，坚持中国特色社会主义制度，坚定不移地走中国特色社会主义道路；要明确必须以发展的观点对待科学社会主义，不断有所发现、有所创造、有所前进，不断丰富中国特色社会主义的实践特色、理论特色、民族特色、时代特色；要明确中国特色社会主义的真谛要义，增强道路自信、理论自信、制度自信，排除和纠正各种错误思想认识，毫不动摇地坚持、与时俱进地发展中国特色社会主义。

三是关于实现中华民族伟大复兴中国梦的重要论述。习近平总书记关于中国梦的重要论述，升华了我们党的执政理念，是中华民族实现民族独立、民族自强的伟大觉醒，是中国特色社会主义的重大思想理论成果。习近平总书记回顾近代以来中华民族发展历程，展望中国未来发展前景，在党的十八大确立"两个一百年"奋斗目标的基础上，鲜明提出实现中华民族伟大复兴中国梦，论述了中国梦的重大意义、基本内涵、精神实质、实现路径和实践要求。中国梦的重要论断之所以得到13亿中国人民发自内心的一致拥护，之所以成为海内外中华儿女的最大共识，之所以成为激励全体人民团结奋进的精神旗帜，主要是因为它将共产主义的远大理想和中国特色社会主义共同理想有机地统一起来，并成功地转化成了人民听得懂的语言、摸得着的未来。

四是关于推动经济社会持续健康科学发展的重要论述。牢牢把握发展这一硬道理不放，大力推动科学发展是习近平总书记系列重要讲话的核心要义。习近平总书记指出：发展是解决中国一切问题的金钥匙，是解决中国所有问题的关键，以经济建设为中心任何时候都不能偏离；发展就要坚持以科学发展为主题，坚持稳中求进的工作总基调，扎实推动中国经济持续健康发展。他强调，推动发展要尊重经济规律，坚持有质量、有效益、可持续，在不断转变经济发展方式、优化经济结构中实现增长，切实把发展的立足点转到提高质量和效益上来，再也不能简单以国内生产总值增长率论英雄。他认为，中国经济正处于增长速度换挡期、结构调整阵痛期叠加的阶段，要坚持统筹稳增长、调结构、促改革，坚持宏观政策要稳、微观政策要活、社会政策要托底；要发挥好"两只手"的作用，既要发挥市场作用，通过市场机制增强经济增长的内生活力，又要发挥宏观调控作用，善于运用政府手段实施宏观经济政策，防止增速滑出底线；要推进创新驱动发展，全方位推进科技创新、企业创新、产品创新、市场创新、品牌创新；要加大统筹城乡发展、统筹区域发展力度，促进工业化、信息化、城镇化、农业现代化，提高城镇化质量，推动城乡发展一体化；保障和改善民生没有终点站，只有连续不断的新起点，要按照守住底线、突出重点、完善制度、引导舆论的思路，做好保障和改善民生工作，加强社会管理创新和制度建设，深入细致做好群众工作，打牢社会和谐的基础。他还特别指出，建设生态文明是关系人民福祉、关系民族未来的大计；要把生态文明建设融入经济、政治、文化、社会建设各方面和全过程，正确处理好经济发展同生态环境保护的关系，更加自觉地推动绿色发展、循环发展、低碳发展，决不以牺牲环境为代价去换取一时的经济增长，努力建设美丽中国。

五是关于全面深化改革开放、不断激发全社会的发展动力和创造活力的重要论述。高唱改革开放的主基调，坚定不移深化改革开放，是习近平总书记着重强调的事关中国命运的决定性问题。系列重要讲话明确了改革的性质、方向、目标、任务、总体思路和重大举措。他强调，进一步发展靠什么？还得靠解放思想，靠改革开放，靠发展，靠改革，靠创新。他认为，改革开放是党和人民大踏步赶上时代的重要法宝，改革开放只有进行时，没有完成时，在整个社会主义现代化进程中，我们都要高举改革开放的旗帜，决不能有丝毫动摇；要坚持把完善中国特色社会主义制度、推进国家治理体系和治理能力现代化作为全面深化改革的总目标，以促进社会公平正义、增进人民福祉为出发点和落脚点；改革是包括经济体制、政治体制、文化体制、社会体制、生态文明体制和党的建设制度等各个方面的全面改革，必须把握好全面深化改革的重大关系；要充分发挥市场资源配置的决定性作用和更好发挥政府的作用，以经济体制改革为重点，牵引和带动其他领域的改革，使各方面改革协同推进、形成合力；全面深化改革的性质和方向，就是要坚持社会主义市场经济改革方向，中国是一个大国，不能出现颠覆性错误，坚决守住中国特色社会主义这条底线；加强和改善党对全面深化改革的领导，坚持一切从实际出发，以我为主，该改的坚决改，不能改的坚决守住，牢牢把握改革的主动权和领导权。

六是关于社会主义民主政治和依法治国的重要论述。人民民主是我们党始终高扬的旗帜，社会主义政治文明是我们党始终不渝的追求，这是习近平总书记系列重要讲话反复强调的基本方针。习近平总书记的系列重要讲话进一步阐明了中国特色社会主义政治发展道路的本质要求，体现了科学执政、民主执政、依法执政理念和方略。他指出，改革开放以来，我们党团结带领人民成功开辟和坚持了中国特色社会主义政治发展道路，为实现最广泛的人民民主确立了正确方向；坚持中国特色社会主义政治发展道路，关键是要坚持党的领导、人民当家作主、依法治国有机统一；必须继续积极稳妥推进政治体制改革，坚持和完善人民代表大会制度、中国共产党领导的多党合作和政治协商制度、民族区域自治制度以及基层群众自治制度，巩固和发展最广泛的爱国统一战线，发展更加广泛、更加充分、更加健全的人民民主。

七是关于加强宣传思想工作、牢牢掌握意识形态工作领导权管理权话语权的重要论述。意识形态工作是党的一项极端重要的工作。加强党的意识形态工作，是习近平总书记集中关注的事关党的前途命运、事关国家长治久安、事关民族凝聚力和向心力的重大原则问题。习近平总书记强调，在集中精力进行经济建设的同时，一刻也不能放松和削弱意识形态工作。要始终不渝地坚持和巩固马克思主义在意识形态领域的指导地位，坚持正确的政治方向和学术导向，做到守土有责、守土负责、守土尽责，把思想统一到中央对意识形态工作的形势判断和工作措施上来，切实做好意识形态工作，把意识形态工作的领导权管理权话语权牢牢掌握在手中。不能片面地理解"不争论"，更不能以"不争论"为幌子躲避矛盾，当"好好先生"，当"绅士"，"过于爱护自己的羽毛"。要组织力量批判新自由主义、民主社会主义、历史虚无主义、普世价值观，资产阶级民主、自由、人权、平等观，以及质疑改革开放等错误思潮，开展积极的舆论斗争。

八是关于国际关系和中国外交战略的重要论述。准确把握中国外交工作面临的新形势新任务，谋大势、讲战略、重运筹，努力为中国发展争取良好的外部环境，是习近平总书记始终关注的全局性的战略问题。习近平总书记指出，走和平发展道路，是我们党根据时代发展潮流和中国根本利益作出的战略选择；中国将通过争取和平国际环境发展自己，又以自身发展维护和促进世界和平。习近平总书记对国际关系和中国外交战略的一系列重要论述，体现了我们党对国际格局和中国与世界关系变化的深刻把握，显示了我们党的远见卓识和外交智慧，引领中国外交进入一个新的活跃期和开拓期，创造了良好的和平发展的国际条件。

九是关于加强党的建设和反腐倡廉建设、切实提高从严管党治党的能力和水平的重要论述。治国必先治党，治党务必从严，这是习近平总书记自始至终抓住不放松的解决中国一切问题的关键所在。习近平总书记围绕党要管党、从严治党，围绕坚持党的群众路线、密切联系群众，从思想建设、组织建设、作风建设、反腐倡廉建设和制度建设等方面，作了系统的阐述，这些重要论述深刻回答了党的建设的重大理论和现实问题，进一步明确了加强党的建设的关键和重点，为推进党的建设新的伟大工程指明了方向，为把我们党建设成为中国特色社会主义事业的坚强领导核心明确了任务和要求。

当然，习近平总书记还对国防和军队建设、"一国两制"、做好港澳台工作、推进祖国统一大业等提出了一系列新思想、新对策，丰富和创新了党的理论，我们都需要认真学习、贯彻和落实。

三 运用马克思主义立场观点方法分析、认识、解决问题的典范榜样

马克思主义立场观点方法，就是马克思主义的哲学世界观和方法论，就是我们通常讲的辩证唯物主义和历史唯物主义，这是管总的，是共产党人观察和解决一切问题的政治上的望远镜和显微镜，是我们党解决当前和今后一个时期关系党和国家全局的一系列重大理论和现实问题的哲学依据，是全党思想统一、行动一致的最根本的思想基础。

习近平总书记系列重要讲话通篇贯穿了一脉相承、一以贯之的

一条红线，同时也是马克思主义、列宁主义、毛泽东思想和中国特色社会主义理论体系所贯穿的基本立场、基本观点、基本方法，这就是马克思主义哲学世界观和方法论，这也是贯穿于习近平总书记系列重要讲话之中的活的灵魂和精神实质。深入学习贯彻习近平总书记系列重要讲话精神，最根本的是学习讲话贯穿的思想精髓即科学的世界观和方法论，学会用马克思主义的立场观点方法认识问题、分析问题和解决问题，不断提高马克思主义理论素养和运用马克思主义处理问题的能力。

从科学社会主义 160 多年发展历史来看，人类社会状况发生了翻天覆地的变化；从改革开放 35 年、新中国成立 65 年、建党 93 年来看，世情、国情、党情发生了沧桑巨变。然而，所有这些变化中有一点是根本不变的，万变不离其宗，这就是马克思主义、列宁主义、毛泽东思想和中国特色社会主义理论体系所一脉相承的基本原理和精神实质，其所秉承的哲学世界观和方法论。当前思想领域各种思潮、各种说法都有，诸如历史虚无主义、民主社会主义、新自由主义、普世价值观，资产阶级民主、自由、人权、宪政观等，以及否定党的领导、否定党的历史、否定社会主义、否定社会主义改革开放等邪说谬误，有些确实让人特别是年轻人感到困惑，也给人莫衷一是、不知所措的感觉。靠什么来解疑释惑，靠什么来统一思想、提高认识，就要靠马克思主义的立场观点方法。学习习近平总书记系列重要讲话，心里就有了一个一以贯之的"主心骨"，就可以任凭风浪起，我自岿然不动。有了马克思主义的立场观点方法这个"主心骨"，掌握了哲学武器，筑牢了思想根基，把住了理论底线，无论遇到什么样的变化，我们都可以应对自如、从容处置，就能够找到解决一切难题的方针、思路和办法。在运用马克思主义立场观点方法分析问题、说明问题、解决问题方面，习近平总书记为我们树立了生动样板。

实事求是，一切从实际出发，是马克思主义哲学精髓。习近平总书记系列重要讲话本身就是坚持解放思想、实事求是的思想路线，准确把握客观实际、科学掌握客观规律的创新产物。习近平总书记牢牢把握住实事求是精髓，一切从中国国情实际出发，从客观事物本身具有的规律出发，分析问题、认识问题、说明问题，导引出解决当前中国一切复杂难题的良方益药。他强调，在革命、建设、改革各个历史时期，我们党系统、具体、历史地分析中国社会运动及其发展规律，在认识世界和改造世界过程中不断把握规律、积极运用规律，推动党和人民事业取得了一个又一个胜利。应对当前中国发展面临的一系列矛盾和挑战，关键在于尊重和把握客观规律，按客观规律办事。他客观分析中国国情实际、党情实际和世界发展变化的世情实际，得出了一系列正确判断和科学结论，他的系列重要讲话就是对当今中国实际和世界实际全面把握和实事求是分析的科学成果。

辩证唯物主义是关于自然、社会和思维发展一般规律的普遍概括，是共产党人观察分析处理一切问题的思想方法。习近平总书记善于运用辩证法分析复杂事物，全面把握事物变化及其关系，通透辩证思维方式和辩证分析方法。他反复强调要增强战略思维、辩证思维、系统思维、创新思维和底线思维能力，要善于运用辩证法，正确地观察分析事物，研究解决改革发展中的困难和问题，不断增强决策的科学性、前瞻性、主动性。对于学习实践科学发展观，他提出："要特别注意掌握蕴含其中的辩证方法"，"科学发展观是充分贯彻和体现马克思主义唯物辩证法的发展观。它所强调的发展，是正确处理局部与全局、数量与质量、速度与效益关系的又好又快的发展，是正确处理人与人、人与社会、人与自然关系的协调发展，是正确处理城市与农村、发达地区与欠发达地区、国内发展与对外开放关系的统筹发展，是正确处理经济、政治、文化、社会以及生态等各方面关系的全面发展，是正确处理当前与长远、现在与未来关系的可持续发展。"① 他灵活地运用辩证思维方式思考和处理改革开放问题，要求从纷繁复杂的事物表象中把准改革脉搏，把握全面深化改革的内在规律，指出全面深化改革是一项复杂的系统工程，应有总体设计和总体规划，包括总体方案、路线图、时间表以及战略目标、工作重点、优先顺序等。要加强顶层设计，增强改革措施的系统性、协调性，对经济体制、政治体制、文化体制、社会体制、生态文明体制改革进行整体谋划，加强各领域改革的关联性、系统性、协同性研究，使改革举措具有可行性和可操作性，使各项改革举措在政策取向上相互配合、在实施过程中相互促进、在实际成效上相得益彰。

对立统一规律即矛盾规律是辩证法的核心和实质，掌握了矛盾分析方法，也就掌握了辩证法。习近平总书记系列重要讲话通篇贯穿了对立统一的辩证法和矛盾分析方法。他娴熟地运用辩证法的"矛盾论"和"两点论"来观察和处理问题，要求把握全面深化改革的重大关系，处理好解放思想和实事求是的关系、整体推进和重点突破的关系、顶层设计和摸着石头过河的关系、胆子要大和步子要稳的关系，以及改革、发展、稳定的关系。他关于既要以经济建设为中心，又要重视党的意识形态工作；既要坚定不移地抓好党的建设、反腐倡廉建设，又要坚定不移地、大胆地推进改革开放；既要在新的历史起点上全面深化改革，又要牢牢坚持正确方向，坚持和完善中国基本经济制度；既要重视市场资源配置的决定性作用，又要更好发挥政府作用；既要统筹兼顾，又要突出重点；既要立足当前，又要放眼长远；既要把握国情，又要了解世界；既要循序渐进，又要竞相突破；既要胸怀全局，又要抓好局部；既要治标，又要治本；等等，为我们提供了成功运用辩证法的范例。

---

① 习近平：《深入学习中国特色社会主义理论体系　努力掌握马克思主义立场观点方法》，《求是》2010 年第 7 期。

历史唯物主义是马克思主义关于社会历史发展问题的哲学总说明，是共产党人认识社会问题、解决社会问题、推进社会进步的思想武器。习近平总书记告诫我们，历史和现实充分表明，只有坚持历史唯物主义，科学分析中国社会运动及其发展规律，才能不断把对中国特色社会主义规律的认识提高到新水平，才能不断推进中国特色社会主义的发展。毛泽东同志提出以农村包围城市、武装夺取政权的革命道路，带领人民成功地进行社会主义改造运动，进行艰辛的社会主义探索，取得社会主义建设的伟大成就；邓小平同志果断决定把党和国家工作重心转移到经济建设上来，实行改革开放，成功地开创中国特色社会主义事业；我们党在改革开放实践中不断回答"什么是社会主义，怎样建设社会主义""实现什么样的发展，怎样发展"这些发展中国特色社会主义的重大课题，都是正确运用历史唯物主义的结果。

习近平总书记正是以唯物史观的远见卓识，科学地把握了人类历史发展的总趋势，既看到历史发展的光明前景，又清醒地看到当前存在的困难和问题。他告诉我们，既要看到国际金融危机所体现出来的资本主义必然灭亡、资本主义内在矛盾不可克服的历史趋势，又要实事求是地看到资本主义现在还有自我调节的能力，总体上还是"资"强"社"弱，要有长期斗争的思想准备。正因为站在彻底的历史唯物主义的立场上，正因为对人类历史发展规律和总趋势的彻底的理论把握，他要求我们必须树立坚定的共产主义理想和中国特色社会主义共同理想。习近平总书记指出，革命理想高于天。没有远大理想，不是合格的共产党员；离开现实工作而空谈远大理想，也不是合格的共产党员。学习贯彻讲话精神，说到底既要靠彻底的历史唯物主义的哲学支撑，树立对马克思主义、科学社会主义的坚定信仰，对共产主义和中国特色社会主义的坚定信念，对党和人民事业的坚定信心，对党和人民的无限忠诚；又要把最高纲领和最低纲领统一起来，把远大理想和共同理想统一起来，苦干实干，扎实推进中国特色社会主义伟大实践。

社会基本矛盾原理是历史唯物主义的基本思想，社会基本矛盾分析方法是历史唯物主义的基本方法。习近平总书记从唯物史观社会基本矛盾原理和分析方法出发，把生产力和生产关系的矛盾运动同经济基础和上层建筑的矛盾运动结合起来观察，把社会基本矛盾作为一个整体来观察。他提出生产力是社会基本矛盾的主要方面，坚持发展生产力仍是解决中国所有问题的关键这个重大战略判断；提出社会基本矛盾是不断发展的，调整生产关系、完善上层建筑要相应地不断进行下去，改革开放只有进行时，没有完成时，要适应中国社会基本矛盾运动的新变化推进改革开放；提出要以经济建设为中心，发挥经济体制改革的牵引作用，带动全面改革，推动中国生产关系与生产力、上层建筑与经济基础相适应；提出了社会主义市场经济体制改革的总体目标、原则方针和实施步骤，以进一步解放和发展社会生产力，促进经济社会全面健康科学发展。

群众观点是唯物史观的根本观点。习近平总书记认为，坚持群众观点和群众路线是历史唯物主义的重要内容，是无产阶级政党的本质要求。一切为了群众，一切从人民的利益出发，是我们党的价值追求，是党开展一切工作的根本目的和宗旨。要进一步实现社会公平正义，通过制度安排更好地保障人民群众各方面权益。要在全体人民共同奋斗、经济社会不断发展的基础上，通过制度安排，依法保障人民权益，让全体人民依法平等享有权利和履行义务。要坚持把实现好、维护好、发展好最广大人民根本利益作为推进改革的出发点和落脚点，让发展成果更多更公平惠及全体人民。

从群众中来、到群众中去，是建立在唯物史观基础上的党的根本工作路线。习近平总书记说："人民群众中有的是能者和智者，要虚心向他们求教问策，把政治智慧的增长、执政本领的增强、领导艺术的提高深深扎根于人民群众的实践沃土之中，不断从人民群众中吸取营养和力量。"① 人民是创造历史的真正主人，正是坚持一切依靠人民、一切为了人民、从群众中来、到群众中去的马克思主义群众观，习近平总书记大力倡导转变作风、密切联系群众，推动在全党深入开展群众路线教育实践活动，在全面转变作风方面取得了良好效果。

---

① 习近平：《学习和掌握马克思主义立场观点方法是深入学习中国特色社会主义理论的根本要求》，《学习时报》2013 年 4 月 28 日。

深刻改变了中国的命运[*]

由中国社会科学院和山东省人民政府联合主办的"纪念甲午战争120周年国际学术研讨会"在美丽的海滨城市威海隆重开幕了。120年前的威海，是甲午惨败耻辱历史的见证，早已成为历史的陈迹。今天的威海，是中国改革开放与社会主义现代化建设的缩影，业已成为中国东海岸一颗非常耀眼的明珠。

在此，我谨代表中国社会科学院，对会议的顺利召开表示热烈祝贺！对来自海内外的专家学者表示热诚欢迎！也对山东省人民政府、威海市人民政府及有关各方的精心组织和筹划表示衷心感谢！

120年前爆发的中日甲午战争，是中日两国在近代转型初期第一次倾全国之力进行的决战。由于日本长期处心积虑，蓄谋侵华，清政府虚骄误判，匆忙应对，顾此失彼，最终遭受失败的结局。从根本上说，甲午战争的失败，是腐朽没落的清王朝封建专制主义制度的失败，也预言了延续两千余年的中国封建制度已然走到尽头。国际战争的胜败，是检验综合国力的一个客观实在的标准。甲午战争充当了同样以学习西方为目标的中日两国早期现代化运动成败的试金石。中国被日本打败，标志着中国洋务运动的失败，标志着不彻底推翻封建帝制，不选择适合中国国情的正确发展道路，中国就毫无希望，也标志着中日历史地位发生大逆转。这次战争，是中国

* 该文系作者在"纪念甲午战争120周年国际学术研讨会"开幕式上的讲话，原载《世界社会主义研究动态》2014年11月19日。

历史、东亚历史乃至世界历史上的重大事件，深刻地影响了中国、东亚乃至世界的历史进程。

甲午战争深刻改变了中国的命运。中国是具有数千年辉煌历史的文明古国，近代以来却一再遭受西方列强的殖民侵略，鸦片战争、第二次鸦片战争、边疆危机、中法战争接踵而来，由于清朝封建制度千疮百孔，风雨飘摇，由于清朝封建统治者病入膏肓，腐败无能，在历次对外战争中不断地丧师失地，赔款求和，被迫签订一系列丧权辱国的不平等条约，迅速向半封建半殖民地的深渊沉沦。甲午一败，中国被迫向日本割让台湾、澎湖列岛，赔款 2 亿 3000万余两白银，割地之多，赔款之巨，对于腐朽没落的清朝封建统治可谓创巨痛深。最使国人震惊和难以面对的是，中国居然被千百年来以自己为师的"蕞尔岛国"日本打败。此后，列强掀起瓜分中国的狂潮，中国成为任人宰割的羔羊，国际地位一落千丈。"四万万人齐下泪，天涯何处是神州？"中国将何去何从，这样一个关系到国家与民族的前途命运的时代大课题，严峻地摆到国人面前。中华民族到了亡国灭种的边缘，就在这最危急的时刻，中华民族绝地反弹，开始了民族大觉醒。康有为、梁启超领导的变法维新运动与孙中山领导的反清革命运动，几乎同时发轫。近代中国的仁人志士，在维新和革命的旗帜指引下，怀着强烈的变法图存意识和革命救国精神，前仆后继，艰难地探索挽救中华民族危亡的救国道路。无论戊戌变法，还是辛亥革命，都以"救亡图存""振兴中华"为目标，都是引领中华民族从苦难走向光明的艰难探索，然而最终都以不成功而告终。历史告诉我们，中国只有学习俄国十月革命，选择社会主义，选择马克思主义，选择无产阶级，选择共产党，才是唯一正确的出路。中国共产党领导的新民主主义革命和社会主义革命，中国共产党领导的社会主义建设和中国特色社会主义的发展，使振兴中华的梦想成为现实。时至今日，120 年前的战败耻辱早已随大江东流，一去不复返了。中华民族在中国共产党的领导下，在改革开放与社会主义现代化建设中取得了举世瞩目的辉煌成就，实现中华民族伟大复兴的中国梦正展现前所未有的光明前景。

甲午战争同样改变了日本的命运。日本从中国攫取 2 亿 3000 万余两白银的巨额赔款，折算约 3 亿 6000 万日元，超过了当时日本 4 年的国家财政收入。日本把这笔巨额经费用于扩张军备和发展近代工业等方面，使日本资本主义经济飞跃发展，尤其是军事力量大大增强。日本通过甲午战争打败老大帝国中国，从而进一步刺激其对外侵略扩张的贪欲，使其谋人之国的野心也不断恶性膨胀。日本从一个东亚边陲国家转变为称霸亚洲的帝国，成为危害四方的集资本主义、帝国主义、军国主义于一身的霸权国家。从此，狂妄自大的日本走向了军国主义的不归路。直到抗日战争中，日本帝国主义遭受中国人民与世界反法西斯阵线的顽强抵抗与英勇打击，最终一败涂地，落到无条件投降的下场。

甲午战争还改变了东亚乃至世界的政治格局。甲午战争后，日本不仅霸占中国的台湾为其第一块海外殖民地，而且还实际控制了朝鲜半岛。中国历史上与周边国家建立的以朝贡册封为中心的宗藩体系彻底瓦解，日本主导的殖民主义体系在亚洲取代了宗藩体系。日本的肆意妄为，引起了西方列强进一步争相瓜分中国这个老大帝国的"遗产"，东亚以及世界政治格局发生了重大变化。20 世纪上半叶，日本军国主义到处兴风作浪，造成了一个动荡不安的东亚，搅乱了整个世界的国际秩序，不仅给中国及其他被侵略国的人民带来深重的灾难，而且也给日本人民带来无尽的苦难，军国主义阴魂不散，遗祸至今。历史给人类留下了惨痛的教训。

前事不忘，后事之师。纪念战争，是为了更好地总结战争，避免战争，以追求人类最美好的和平愿景。值此甲午战争 120 周年之际，我们邀请海内外学者来到威海，聚集一堂，充分展现甲午战争研究的学术成果，共同研讨未来学术发展的新方向，百家争鸣，求同存异，科学地推进甲午战争的学术研究，为促进人类的和平与进步贡献智慧。

陶寺文化代表了中华早期文明[*]

  今天，中国社会科学院在这里主办"陶寺遗址考古成果新闻发布会"，向社会公众介绍陶寺遗址考古的重大收获，揭示陶寺遗址所处的时期业已进入早期文明阶段，展示陶寺文化所代表的华夏文明的发达程度。这是我院向社会介绍最新考古成果的一种宣传介绍形式。

  党的十八大以来，习近平总书记多次深刻阐述了传承和弘扬中华优秀传统文化。总书记指出："要讲清楚中华优秀传统文化的历史渊源、发展脉络、基本走向，讲清楚中华文化的独特创造、价值理念、鲜明特色，增强文化自信和价值观自信。"① 传承和弘扬优秀传统文化，就必须对中华民族曾经辉煌的历史、伟大的文明、灿烂的文化有深刻领会与正确把握。

  中国社会科学院是马克思主义的坚强阵地、党中央国务院的思想库与智囊团、中国哲学社会科学的最高殿堂，研究中华文明的发展历程、丰富内涵，是中国社科院义不容辞的责任。我院各相关研究所一直将对中华文明历史作为重大课题开展深入研究，我院考古研究所领衔的国家重大科研课题——"中华文明探源工程"，集中了各相关学科的精兵强将，开展多学科综合研究，取得了显著的成

---

  * 该文系作者在"陶寺遗址成果发布会"上的致辞，原载中国社会科学院《院内通报》2015 年 6 月 19 日。

  ① 《习近平谈治国理政》，外文出版社 2014 年版，第 164 页。

果。位于晋南地区的陶寺遗址的发掘和研究就是其中最为突出的代表性课题。

晋南地区地处黄河中游，《尚书·禹贡》中属冀州，是中华文明核心形成与中国早期国家诞生的关键区域。临汾地区古称平阳。北魏郦道元《水经注》汾水条载："又南过平阳县东。……应劭曰：县在平河之阳，尧舜并都之也。"因此围绕着尧都平阳的考古探索，也是破解所谓"尧舜禹传说时代"中国重大历史谜团的关键点。

尧舜禹时期是在中原地区形成华夏文明和早期"中国"诞生的关键时期，而相关的文献记载和古史传说远远不足以说清这段历史。于是，考古学研究便成为探讨这一关键时期不可或缺的甚至是主要的学术探索路径。

自 20 世纪 70 年代末至今，中国社会科学院考古研究所山西工作队先后与临汾行署文化局、山西省考古研究所合作，对隶属临汾市的襄汾陶寺遗址，进行了长达 37 年的考古发掘与研究。2012 年秋，我曾赴陶寺遗址视察。在陶寺遗址发掘现场，我对社科院考古所山西队的同志们提出，希望在近三年或五年内，将"陶寺遗址的性质及其在中华文明形成过程中的地位和作用搞清楚"。近几年，中国社会科学院"哲学社会科学创新工程"和"中华文明探源工程"以及"国家大遗址考古计划"，均对陶寺遗址的考古发掘与研究加大了资金投入。在山西省委省政府、省文物局、临汾市委市政府、襄汾县委县政府的大力支持下，工作队在陶寺遗址的考古取得了一系列重要成果。刚才，考古研究所所长王巍发布了陶寺遗址近年的重要考古发现。这些发现使得陶寺遗址作为早期文明的都城遗址更加完备，陶寺文化的国家性质更加明确，文明化成就越发凸显，使我们初步看到，在夏王朝建立之前，华夏文明所达到的第一个高峰。

陶寺遗址愈来愈加丰富的考古发现，从物质文化到精神文化，越来越多地同有关尧舜的文献记载相印证，加之地方学者从乡土文化、地方志、历史文献、历史记忆、神话传说的角度，对尧都平阳的不懈探索，使得陶寺遗址乃唐尧所都的观点越来越受到社会的关注，也得到越来越多学者的认可。迄今为止，没有其他任何一个遗址像陶寺遗址这样，在年代、地理位置、规模和等级以及文化内涵等诸多方面与唐尧之都如此契合。

根据陶寺遗址的一系列考古发现，结合相关文献记载可知，在唐尧之时，中华早期文明的国家观念、王权观念、私有观念、礼制和历法等也已形成，其中很多为后来的夏商周王国文明所继承和发展，有理由认为，尧舜禹时期的华夏早期文明为后来的中华文明奠定了基础，是多元一体的中华文明的主脉。

尧舜的治理思想是文德，即所谓"垂衣裳而治"；社会管理思想是合和，即所谓"协和万邦"；社会伦理的精髓是礼制；哲学思想的核心是朴素的辩证法——阴阳太极。这些都是中华传统思想宝库中的精华。探讨和追溯中华传统思想宝库中由尧舜留给我们的这些精神财富，对于构建社会主义核心价值观，弘扬优秀传统文化，实现民族复兴的中国梦，都具有重大的现实意义！

我们期待通过这次发布会，使社会公众了解以陶寺文化为代表的华夏早期文明的辉煌，为增强民族自信心和自豪感，为全民深刻领会中华民族伟大复兴的中国梦提供精神动力！

抗日战争胜利开辟了中华民族伟大复兴的光明前景

——学习习近平同志在纪念中国人民抗日战争暨世界反法西斯战争胜利70周年大会上的重要讲话[*]

习近平同志在纪念中国人民抗日战争暨世界反法西斯战争胜利70周年大会上的重要讲话中强调指出:"这一伟大胜利,开辟了中华民族伟大复兴的光明前景,开启了古老中国凤凰涅槃、浴火重生的新征程。"日本侵华战争给中国带来了巨大灾难,同时也为我们提供了民族复兴的契机。抗日战争胜利是中华民族由衰败走向复兴的重大转折点,是中华民族复兴的枢纽,推动了中华民族伟大解放和历史前进。深刻认识中国人民抗日战争胜利的伟大历史意义,可以更好地认识把握正义必胜、和平必胜、人民必胜的历史真理,更好地弘扬无数英烈用生命铸就的抗战精神,更好地铭记历史、缅怀先烈、珍爱和平、开创未来,勠力同心实现"两个一百年"奋斗目标,实现中华民族伟大复兴的中国梦。

一 抗日战争胜利为实现中华民族伟大复兴提供了前提条件

毛泽东同志指出:"中日战争不是任何别的战争,乃是半殖民

---

* 原载《光明日报》2015年9月18日。

地半封建的中国和帝国主义的日本之间在二十世纪三十年代进行的一个决死的战争。"① 战争的一方，即被侵略的一方——中国是一个半殖民地半封建的国家，是一个帝国主义列强已经瓜分完毕的受欺侮、受压迫的弱国。战争的另一方，即侵略的一方是武装到牙齿的日本帝国主义。日本法西斯挑起的这场侵略战争的矛头所指，不仅仅是中国的一党一派一民族一团体，而是整个中华民族，是要彻底灭亡中国，变作为数国殖民地的中国为其一国殖民地。日本挑起灭亡中国的侵略战争，决定了中华民族没有任何退路，中华民族面临最危急的时刻，唯有奋起抗战才能赢得民族生存和国家独立。以中华民族争取民族解放和国家独立的革命战争战胜日本帝国主义亡国灭族的反革命战争，争取国家独立与民族解放，建设一个新中国，是中国人民抗日战争的根本目的。

中国人民的抗日战争，一开始就不是一般意义上的中外战争，而是日本法西斯图谋灭亡中国的侵略战争和中华民族为生存而战的争取民族解放、国家独立的反侵略战争，从根本性质来说是中国彻底摆脱帝国主义的殖民统治，争取民族独立和国家解放的资产阶级民主革命性质的革命战争。近代以来，随着资本主义社会形态的出现，世界进入了资本主义历史时代，如果没有帝国主义列强对中国的侵略和瓜分，按照历史发展的正常逻辑，中国也可以缓慢自主地发展到资本主义阶段，走上资本主义发展道路。实际上，在明代中后期，在发达的江浙一带，已经出现资本主义工商业的萌芽。近代以来，中国形成了一定规模的民族资本主义的工商业，产生了民族资产阶级和工人阶级。然而，从世界整体来看，资本主义由自由竞争阶段发展到垄断阶段，垄断资本主义不仅压榨国内工人阶级及劳动人民，更是展开了对世界资源的掠夺与瓜分，这就产生了垄断资本主义对殖民地国家的侵略战争和瓜分殖民地的掠夺战争。垄断资

---

① 《毛泽东选集》第 2 卷，人民出版社 1991 年版，第 447 页。

本主义由于实施战争侵略而成为帝国主义。1840 年鸦片战争爆发以来，帝国主义列强对中国的侵略打破了中国人的强国之梦，使中国独立自主地走上资本主义发展道路的幻想彻底破灭。帝国主义列强为了维护自己的利益，是不允许一个强大的、独立的中国出现在世界历史舞台上的。帝国主义要达到永远奴役、霸占、掠夺中国的目的，必然依靠中国国内的反动派，即封建主义、官僚资本主义镇压中国人民的反帝反封建反殖民的斗争。帝国主义列强通过战争对中国已经瓜分完毕，半殖民地半封建的中国饱受西方帝国主义列强霸占、肢解、欺侮和压迫，帝国主义、封建主义和官僚资本主义，是压在中国人民头上的三座大山，是中国人民面对的共同敌人和革命对象。中国人民同帝国主义、封建主义和官僚资本主义的矛盾是中国社会的主要矛盾，不解决这个主要矛盾，中国就无法进步。面对帝国主义列强对中国的瓜分和侵略，摆在中国人民面前的唯一出路就是反对帝国主义侵略，反对依附于帝国主义的封建主义、官僚买办资产阶级，赢得民族解放和国家独立。中国的前途和命运就是进行反对帝国主义、反对依附于帝国主义的封建阶级、官僚买办资产阶级的资产阶级民主革命，把帝国主义赶出中国去，打倒封建主义和官僚垄断资产阶级，建设一个独立、民主、自由、平等的新中国。

然而，从鸦片战争、太平天国运动、戊戌维新、辛亥革命，直至北伐战争，一切为了改变半殖民地半封建地位的改良、革命，均遭挫折和失败，中国始终无法改变半殖民地半封建的弱国状态。帝国主义对中国的侵略，使中国资产阶级发生分裂，分化出一个更具剥削性、卖国性和反动性的官僚买办资产阶级，它与中国封建阶级勾结在一起，卖身投靠帝国主义；同时造就了一个软弱的、具有两面性的民族资产阶级。资产阶级民主革命的领导理应由民族资产阶级来担任，但事实证明，中国民族资产阶级的软弱性和两面性，决定了它没有能力领导资产阶级民主革命取得胜利，在中国实现强国的梦想。

1919 年爆发了五四运动，中国工人阶级的先进分子接受马克思主义，创建了中国共产党，从此中国革命面貌焕然一新。中国共产党人把马克思主义与中国国情相结合，为中国人民指明了未来中国的光明前途。中国共产党领导的中国革命分两步走，第一步先进行由中国工人阶级及其政党领导的资产阶级民主主义革命，即新民主主义革命，革命的任务是反帝国主义、反封建主义、反官僚资本主义，争取民族解放和国家独立；第二步，不间断地进行社会主义革命，走社会主义道路，建立社会主义制度，从而挽救中国。完成新民主主义革命的任务，是中国走向社会主义，实现中华民族伟大复兴中国梦的第一步。只有完成这一步，才能进入第二步，建立一个强大的社会主义新中国。

抗日战争是一场彻底改变中华民族和中国国家命运的战争，给了中国工人阶级及其政党——中国共产党以战略机遇与历史舞台。通过抗日战争，中国不仅大大加快了争取民族解放和国家独立的步伐，而且中国共产党通过抗日战争赢得了民心，壮大了人民军队和根据地，为彻底完成反帝、反封建、反官僚资本主义的新民主主义革命奠定了坚实基础，也为即将开始的三年解放战争，即取得新民主主义革命的决定性胜利，进而实现中华民族伟大复兴提供了前提条件。

二 抗日战争胜利为实现中华民族伟大复兴凝聚起强大力量

习近平同志指出，实现中华民族伟大复兴的中国梦必须凝聚中国力量，这就是中国各族人民大团结的力量。只要紧密团结，万众一心，中国人民就能汇集起不可战胜的磅礴力量。民族团结是战胜强敌的巨大力量，民族团结是民族复兴的基础。抗日战争的旗帜可以动员一切可以动员的力量，形成团结抗战的局面。正是依靠全民族的坚强团结，我们才取得了抗日战争的彻底胜利。抗日战争的胜利是整个中华民族团结起来抗击日本法西斯侵略的结果。抗战的历史已经证明，紧紧依靠广大人民群众，建立最广泛的抗日统一战线，实行全民族团结抗战，打一场人民战争，既是中国人民抗日战争的突出特点，也是中国人民取得最后胜利的决定因素。

近代中国是积贫积弱的落后的东方弱国，饱受列强欺凌压迫。单靠中国任何一个民族、一个政府或一个党派，都难以抵抗侵略。近代以来中国抗击外来侵略的屡战屡败即为明证。这种情势决定了中国要想取得抗击东方头号强国日本法西斯的胜利，就必须动员全民族起来抗战。在中华民族根本利益、国家的整体利益受到损害时，全民族团结抗战就成为中国各阶级、各阶层、各党派及各界人士所凝聚起来的最大共识。日本是后起的、野心极大、侵略性极强、穷凶极恶的军国主义、法西斯主义的帝国主义国家。日本帝国主义妄图独吞中国这块肥肉，不仅严重损害了中国人民的根本利益，严重侵害了中国资产阶级包括垄断资产阶级的利益，严重侵害了中国封建地主阶级的利益，而且得罪了西方帝国主义各国，这就造成了形成最广泛的抗日爱国统一战线的客观条件。日本灭亡中国的情势决定了中华民族必须奋起反抗才有生机，积贫积弱的弱国现状决定了中华民族只有全民族团结抗战才有胜算。中国共产党作为统一战线的领导力量，首先发起了全国人民共同抗日的总动员，号召全中国人民、政府和军队团结起来，形成最广泛的抗日民族统一战线，筑成全民共同抗战的坚固长城，一切为着夺取抗战的胜利。在民族国家面临生死存亡之际，沉睡的巨狮迅速觉醒。觉醒后的中国各种势力迅速在以中国共产党为旗手的抗日民族统一战线旗帜下聚集起来，实现了全民族共同抗战。

只有人民战争才能彻底战胜武装到牙齿的日本帝国主义。人民群众中蕴含着巨大的能量，弱国不被消灭而要战胜强国，就必须全民动员起来开展持久的人民战争，才能战胜敌人。中国人民的全民抗战就是人民战争的汪洋大海，只有打一场人民战争，才能取得抗日战争的胜利。在中华民族处于生死存亡的危急时刻，国共两党互相合作，正面战场和敌后战场相互策应，开展独立自主的山地游击战和有条件的运动战。地不分南北，人不分民族，千百万不愿做奴隶的中国人，投身到抗日救亡的历史洪流之中，面对日本法西斯强盗，愤然而起，绝地反击，宁愿战死，不愿偷生。过去曾经是一盘散沙的中国达到了空前的团结，出现了"前线将士，牺牲流血；各党各派，精诚团结；各界人民，协力救亡"的生动局面。海内外中华儿女团结一致抵御外寇，谱写了一曲中华民族大团结、开展人民战争的凯歌。抗日战争成为真正意义上的全民族抵抗外来侵略的人民战争。

抗日战争提振了中华民族自强不息的民族精神。民族精神是民族存续的精神血脉和民族兴盛的精神资源。抗日战争的烽火，唤醒了中华民族的生命力和凝聚力，重铸了中华民族强健的魂魄。不仅使民族生命得以延续，而且使民族精神得到升华，民族活力得以激发，开启了古老中国凤凰涅槃、浴火重生的新征程。面对强敌，永远树起一条民族不屈的脊梁，为全民族的光荣和后世的光荣理想而奋斗，这就是抗日战争所表现的伟大民族精神。抗战中升华的民族精神，永远是激励中国人民克服一切艰难险阻、为实现中华民族伟大复兴而奋斗的精神动力。

三 抗日战争胜利为实现中华民族伟大复兴赢得崇高威望

中国人民抗日战争是反侵略的民族革命战争，是神圣的、进步的、追求和平的正义战争。中国人民在较长时间内承担了独立抗击日本法西斯的重任，抗日战争是挽救中华民族命运、实现世界持久和平、推进世界文明发展的进步战争。日本发动侵略战争，既是对中国主权和领土完整的野蛮侵犯，也是对世界和平与正义的狂妄挑战，更是对人类生命和尊严的粗暴践踏。中国人民的抗日战争，一开始就不仅仅是中华民族争取民族解放的战争，而且是世界反法西斯进步战争的重要组成部分。中国的抗日战争，既是为中华民族独立和主权而战，也是为世界和平与正义而战，更是为人类生命与尊严而战。

中国人民抗日战争是推进人类历史进步的战争。首先是推进世界历史进步的战争。这突出表现在抗日战争对世界反法西斯战争的作用上。可以说，中国人民抗日战争历时之长，涉及之广，军民牺牲之惨烈，财产损失之巨大，都世所罕见。中国人民抗日战争作为世界反法西斯战争的重要组成部分，中国战场作为世界反法西斯战争的东方主战场，为世界反法西斯战争的最后胜利、为维护世界和平正义作出了极其重要的历史性贡献，起到了推进世界历史进步的巨大作用。其一，东北抗战，揭开了世界反法西斯战争的序幕。1931 年，日本发动九一八事变，在世界东方形成了第一个战争策源地，点燃了法西斯对外侵略战争的第一场战火。中国人民不畏强暴，毅然举起反抗法西斯侵略的旗帜。东北抗战，拉开了世界反法西斯战争的序幕，打响了世界反法西斯战争的第一枪。其二，从七七事变到太平洋战争爆发，中国战场是东方反法西斯战争的唯一战场。中国既是为保卫自己的家园而战，也是为维护世界和平与正义而战。中国抗战的顽强坚持，极大地消耗了日军力量，束缚了日军在亚洲侵略扩张的手脚，迫使日本放弃了北进计划，并对其实施南进计划起了有效阻滞作用，为苏美英等反法西斯国家赢得了宝贵的战略准备时间。其三，太平洋战争爆发后，中国战场成为世界反法西斯战争的东方主战场。太平洋战争初期，日军在太平洋战场和东南亚战场上所向披靡。与此形成鲜明对照的是，中国战场上的长沙会战，中国军队取得毙伤日军 5 万余人的骄人战绩。太平洋战争时期，中国战场始终牵制着日本陆军的主力，日本有 110 万左右的军队用于中国战场，超过了日军在东南亚和太平洋各岛的兵力总和。到抗战胜利前夕，日本在中国战区的兵力多达 186 万人，占其海外总兵力的 50% 以上。中国军民在极其艰苦的条件下担负着抗击日本法西斯主力的重任。由于中国战场牵制了日军主力，日军无法向太平洋战场转移更多兵力，这就有力地支持了盟军在太平洋方面的作战。

中国是抵御日本法西斯侵略最早、持续时间最长、作出牺牲最大的国家。据统计，中国军队毙伤俘日军 150 多万；中国军民伤亡 3500 万以上；其中军队伤亡 380 余万，占各国伤亡人数总和的1/3；中国直接经济损失 1000 多亿美元，间接经济损失 5000 多亿美元。中国人民以巨大而惨烈的牺牲，为世界反法西斯战争的最后胜利、为维护世界和平正义作出了极其重要的历史性贡献。

正是由于中国军民在世界反法西斯战争中发挥了极其重要的作用，与苏、美、英同为当时世界上坚持与轴心国作战的 4 支主力军，中国获得了“四强”之一的称号。战时“四强”此后又顺理成章地成为战后维护世界安全的核心组织联合国安理会的常任理事国。中国由一个战前屡遭侵凌的弱国，成为一个承担维护国际和平任务的核心国家，其原因就在于中国抗日战争在世界反法西斯战争中发挥了无可替代的历史作用，对世界历史进步作出了重大贡献。这是历史对中国抗战伟大功绩的肯定。

通过抗日战争，中国重新确立了大国地位，为中华民族的伟大复兴奠定了坚实的基础。中国军民在抗战中的艰苦斗争，以及中国战场在世界反法西斯战争中显示出来的重要军事价值，促成了中国国家地位的提高。1942 年 1 月 1 日，中国与美、英、苏四国领衔发表了国际反法西斯战线正式形成的标志性文献——《联合国家宣言》。1943 年签署的《莫斯科宣言》，正式确立了中国在反法西斯阵营中的“四强”地位。随后举行的开罗会议，中国首脑与美英首脑以平等的身份会晤，共商世界大事。会议所发表的宣言，充分体现了中国人民恢复国家主权和领土完整的愿望。中国积极参与了发起创建联合国的工作，并提出了建立强有力且灵活敏捷的世界和平机构的主张，充分展现了负责任的东方大国形象。中国是在用 5 种文字书写的《联合国宪章》上第一个签字的国家。中国成为联合国安理会常任理事国，标志着中国跨入大国行列，奠定了负责任的东方大国的地位。

长达 14 年之久的中国人民抗日战争，是世界反法西斯战争的重要组成部分，是近代以来中华民族抗击外敌入侵第一次取得完全胜利的民族解放战争，是正义的、革命的、进步的人民战争，是中华民族由衰败走向复兴的重大转折点。中华民族在抗击法西斯侵略战争中所激发出来的民族精神、民族凝聚力，因胜利而树立的民族自信心和民族自豪感，成为实现中华民族伟大复兴的强大精神力量。中国军民通过自身抗战努力而重新确立的大国地位，成为中华民族伟大复兴的重要基础。抗日战争开辟了中华民族复兴的光明前景。我们要以习近平同志在纪念中国人民抗日战争暨世界反法西斯战争胜利 70 周年大会上的重要讲话精神为指引，继承和弘扬中华民族自强不息的民族精神，努力实现中华民族的伟大复兴，为维护世界的安定、和平与发展作出新的更大的贡献。

以人民为中心，繁荣发展社会主义文艺[*]

　　2015 年 10 月，中央印发了《关于繁荣发展社会主义文艺的意见》（以下简称《意见》）。这是继去年 10 月 15 日习近平总书记主持召开文艺工作座谈会并发表重要讲话之后，中央颁布实施的推动我国文艺繁荣发展的纲领性文献。《意见》集中体现了习近平总书记在文艺工作座谈会上的重要讲话精神，进一步明确了文艺工作的指导思想、方针原则和目标任务，对繁荣发展社会主义文艺作出重要的制度设计和政策安排，彰显出强烈的中国特色与时代特征，体现了马克思主义文艺观的一脉相承和党对文艺工作的新要求，为进一步繁荣发展中国特色社会主义文艺事业注入了激浊扬清的正能量，勾勒出了清晰可行的路线图。《意见》的深入实施，对于推进社会主义文艺大发展大繁荣，建设社会主义文化强国，更好地激发文学艺术的无穷力量，为同心共筑中国梦提供强大的价值引导力、文化凝聚力和精神推动力，具有重要的现实意义和深远的历史意义。

　　中国社科院党组高度重视习近平总书记在文艺工作座谈会上重要讲话和《意见》精神的贯彻落实。党组召开专门会议进行学习研讨，对全院的学习贯彻工作作出部署，并在此基础上形成了我院贯

---

　　* 该文系作者在"中国社会科学院贯彻落实《中共中央关于繁荣发展社会主义文艺的意见》学习班"上的讲话。原载中国社会科学院《院内通报》2015 年 11 月 8 日。

彻落实习近平总书记重要讲话和《意见》精神的实施方案。今天，把我院文学学科几个研究所和马克思主义学院、文化研究中心等单位的同志召集起来举办这次学习班，就是为了深入学习贯彻习近平总书记重要讲话和《意见》精神，贯彻落实院党组作出的决策部署。希望通过这次集中培训学习，使大家能够认清当前形势，统一思想认识，切实肩负起党和人民赋予广大文艺工作者的神圣使命，坚定繁荣发展我国社会主义文艺的理想信念，满怀热情地投入到社会主义文艺事业的建设中来。

下面，我就学习贯彻习近平总书记在文艺工作座谈会上的重要讲话和中央《意见》精神，谈几点体会，与大家交流。

一　深刻认识繁荣发展社会主义文艺的重要意义

文艺是一个民族生存和发展的重要力量，是一个国家软实力的重要组成部分。文艺是民族精神的火炬，是时代前进的号角，最能代表一个民族的风貌，最能引领一个时代的风气。我们党自创立至今，始终高度重视文艺工作，在革命、建设、改革的各个历史时期，充分运用文艺引领时代风尚、鼓舞人民前进、推动社会进步。文艺事业是中国特色社会主义建设事业的有机组成部分，实现中华民族伟大复兴，离不开中华文化的繁荣兴盛，离不开文艺事业的繁荣发展。

第一，繁荣发展社会主义文艺，是实现"两个一百年"奋斗目标、实现中华民族伟大复兴中国梦的迫切需要。习近平总书记在文艺工作座谈会上的重要讲话中指出："古往今来，中华民族之所以在世界有地位、有影响，不是靠穷兵黩武，不是靠对外扩张，而是靠中华文化的强大感召力和吸引力。"今天，繁荣发展社会主义文化，建设社会主义文化强国，迫切需要充分认识文艺工作的重要作用，全力推进社会主义文艺的繁荣发展，使文艺在社会主义文化建设中的巨大作用得到充分释放和发挥，为实现"两个一百年"奋斗目标、实现中华民族伟大复兴中国梦提供强大精神动力。举精神旗帜、立精神支柱、建精神家园，是当代中国文艺的崇高使命。弘扬中国精神、传播中国价值、凝聚中国力量，是包括我院文艺理论工作者在内的中国广大文艺工作者的神圣职责。

第二，繁荣发展社会主义文艺，是巩固主流意识形态地位、维护国家文化和意识形态安全的迫切需要。随着改革开放和社会主义现代化建设的深入推进，在我国经济社会发展取得举世瞩目成就的同时，我国文艺发展呈现出百花竞放、蓬勃发展的生动景象，涌现出了一大批备受人民群众喜爱的优秀作品。然而，我们也必须看到，在经济全球化浪潮的冲击之下，经过市场经济的洗礼，伴随着互联网等新兴媒体的蓬勃发展，人们的生活方式、思维方式和价值观念也都发生了前所未有的变化，使包括文艺在内的整个思想文化领域和意识形态领域的工作面临十分复杂的形势与相当严峻的挑战。正如《意见》中所指出的："意识形态领域形势十分复杂，巩固思想文化阵地、维护国家文化安全的任务更加紧迫；在思想活跃、观念碰撞、文化交融的背景下，文艺领域还存在价值扭曲、浮躁粗俗、娱乐至上、唯市场化等问题，价值引领的任务艰巨迫切；文艺创作生产存在有数量缺质量、有'高原'缺'高峰'，抄袭模仿、千篇一律、粗制滥造等问题，推出精品力作的任务依然繁重；文艺评论存在'缺席'、'缺位'现象，对优秀作品推介不够，对不良现象批评乏力，文艺评论辨善恶、鉴美丑、促繁荣的作用有待强化。"在文艺创作实践中，"去思想化""去价值化""去主流化"的倾向还不同程度地存在，等等。因此，在繁荣发展社会主义文化和社会主义文艺，巩固马克思主义主流意识形态地位，树立和弘扬社会主义核心价值观，维护国家文化安全和意识形态安全等方面，我们肩负着相当艰巨的任务，还有大量的工作要做，还有很长的路要走。我院文艺理论工作者应该不辱使命，立足现实，直面挑战，充分认识繁荣发展社会主义文艺所具有的特殊价值和重要意义，在我国哲学社会科学界和文艺界切实发挥示范和引领作用。

第三，繁荣发展社会主义文艺，是实现中央对我院"三个定位"目标要求的迫切需要。不断推进理论创新、文化创新，为制度创新、科技创新等各方面的创新提供智力支撑，营造良好氛围；不断推出具有时代思想高度、代表国家学术水准的传世之作和精品成果，为国家经济社会发展服务，为党和国家重大决策服务，为建设中国特色社会主义服务，是党和人民赋予哲学社会科学的使命和责任。我院作为党中央直接领导的哲学社会科学研究机构，作为党在意识形态领域的重镇，作为我国思想文化领域的重要战线，作为社会主义文化建设的生力军，必须高度重视和不断加强文艺理论研究工作，努力推出无愧于时代、无愧于人民的学术精品，为社会主义文艺事业的繁荣发展作出应有的贡献。这既是马克思主义坚强阵地建设的必然要求，也是作为国家综合性高端智库和哲学社会科学研究最高殿堂的重要任务。

二 必须始终坚持马克思主义指导地位，始终坚持党的领导

思想是行动的先导，理论是实践的指南。繁荣发展社会主义文艺，加强文艺理论研究和评论，必须始终坚持以马克思主义特别是马克思主义中国化最新成果为指导，始终坚持党的领导。

第一，坚持以马克思主义和中国特色社会主义理论体系为指导，是社会主义文艺沿着正确方向繁荣发展的根本前提。马克思主义是被我国革命、建设、改革实践反复证明了的科学真理，是我们认识世界、改造世界的强大思想武器。只有始终坚持以马克思主义为指导，才能确保我国文艺事业始终沿着正确方向前进。我院文艺理论工作者必须高举中国特色社会主义伟大旗帜，以马克思列宁主

义、毛泽东思想、邓小平理论、"三个代表"重要思想、科学发展观为指导，深入学习贯彻习近平总书记系列重要讲话精神，深入学习贯彻党的十八大和十八届三中、四中、五中全会精神，始终坚持社会主义先进文化前进方向，始终坚持马克思主义的文艺观，全面贯彻"二为"方向和"双百"方针，努力成为党的文艺方针政策的忠实践行者。必须以社会主义核心价值观为引领，旗帜鲜明地反对历史虚无主义，抵制否定中华文明、破坏民族团结、歪曲党史国史、诋毁国家形象、丑化人民群众的言论和行为，引导人民树立和坚持正确的历史观、民族观、国家观、文化观，不断增强中国特色社会主义道路自信、理论自信、制度自信，为实现"两个一百年"奋斗目标、实现中华民族伟大复兴的中国梦提供强大的价值引导力、文化凝聚力、精神推动力。

第二，坚持以人民为中心，是社会主义文艺繁荣发展的内在要求。社会主义文艺本质上是人民的文艺，社会主义文艺事业本质上是人民的事业，人民的需要是文艺存在的根本价值。早在 70 多年前，毛泽东同志《在延安文艺座谈会上的讲话》中就曾强调："为什么人的问题，是一个根本的问题，原则的问题。"① 只有牢固树立人民是历史创造者的观点，解决好"为了谁、依靠谁、我是谁"的问题，解决好为谁做学问的问题，才能更好地确定自己的人生坐标、创作追求和学术立场。在 2014 年 10 月召开的文艺工作座谈会上，习近平总书记明确指出："只有牢固树立马克思主义文艺观，真正做到了以人民为中心，文艺才能发挥最大正能量。"② 这一重要论断，准确把握了中国特色社会主义文艺的根本特征，坚持、丰富和发展了马克思主义文艺观，为广大文艺工作者从事文艺工作指明了方向，是当代中国马克思主义文艺理论的最新成果，是广大文艺工作者必须遵循的行为准则。要坚持为人民抒写、为人民抒情，坚

---

① 《毛泽东选集》第 3 卷，人民出版社 1991 年版，第 857 页。
② 习近平：《在文艺工作座谈会上的讲话》，人民出版社 2015 年版，第 13 页。

持深入生活、扎根人民，坚持面向基层、服务群众，坚持以最广大人民的根本利益为出发点和落脚点，坚持把社会效益放在首位，努力实现社会效益和经济效益、社会价值和市场价值相统一，绝不让文艺成为市场的奴隶。

第三，坚持党的领导，是社会主义文艺繁荣发展的根本保证。习近平总书记强调，党的领导是社会主义文艺发展的根本保证。党是一切事业的领导核心，是中国特色社会主义事业胜利前进的根本保证，也是社会主义文艺事业繁荣发展的根本保证。坚持党的领导，是社会主义文艺工作的生命线。院属相关单位党组织必须从建设社会主义文化强国、提升党的执政能力的战略高度，增强文化自觉和文化自信，准确把握党性和人民性、政治立场和创作自由的关系，把文艺理论工作纳入重要议事日程，加强宏观指导，把好文艺方向，守住文艺阵地，绝不给错误文艺思潮和不良文艺作品提供传播渠道。要坚决贯彻党的文艺工作方针，尊重和遵循文艺规律，发扬学术民主和艺术民主，提倡不同观点和学派充分讨论，推进工作方式方法创新，鼓励创建中国学派，努力形成创新精神和创造活力竞相迸发、文艺精品和文艺人才不断涌现的生动局面。

三　紧密结合我院实际，切实将习近平总书记重要讲话和中央《意见》精神落到实处

近年来，我院在加强马克思主义文学理论研究与文学评论方面，采取了一些行之有效的措施，取得了比较显著的成绩。如，自2013 年起启动实施马克思主义文学理论和文学批评工程，作为加强马克思主义坚强阵地建设的重要举措；自 2014 年起，与人民日报社合作，在《人民日报》先后开设"文学观象""文艺观象"栏目，团结国内文学文艺研究和创作领域的众多知名专家学者，围绕当前文学文艺发展中的重大理论问题及热点焦点问题，进行有说服

力的辨析和评论，在我国文学界和社会各界产生热烈反响，受到中央主要领导同志的肯定。此外，还成立了中国文学批评研究会，举办了"马克思主义文艺理论论坛"，创办了《中国文学批评》期刊，等等。这些工作的开展，凝聚了全国的力量，锻炼了我院的队伍，提高了我院的研究水平，提升了我院的话语权，得到中央领导同志的充分肯定，使我院成为国内文学理论与文学批评研究领域领头羊和排头兵。我们要在认真总结经验基础上，以贯彻落实《意见》精神为契机，努力在马克思主义文学理论与文学批评研究方面，有新的更大的作为，作出新的更大的贡献。

第一，认真学习研读文件，深刻领会精神实质。习近平总书记在文艺工作座谈会上的重要讲话，是新的时代条件下马克思主义文艺观中国化的最新成果；根据讲话精神制定的《关于繁荣发展社会主义文艺的意见》，是我们党在新的历史条件下指导文艺工作的重要文献。这两个重要文件，为新形势下社会主义文艺事业繁荣发展指明了方向，给我国广大文艺工作者提供了强大的理论武器和实践指南。我院文艺理论工作者特别是在座的各位同志，要逐字逐句认真学习研读两个文件，牢牢掌握两个文件的精神实质，切实把思想和行动统一到讲话和《意见》精神上来，统一到中央关于文艺工作的决策部署上来，努力成为繁荣发展社会主义文艺事业的积极参与者和有力推动者。

第二，依托我院独特优势，深入开展理论研究。各相关研究单位要依托我院学科齐全、人才荟萃、综合研究能力强的优势，围绕习近平总书记重要讲话和《意见》中提出的重大理论和现实问题，围绕马克思主义文学理论与文学批评、社会主义核心价值观、中国梦的理论建构、优秀传统文化等重大理论命题，确定一批重点选题，组织精干力量进行深入研究，不断推出高水平的学术理论研究成果。要按照《意见》要求，积极参与马克思主义文艺理论与评论建设工程，深入实施马克思主义文学理论和文学批评工程，加强中国特色社会主义文艺理论研究，组织编写马克思主义文艺理论教材，把马克思主义中国化最新成果贯穿到研究生课堂教学和文艺评论实践的各个环节，推动我院文艺理论与评论工作迈上一个新台阶。

第三，加大理论宣传力度，积极引领社会思潮。我院文艺理论工作者要充分利用院属报刊、网站等媒体，积极撰写理论宣传文章，深入阐释习近平总书记在文艺工作座谈会上的重要讲话和中央《意见》的思想精髓，不断丰富马克思主义文艺观的理论内涵。要准确把握文艺工作面临的形势，深入剖析文艺领域各种不良现象，坚决批驳文艺领域各种错误思潮，解疑释惑、正本清源、引领风尚，科学回答干部群众普遍关注的热点焦点问题，努力构建具有中国特色的文艺理论和文艺批评话语体系，不断增强我院在国际国内文艺领域的话语权。要充分发挥中国文学批评研究会等学术平台作用，组织各方力量，形成强大合力，及时发出中国文艺理论工作者的最强音，为社会主义文艺繁荣发展营造良好的思想舆论环境。

始终一贯地坚持马克思主义理论信仰[*]

　　今天，我们怀着十分崇敬的心情，参加纪念邓力群同志诞辰100周年座谈会，深切缅怀他光辉的一生，学习他坚定的理想信念、崇高的革命精神和高尚的思想品格。这对于努力把中国社会科学院建设成为马克思主义的坚强阵地、党中央国务院重要的思想库和智囊团、中国哲学社会科学研究的最高殿堂，繁荣发展我国哲学社会科学事业，具有十分重要的现实意义。

一　邓力群同志为中国社会科学院的建设和发展作出重要贡献

　　邓力群同志一向关注我国哲学社会科学事业的繁荣和发展。1975年，作为国务院政治研究室负责人之一，邓力群同志与胡乔木、胡绳等同志一道，根据邓小平同志的指示，代表国务院履行对作为中国社会科学院前身的中国科学院哲学社会学部的管理职责，努力重组学部党组，积极恢复学部科研机构，陆续解放学部科研人员，组织专家学者开展理论和学术上的探讨，为中央决策服务；着手筹办《思想战线》杂志，准备在意识形态战线上同"四

---

　　* 该文系作者2015年11月25日在"纪念邓力群同志诞辰100周年座谈会"上的发言，原载中国社会科学院《院内通报》2015年12月9日，发表于《当代中国史研究》2016年第1期。

人帮"进行斗争。同年 11 月，邓力群同志陪同胡乔木同志向邓小平同志请示批准，在中国科学院哲学社会科学部的基础上组建中国社会科学院。

从 1977 年 11 月到 1982 年 5 月，邓力群同志先后担任中国社会科学院副院长、院党委常委、党组副书记，负责主持党委的常务工作。他积极贯彻党中央的路线方针政策，解放思想、实事求是、拨乱反正，为恢复和发展我国哲学社会科学事业做了大量卓有成效的工作。面对百废待兴的局面，他协助胡乔木同志，通过深入调查研究，认真解决历史上特别是"文化大革命"期间造成的冤假错案，促进了全院的安定团结；批判"两个估计"，及时把全院的工作重点转移到科学研究上来；高度重视干部队伍建设和科研队伍建设，选调一大批学有专长的研究人才和管理干部建立健全院、所两级领导班子和学术委员会，设立职称评审制度、学位授予制度，创办研究生院……对中国社会科学院建设和学科发展起到了非常重要的作用；从党和国家工作大局及我国哲学社会科学事业发展的迫切需要出发，先后制定了中国社会科学院中长期发展规划和《1978—1985 全国哲学社会科学发展规划纲要》；组织召开全国哲学社会科学规划座谈会，会议纪要以中央文件形式印发全党，对于新时期我国哲学社会科学事业的发展发挥了重大的历史性作用；十分重视哲学社会科学为党和国家工作大局服务，为党和国家重大决策服务，明确提出，中国社会科学院要"做党中央和国务院忠实的得力的助手"；邓力群同志还与胡乔木等同志一道，致力于恢复学术期刊和学术著作的出版，广泛开展国际国内学术交流；高度重视后勤保障，热情关心知名老专家，帮助他们解决实际困难，极大地改善了全院同志的科研和生活条件。

截至 1982 年 5 月，中国社会科学院的研究所从原学部时的 14 个增加到 32 个，科研人员由 1083 人增加到 2315 人，出版的期刊由 24 种增加到 65 种，出版的学术专著也翻了一番，全院哲学社会科学研究步入一个新的发展时期。这与邓力群同志付出的心血和努力是分不开的。

二 邓力群同志主持组建当代中国研究所，开创和推进中华人民共和国史研究

1990 年，邓力群同志被党中央任命为中央党史工作领导小组副组长，并主持组建研究、编纂和出版中华人民共和国史的专门机构——当代中国研究所。他亲自主持两周一次的国史研究座谈会、各卷编写提纲和书稿讨论会，对中华人民共和国历史的各个发展阶段和所涉及的各类问题，作出精辟的分析和讲解。他以宏大宽阔的视野，领导确立了中华人民共和国史的基本框架，开创了中华人民共和国史研究这一新兴学科。在他主持下，经过二十多年努力，已经形成了以多卷本《中华人民共和国史稿》为主干，涵括全国各部门各地方史志的《当代中国》丛书152 卷，《当代中国人物传记》丛书近29 卷，以及《中国国情丛书——百县市经济社会调查》等在内的一大批中华人民共和国史著作，全面、具体、生动地向中国和世界介绍了中华人民共和国的发展历程和成功经验。

三 邓力群同志孜孜不倦地从事马克思主义理论研究，留下了宝贵的精神财富

邓力群同志毕生勤奋，始终坚持学习尤其是对马克思主义经典著作的学习，始终坚持理论与实际相结合。特别是在粉碎"四人帮"以后的历史转折年代，他走在时代前列，孜孜不倦地从事马克思主义理论研究，为我们留下了丰富而宝贵的精神财富，为广大哲学社会科学工作者树立了光辉榜样。

他积极投身以真理标准问题讨论为标志的思想解放运动，撰写

文章阐述解放思想、实事求是、一切从实际出发的思想观点，为我们党重新确立马克思主义思想路线作出了贡献。在拨乱反正过程中，他多次发表理论文章，正确阐释马克思主义理论，为思想政治领域、经济领域以及其他领域的调整整顿提供了重要的理论支持。他参与组织起草了《关于建国以来党的若干历史问题的决议》，为我们党在指导思想上完成拨乱反正任务，为开创中国特色社会主义道路作出了贡献。他在学习毛泽东著作、宣传毛泽东思想方面倾注了大量心血，撰写了《学习〈论持久战〉哲学笔记》等著作。特别是他倾注心血编辑的《毛泽东读社会主义政治经济学批注和谈话》，对毛泽东同志关于社会主义时期政治经济学的重要思想进行了记述整理并把它们留给了全党。他还主持编辑《刘少奇选集》，组织编辑邓小平《建设有中国特色的社会主义》，参与编辑《邓小平文选（1975—1982 年）》，组织编辑《陈云文选》，主持编辑《张闻天选集》，等等。在晚年，邓力群同志仍笔耕不辍，留下了一批不可多得的历史和理论著作。

纪念邓力群同志，最好的办法就是学习和继承他丰富的思想遗产，学习他始终坚持正确的政治立场、坚定的共产主义理想和一贯的马克思主义理论信仰，始终坚信马克思主义，认真学习马克思主义，深入研究马克思主义，科学运用马克思主义，坚持真理、捍卫真理、敢于斗争，在思想上、理论上、政治上、行动上与党中央保持高度一致，自觉运用马克思主义立场观点方法指导哲学社会科学研究，办好中国社会科学院，繁荣发展我国哲学社会科学研究事业，为推进党的理论创新进程、丰富和发展中国特色社会主义理论宝库、推进中国特色社会主义伟大事业作出应有的贡献。

谈谈中国的文化价值观[*]

首先，我代表中国社会科学院对"首届世界文化论坛"的顺利召开表示衷心的祝贺！对远道而来的世界各国的专家教授表示热烈的欢迎！本届论坛的主要议题是共同探讨全人类文化事业的进步发展、探讨不同文明之间的合作、探讨文化发展上面临的挑战、探讨文化的进步性与多样性，这些议题具有特别重大的时代价值与理论价值。下面我想就中国的文化价值观主张谈几点个人的认识。

一 坚持和谐共处理念，推进和谐发展方式

我们知道，没有文化支撑的发展，只能是一种没有灵魂的经济增长。中国三十多年经济高速发展，追求人与自然、人与社会、人与人之间和谐共处的理念是其重要文化支撑。"天人合一"与"和而不同"是中华文明的价值理念。"天人合一"阐释了人与自然的和谐关系，包含着重要的生态文明思想；"和而不同"阐释了人与社会、人与人之间，人类不同文明之间的多元互补关系，反映出多元一体、多元共生的文化发展规律。矛盾运动是人类社会发展的基本动力，这是辩证法哲学的一个基本原理。和谐共处理念引导人们注重在认识矛盾、解决矛盾的过程中，促进人与人、人与社会、人

———————
  ﹡ 该文系作者在"首届世界文化论坛"上的致辞。原载《中国社会科学报》2015 年 12 月 15 日。

与自然的和谐发展；引导人们在妥善处理各种矛盾中促进社会的不断进步，不断消除社会不和谐因素。

在中国，由于发展的不同步性和不平衡性使得城乡之间、区域之间、人与人之间存在较大的社会差距，发展不平衡的矛盾突出，缩小差距，促进社会和谐发展是我们面临的紧迫任务。和谐的发展方式在处理人与自然的关系上，强调人与自然和谐发展，走一条生态与经济"双赢"的道路；在处理人与人的关系上，强调共同发展，提倡宽容协作、平等竞争、共同富裕；在处理城乡、区域之间发展的不平衡问题上，强调协调发展、统筹兼顾。以和谐共处为价值取向，尊重差异、承认矛盾、化解矛盾，着眼于发展，对于差异和矛盾，用统筹协调的办法去认识、去对待、去处理，最大限度地推进和谐发展，最大限度地减少不和谐因素。这种和谐的发展方式是要调动一切积极的因素，凝聚全国人民的力量，形成合力，共同为人的全面发展、社会的全面协调进步而努力。

二 坚持多元文化的互补共荣，抵制文化霸权主义

当今世界，东西方之间、南北半球之间存在着经济、科技发展的不平衡和文明的差异，表现为强势的西方发达国家和西方文明与弱势的发展中国家和文明的冲突。经济上的支配性力量衍生出文化强势。经济全球化在某种程度上是以美国等西方发达国家资本为主导的，他们为全球化进程制定规则和秩序，向发展中国家施加影响和压力，使其接受有利于西方资本的国际经济政治秩序。特别是美国强势文化利用其资本、科技和市场优势对其他弱势文化进行渗透，提出"以美国价值观为价值观"的一系列文化"新干涉主义"理论。通过向其他国家尤其是发展中国家输出美国的价值观念和生活方式，占领对方的文化市场和信息空间，使美国文化成为世界的

"主流文化"。美国的文化扩张不仅引起许多发展中国家的忧虑，也遭到一些发达国家的抵制，他们把美国的文化扩张行为称为"文化霸权主义""文化帝国主义""文化殖民主义"。这些国家以"文化例外"的主张，来抵制美国在"贸易自由"名义下的文化扩张和渗透。

文化交流是文化得以进步和发展的动力。在人类文明的历史进程中，各民族文化、各区域文化是在相互学习、相互借鉴、相互交融中得到发展和提高的。中西方的文化交流由来已久，特别是中国进入近现代社会以来，这种交流日渐频繁。中国决不做民族的自大狂，中国超越了狭隘的民族主义视域，自觉到人类要在一个多元化的世界中共处，标志着在确保民族文化主体地位的同时，已经将视野放宽到全人类，从人类命运共同体出发来思考不同文明之间的借鉴发展。顺应全球化的国际潮流，追求一种与全球化相适应的新的文化观念与思维方式，既保留民族意识，又大胆承认人类不同文化之间的某些共同性，与之沟通对话而非对立，扩大中国文化的国际影响力。

三 坚持求同存异，展现中华文化的独特魅力

超级大国以文化为"软实力"，将它的价值观进行"普世性"的包装，在全球传播，而理论家们又为这种霸权的合理性作论证。"文明冲突论"为人类未来勾勒了一幅充满冲突、争斗以至战争的动荡不安的图景。其潜在逻辑是，世界文化和文明多样性所需要的和平共存的土壤毫不存在，弱势文化和文明只能是接受被淘汰的命运。"历史终结论"说得更为直接：世界文化和文明的多样性是一个完全不需要讨论的问题，单边主义的文化和文明已经一统天下，历史到此终结。"民主和平论"则是在维持世界和平的旗号下，将

西方民主国家与所谓非民主国家对立起来。这些思潮都为美国对社会主义国家和其他非西方国家推行文化遏制政策提供了理论依据。

21 世纪是一个多元文化并存共荣的时代，中国不赞成"文明冲突论"和"历史终结论"，主张尊重和维护世界文化和文明的多样性。中国的文化价值观所具有的战略意义在于，不采取以冲突应对冲突，而是进入人类命运共同体的思想层面，尊重人类文化的多样性，推动不同文化之间的取长补短和创新发展，贯穿着一种具有当代世界眼光的创新的思维方式，为人类思考和解决不同文化之间的冲突和对立，提供了新的思路和新的愿景。中国力主促进世界各国间的文化交流和文明融合，弱化国际关系中文明与文化的对立，使得人们对不同的文明和文化有更深入、客观的了解，从而减少对抗的盲目性，增进宽容的自觉性。中华文化正以积极的态度寻求文明对话，促进文明之间的相互理解与宽容，这是适应全球化趋势、打破保守和自我封闭，走向世界的正确途径。

中国政府及其民间组织积极创造条件共同推动对外文化交流，通过与多个国家协议举办互惠的"文化节""文化周""文化季""文化年"等活动，展现了中国文化的丰富内涵和独特魅力，比如，中俄文化艺术交流、中欧文化高峰论坛、中美文化交流、中非文化交流、中国和阿拉伯国家的文化交流合作，均取得了良好的效果，增加了与周边国家的相互信任，增加了与西方发达国家之间的相互了解，巩固了与发展中国家的传统友谊，为中国文化走向国际文化市场打开了新局面。

四　坚持文化的先进性，推进文化的先进性与多样化的统一

首先，多元性中存在着一元的共同性。世界文化虽然存在着多样性和差异性，但又具有共同性和趋同性的一面。各种文化形态和

文明体系中都有某些适应于全人类、被全人类普遍认同的观念、原理和有价值的文化元素，世界文明秩序在一定程度上也依赖文明的共识来维系。按照马克思的观点，在全球化进程中，正在出现一种新的世界性文明。

其次，多元文化不仅有冲突而且有融合。经济全球化、政治多极化、文化多样化构成当今时代的基本特征。一方面，全球化的呼声越来越高，另一方面，反全球化的呼声也越来越高。全球化使某些强势文化遍及全世界，大有将其他文化"同化"和"吞并"之势，似乎全球化与文化的多元发展很难两全。但是，当今世界文化并未因世界经济和科技的一体化而"趋同"，反而是向着多元的方向发展。一方面是趋同，一方面是多元，两者同时并存。多元文化之间的冲突、碰撞、博弈，是一个客观现象。有冲突，就有融合，再冲突，就会再融合。

有些人深感文化多元发展遇到的种种冲突、对立和挫折，对前景充满悲观，唯恐自身民族文化有被"融合"掉的危险，于是奋起突出本民族文化，这对于保护和发展世界文化多样性无疑具有重要意义。遗憾的是在这一潮流中，封闭、倒退的文化孤立主义也随机而生。如此必将导致对外采取文化上的隔绝和孤立政策，对内压制本土文化内部求新、求变的积极因素，文化将失去活力而停滞。另一方面，必须警惕某种倚仗自己的经济政治文化优势，处处强加于人，企图以自己的意识形态一统天下的文化霸权主义存在的威胁。

我们承认世界文明的多元发展，并不是要走向文化相对主义，在"存异"的同时还要"求同"，坚持文化上的先进性标准。文化多样性并不意味着隔膜甚至冲突。在维护文化多样性的基础上，寻求文化多样性中的统一性，寻求多样性中存在的共同性，加强不同文明之间的交流对话，积极应对全球化带来的挑战，是中国文化所具有的品质。

再次，文化多样化不是失去方向的"自由化"。提倡文化多样化是坚持先进文化前进方向原则下的多样化，是坚持正确的思想导向和价值观引导前提下的多样化。文化模式的核心是价值取向或价值系统问题。价值观虽各具特色，但有先进落后之分。坚持什么样的文化方向，推动建设什么样的文化，是一个国家、一个民族、一个政党在思想上精神上的一面旗帜。在中国，社会主义先进文化的本质要求，是建立社会主义核心价值体系，坚持马克思主义在文化建设上的指导地位，巩固全党全国人民共同的思想基础，如果动摇了这个根本，就会导致思想混乱和社会动荡，也就谈不上文化的发展。同时，必须尊重文化发展自身的规律，将先进性与多样性、民族性与开放性统一起来，达到弘扬主旋律与提倡多样化的统一。

五　坚持文化生态平衡，建立国际文化新秩序

当今世界性的重大文化转折是：国际军事与经济技术竞争同时伴随着文化竞争，或者说那种可见的国家"硬实力"竞争，正逐渐被文化"软实力"的竞争所渗入。世界文化应该是包容众多特殊性的、具有丰富多样性的、允许多元发展的文化生态平衡态势。而全球化背景下，文化霸权威胁和破坏着世界文化生态平衡，世界文化以强势文化对弱势文化的挤压和吞噬为特征，这是一种不合理的国际文化秩序。因此，必须建立国际文化新秩序，改变以冷战为主题而形成的世界文化秩序，在新的国际文化关系格局的巨大变动中实现重建，才能确保各民族国家的文化发展与文化安全。

当然，全球化给各国不只带来挑战，也带来机遇。关键在于能否抓住有利时机变被动为主动，积极进取地参与国际竞争，在认清世界潮流的前提下主动融入现代文明主流。中国从 20 世纪 90 年代以来，紧紧抓住全球化时机，在经济和社会发展上取得了举世瞩目的成就。中国的文化"走出去"战略，就是要让具有"中国特色、中国风格、中国气派"的文化品牌，走向世界，展现当代中国的最

新思想和中国文化的最新发展。面对各国的普通大众，展示一个真实直观的中国形象。中国文化在国际舞台上不能仅限于汉语教学，也不应把视野仅限在歌唱家、演奏家、艺术家，而是要把中华文明的精髓充分地反映出来，学者教授思想家也应该走出去，就当代世界性前沿话题与西方人直接对话。因为文化价值观的走出去，更具有长远的文化影响力。

总之，如何抓住全球化机遇，把握好国际贸易规则和市场机制，利用政府宏观调控的高效率的竞争优势合理地配置国家资源，扬长避短地积极参与国际文化竞争与发展，同时又要确保国家文化安全，这是包括社会主义国家在内的广大发展中国家当前面临的一个重大课题，这无疑将决定着国际文化未来的基本战略格局。

女士们、先生们、朋友们：

中华民族历来爱好和平。中华五千年文明永远启示我们同世界各国人民友好相处，相互尊重、和平发展、共同繁荣。在当前复杂多变的国际关系中，中国人民将牢固树立人类命运共同体意识，努力为人类的可持续发展作出应有的贡献。

预祝"首届世界文化论坛"取得圆满成功！

促进世界考古资源和文化遗产的保护*

　　时光荏苒，光阴如梭。两年前的夏天，在上海市浦东新区的中华艺术宫，我们曾喜迎四海宾朋，举办了首届世界考古论坛。首届论坛的成功举办，在国际考古学界产生了重大影响，通过对世界范围内重大考古发现和重要研究成果的评选，以及各地古代文明的深入探讨和比较研究，有力地推动了国际考古学界的交流与合作，促进了全世界考古资源和文化遗产的保护和利用。

　　今天，作为中国社会科学院与上海市人民政府深度合作共建的成果，论坛已经迎来了它"人生"中的第二个生日。今年6月，中国社会科学院与上海市人民政府签署合作协议，共同建立了上海研究院，围绕中国特色社会主义改革发展的重大理论和现实问题，立足上海，着眼全国，以国际知名高端思想库、高端人才培养基地、高端国际交流合作平台和高端国情调研基地为目标。世界考古论坛以上海研究院世界考古研究中心为依托，必将更好地宣传考古成果，促进考古研究，打造彰显文化遗产现代意义的国际平台。

　　哲学社会科学的创新与交流，是社会发展的持续动力所在。在过去的几年中，我院作为马克思主义的坚强阵地，中国哲学社会科学的最高殿堂，党中央、国务院重要的思想库和智囊团，全面实施

---

　　* 该文系作者2015年12月14日在第二届"世界考古·上海论坛"开幕式上的致辞。原载中国社会科学院《院内通报》2015年12月17日；《第二届世界考古论坛会志》，中国社会科学出版社2017年版。

哲学社会科学创新工程，全院同人齐心协力，开拓进取，各方面工作取得了显著的进步和丰硕的成果。以考古研究所为例，进入创新工程五年以来，在田野发掘、专题研究、综合研究、科研管理、人才队伍建设等方面都取得了突破性进展，目前在全国各地近四十个遗址同时开展考古工作，此外还走出国门，深入乌兹别克斯坦和洪都拉斯发掘古代遗址，很好地发挥了中国考古学的龙头作用。

在现代文明飞速发展和经济全球化日益增强的今天，如何保护世界各地人类文化和生活形态的多样性，已成为全世界面临的突出问题。与此同时，如何在尊重和保护文化多样性的同时，加强不同文化乃至文明之间的交流和互鉴，也是全人类共同面对的一个重大课题。本次论坛的主题设置为"文化多样性和文化交流的考古学研究"，具有十分重要的现实意义。希望论坛通过对人类历史经验的总结，为当今乃至今后人类社会的发展提供有益的启示和借鉴。

社会发展呼唤创新，文化建设更需要创新。世界考古论坛奖的评选，强调新思想、新理念，强调创新性，强调文化遗产对当今世界和人类共同未来的重要性，以此促进世界考古资源和文化遗产的保护，推动更加广泛的国际合作和交流，对于上海市加速建设国际化大都市的进程必将产生良好的助推作用。

预祝本届论坛圆满成功！

现在，请允许我代表主办方宣布，第二届"世界考古·上海论坛"开幕！

中国考古界发现与研究的
一次集中展示*

　　今天，高朋满座，济济一堂，我们在中华文明的腹心地带——河南省郑州市迎来了首届中国考古学大会。这次大会是由中国考古学会主办，郑州中华之源与嵩山文明研究会、河南省文物考古学会承办，河南省文物考古研究院、郑州市文物考古研究院、郑州嵩山文明研究院协办，也是中国考古学会自 1979 年成立以来主办的历次学术会议中规模最大的一次国际学术会议。共有来自中国、埃及、印度、洪都拉斯、俄罗斯、英国、德国、美国、加拿大、日本、韩国、蒙古国、乌兹别克斯坦等国家共近 400 位中外考古专家学者将参加本次会议并进行学术研讨，此外，还有特邀代表、列席代表、媒体代表参加本次会议。

　　中国考古学会自成立以来，已经走过了近四十年的成长历程。夏鼐、苏秉琦、宿白、徐苹芳、张忠培等前任理事长为中国考古学会的发展作出过卓越贡献，在全国考古工作者的支持下，中国考古学会与时代同步发展，已经成为我国考古学界最为重要的一个学术团体，始终引领着中国考古学学科前进和发展的方向。以王巍同志为理事长的新一届理事会上任以来，中国考古学会更是以全新的姿态活跃在考古学界，特别是最近两年中，陆续成立了 13 个专业委

　　* 该文系作者 2016 年 5 月 21 日在河南郑州"首届中国考古学大会"上的致辞。原载中国社会科学院《院内通报》2016 年 5 月 24 日。

员会，为考古学科建设搭起了新的交流与合作的平台，从而更有效地将考古学界的专业研究人员组织在了一起，能够更好地发挥考古学会的专业指导作用。本次大会正是在这一背景下召开的，各位代表将在 13 个专业委员会分别开展学术研讨，相信这一新的变化一定能够使各专业委员会的讨论更为聚焦，更加富有成效。本次大会以走向世界、走向未来的中国考古学为主题，内容丰富，可以说是中国考古学界发现与研究成果的一次集中展示，也是中外考古学合作交流的一次难得机会。

中国现代考古学创建至今已将近一个世纪，1921 年安特生发掘河南仰韶村遗址，拉开了我国近代田野考古学的大幕。20 世纪 30 年代河南安阳殷墟的前后十五次考古发掘及其研究，则奠定了中国考古学的基础。中国现代考古学开创期的许多重要工作都是在河南省完成的，中原大地以其深厚的文化底蕴，为中国考古学的发展和进步提供了丰富的养料。此后 90 余年的中国考古学历程中，一代代考古学家艰苦奋斗、不断探索，使五千年的中华文明画卷日益清晰，使多元一体的中华文明的起源与发展、中华文化多样性及其多民族统一国家的形成与发展等重要的研究课题得以不断深入。近数十年来，特别是进入新世纪以来，随着科学技术水平的发展和考古学研究的深入，中国考古学在田野考古调查、发掘和考古研究中不断引入新的科学技术手段，使得田野考古技术不断提高，借助科技考古所获取的古代人类与社会的信息愈发综合全面；在这一基础上，文物保护与公共考古也蓬勃展开，中国考古学作为一门交叉融合的学科不断焕发新的魅力，已经在学术舞台上展现出了独特和动人的特色。

我们还应看到，包括考古学在内的哲学社会科学的创新与交流，是社会发展的持续动力所在。在过去的几年中，我院作为马克思主义的坚强阵地、哲学社会科学的最高殿堂、党中央国务院的思想库、智囊团，全面实施创新工程，全院同人齐心协力，开拓进取，各方面工作取得了显著的进步和丰硕的成果。今年是我院全面实施创新工程的第二个五年的开局之年，在过去的五年里，考古研究所无论是在田野发掘、专题研讨、综合研究、文物保护，还是在公共考古、科研管理、人才队伍建设等方面都取得了突破性进展，目前在全国各地近四十个遗址同时开展考古工作，并积极实施"走出去"和"请进来"战略，迈出国门，深入乌兹别克斯坦和洪都拉斯发掘古代遗址，还计划进一步赴印度、埃及等世界古代文明中心开展考古发掘工作，并成功举办了两届"世界考古·上海论坛"，很好地发挥了中国考古学的龙头作用。这些工作，为推进中国考古学的发展与创新，为抢占国际学术前沿和掌握国际话语权，为探索中华文明和延续中华民族的精神血脉，起到了重要作用。

当前，中华民族正处于伟大复兴的历史节点上，同时也处于改革开放和社会转型的关键时期。习近平总书记5月17日在哲学社会科学工作座谈会上发表了重要讲话，吹响了加快构建中国特色哲学社会科学创新体系的进军号。习近平总书记关于哲学社会科学的重要讲话是一篇关于繁荣发展中国特色哲学社会科学的马克思主义纲领性文献，具有重要指导意义。中国考古界要认真学习贯彻习近平总书记重要讲话精神，大力推进中国特色考古学创新体系建设。在考古学研究中，坚持正确的政治方向和学术导向，坚持以马克思主义为指导，坚持把辩证唯物主义和历史唯物主义的立场观点方法运用到考古学研究中。唯物史观是当代中国历史和考古学研究的旗帜和灵魂，是当代考古学研究的重要指南。在这一正确理论、方法的指引下，通过中国考古学界广大同人的不懈努力，中国考古学可以为丰富和发展对于人类历史发展进程、道路、动力等一系列重要历史问题的认识，乃至丰富和发展马克思主义作出独特贡献，为中华民族走向复兴提供新的动力。

习近平总书记指出："中华优秀传统文化是中华民族的精神命脉，是涵养社会主义核心价值观的重要源泉，也是我们在世界文激荡中站稳脚跟的坚实根基。"中国考古学 90 余年来取得丰硕成果，正是发掘和弘扬中华优秀传统文化的重要方面。中国考古学界的广大同人们，正应以此为己任，大力推进考古学研究，通过自己的努力，为推动中华文明创造性转化和创新性发展添砖加瓦，让习近平总书记"把跨越时空、超越国度、富有永恒魅力、具有当代价值的文化精神弘扬起来，让收藏在博物馆里的文物、陈列在广阔大地上的遗产、书写在古籍里的文字都活起来，让中华文明同世界各国人民创造的丰富多彩的文明一道，为人类提供正确的精神指引和强大的精神动力"这一重要战略思想付诸实施。

推动以费尔干纳盆地为中心的
古代丝绸之路历史与文化研究[*]

　　仲夏时节我们来到美丽的撒马尔罕，亲身感受中亚历史文化名城撒马尔罕的魅力。同时，我们共同迎来了中乌双边丝绸之路考古历史学术研讨会的召开。这次会议，是由中国社会科学院考古研究所与乌兹别克斯坦科学院考古研究所共同举办，也是两国科学院考古研究所合作开展以来第一次举办的国际学术研讨会。会议邀请到中国和乌兹别克斯坦最为著名的历史学家和考古学家，就中乌两国考古学家在乌兹别克斯坦明铁佩遗址的联合考古发掘工作和所取得的收获以及丝绸之路的历史、中乌两国的历史文化交流等课题进行研讨。

　　乌兹别克斯坦是中亚一个具有悠久历史的文明古国，因其独特的地理位置而成为古代东西方文明交汇的十字路口。自西汉张骞出使西域以来，中乌两国就开始了长达两千多年的友好往来。2011 年中国社会科学院考古研究所学者赴乌兹别克斯坦考察后促成了两个国家考古研究所的合作，同年两个研究所签署了"中亚东北部地区古代及中世纪早期附带东方文化交流考古研究"的合作研究项目。

　　该项目计划用 5 年的时间，重点是对安集延州的明铁佩

　　* 该文系作者 2016 年 6 月 23 日在"中乌丝绸之路考古与历史学术研讨会"开幕式上的致辞。原载中国社会科学院《院内通报》2016 年 6 月 27 日。

（Mingtape）古城遗址进行系统的发掘和研究，进一步推动以费尔干纳盆地为中心的古代丝绸之路历史与文化的研究。项目实施 4 年来，在中乌双方学者的辛勤工作和不懈努力下，不仅取得了一系列重要的学术收获，更极大地推动了中乌两国考古学、考古学家的相互了解和交流，为世界考古学的发展做出了贡献。同时，这项工作，不仅是中乌两国第一次合作考古发掘工作，也是中国社会科学院考古研究所第一次组队在境外进行的考古发掘项目，具有重要意义。

中国社会科学院在中国科学院哲学社会科学学部的基础上，于 1977 年 5 月成立，是中国哲学社会科学研究的最高学术机构和综合研究中心。中国社会科学院下设 40 多个研究所和研究中心，全院总人数 4200 多人，拥有一批在国内外学术界享有盛名、学术造诣高深的专家学者和在学术理论研究方面崭露头角的中青年科研骨干。目前，中国社会科学院已经形成了学科齐全、人才集中、资料丰富的优势，是中国进行创造性理论探索和政策研究的国家级研究机构，肩负着从整体上提高中国人文社会科学水平的使命。中国社会科学院对外交流已遍及世界 80 多个国家和地区，同国外 200 多个社科研究机构、学术团体、高等院校、基金会和政府有关部门建立了交流合作关系，与 20 多个国家和地区签订了交流合作协议。广泛的对外交流活动，不仅促进了中国社会科学研究事业的发展，而且增进了相互了解和友好合作关系。

作为中国社会科学院成立最早的研究所之一的考古研究所，已有 60 多年历史。考古所开展的考古发掘工作，遍及中国的所有省份，为中国的考古学研究和学科发展做出了重要贡献，是中国考古学研究领域的重镇。

近年来，考古研究所积极扩展对外交流与合作，积极实施"走出去"和"请进来"战略，迈出国门，赴境外进行考古发掘。明铁佩遗址的发掘，就是其中具有代表性的项目。该项目是目前为止，中国在乌最早开展的合作发掘项目。目前该项目不仅取得了一系列重要的学术成果，更为两国考古合作、历史人文研究等方面，注入了新的活力。对于明铁佩遗址的考古发掘工作，中国社会科学院一直给予极大的支持，提供了经费、人员、外事手续等多方面的保障，确保了项目的开展和顺利实施。以联合考古发掘为契机，中国社会科学院还将进一步加强与乌兹别克斯坦科学院的交流与合作，拓展合作的广度与深度，为两院、两国的人文交流增添新的内容。

我也相信，中乌两国的学者和研究机构，一定能以这次研讨会的召开为契机，进一步深化双方的合作，为学术研究和两国的文化交流增添新的篇章。古老的丝绸之路串联起了沿线的不同人群，也加强了世界不同文明之间的交流与传播。作为丝绸之路沿线的两个重要国家，中乌两国都有着悠久的历史和灿烂的文化。两国人民有超过两千年友好交往历史，都为古老的丝绸之路和人类文明的发展做出了重要贡献。

今天，我们相聚于此，共同回顾历史，展望未来，既是对两国友好交往传统的继承，更为了探讨世界不同文化、不同文明和谐相处与共同发展的历史真谛。中国古语有云："各美其美，美美与共。"不同文化的互相尊重与交流，成就了人类文明的共同发展。这也正是丝绸之路带给我们的启示和感知，也是丝绸之路两千年前绵延不绝的历史意义。

最后，预祝本次研讨会取得圆满成功。欢迎热情好客的乌兹别克斯坦学者和人民，也多来中国走走、看看，我们两国人民的友好交往，两千年前，已经跨越了高高的天山，现在，两国的友谊和交流，一定能结出更加丰硕的果实。

弘扬长征精神　凝聚中国力量[*]

80 年前，中国共产党领导工农红军胜利完成举世震惊的两万五千里长征，创造了人类历史的奇迹，成为中国共产党和中国革命从挫折走向胜利的伟大转折。波澜壮阔的长征孕育了震撼人心的长征精神，成为中华民族百折不挠、自强不息的民族精神的最高体现。习近平总书记在参观"英雄史诗 不朽丰碑——纪念工农红军长征胜利 80 周年主题展览"时强调，"红军长征胜利，充分展现了革命理想的伟大精神力量。现在，时代变了，条件变了，我们共产党人为之奋斗的理想和事业没有变，我们要铭记红军丰功伟绩，弘扬伟大长征精神，继续在实现'两个一百年'奋斗目标、实现中华民族伟大复兴中国梦的新长征路上万众一心、顽强拼搏、奋勇前进"①。习近平总书记的重要讲话，为我们在新的历史条件下铭记红军丰功伟绩，弘扬伟大长征精神进一步指明了方向，提供了遵循。

一　长征深刻体现了共产党人对民族、对国家、对人民的担当

长征深刻体现了共产党人在社会危机四伏、民族灾难深重、人民备受煎熬的时代背景下，对民族、对国家、对人民、对真理的担

---

* 原载《社科党建》2016 年第 5 期，《人民论坛》2016 年第 10 期（下）。
① 《人民日报》2016 年 9 月 24 日第 1 版。

当。它不仅仅是一次人类精神和意志的伟大远征，也是一段中国共产党领导中华优秀儿女寻求中华民族复兴的伟大征程。20 世纪 30 年代，由于党内"左"倾教条主义的错误领导，中央革命根据地第五次反"围剿"遭受严重挫折，在党和红军面临生死考验的紧急关头，党领导红军进行战略转移。从 1934 年 10 月红一方面军开始突围，到 1936 年 10 月三大红军主力胜利会师，红军长征历时两年，纵横 15 省，行程两万五千里。长征途中，党领导红军进行了 600 多次重要战役战斗，渡过了近百条江河，越过了约 40 座高山，经过了 10 多个少数民族地区。其历时之久，规模之大，行程之远，沿途自然环境之恶劣，敌我力量之悬殊，在人类战争史上绝无仅有，被誉为"是人类有文字记载以来最令人振奋的大无畏事迹"①。长征途中，我们党始终把自己的命运与中华民族的命运联系在一起，把战略转移与抗日救国的历史使命联系在一起，充分展示了我们党领导革命的卓越能力，展示了红军将士为民族独立和人民解放勇于牺牲、敢于胜利的英雄气概。长征的胜利，极大振奋了全国人民的斗志，开拓了中国共产党和中国革命的新境界。长征结束不久，毛泽东同志就自信地指出："现在共产党说的话，比其他任何政党说的话，都易于为人民所接受"②，中国革命从此进入崭新发展阶段。

二　长征精神是共产党人世界观、价值观、人生观的集中展现

长征作为一部中国革命的百科全书，长征精神集中体现了党和红军坚定的理想信念和优良的传统作风。红军在长征中表现出来的对共产主义理想、革命必胜的坚定信念，不怕牺牲、敢于胜利的革

---

① 参见［美］哈里森·索尔兹伯里《长征：前所未闻的故事》，解放军出版社 2001 年版。
② 《毛泽东选集》第 1 卷，人民出版社 1991 年版，第 185 页。

命风范，一切从实际出发的求实精神，顾全大局、紧密团结的政治意识，一切为了群众、紧紧依靠群众的宗旨意识，是中国共产党人世界观、人生观和价值观的集中展现。

对共产主义理想、革命必胜的坚定信念。长征的胜利是理想信念的胜利。长征途中，红军既要同围追堵截的国民党军队浴血奋战，又要同恶劣的自然环境作斗争，还要与党内"左"倾机会主义作斗争。在这样的困境中，红军将士以坚定的共产主义理想、革命必胜的信念，最终使中国革命转危为安，胜利完成对中国革命具有决定意义的战略大转移。长征最困难的时候，不知道长征的落脚点在哪里，战略转移何时才能结束，但是红军将士讲得最多的一句话就是"只要跟党走，一定能胜利"。正是这种坚定的理想信念，点燃了红军将士的革命激情，鼓舞了他们的斗志，激励着他们去战胜各种强敌和艰难险阻。毛泽东在总结中央红军长征胜利经验时指出："谁使长征胜利的呢？是共产党。没有共产党，这样的长征是不可能设想的。"红31军穿越草地时，粮食严重短缺，红军战士最后只能煮皮带吃。一位红军战士攥紧剩下的半截皮带对战友说："同志们，我们把它留着作个纪念吧，我们带着它去见毛主席！"习近平总书记在看到"半截皮带"的展览时，深有感触地说："这就是信仰的力量，就是'铁心跟党走'的生动写照。"正是信仰的力量，把一支衣衫褴褛、缺枪少弹的队伍凝聚成一座无坚不摧的钢铁长城，历经千难万险，最终取得伟大胜利。

不怕牺牲、敢于胜利的革命风范。坚定的信念带来坚定的行动。面对人数众多、装备齐全、凶险无比的敌人，红军用不怕牺牲、敢于胜利的革命大无畏精神，前仆后继、勇往直前，展现了共产党人无坚不摧的战斗力，显示了共产主义无比顽强的生命力。在被敌人认为不可逾越的天险前，红一军团17名勇士冒着敌人的枪林弹雨抢渡大渡河，使安顺场以"翼王悲剧地，红军胜利场"载入史册。在"和敌人抢时间，和敌人赛跑，坚决完成任务，拿下泸定桥"的口号下，红四团昼夜兼程 24 小时急行 240 里，赶在敌人大部队到达前赶到泸定桥；红四军团 22 名勇士，冒着敌人密集的枪弹，爬着铁索链匍匐前进，取得了飞夺泸定桥的胜利，创造了人类战争史上急行军和在铁索链上匍匐战斗的纪录，也被西点军校作为战例教材保留至今。在长征途中，红军共牺牲将士多达 14.9 万人，其中营以上干部 430 余人，师职干部 80 余人。正是这种不怕牺牲、敢于胜利的大无畏革命精神，使长征得到了前所未有的胜利，也使长征成为人类历史上无可匹敌的英雄主义史诗。

一切从实际出发的求实精神。长征之所以成为我们党从挫折走向胜利的重大转折，正是因为在长征途中我们党发扬了独立自主、实事求是、一切从实际出发的精神。以毛泽东为代表的中国共产党人在实践中深刻地认识到，必须要创造性地运用马克思主义基本原理，实事求是、独立自主地解决中国革命的重大问题。长征有力地推动了马克思主义中国化的历史进程，使我们党在科学理论指导下找到了夺取中国革命胜利的正确道路。黎平会议上，党中央在重大战略决策上第一次接受毛泽东的意见，避免了红军全军覆没的危险。三天的遵义会议，毛泽东等人和博古、李德等"左"倾分子进行了"火药味"很浓的斗争，周恩来对李德、博古等人进行了措辞严厉的批评，并作了深刻自我批评。遵义会议最终确立了毛泽东在党中央和红军的实际核心领导地位，成为中国共产党独立自主地运用马克思列宁主义基本原理解决自己的路线、方针政策的开始。正是有了正确的思想路线、军事路线和战略战术，使红军最终摆脱几十万国民党军队的前堵后追，变被动为主动，将士们的战斗力才能得到充分发挥。强渡乌江、攻克娄山关、遵义大捷、四渡赤水、巧渡金沙江、强渡大渡河、飞夺泸定桥，生动地体现了共产党人实事求是、一切从实际出发的精神。长征的胜利，是马克思主义普遍真理与中国革命具体实践相结合的胜利，是一切从实际出发的实事求是思想路线的胜利。

顾全大局、紧密团结的政治意识。广泛而又坚强的团结，是红军获得凝聚力、战斗力的重要条件。长征途中，各路红军紧密团结在党中央周围，坚决反对张国焘分裂主义，维护党和红军的团结，实行密切的战略协同和配合，坚定地朝着党指引的方向前进；在遇到艰难险阻，同极其恶劣的自然环境作斗争过程中，广大红军将士团结友爱，生死与共，英勇奋斗；红军官兵模范执行党的群众纪律和民族宗教政策，赢得了各族人民群众的真诚拥护和支持。湘江战役中，担任后卫的红五军团第 34 师和红三军团 18 团为掩护主力过江，被敌军阻隔在湘江以东，大部分壮烈牺牲；长征中，部队不断整编，干部层层下放，有的师团干部成了普通一兵，但他们胸怀大局，表现出坚强的党性和无私的爱国精神；西北革命根据地主要创建人之一刘志丹，由于反对"左"倾路线，受到残酷迫害，在收到"左"倾分子逮捕自己的密信后，为避免造成党内的分裂和红军的自相残杀，他不顾个人安危，毅然赴瓦窑堡参加所谓的紧急会议。没有真诚无私的革命团结，没有视团结如生命的政治意识，没有坚决维护团结、坚决执行政策的纪律观念，艰苦卓绝的长征要取得胜利是无法想象的。

一切为了群众、紧紧依靠群众的宗旨意识。把自身的命运与人民群众联系起来，为人民群众的命运而奋斗，是红军长征取得胜利的根本保证。长征期间，党领导红军在国民党的包围下，始终处于不断转战、突围的过程中，遇到的自然环境和人文环境差异很大，党和红军走到哪里群众工作就做到哪里。红军总参谋长刘伯承与彝族首领小叶丹歃血为盟、结为兄弟，不仅使红军顺利通过彝族凉山，而且点燃了民族解放的火把；长征途中，三位女红军借宿百姓家中，临走时，把自己仅有的一床被子剪下一半。党和红军用实际行动，在长征途中播撒下最直白、最朴素的革命火种，"我们是穷人队伍""我们是为穷苦百姓打天下的"，赢得了各民族人民群众的衷心爱戴和大力支持。与红四方面军会师后，川西北地区各族人民先后支援红军的各类牲畜总头数达 20 万余头，粮食 2000 多万斤，5000 多人先后参军。广大红军将士在长征途中紧紧依靠群众、宣传感召群众，真诚服务群众，以实际行动赢得了人民群众的衷心拥护，谱写出了一曲"军民团结如一人，试看天下谁能敌"的动人乐章，最终为取得长征胜利奠定了坚实的群众基础。

三　大力弘扬长征精神，凝聚实现"两个一百年"奋斗目标的强大精神力量

伟大的长征精神，始终是我们永恒的精神丰碑，是激励全党和全国各族人民奋勇前行的强大精神力量。在新的历史时期，我们要继承和弘扬好伟大的长征精神，凝聚起实现"两个一百年"奋斗目标的强大精神力量，这既是对革命先烈的缅怀，更是对历史使命的担当。

大力弘扬长征精神，就要深入学习习近平总书记系列重要讲话精神。包括红军长征在内的中国共产党的历史，就是不断推进马克思主义中国化的历史。长征途中，以毛泽东为主要代表的中国共产党人坚持把马克思列宁主义基本原理同中国革命具体实践相结合，正确解决了关乎党和红军前途命运的全局性问题，从此翻开了马克思主义中国化的新篇章。在新民主主义革命和社会主义现代化建设时期，中国共产党把马克思主义与中国实际相结合，实现了两次历史性飞跃，指引中国社会主义革命和建设不断胜利前进。党的十八大以来，以习近平同志为核心的党中央，高举中国特色社会主义伟大旗帜，统筹国内国际两个大局，统筹伟大事业伟大工程，进行了一系列实践探索和理论创新，深刻回答了一系列重大理论和实践问题，体现了中国共产党人在新的历史条件下对中国特色社会主义规律的科学认识和深入把握。习近平总书记系列重要讲话，是新的历史条件下我们党治国理政的行动纲领，是 21 世纪马克思主义、当

代中国马克思主义的现实体现。弘扬长征精神，就一定要把深入学习习近平总书记系列重要讲话精神作为首要政治任务，坚持用马克思主义中国化最新成果武装头脑、指导实践，不断开拓马克思主义中国化新境界。

大力弘扬长征精神，就要坚定共产主义远大理想和中国特色社会主义共同理想。理想信念是红军长征胜利的力量源泉。在艰苦卓绝的长征中，英勇的红军之所以能够不怕牺牲、排除万难，面对形形色色的敌人敢于决一死战，就是因为他们心中有为民族独立、为人民解放而斗争的崇高理想和坚定信念，就是因为他们坚信正义事业必然胜利，坚信"跟党走，一定会胜利"。今天，实现"两个一百年"奋斗目标是一次新的长征，是一场具有许多新的历史特点的伟大斗争，必须时刻准备应对重大挑战、抵御重大风险、克服重大阻力、解决重大矛盾。这就要求我们既要充分认清我国处于并将长期处于社会主义初级阶段的最实际最基本的国情，又要深刻认识和牢牢把握人类社会发展规律和社会主义建设规律，坚定社会主义、共产主义的必胜信念。要把马克思主义普遍真理和我国具体实际结合起来，坚持走中国特色社会主义道路，把全面建成小康社会、实现中华民族伟大复兴的"中国梦"铸造成全民族的共同理想和精神支柱。要鼓舞人民群众坚持中国特色社会主义的道路自信、理论自信、制度自信、文化自信，坚定对党的信心，为建设中国特色社会主义提供强大精神支柱。

大力弘扬长征精神，就要坚决维护团结、切实增强"四个意识"。长征是全党、全军紧密团结的胜利。各路红军紧密团结在党中央周围，坚决同各种分裂主义作斗争，维护党和红军的团结，坚定地朝着党指引的方向前进。正是高度的政治意识、大局意识、核心意识和看齐意识，形成了党内广泛而又坚强的团结，使红军获得了强大的生命力和战斗力，成为长征途中克敌制胜的重要保证。今天，我们比历史上任何时期都更接近中华民族伟大复兴的历史目标，也更有能力、有信心实现这个历史目标。但是，我国仍处于并将长期处于社会主义初级阶段的基本国情没有变，我国是世界上最大发展中国家的国际地位没有变；全面建成小康社会、实现中华民族伟大复兴绝不会一蹴而就，敌对势力在意识形态领域的渗透分化日益多样复杂。这就需要我们切实增强政治意识、大局意识、核心意识和看齐意识，坚决维护和坚持党的集中统一领导，向党中央看齐，向党的理论路线和方针政策看齐，在思想上政治上行动上同以习近平同志为核心的党中央保持高度一致。要积极营造良好的社会氛围，充分激发各方面的创造活力，加强全党、全国各族人民的团结，把各方面的智慧和力量最大限度地凝聚到全面建成小康社会上来、凝聚到实现中华民族的伟大复兴上来。要敢于同各种错误思潮作斗争，帮助群众分清是非、划清界限、摆脱错误影响、净化社会氛围，为实现中华民族伟大复兴的中国梦奠定更加坚实的基础。

大力弘扬长征精神，就要把全面从严治党各项要求落到实处。长征在促进中国革命实现历史性转折的同时，也促进中国共产党自身建设实现了历史性的飞跃。遵义会议后，党逐渐恢复了被破坏的民主集中制原则，明确要求加强党的领导，发挥党组织的集体领导作用。这对于实现全党的空前团结、红军的空前团结发挥了重要作用，也为中国革命走向胜利提供了根本保证。党和人民事业发展到什么阶段，党的建设就要推进到什么阶段。当前，世情、国情、党情发生深刻变化，提高党的领导水平和执政水平、提高拒腐防变和抵御风险能力，加强党的执政能力建设和先进性建设，落实党要管党、从严治党的任务比以往任何时候都更为紧迫。"长征打的是干部，打的是党团员"，新时期的长征打的也是干部、党团员。我们要进一步坚定理想信念，充分发挥每一位党员的先锋模范作用，充分发挥每一位党员宣传队、播种机的作用，严守中央八项规定、坚决反对"四风"，扎扎实实为人民群众办好事办实事，按照"三严三实"的标准和"两学一做"学习教育的要求，埋头苦干、锐意进取，把全面从严治党各项要求落到实处。

伟大的事业孕育伟大的精神，伟大的精神推动伟大的事业。在新的历史征程中，我们一定要紧密团结在以习近平同志为核心的党中央周围，不忘初心、继续前进，大力弘扬长征精神，走好新的长征路，坚定中国特色社会主义道路自信、理论自信、制度自信、文化自信，为实现"两个一百年"奋斗目标和中华民族伟大复兴的中国梦而努力奋斗。

夺取新时代伟大胜利的行动纲领[*]

习近平同志所作的党的十九大报告，明确了新时代党和国家事业发展的主题主线、奋斗目标和宏伟蓝图，提出了关系党和国家事业发展全局的一系列新的重要思想、重要观点、重大判断、重大举措，集中体现了当代中国马克思主义最新成果，是指导当前和今后相当长时期党和国家事业发展的政治宣言和行动纲领，是一篇充满当代中国共产党人政治智慧和历史担当的马克思主义纲领性文献，具有划时代的理论意义和实践意义。

一 初心和使命是激励中国共产党人不断前进的根本动力

习近平同志在党的十九大报告中指出，中国共产党人的初心和使命，就是为中国人民谋幸福，为中华民族谋复兴。这个初心和使命是激励中国共产党人不断前进的根本动力。

实现中华民族伟大复兴是中华民族近代以来最伟大的梦想。1840 年鸦片战争以后，为改变中华民族的命运，无数仁人志士不屈不挠、前仆后继，进行了可歌可泣的斗争，但都未能改变中国半殖民地半封建的社会性质。中国共产党的诞生是开天辟地的大事变，

---

* 原载《人民日报》2017 年 11 月 2 日，《马克思主义文摘》2018 年第 1 期。

它深刻改变了中国人民和中华民族的前途命运，深刻改变了世界发展的趋势格局。实现中华民族伟大复兴是一项光荣而艰巨的事业，需要一代又一代人为之奋斗。我们党团结带领人民完成新民主主义革命，建立新中国，实现了中国从几千年封建专制政治向人民民主的伟大飞跃。实现中华民族伟大复兴还要建立适合我国实际的先进社会制度。我们党团结带领人民完成社会主义革命，确立社会主义基本制度，推进社会主义建设，完成了中华民族有史以来最为广泛而深刻的社会变革，实现了中华民族由不断衰落到根本扭转命运、持续走向繁荣富强的伟大飞跃。我们党团结带领人民进行改革开放新的伟大革命，开辟了中国特色社会主义道路，使中国大踏步赶上时代。党的十八大以来，我们党团结带领人民在新的历史起点上坚持和发展中国特色社会主义，取得了改革开放和社会主义现代化建设的历史性成就，实现了从站起来、富起来到强起来的伟大飞跃。

中国共产党一经成立，就把实现共产主义作为党的最高理想和最终目标，义无反顾肩负起实现中华民族伟大复兴的历史使命。今天，我们比历史上任何时期都更接近、更有信心和能力实现中华民族伟大复兴的目标。但我们依然面临严峻挑战，需要全党付出更为艰巨、更为艰苦的努力。我们要高举中国特色社会主义伟大旗帜，始终把人民对美好生活的向往作为奋斗目标，为决胜全面建成小康社会、夺取新时代中国特色社会主义伟大胜利、实现中华民族伟大复兴而努力奋斗。

二　中国特色社会主义进入新时代是中国发展新的历史方位

习近平同志在党的十九大报告中强调，经过长期努力，中国特色社会主义进入了新时代，这是我国发展新的历史方位。这意味着近代以来久经磨难的中华民族迎来了从站起来、富起来到强起来的伟大飞跃，迎来了实现中华民族伟大复兴的光明前景；意味着科学社会主义在 21 世纪的中国焕发出强大生机活力，在世界上高高举起了中国特色社会主义伟大旗帜；意味着中国特色社会主义道路、理论、制度、文化不断发展，拓展了发展中国家走向现代化的途径，给世界上那些既希望加快发展又希望保持自身独立性的国家和民族提供了全新选择，为解决人类问题贡献了中国智慧和中国方案。

历史性成就和历史性变革标志中国特色社会主义进入新时代。党的十八大以来，以习近平同志为核心的党中央以巨大的政治勇气和强烈的责任担当，解决了许多长期想解决而没有解决的难题，办成了许多过去想办而没有办成的大事。我国经济建设取得重大成就，全面深化改革取得重大突破，民主法治建设迈出重大步伐，思想文化建设取得重大进展，人民生活不断改善，生态文明建设成效显著，强军兴军开创新局面，港澳台工作取得新进展，全方位外交布局深入展开，全面从严治党成效卓著。我国改革开放和社会主义现代化建设取得了全方位、开创性的历史性成就，党和国家事业发生了深层次、根本性的历史性变革，标志中国特色社会主义进入了新时代。

我国社会主要矛盾的新变化决定中国特色社会主义进入新时代。在新时代，我国社会主要矛盾已经转变为人民日益增长的美好生活需要和不平衡不充分的发展之间的矛盾。这是关系全局的历史性变化，对党和国家工作提出了许多新要求。同时必须认识到，我国社会主要矛盾发生重大变化，没有改变我们对我国社会主义所处历史阶段的判断，我国仍处于并将长期处于社会主义初级阶段的基本国情没有变，我国是世界最大发展中国家的国际地位没有变。我们既要牢牢把握社会主义初级阶段这个基本国情，又要积极顺应社会主要矛盾的新变化，坚持党的基本路线这个党和国家的生命线、人民的幸福线，在继续推动发展的基础上，着力解决好发展不平衡不充分问题，大力提升发展质量和效益，更好满足人民在经济、政治、文化、社会、生态等方面日益增长的需要，更好推动人的全面发展、社会全面进步。

我国社会发展的新特点意味着中国特色社会主义进入新时代。党的十八大以来，中国特色社会主义发展出现许多新特点。执政方式和基本方略实现重大创新，我们党贯彻依法治国基本方略，积极推进多层次多领域的依法治理，运用法治思维和法治方式深化改革、促进发展、化解矛盾、维护稳定，提高决策的法治化、规范化和科学化水平；发展理念和发展方式发生重大转变，我们党科学把握社会主义本质要求和发展方向，提出创新、协调、绿色、开放、共享的发展理念，集中体现了新阶段我国的发展思路、发展方向、发展着力点，成为引领发展实践、开创美好未来的思想指引；发展环境和发展条件发生深刻变化，我们党主动适应把握引领经济发展新常态，准确把握发展速度变化、结构优化、动力转换的新特点，深化供给侧结构性改革，不断提高发展质量和效益，推动我国发展不断朝着更高质量、更有效率、更加公平、更可持续的方向前进。

历史交汇期新的历史任务和奋斗目标表明中国特色社会主义进入新时代。当前，我国正处于实现第一个百年奋斗目标决胜期，并将向第二个百年奋斗目标迈进。在"两个一百年"奋斗目标的历史交汇期，习近平同志指出，综合分析国际国内形势和我国发展条件，从 2020 年到本世纪中叶可以分两个阶段来安排。第一个阶段，从 2020 年到 2035 年，在全面建成小康社会的基础上，再奋斗 15 年，基本实现社会主义现代化。第二个阶段，从 2035 年到本世纪中叶，在基本实现现代化的基础上，再奋斗 15 年，把我国建成富强民主文明和谐美丽的社会主义现代化强国。从全面建成小康社会到基本实现现代化，再到全面建成社会主义现代化强国，是新时代中国特色社会主义发展的战略安排，也是在我国发展新的历史方位上提出的战略任务。

三 习近平新时代中国特色社会主义思想 是党与时俱进的指导思想

党的十八大以来，我们党围绕回答新时代坚持和发展什么样的中国特色社会主义、怎样坚持和发展中国特色社会主义这个重大时代课题进行艰辛探索，取得重大理论创新成果，形成了习近平新时代中国特色社会主义思想，为全党全国人民奋力实现中华民族伟大复兴的中国梦提供了行动指南。

习近平新时代中国特色社会主义思想具有重大理论价值和丰富思想内涵。它明确坚持和发展中国特色社会主义，总任务是实现社会主义现代化和中华民族伟大复兴，在全面建成小康社会的基础上，在本世纪中叶建成富强民主文明和谐美丽的社会主义现代化强国；明确新时代我国社会主要矛盾是人民日益增长的美好生活需要和不平衡不充分的发展之间的矛盾，必须坚持以人民为中心的发展思想，不断促进人的全面发展、全体人民共同富裕；明确中国特色社会主义事业总体布局是"五位一体"、战略布局是"四个全面"，强调坚定道路自信、理论自信、制度自信、文化自信；明确全面深化改革总目标是完善和发展中国特色社会主义制度、推进国家治理体系和治理能力现代化；明确全面推进依法治国总目标是建设中国特色社会主义法治体系、建设社会主义法治国家；明确党在新时代的强军目标是建设一支听党指挥、能打胜仗、作风优良的人民军队，把人民军队建设成为世界一流军队；明确中国特色大国外交要推动构建新型国际关系，推动构建人类命运共同体；明确中国特色社会主义最本质的特征是中国共产党领导，中国特色社会主义制度的最大优势是中国共产党领导，党是最高政治领导力量，提出新时代党的建设总要求，突出政治建设在党的建设中的重要地位。

习近平新时代中国特色社会主义思想是推进新时代实践创新和理论创新的根本指针。它是对马克思列宁主义、毛泽东思想、邓小平理论、"三个代表"重要思想、科学发展观的继承和发展，是马克思主义中国化最新成果，是党和人民实践经验和集体智慧的结晶，是中国特色社会主义理论体系的重要组成部分，是全党全国人民为实现中华民族伟大复兴而奋斗的行动指南，必须长期坚持并不断发展。当前，全党在思想理论建设方面最重大的任务，就是深刻领会习近平新时代中国特色社会主义思想的精神实质和丰富内涵，增强学习贯彻的自觉性和坚定性，把这一指导思想贯彻到社会主义现代化建设全过程、体现到党的建设各方面。要深入把握、全面落实新时代坚持和发展中国特色社会主义的基本方略，坚持党对一切工作的领导，坚持以人民为中心，坚持全面深化改革，坚持新发展理念，坚持人民当家作主，坚持全面依法治国，坚持社会主义核心价值体系，坚持在发展中保障和改善民生，坚持人与自然和谐共生，坚持总体国家安全观，坚持党对人民军队的绝对领导，坚持"一国两制"和推进祖国统一，坚持推动构建人类命运共同体，坚持全面从严治党。只要我们不忘初心、牢记使命，坚决维护以习近平同志为核心的党中央权威和集中统一领导，持之以恒用习近平新时代中国特色社会主义思想武装全党，就一定能够凝聚起全党全国人民投身社会主义现代化建设新征程的磅礴力量，决胜全面建成小康社会，夺取新时代中国特色社会主义伟大胜利。

新时代推进理论和实践 创新的光辉篇章*
——党的十九大报告的十二个创新亮点

党的十九大报告是中国共产党人站在时代高度，以巨大的政治勇气，推进理论创新和实践创新的思想结晶，是一篇光辉的马克思主义纲领性文献。报告宣告中国特色社会主义进入了新时代，阐释了习近平新时代中国特色社会主义思想，实现了党的指导思想的与时俱进，掀开了中华民族走向伟大复兴新时代的历史新篇章，掀开了中国人民奋斗不息走向美好生活新时代的历史新篇章，掀开了中国共产党人敢于斗争走向伟大胜利新时代的历史新篇章。报告是习近平新时代中国特色社会主义思想的集大成，处处闪耀着创新和发展马克思主义的真理光芒。

第一个创新亮点：总结并阐述了党的十八大以来取得的历史性成就和发生的历史性变革。

十八大以来的五年，是极不平凡的五年。五年来，以习近平同志为核心的党中央带领全党全国人民励精图治，奋力开拓，锐意创新，取得了改革开放和社会主义现代化建设的历史性成就。五年来的成就是全方位的、开创性的，五年来的变革是深层次的、根本性的。伟大成就的全方位、开创性体现在：经济建设取得重大成就，

* 原载《求是》2017 年第 24 期。

发展质量和效益不断提升，经济保持中高速增长；全面深化改革取得重大突破，改革全面发力、多点突破、纵深推进；民主法治建设迈出重大步伐，党的领导、人民当家作主、依法治国有机统一的制度建设全面加强；思想文化建设取得重大进展，党的理论创新全面推进，马克思主义在意识形态领域的指导地位更加牢固，文化自信得到彰显；人民生活不断改善，人民的获得感明显增强，社会大局保持稳定；生态文明建设成效显著，美丽中国建设取得可喜成绩，我国成为全球生态文明建设的重要参与者、贡献者和引领者；强军兴军开创新局面，人民军队的政治生态得到有效治理，在中国特色强军之路上迈出坚定步伐；港澳台工作取得新进展，保持香港、澳门繁荣稳定，有力维护台海和平稳定；全方位外交布局深入展开，为我国发展营造了良好外部条件，为世界和平与发展作出了新的重大贡献；全面从严治党成效卓著，坚决改变管党治党宽松软状况，反腐败斗争压倒性态势已经形成并巩固发展。

能够取得全方位、开创性历史性成就，关键取决于两个根本性原因：一是有习近平同志作为党的领导核心的英明领导；二是有习近平新时代中国特色社会主义思想的正确指导。我们党以巨大的政治勇气和强烈的责任担当，提出一系列新理念新思想新战略，出台一系列重大方针政策，推出一系列重大举措，推进一系列重大工作，解决了许多长期想解决而没有解决的难题，办成了许多过去想办而没有办成的大事，推动党和国家事业发生历史性变革。这些变革力度之大、范围之广、效果之显、影响之深，在党的历史上、在新中国的历史上、在中华民族的历史上，都具有里程碑的意义。

第二个创新亮点：强调并阐述了中国共产党人的初心和使命是激励中国共产党人不断前进的根本动力。

十九大报告中明确指出："不忘初心，方得始终。中国共产党人的初心和使命，就是为中国人民谋幸福，为中华民族谋复兴。这个初心和使命是激励中国共产党人不断前进的根本动力。"报告总结了我们党对实践自己的初心和使命而不懈奋斗的百年艰辛历程。我们党从 1921 年成立，到第一次大革命，到南昌起义，到井冈山斗争，到中央苏区，到红军长征，到抗日战争，到三年解放战争，经过二十八年的浴血奋战，推翻了帝国主义、封建主义和官僚资本主义三座大山，完成了新民主主义革命，建立了新中国。新中国成立后，经过社会主义过渡时期，完成了社会主义"三大改造"，确立了社会主义制度，进行了社会主义建设道路的艰辛探索，奠定了今天中国特色社会主义的物质基础、制度前提和理论准备。十一届三中全会以来，经过近四十年的改革开放，取得了中国特色社会主义的巨大的成就。所有这些伟大成就，雄辩地说明中国共产党人的初心和使命，始终激励着中国共产党人前仆后继，流血牺牲，不懈奋斗，不断前进，正是中国共产党人永远不忘初心、牢记使命，才取得今天的成就。报告明确宣示，建设社会主义现代化强国，是中国共产党人的时代使命，这个时代使命激励着我们继续高举中国特色社会主义伟大旗帜，为实现"两个一百年"目标，为中华民族伟大复兴而不懈奋斗。

第三个创新亮点：作出并阐述了进入中国特色社会主义新时代的重大政治判断。

经过长期努力，中国特色社会主义进入了新时代，这是我国发展新的历史方位。这是一个重大政治判断，事关党和国家长治久安，事关广大人民根本利益，事关中华民族前途命运。

作出这个重大政治判断的依据就是，经过新中国近 70 年、改革开放近 40 年的不懈奋斗，我国经济实力、科技实力、国防实力、综合国力进入世界前列，我国国际地位实现前所未有的提升，党的面貌、国家的面貌、人民的面貌、军队的面貌、中华民族的面貌发生了前所未有的变化，中华民族正以崭新姿态屹立于世界的东方，站在了新的历史起点上。

中国特色社会主义新时代是一个什么样的伟大时代？这个新时

代，是承前启后、继往开来、在新的历史条件下继续夺取中国特色社会主义伟大胜利的时代，是决胜全面建成小康社会、进而全面建设社会主义现代化强国的时代，是全国各族人民团结奋斗、不断创造美好生活、逐步实现全体人民共同富裕的时代，是全体中华儿女戮力同心、奋力实现中华民族伟大复兴中国梦的时代，是我国日益走近世界舞台中央、不断为人类作出更大贡献的时代。这"五个时代"的精辟概括、科学结论，表明了中国特色社会主义新时代的美好前景，催人奋进。

中国特色社会主义进入新时代的伟大意义是什么？就是激励人心、深刻内蕴的"三个意味着"：意味着近代以来久经磨难的中华民族迎来了从站起来、富起来到强起来的伟大飞跃，迎来了实现中华民族伟大复兴的光明前景，中华民族伟大复兴的车轮滚滚向前，势不可当；意味着科学社会主义在 21 世纪的中国焕发出强大生机活力，在世界上高高举起了中国特色社会主义伟大旗帜，这面旗帜高高飘扬，为国际社会一切进步人士提供了前进方向；意味着中国特色社会主义道路、理论、制度、文化不断发展，拓展了发展中国家走向现代化的途径，给世界上那些既希望加快发展又希望保持自身独立性的国家和民族提供了全新选择，为解决人类问题贡献了中国智慧和中国方案，赢得了国际社会的广泛赞誉和支持。

为什么说中国特色社会主义进入了新时代？这有五个方面的原因：一是党的十八大以来的历史性新变革标志中国特色社会主义进入了新时代；二是社会主义初级阶段主要矛盾的新变化决定中国特色社会主义进入新时代；三是中国社会发展变化的新特征显示中国特色社会主义进入新时代；四是历史交汇期新的历史任务和奋斗目标表明中国特色社会主义进入了新时代。五是党的理论和实践实现与时俱进的创新说明中国特色社会主义进入了新时代。

新时代中国特色社会主义所使用的时代概念不是历史观上的"大的历史时代"，而是从我们党和国家事业发展的角度提出来的。

依据唯物史观所作出的"大的历史时代"并没有改变,资本主义的基本矛盾没有改变,这个结论是正确的。新时代是特指中国特色社会主义发展已经站在一个新的历史起点上,进入一个新的历史阶段,处在一个新的历史方位上。

第四个创新亮点:提出并阐述了社会主义初级阶段社会主要矛盾发生了新的变化,但基本国情没有改变的重大政治结论。

十九大报告中对社会主要矛盾作出新概括:"中国特色社会主义进入新时代,我国社会主要矛盾已经转化为人民日益增长的美好生活需要和不平衡不充分的发展之间的矛盾。"这就是说,今天我国社会主要矛盾发生了重大变化。

历史在前进,条件在变化,社会主要矛盾也要随之发生变化。现在改革开放已近四十年了,我国社会主要矛盾的两个方面都发生了重大改变。一方面,我国生产力整体上升,有了极大的增长。我国的经济总量已稳居世界第二,城市化率达到60%。对世界经济增长贡献率超过30%,世界上三分之一弱的增长率是中国人民贡献的,我国有220种产品在世界上位列第一。落后生产的表述已经不符合事实、不合时宜了。当然,我们也有生产力相对落后的方面,如农业等方面也有落后生产的表现。但总体上用"落后"这两个字,对我国生产力发展现状的概括是不准确的。另一方面,人民不仅对物质文化生活提出了更高要求,而且在民主、法治、公平、正义、安全、环境等各方面的要求也日益增长,人民对物质文化社会生活的需求更高更广泛,领域更大,所以概括为"人民美好生活需要"更为准确。

一方面是人民对美好生活的需要越来越强烈;另一方面,更加突出的问题是发展的不平衡不充分,如城乡发展的不平衡,区域发展的不平衡,经济社会发展的不平衡等问题更为突出,同时也有发展不充分的问题,不能满足人民的美好生活的需求,这已经成为满足人民日益增长的美好生活需要的主要制约因素。从解决落后生产，到解决发展不平衡不充分问题，反映我国发展阶段性特征已经发生变化。

为应对这个重大变化，正确认识主要矛盾的变化，必须按照党的十九大报告的要求，做到两个"必须认识到"，从变中看到不变。一是必须认识到，我国社会主要矛盾的变化是关系全局的历史性变化，对党和国家工作提出了许多新要求。我们要继续推动生产力发展，因为最根本的发展还是生产力的发展，当然生产力的发展应该是全面的，要更好地解决发展的不平衡不充分问题，解决好全面和充分发展的问题，大力提升发展质量和效益，更好满足人民在经济、政治、文化、社会、生态等各方面日益增长的需要。二是必须认识到，社会主要矛盾的变化，没有改变我们对我国社会主义所处历史阶段的判断，我国仍处于并将长期处于社会主义初级阶段的基本国情没有变，我国是世界最大发展中国家的国际地位没有变，经济建设为中心，发展生产力是根本任务没有变。我国在世界上的话语权越来越大了，日益走向世界舞台中央。但是，我国仍然是世界上最大的发展中国家。社会主要矛盾变了，但"三个没有变"，即国情没有变、发展中国家地位没有变、生产力的根本任务没有变。全党要树立"三个牢牢"的意识，即牢牢把握社会主义初级阶段这个基本国情、牢牢立足社会主义初级阶段这个最大实际、牢牢坚持党的基本路线这个党和国家的生命线及人民的幸福线。

第五个创新亮点：确立并阐述了当代马克思主义最新成果——习近平新时代中国特色社会主义思想。

全面概括并阐述习近平新时代中国特色社会主义思想，是党的十九大报告最大的也是最重要的理论贡献。习近平新时代中国特色社会主义思想是顺应时代要求、顺应人民期待，正确把握时代课题的基础上产生出来的科学理论体系。习近平新时代中国特色社会主义思想系统地回答了国内外形势变化和我国各项事业发展提出的新的时代课题，这就是必须从理论和实践结合上系统回答新时代坚持和发展什么样的中国特色社会主义、怎样坚持和发展中国特色社会主义；解决了坚持和发展中国特色社会主义一系列基本问题，这就是新时代坚持和发展中国特色社会主义的总目标、总任务、总体布局、战略布局和发展方向、发展方式、发展动力、战略步骤、外部条件、政治保证等问题。

围绕新的重大时代课题，我们党坚持以马克思列宁主义、毛泽东思想、邓小平理论、"三个代表"重要思想、科学发展观为指导，坚持解放思想、实事求是、与时俱进、求真务实，坚持辩证唯物主义和历史唯物主义，紧密结合新的时代条件和实践要求，以全新的视野深化对共产党执政规律、社会主义建设规律、人类社会发展规律的认识，进行艰辛理论探索，取得重大理论创新成果，形成了习近平新时代中国特色社会主义思想。

习近平新时代中国特色社会主义思想是一个系统完整、科学严谨、逻辑严密的理论体系，其丰富内涵和实质要义主要是"八个明确"：明确坚持和发展中国特色社会主义，总任务是实现社会主义现代化和中华民族伟大复兴，在全面建成小康社会的基础上，在本世纪中叶建成富强民主文明和谐美丽的社会主义现代化强国；明确新时代我国社会主要矛盾是人民日益增长的美好生活需要和不平衡不充分的发展之间的矛盾，必须坚持以人民为中心的发展思想，不断促进人的全面发展、全体人民共同富裕；明确中国特色社会主义事业总体布局是"五位一体"、战略布局是"四个全面"，强调坚定道路自信、理论自信、制度自信、文化自信；明确全面深化改革总目标是完善和发展中国特色社会主义制度、推进国家治理体系和治理能力现代化；明确全面推进依法治国总目标是建设中国特色社会主义法治体系、建设社会主义法治国家；明确党在新时代的强军目标是建设一支听党指挥、能打胜仗、作风优良的人民军队，把人民军队建设成为世界一流军队；明确中国特色大国外交要推动构建新型国际关系，推动构建人类命运共同体；明确中国特色社会主义最本质的特征是中国共产党领导，中国特色社会主义制度的最大优势是中国共产党领导，党是最高政治领导力量，提出新时代党的建设总要求，突出政治建设在党的建设中的重要地位。

习近平新时代中国特色社会主义思想，是对马克思列宁主义、毛泽东思想、邓小平理论、"三个代表"重要思想、科学发展观的继承和发展，是马克思主义中国化最新成果，是党和人民实践经验和集体智慧的结晶，是中国特色社会主义理论体系的重要组成部分，是全党全国人民为实现中华民族伟大复兴而奋斗的行动指南，必须长期坚持并不断发展。这一思想的主要创立者是习近平同志，对创立这个思想体系起了决定性作用、作出了决定性贡献。习近平新时代中国特色社会主义思想作为 21 世纪马克思主义、当代中国马克思主义，必然引领中华民族走向光辉的未来。

第六个创新亮点：明确并阐述了新时代中国特色社会主义基本理论、基本路线、基本方略"三个基本"新提法。

深刻理解和领会习近平新时代中国特色社会主义思想，必须做到"十四个坚持"，即：一是坚持党对一切工作的领导；二是坚持以人民为中心；三是坚持全面深化改革；四是坚持新发展理念；五是坚持人民当家作主；六是坚持全面依法治国；七是坚持社会主义核心价值体系；八是坚持在发展中保障和改善民生；九是坚持人与自然和谐共生；十是坚持总体国家安全观；十一是坚持党对人民军队的绝对领导；十二是坚持"一国两制"和推进祖国统一；十三是坚持推动构建人类命运共同体；十四是坚持全面从严治党。"十四个坚持"构成新时代坚持和发展中国特色社会主义的基本方略。

基本方略是习近平新时代中国特色社会主义思想的具体体现，是在各项工作中贯彻落实的具体要求，是引领党和人民事业发展的行动指南。基本方略也是科学部署，涵盖政治经济文化社会生态党建安全国防外交等各个领域，覆盖到党的工作所有方面，是推进中国特色社会主义"五位一体"总体布局和协调推进"四个全面"

战略布局的总要求。

坚持习近平新时代中国特色社会主义思想，必须扎扎实实落实好新时代中国特色社会主义基本方略。过去强调基本理论、基本路线、基本纲领、基本经验、基本要求"五基本"，这次作为"三基本"来提出，基本理论、基本路线和基本方略。基本理论就是中国特色社会主义理论，基本路线就是党的基本路线，基本方略就是"十四个坚持"。

第七个创新亮点：概括并阐述了"四个伟大"的重大意义以及内在的逻辑及递进关系。

十九大报告对"四个伟大"，即伟大斗争、伟大工程、伟大事业、伟大梦想的科学内涵、重大意义及其逻辑递进关系作了全面阐述。

实现中华民族伟大复兴，是我们党的伟大梦想。实现梦想，是中国共产党人的初心和使命。完成这个梦想，一是必须把坚持中国特色社会主义共同理想和共产主义远大理想紧密结合起来。伟大复兴与实现共产主义远大理想，实现中国特色社会主义共同理想是一致的。二是实现伟大复兴必须首先要完成新民主主义革命任务。不推翻"三座大山"，不完成反帝反封建的新民主主义革命的历史任务，不建立一个新中国，就不能实现伟大梦想。通过 28 年浴血奋战完成了这一步。三是实现伟大梦想必须建立适合我国国情的社会主义制度。新中国建立以后，经过社会主义革命，建立社会主义基本制度，为实现伟大梦想奠定了制度基础。四是实现伟大梦想必须勇于破除阻碍国家和民族发展的一切思想和体制障碍，坚持改革开放，奋勇前进。中国共产党人为了实现伟大梦想，经过 96 年的斗争，实现了从站起来、富起来到强起来的三次伟大飞跃。

实现伟大梦想，必须要建设伟大工程，加强党的建设新的伟大工程。党政军民学，东西南北中，党是领导一切的。中国特色社会主义最本质的特征是中国共产党领导，中国特色社会主义制度的最大优势是中国共产党领导，党是最高政治领导力量，党是领导核心。毛泽东同志讲："领导我们事业的核心力量是中国共产党。"①不建设好坚强的党，离开或削弱党的领导，就不可能实现伟大复兴的历史使命。

实现伟大复兴，必须推进伟大事业，坚持和发展中国特色社会主义。中国革命、建设、改革的历史证明，只有社会主义，只有中国特色社会主义才能救中国。中国特色社会主义是实现伟大梦想唯一正确的途径。

实现伟大梦想，必须开展伟大斗争。毛泽东在《矛盾论》中讲，宇宙间一切事物都是在矛盾中发展的，有矛盾就会有斗争，矛盾是事物发展的根本动力。在哲学意义上讲，矛盾不分好坏，没有好矛盾坏矛盾之分，矛盾是必然存在的。如果有了矛盾不解决，那是坏事，有矛盾解决了，那是好事，有矛盾就会有斗争。斗争是解决矛盾的根本办法。斗争是哲学的概念，斗争就是解决矛盾的方式。我们党始终是一个敢于斗争并善于斗争的党。没有斗争就没有胜利，就没有今天的一切。中国共产党是在斗争中成长壮大的，革命胜利是在斗争中取得的，建设是在斗争中发展起来的，改革开放是在斗争中进行的。中国共产党是百折不挠、敢于和善于开展斗争，并在斗争中不断取得胜利的党。今天要实现伟大梦想，建设伟大工程，推进伟大事业，必须开展伟大斗争，必须进行具有许多新的历史特点的斗争。

必须要正确认识斗争的长期性、复杂性和艰巨性，要以更加自觉的精神状态积极地开展斗争。进行具有许多新的历史特点的斗争要做到：一是必须更加自觉地坚持党的领导；二是必须更加自觉地坚持社会主义制度；三是必须更加自觉地维护人民的根本利益；四是必须更加自觉地投身改革创新新时代；五是必须更加自觉地维护

---

① 《毛泽东文集》第6卷，人民出版社1999年版，第350页。

国家主权和领土完整，维护国家统一和社会和谐稳定；六是必须更加自觉地防范各种风险。要发扬斗争精神，区别斗争性质，提高斗争本领，要敢于斗争、善于斗争。

要深刻理解"四个伟大"相互贯通、相互作用的关系。在"四个伟大"中，起决定性作用的是伟大工程，加强党的建设是重中之重，必须坚持全面从严治党永远在路上。伟大工程要结合伟大斗争、伟大事业、伟大梦想的实践来进行，确保党在世界形势深刻变化的历史进程中始终走在时代前列，在应对国内外各种风险和考验的历史进程中始终成为全国人民的主心骨，在坚持和发展中国特色社会主义的历史进程中始终成为坚强领导核心。

第八个创新亮点：说明并阐述了决胜全面建成小康社会，开启社会主义现代化国家新征程的新要求。

十九大报告对全面建成小康社会、开启建设社会主义现代化国家新征程作了全面阐述。习近平总书记在报告中发出了决胜全面建成小康社会的战斗动员令。他立足中国特色社会主义发展的新时代，着眼于党和国家事业发展的新起点，科学把握我国发展的新历史方位，描述了决胜全面建成小康社会，夺取新时代中国特色社会主义伟大胜利的宏伟蓝图，对决胜全面建成小康社会提出了新要求，作出了新部署。他指出，从十九大到 2020 年，是全面建成小康社会决胜期。要在 2020 年全面建成小康社会，赋予全面小康社会更高的标准、更丰富的内涵。要求我们按照十五大、十六大、十七大、十八大提出的全面建成小康社会各项要求，突出抓重点、补短板、强弱项，坚决打好防范化解重大风险、精准脱贫、污染防治的攻坚战，使全面建成小康社会得到人民认可、经得起历史检验。

全面建成小康社会是我们党规划的第一个百年奋斗目标。回顾历史，"两个一百年"奋斗目标是中国共产党人在带领人民致力于中华民族伟大复兴的历史创造中形成并完善，贯穿中华民族从站起来、富起来到强起来的整个历史阶段。1949 年，经过 28 年的浴血奋战，中国人民从此站起来了。以邓小平同志为主要代表的中国共产党人在改革开放之初提出了"三步走"战略，确立了20世纪末翻两番实现小康社会的奋斗目标。1987年8月29日，在中共十三大召开前夕，邓小平同志在会见意大利领导人时明确提出三步走的战略，他说："我国经济发展分三步走，本世纪（20世纪）走两步，达到温饱和小康，下个世纪用三十年到五十年时间再走一步，达到中等发达国家水平。这就是我们的战略目标，这就是我们的雄心壮志。"① 从1978年到20世纪末，经过改革开放，努力拼搏，解决了翻两番问题。在这个基础上，党的十五大提出"两个一百年"奋斗目标，到建党一百年时建成经济更加发展、民主更加健全、科教更加进步、文化更加繁荣、社会更加和谐、人民生活更加殷实的小康社会，然后再奋斗三十年，到新中国成立一百年时，基本实现现代化，把我国建成社会主义现代化国家。十五大第一次提出的"两个一百年"目标和全面建设小康社会目标，十六大、十七大、十八大不断丰富发展，这次党的十九大又对全面建成小康社会提出更全面、更深刻的新要求。全面建成小康社会是实现第二个百年奋斗目标、实现中华民族伟大复兴、夺取新时代中国特色社会主义伟大胜利的关键一步。

习近平总书记在报告中强调，从十九大到二十大，是实现"两个一百年"奋斗目标的历史交汇期。我们既要全面建成小康社会、实现第一个百年奋斗目标，又要乘胜而上开启全面建设社会主义现代化国家新征程，向第二个百年奋斗目标进军。决胜全面建成小康社会吹响了开启全面建设社会主义现代化强国的进军号。决胜全面建成小康社会，要按照十九大提出的全面建成小康社会的新要求，紧扣我国社会主要矛盾变化，统筹推进经济建设、政治建设、文化建设、社会建设、生态文明建设，坚定实施科教兴国战略、人才强

---

① 《邓小平文选》第3卷，人民出版社1993年版。

国战略、创新驱动发展战略、乡村振兴战略、区域协调发展战略、可持续发展战略、军民融合发展战略，确保如期实现建成全面小康社会的庄严承诺，为实现第二个百年奋斗目标奠定更加坚实的基础。

从全面建成小康社会到基本实现现代化，再到全面建成社会主义现代化强国，是新时代中国特色社会主义发展的战略安排。这种战略谋划，反映了我们党的高度自信，体现了习近平同志作为马克思主义政治家的高瞻远瞩和卓越智慧，必将极大地调动全党全国人民的积极性和创造性。

第九个创新亮点：确定并阐述了建设社会主义现代化强国的战略任务和实现"两个一百年"奋斗目标的宏伟蓝图。

习近平总书记在十九大报告中指出，综合分析国际国内形势和我国发展条件，从 2020 年到本世纪中叶可以分两个阶段来安排。第一个阶段，从 2020 年到 2035 年，在全面建成小康社会的基础上，再奋斗十五年，基本实现社会主义现代化，把实现社会主义现代化的目标提前了十五年。第二个阶段，从 2035 年到本世纪中叶，在基本实现现代化的基础上，再奋斗十五年，把我国建成富强民主文明和谐美丽的社会主义现代化强国。习近平总书记对奋斗目标作了原则性的远景规划和战略安排。这里不再提"翻两番"这样的具体目标，有利于进一步贯彻新的发展理念。

第十个创新亮点：确立并阐述了全面推进新时代中国特色社会主义"五位一体"总体布局和"四个全面"战略布局的新要求新部署新举措。

习近平总书记在报告中论述了"五位一体"总体布局和"四个全面"战略布局的战略安排，对全面推进新时代中国特色社会主义经济、政治、文化、社会、生态文明、军队国防、"一国两制"和和平统一祖国等一系列重大问题作了理论论述、政策应对，提出了具体举措。主要包括：贯彻新发展理念，建设现代化经济体系；健全人民当家作主制度体系，发展社会主义民主政治；坚定文化自信，推动社会主义文化繁荣兴盛；提高保障和改善民生水平，加强和创新社会治理；加快生态文明体制改革，建设美丽中国；坚持走中国特色强军之路，全面推进国防和军队现代化；坚持"一国两制"，推进祖国统一。

第十一个创新亮点：强调并阐述了人类命运共同体的重大提法和坚持走和平发展道路的外交战略格局。

习近平总书记在十九大报告中对国际形势作了深刻分析，并提出了对外工作总方针。强调中国应坚持走和平发展道路，高举和平、发展、合作、共赢的旗帜，恪守维护世界和平、促进共同发展的外交政策宗旨，坚定不移在和平共处五项原则基础上发展同各国的友好合作，积极促进"一带一路"国际合作，继续积极参与全球治理体系改革和建设，推动建设相互尊重、公平正义、合作共赢的新型国际关系，推动构建人类命运共同体，同全世界各国人民一道，建设持久和平、普遍安全、共同繁荣、开放包容、清洁美丽的世界。

第十二个创新亮点：确定并阐述了新时代党的建设总体要求。

习近平总书记强调，打铁必须自身硬。党要团结带领人民进行伟大斗争、推进伟大事业、实现伟大梦想，必须毫不动摇坚持和完善党的领导，毫不动摇把党建设得更加坚强有力。

习近平总书记提出的新时代党的建设总要求是：坚持和加强党的全面领导，坚持党要管党、全面从严治党，以加强党的长期执政能力建设、先进性和纯洁性建设为主线，以党的政治建设为统领，以坚定理想信念宗旨为根基，以调动全党积极性、主动性、创造性为着力点，全面推进党的政治建设、思想建设、组织建设、作风建设、纪律建设，把制度建设贯穿其中，深入推进反腐败斗争，不断提高党的建设质量，把党建设成为始终走在时代前列、人民衷心拥护、勇于自我革命、经得起各种风浪考验、朝气蓬勃的马克思主义执政党。

习近平总书记指出，一定要把党的政治建设摆在首位。全党必须增强政治意识、大局意识、核心意识、看齐意识，坚持党中央的权威，坚持习近平同志的核心地位和党的集中统一领导，坚持执行党的政治路线，严明党的政治纪律和政治规矩，在政治立场、政治方向、政治原则、政治道路上同党中央保持高度的一致。

总之，党的十九大报告进一步指明了党和国家事业的前进方向，是我们党团结带领全国各族人民在新时代坚持和发展中国特色社会主义的政治宣言和行动纲领，是一篇与时俱进的马克思主义纲领性文献，通篇闪耀着马克思主义真理的光芒，通篇体现了以习近平同志为核心的党中央引领新时代中国特色社会主义的理论成果、实践成果、创新成果。新时代、新思想、新目标、新征程、新战略、新举措、新篇章、新未来，必将激励全党全国各族人民万众一心，开拓进取，把新时代中国特色社会主义推向前进！

首要任务是为党和国家工作大局服务[*]

胡绳同志是中国共产党的优秀党员、久经考验的忠诚的共产主义战士，无产阶级革命家，著名的马克思主义理论家、历史学家。从 1985 年至 1998 年，他长期担任中国社会科学院院长。今天，我们怀着十分崇敬的心情，参加纪念胡绳同志诞辰 100 周年座谈会，深切缅怀他的光辉业绩和历史贡献。

胡绳同志为我国哲学社会科学事业和中国社会科学院的发展作出了卓越贡献。胡绳同志高度重视哲学社会科学的地位和作用。他强调，重视哲学社会科学，是一个民族文明进步的标志，是一个政党走向成熟的标志，是一个国家兴旺发达的标志。他对哲学社会科学事业和中国社会科学院的发展有着长远的战略思考。他担任全国哲学社会科学规划领导小组组长，十分重视哲学社会科学规划工作，与胡乔木同志等一道领导制定全国哲学社会科学发展规划纲要；他主持制定了中国社会科学院哲学社会科学中长期发展规划，为新时期哲学社会科学繁荣发展奠定了坚实的基础。

胡绳同志提出，要把中国社会科学院"建成精干的全国最高的社科研究机构"，坚持走加强自身建设和内部调整为主的"内涵式发展"道路，遵循"坚持方向、稳定规模、突出重点、提高水平、改善条件"的办院方针；坚持以科研为中心，出成果、出人才，出

＊ 该文系作者 2018 年 1 月 10 日在"纪念胡绳同志诞辰 100 周年座谈会"上的发言。原载中国社会科学院《院内通报》2018 年第 2 期。

"好学风";坚持开门办院,使中国社会科学院真正成为全国哲学社会科学的研究中心;加强党对哲学社会科学的领导,坚持党委领导下的院长负责制和党委领导下的所长负责制的领导体制,等等。这些办院思路和实践,体现了胡绳同志对哲学社会科学规律的深刻把握,为推动我国哲学社会科学和中国社会科学院的"大发展"竭尽智慧才华。

胡绳同志为坚持马克思主义,推进马克思主义中国化时代化大众化作出了重要贡献。胡绳同志始终强调,要坚持以马克思主义为指导的办院方向,确立马克思主义在各学科的指导地位。他直接领导了全院所局级领导干部和科研骨干学习马克思主义著作培训工作;设立专项课题,加强对马克思主义基本理论的研究,加强对中国特色社会主义重大理论和实践问题的研究。他坚持解放思想、实事求是,以科学态度对待马克思主义,大力推进马克思主义的学习、研究和宣传。他发表了《为什么中国不能走资本主义道路》《什么是社会主义,如何建设社会主义?》《马克思主义是发展的理论》等著名文章,出版了《从鸦片战争到五四运动》等名著,堪称学习研究马克思主义的典范,显示出胡绳同志深厚的理论素养和宽广的眼光,为广大哲学社会科学工作者树立了光辉榜样。

胡绳同志十分重视贯彻"百花齐放、百家争鸣"的方针。他强调,以马克思主义为指导,与贯彻"双百"方针并不矛盾,二者应该而且能够达到统一。他在领导哲学社会科学工作中,鼓励大胆探索和平等讨论。对于任何学术见解,允许批评也允许反批评。胡绳同志对于"学术自由"、对于区分学术行为和政治行为问题,提出了许多富有创见的思想,对发展哲学社会科学具有长远的指导意义。

胡绳同志强调社会科学要以重大现实问题为主攻方向,同时重视基础理论研究。他强调社会科学研究的首要任务是为党和国家工作大局服务,为党和国家重大决策服务。在胡绳同志的领导下,我院专家学者从我国社会主义物质文明建设和精神文明建设的实践出发，聚焦重大理论和现实问题研究，推出一大批重大成果，对推进中国特色社会主义经济、政治、文化建设，对建设中国特色社会主义市场经济体制、完善以宪法为核心的中国特色社会主义法律体系、建设中国特色社会主义法治体系提供了"强有力的理论和智力支持"。

胡绳同志对哲学社会科学学科建设和学术研究倾注了大量心血。他强调没有高水平的系统的基础理论研究，就无法保证和提高现实问题和对策性研究的质量。在胡绳同志领导下，中国社会科学院坚持以科研为中心，实施"精品战略"，贯彻"有所加强，有所保持，有所合并，有所舍弃，突出重点"的学科建设指导思想，调整学科布局，优化配置科研资源，巩固和发展优势学科，学科建设和学术研究工作持续加强，为繁荣发展我国哲学社会科学事业作出了重要贡献。

胡绳同志尊重知识分子，重视哲学社会科学"两支队伍"建设，形成了爱才惜才用才的鲜明风格。 他强调，实现哲学社会科学大发展，使社会科学研究跃上新台阶，关键在人才。他重视科研队伍和管理队伍建设，对党的知识分子政策，有着深刻的认识和自觉的行动。他尊重知识分子，关心知识分子，与知识分子广交朋友，满腔热情地帮助他们解决实际问题。他领导实施了中国社会科学院"跨世纪人才工程"；他捐出个人积蓄，设立"胡绳青年学术奖励基金"，奖掖青年才俊，在学术界尤其是青年学者中产生了很大影响。

同志们，朋友们，胡绳同志为我们留下了十分珍贵的精神财富。纪念胡绳同志，就是要学习和弘扬他坚定的理想信念、崇高的革命精神，学习他坚持马克思主义指导的政治信仰，学习他求知若渴、严谨治学的高尚志趣，学习他实事求是、坚持真理的品格气节，学习他谦虚谨慎、甘为人梯的道德风范。中国社会科学院作为党中央直接领导的国家哲学社会科学研究机构，一定要更加紧密地团结在以习近平同志为核心的党中央周围，在习近平新时代中国特色社会主义思想指引下，认真学习贯彻党的十九大精神和习近平总书记"5·17"重要讲话、致我院建院 40 周年贺信精神，加快构建中国特色哲学社会科学，进一步办好中国社会科学院，为推进马克思主义中国化时代化大众化，为新时代中国特色社会主义事业作出新的更大贡献。

用习近平新时代中国特色
社会主义思想武装头脑[*]
——访中国社会科学院院长、党组书记王伟光

党的十九大最重要的贡献，就是提出习近平新时代中国特色社会主义思想，并将其确立为党与时俱进的指导思想。习近平新时代中国特色社会主义思想，深刻回答了新时代中国特色社会主义的理论渊源、历史根据、本质特征、独特优势、发展规律和举措路径，为在新的时代条件下坚持和发展中国特色社会主义提供了科学的理论指引。围绕如何深刻领会习近平新时代中国特色社会主义思想的科学体系、精神实质、实践要求等问题，中国社会科学院院长、党组书记王伟光接受了本报记者专访。

一 深刻理解中国特色社会主义
进入新时代的伟大意义

《中国社会科学报》：中国特色社会主义进入了新时代，是习近平新时代中国特色社会主义思想产生的时代背景。如何在中国特色社会主义发展的历史脉络中认识这个时代背景？

王伟光：中国特色社会主义发展的每一个时期都是在前一个时

* 该文系《中国社会科学报》对作者的访谈稿。原载《中国社会科学报》2018 年 1 月 16 日。

期的基础上发展起来的，每一个时期都有每一个时期的主要代表人物。中国特色社会主义已经走过了以毛泽东为代表的奠基时期，以邓小平为代表的开创时期，以江泽民和胡锦涛为代表的推进时期，如今进入了以习近平为代表的、全国人民努力奋斗共同创造、全面发展的新时代。

《中国社会科学报》：中国特色社会主义新时代具有哪些新特征？

王伟光："新时代"特指中国特色社会主义发展的新的历史定位，具有特有的鲜明特征和中国标志。

党的十八大以来的历史性新变革，标志中国特色社会主义进入新时代。十八大以来，以习近平同志为核心的党中央科学把握当今世界和中国发展大势，顺应实践要求和人民愿望，以巨大的政治勇气和强烈的责任担当，进行具有许多新的历史特点的伟大斗争，提出一系列新理念新思想新战略，出台一系列重大方针政策，推出一系列重大举措，推进一系列重大工作，解决了许多长期想解决而没有解决的难题，办成了许多过去想办而没有办成的大事，推动党和国家事业发生历史性变革。这些变革的力度之大、范围之广、效果之显、影响之深，在党的历史上、在中华人民共和国历史上、在中华民族发展史上，都具有开创性意义。

社会主义初级阶段社会主要矛盾的新变化，决定中国特色社会主义进入新时代。1981 年，党恢复并发展了 1956 年八大对我国社会主要矛盾的正确判断，提出人民日益增长的物质文化需要同落后的社会生产之间的矛盾，是我国社会主义初级阶段的主要矛盾。经过近 40 年的改革开放，社会主要矛盾两个方面的内涵都发生了深刻变化：一方面，从人民需要来看，过去人们还停留在对较低层次的物质文化产品的消费需求，当前在物质文化需要逐步得到满足的基础上，人们对更高层次、更高质量生活的需要日益广泛、更加强烈，对民主、法治、公平、正义、安全、环境等方面的要求也日益增长，人民的需求已然提升到包括满足物质文化需求的对"美好生活"全方位、高层次的需要了；另一方面，从社会生产来看，我国的社会生产力水平总体上显著提高、极大增强，经济总量已稳居世界第二，生产相对落后的提法显然已经不符合当前实际。但是在某些领域短板突出，凸显了发展不平衡不充分的问题，这已经成为满足人民日益增长的美好生活需要的主要制约因素。社会主要矛盾的历史性转化，是判断我国发展新历史方位的客观依据。

中国社会发展变化的新特征，显示中国特色社会主义进入新时代。一是执政方式和基本方略有了重大创新。党带领人民贯彻依法治国基本方略，坚定不移走中国特色社会主义法治道路；积极推进多层次多领域的依法治理，不断推进国家治理体系和治理能力现代化；坚定不移全面从严治党，提高党决策的法治化、规范化和科学化水平。二是发展理念和发展方式发生重大转变。党领导人民科学把握社会主义本质要求和发展方向，破解发展难题，厚植发展优势，提出以人民为中心的创新、协调、绿色、开放、共享的新发展理念，形成新发展理念导引下的新的发展方式。三是发展环境和发展条件形成深刻变化。党正确认识我国经济发展的阶段性特征，深刻认识引领经济发展的新常态，准确把握发展速度变化、结构优化、动力转换新特点，顺应推动经济保持中高速增长、产业迈向中高端水平新要求，指明破解发展难题新路径，主动适应发展条件的变化，不断提高发展质量和效益。四是发展水平和发展要求出现更高期望。党员干部特别是领导干部要全面增强执政本领，不断提高政治领导本领、改革创新本领、科学发展本领、依法执政本领、群众工作本领、狠抓落实本领、驾驭风险本领，提高贯彻新发展理念的能力和水平，成为领导经济社会发展的行家里手，推动我国发展不断朝着更高质量、更有效率、更加公平、更可持续的方向前进。

历史交汇期新的历史任务和奋斗目标，表明中国特色社会主义进入新时代。从十九大到二十大，是"两个一百年"奋斗目标的历史交汇期，既要全面建成小康社会、实现第一个百年奋斗目标，又要乘势而上开启全面建设社会主义现代化国家的新征程，向第二个百年奋斗目标进军，在提前 15 年基本实现社会主义现代化的基础上，努力把我国建设成为富强民主文明和谐美丽的社会主义现代化强国。

党的理论和实践与时俱进的创新，说明中国特色社会主义进入新时代。十八大以来，党紧紧围绕坚持和发展中国特色社会主义进行了艰辛的努力，不断推进新的历史条件下的实践创新。实践创新呼唤并产生理论创新。以习近平同志为核心的党中央始终坚持马克思列宁主义、毛泽东思想、邓小平理论、"三个代表"重要思想、科学发展观的指导，结合新的时代条件和实践要求，形成了习近平新时代中国特色社会主义思想这一重大创新理论。

《中国社会科学报》：只有深刻理解新时代的伟大意义，才能深刻理解习近平新时代中国特色社会主义思想的伟大价值。如何认识中国特色社会主义进入新时代的深远意义？

王伟光：首先，开辟了中华民族伟大复兴的新格局，在当代中国和中华民族发展史上具有重大意义。中国特色社会主义进入新时代，使中华民族伟大复兴的基础更加雄厚，道路更加宽广，保障更加有力，精神更加振奋，力量更加强大，意味着近代以来久经磨难的中华民族迎来了从站起来、富起来到强起来的伟大飞跃，迎来了实现中华民族伟大复兴的光明前景。我们今天比历史上任何时期都更接近、更有信心和能力实现中华民族伟大复兴的目标。

其次，开启了世界社会主义运动发展的新纪元，在世界社会主义发展史上具有重大意义。如果说 20 世纪是社会主义拯救了中国，那么 21 世纪则是中国拯救了社会主义。正是中国在 21 世纪扛起社会主义的大旗，在世界上高高举起中国特色社会主义伟大旗帜，以新时代的伟大成就和伟大目标再次证明了科学社会主义的正确性和社会主义的优越性，为科学社会主义注入了新的原创性成果。

最后，拓展了发展中国家通过非资本主义道路走向现代化的新途径，在人类社会发展史上具有重大意义。中国特色社会主义的成功发展，使马克思关于不经过资本主义制度的"跨越卡夫丁峡谷"的科学设想成为现实。中国作为一个曾经相对落后的半殖民地半封建国家，不经过资本主义社会制度的折磨，走出了一条非资本主义的中国特色社会主义发展道路，一跃成为世界第二大经济体，给世界上那些既希望加快发展又希望保持自身独立性的国家和民族提供了全新选择，为解决人类问题贡献了中国智慧和中国方案。

二 深入领会习近平新时代中国特色社会主义思想的丰富内涵

《中国社会科学报》：习近平新时代中国特色社会主义思想，是如何续写坚持和发展中国特色社会主义这篇大文章的？

王伟光：中国特色社会主义是中华人民共和国成立以来特别是改革开放以来，我们党全部理论与实践创新的根本主题，习近平新时代中国特色社会主义思想一以贯之地坚持了这个根本主题。中国特色社会主义进入新时代之际，关于"什么是社会主义、怎样建设社会主义"，"建设什么样的党、怎样建设党"，"实现什么样的发展、怎样发展"的深化认识，就突出地落脚到"新时代坚持和发展什么样的中国特色社会主义、怎么坚持和发展中国特色社会主义"这一重大历史性课题上。习近平同志紧紧抓住这个重大时代课题，坚持以马克思列宁主义、毛泽东思想、邓小平理论、"三个代表"重要思想、科学发展观为指导，坚持解放思想、实事求是、与时俱进、求真务实，坚持辩证唯物主义和历史唯物主义，紧密结合新时代条件和新实践要求，以全新的视野，进行艰辛理论探索，创立了习近平新时代中国特色社会主义思想，把当代中国马克思主义推到了一个新的高度。

《中国社会科学报》：如何深刻认识习近平新时代中国特色社会主义思想的精神实质和核心内涵？

王伟光：习近平同志的一系列论述，强调中国特色社会主义是既坚持科学社会主义基本原则，又具有鲜明实践特色、理论特色、民族特色、时代特色的社会主义，是包含中国特色社会主义道路、理论、制度、文化于一体的社会主义，是统揽伟大斗争、伟大工程、伟大事业、伟大梦想的社会主义，是根植于中国大地、反映中国人民意愿、适应中国和时代发展进步要求的社会主义。这深刻揭示了新时代中国特色社会主义的质的规定性，构成了习近平新时代中国特色社会主义思想的精神实质。

习近平同志运用科学社会主义基本原理，结合中国实际国情，抓住新时代中国特色社会主义的本质规定，对新时代坚持和发展中国特色社会主义的总目标、总任务、总体布局、战略布局和发展方向、发展方式、发展动力、战略步骤、外部条件、政治保证等一系列基本问题进行了系统阐述，"八个明确"构成了习近平新时代中国特色社会主义思想的核心内涵。

"十四个坚持"从行动纲领和实际举措上深刻回答了新时代怎样坚持和发展中国特色社会主义，对经济、政治、法治、科技、文化、教育、民生、民族、宗教、社会、生态文明、国家安全、国防和军队、"一国两制"和祖国统一、统一战线、外交、党的建设等各方面作出深刻的理论分析和政策指导，是习近平新时代中国特色社会主义思想的具体化，是习近平新时代中国特色社会主义思想的有机构成。

《中国社会科学报》：习近平新时代中国特色社会主义思想是包括一系列新思想、新理论、新观点的完整系统的理论体系。请您谈谈有哪些创新观点。

王伟光：习近平新时代中国特色社会主义思想，不仅从理论指南和行动纲领层面上系统地回答了重大时代课题，而且从理论和实践的结合上提出了一系列重大创新性观点。

这些创新观点主要是：关于在新时代坚持和创新马克思主义、毛泽东思想和中国特色社会主义理论体系，创造 21 世纪当代中国马克思主义，推动马克思主义中国化、时代化和大众化的重要观点；关于高举中国特色社会主义伟大旗帜，坚持和发展中国特色社会主义是改革开放以来我们党全部理论和实践的鲜明主题的重要观点；关于中国特色社会主义进入新时代，开启社会主义现代化强国建设新征程的重要观点；关于中国共产党的初心、使命和新时代使命是激励中国共产党人不断前进的根本动力的重要观点；关于稳中求进工作总基调是治国理政的重要原则，是要长期坚持的重要观点；关于社会主义初级阶段的社会主要矛盾发生新的变化，但基本国情没有改变的重要观点；关于统筹推进中国特色社会主义"五位一体"总体布局，协调推进"四个全面"战略布局的重要观点；关于全面贯彻落实以人民为中心，以创新、协调、绿色、开放、共享为核心内容的新发展理念的重要观点；关于发挥社会主义市场经济的决定性作用，更好地发挥政府的作用，建立现代化经济体系，加快完善社会主义市场经济体系的重要观点；关于适应经济发展新常态，推动经济发展质量变革、效率变革、动力变革，深化供给侧结构性改革，由高速增长阶段向高质量发展阶段推动经济社会持续健康科学发展的重要观点；关于推动高质量的发展是当前和今后一个时期确定发展思路，制定经济政策，实施宏观调控的根本要求的重要观点；关于必须高度重视实体经济，把制造业、创新驱动搞好，掌握和运用好关键技术，实施国家大数据发展战略，不能走单一发展、脱实向虚的路子的重要观点；关于中国经济是全球化的受益者，更是贡献者，中国开放的大门只会越开越大，中国的发展是世界的机遇的重要观点；关于建设社会主义民主政治，发挥社会主义协商民主重要作用，走中国特色社会主义政治发展道路的重要观点；关于培育和弘扬社会主义核心价值观，建设社会主义文化强国的重要观点；关于加强和改进宣传思想工作，牢牢掌握意识形态工作领导权管理权话语权的重要观点；关于保障和改善民生，打赢脱贫攻坚战，打造共建共治共享的社会治理格局，加强社会治理创新和制度建设，让改革发展成果更多惠及全体人民的重要观点；关于正确处理好经济发展同生态环境保护、建设社会主义生态文明和美丽中国的重要观点；关于实现国家治理体系和治理能力现代化的重要观点；关于坚决维护国家核心利益、推进全球治理体系改革，建立以合作共赢为核心的新型国际关系，构建人类命运共同体和走和平发展道路的重要观点；关于牢牢把握党在新形势下的强军目标，实施军民融合发展战略，加强国防和军队建设的重要观点；关于伟大斗争、伟大工程、伟大事业、伟大梦想的重大意义及其内在的逻辑递进关系的重要观点；关于坚持和贯彻新时代中国特色社会主义基本理论、基本路线和基本方略的重要观点；关于党的政治建设摆在首位，加强新时代党的领导和党的建设总体要求，确保党始终成为中国特色社会主义事业坚强领导核心的重要观点等。

三　攀登马克思主义哲学新高峰

《中国社会科学报》：习近平新时代中国特色社会主义思想从哪些方面开创了当代中国马克思主义哲学的新境界？

王伟光：习近平新时代中国特色社会主义思想，以广阔的历史视野、邃远的理论思维、科学的哲学概括、博大的天下情怀，聚合中国 13 亿多人民攻坚奋进的磅礴力量，总揽世界社会主义运动五百年的兴衰沉浮，放眼人类文明丰富多彩的发展道路，"从世界的原理中为世界阐发新原理"，将 21 世纪中国马克思主义推进到了一个新的哲学境地和哲学深度。这主要可以从三个方面来理解：第一，习近平新时代中国特色社会主义思想，在立场、观点、方法层面上提出了新论断，把马克思主义哲学世界观方法论的坚持和运用提升到了一个新高度。第二，在社会历史发展规律理论等方面提出了新思想，把马克思主义哲学重要原理及其应用提升到了一个新高度。第三，在系统完整性、逻辑严谨性和实际操作性方面提出了新认识，把马克思主义哲学认识和改造世界的作用提升到了一个新高度。

《中国社会科学报》：习近平新时代中国特色社会主义思想对马克思主义哲学世界观方法论的创新体现在哪些方面？

王伟光：习近平同志高度重视并带头运用辩证唯物主义和历史唯物主义，提出了一系列具有深邃哲学内涵的新观点。

首先，阐发了以人民为中心的马克思主义哲学基本立场，在坚持马克思主义哲学立场方面有了新认识。习近平新时代中国特色社会主义思想的突出特色就是坚持以人民为中心的核心立场，坚持人民主体地位的根本原则，始终把满足人民日益增长的美好生活需要当作判断执政党执政能力的根本标准。

其次，阐发了马克思主义哲学关于生产的、阶级的、群众的观点，在发展马克思主义哲学观点方面有了新认识。

最后，阐发了马克思主义哲学基本方法，在运用马克思主义哲学方法方面有了新认识。习近平同志特别善于运用矛盾分析法来分析当代国际局势、国内问题、时代特征、历史方位，坚持抓重点、抓关键、抓节点、抓主要矛盾，创造性地继承和发展了马克思主义哲学关于矛盾的基本原理，如关于主要矛盾发生新变化的重大政治判断；关于开展伟大斗争的重大提法等，都是矛盾分析方法的实际运用和充分发挥。

《中国社会科学报》：习近平新时代中国特色社会主义思想如何把马克思主义哲学重要原理及其应用提升到了新高度？

王伟光：习近平同志科学把握马克思主义哲学要领，从变化发展的实际中提炼出事关全局的根本问题，结合新时代的特点和要求，实现了新时代马克思主义哲学创新。

例如，丰富了实事求是思想路线这一马克思主义哲学精髓，在阐述实践创新与理论创新的互动方面形成了新见解。例如，习近平同志强调，必须从我国处于并将长期处于社会主义初级阶段这个最大的国情实际出发，决不能离开这个实际陷入空想；必须牢记空谈误国、实干兴邦，切实做到求真务实、敢于担当；必须把党领导人民发展奋斗中产生的丰富经验提升到理论的高度，丰富和发展马克思主义理论，坚持和发展中国特色社会主义；必须高度重视理论的作用，增强理论自信和战略定力。

再例如，论述了中国特色社会主义共同理想与共产主义远大理想的辩证关系，在丰富马克思主义历史发展规律理论方面形成了新见解。习近平同志反复强调，共产主义是人类历史不可逆转的大趋势，马克思主义所揭示的"两个必然"的历史发展趋势没有改变，要坚持共产主义理想信念这个安身立命的根本。

还例如，阐释了富有时代特点和哲学意蕴的科学方法论，在发展马克思主义唯物辩证法方面形成了新见解。习近平同志创造性地提出和阐述了战略思维、系统思维、辩证思维、创新思维、法治思维、历史思维、底线思维、精准思维等科学方法，形成了习近平新时代中国特色社会主义思想的科学方法论体系。

《中国社会科学报》：习近平新时代中国特色社会主义思想怎样把马克思主义哲学认识和改造世界的作用提升到了新高度？

王伟光：习近平新时代中国特色社会主义思想"八个明确"的提法，涉及生产力与生产关系、经济基础与上层建筑的辩证关系，涵盖了经济建设、政治建设、文化建设、社会建设、生态文明建设以及国防、外交、党的建设各个领域，体现了马克思主义哲学认识世界的系统性、严谨性和科学性。

新时代坚持和发展中国特色社会主义基本方略"十四个坚持"的提法，是习近平新时代中国特色社会主义思想的具体化，是具有可操作性的现实对策和实际举措，体现了马克思主义哲学改造世界的实践功能。

习近平新时代中国特色社会主义思想，还从时代与哲学的关系上深刻回答了当代中国与人类社会发展所面临的一系列重大问题，为解决当代人类问题提供了中国智慧、中国思想，体现了马克思主义哲学智慧。

四　习近平新时代中国特色社会主义思想
具有里程碑式伟大意义

《中国社会科学报》： 我们应当如何认真理解和深刻把握习近平新时代中国特色社会主义思想的重大价值和意义？

王伟光： 创立习近平新时代中国特色社会主义思想，在中国共产党发展史上、中华人民共和国发展史上、马克思主义理论发展史上、马克思主义中国化发展史上都具有里程碑式的、划时代的重要政治意义、理论意义和实践意义。

第一，形成马克思主义中国化的最新成果，为马克思主义在当代中国的发展作出重大贡献。习近平新时代中国特色社会主义思想，开辟了马克思主义新境界，实现了马克思主义基本原理与中国具体实际相结合的又一次飞跃；开辟了中国特色社会主义新境界，深刻揭示了新时代中国特色社会主义的本质特征、发展规律和建设路径；开辟了治国理政新境界，团结带领人民推动党和国家事业取得了历史性成就，发生了历史性变革；开辟了管党治党新境界，以坚定的决心、空前的力度，推进全面从严治党，管党治党实现从"宽松软"到"严紧硬"的深刻转变。这一切充分体现了习近平新时代中国特色社会主义思想对马克思主义当代发展所作出的历史性贡献。

第二，习近平新时代中国特色社会主义思想具有极其重要的历史地位，习近平同志是主要创立者，作出了决定性贡献。在领导全党全国推进党和国家事业的实践中，习近平同志以马克思主义政治家、理论家、战略家的深刻洞察力、敏锐判断力和战略定力，提出了一系列具有开创性意义的新理念新思想新战略，为新时代中国特色社会主义思想的创立发挥了决定性作用，作出了决定性贡献。用他的名字命名这一理论是名副其实、当之无愧的，而且体现了我们党在理论上的成熟和自信。

第三，为全党全国人民提供了强大的思想武器，是我们党一脉相承又与时俱进的指导思想。将习近平新时代中国特色社会主义思想确立为党与时俱进的指导思想，是中国特色社会主义进入新时代的必然要求，是符合党心民意的重大决策，对党和国家事业发展必将产生重大而深远的影响。

第四，当前，深入学习和全面贯彻落实党的十九大精神，用习近平新时代中国特色社会主义思想武装头脑、指导行动，是首要政治任务。必须在学懂弄通做实上下功夫，切实增强学习贯彻习近平新时代中国特色社会主义思想的自觉性和坚定性，要联系地而不是孤立地、系统地而不是零碎地、全部地而不是局部地把握习近平新时代中国特色社会主义思想的理论精髓，把握好贯穿其中的马克思主义立场观点方法，更加自觉地为实现党的历史使命和人民的时代重托不懈奋斗。

精准扶贫思想是习近平新时代中国特色社会主义思想的重要组成部分[*]

党的十八大以来，习近平总书记从党和国家发展全局的战略高度，将扶贫开发工作放到了治国理政的重要位置，作为事关全面建成小康社会、实现第一个百年奋斗目标的重大战略任务，明确将扶贫开发纳入"五位一体"总体布局和"四个全面"战略布局进行决策部署。五年多来，我国贫困治理体系不断创新完善，贫困治理能力逐步提高，精准扶贫脱贫理论不断丰富和发展，消除贫困、改善民生、实现共同富裕的精准扶贫思想已经成为习近平新时代中国特色社会主义思想的重要组成部分。

精准扶贫是习近平总书记历来高度关注的重要工作，是全面建成小康社会决胜阶段指导我国扶贫工作的重要方针。2012 年 12 月 29 日至 30 日，党的十八大刚刚闭幕，习近平总书记就深入河北省阜平县，通过进村入户看真贫，提出了科学扶贫、内涵扶贫等重要思想，并专门强调指出，"消除贫困、改善民生、实现共同富裕，是社会主义的本质要求"①。2013 年 11 月，习近平总书记到湖南省湘西州考察扶贫开发工作时，进一步强调指出，"扶贫要实事求是，因地制宜。要精准扶贫，切忌喊口号，也不要定

---

* 该文系作者为王灵桂、侯波《精准扶贫：理论、路径与和田思考》一书所撰写的序言，中国社会科学出版社 2018 年版。

① 《习近平谈治国理政》，外文出版社 2014 年版，第 189 页。

好高骛远的目标"①。自此之后，习近平总书记每到地方调研时，都把扶贫开发作为重要内容，不断丰富和发展精准扶贫的内涵，先后提出了"精细化管理、精确化配置、精确化扶持""扶贫对象精准、项目安排精准、资金使用精准、措施到户精准、因村派人精准、脱贫成效精准"和"通过扶持生产和就业发展一批、通过异地搬迁安置一批、通过生态保护脱贫一批、通过教育扶贫脱贫一批、通过低保政策兜底一批"等重要思想。2017年2月21日，习近平总书记在主持以更好实施精准扶贫为主题的中共中央政治局第三十九次集体学习时专门强调指出，"农村贫困人口如期脱贫、贫困县全部摘帽、解决区域性整体贫困，是全面建成小康社会的底线任务，是我们做出的庄严承诺"②。在党的十九大报告中，习近平总书记谆谆告诫全党同志，"全党必须牢记，为什么人的问题，是检验一个政党、一个政权性质的试金石。带领人民创造美好生活，是我们党始终不渝的奋斗目标。必须始终把人民利益摆在至高无上的地位，让改革发展成果更多更公平惠及全体人民，朝着实现全体人民共同富裕不断迈进"，"坚决打赢脱贫攻坚战。让贫困人口和贫困地区同全国一道进入全面小康社会是我们党的庄严承诺。要动员全党全国全社会力量，坚持精准扶贫、精准脱贫"，"坚持大扶贫格局，注重扶贫同扶志、扶智相结合，深入实施东西部扶贫协作，重点攻克深度贫困地区脱贫任务，确保到2020年我国现行标准下农村贫困人口实现脱贫，贫困县全部摘帽，解决区域性整体贫困，做到脱真贫、真脱贫"③。以上论述充分表明，习近平总书记精准扶贫思想不仅明确了新时代脱贫攻坚的基本方略、工作机制、重点任务和总体目标，而且为打赢脱贫攻坚战提供了行动指

① 何毅亭主编：《以习近平同志为核心的党中央治国理政新理念新思想新战略》，人民出版社2017年版，第103页。
② 《习近平主持中共中央政治局第三十九次集体学习》，新华网2017年2月22日。
③ 习近平：《决胜全面建成小康社会 夺取新时代中国特色社会主义伟大胜利——在中国共产党第十九次全国代表大会上的报告》，人民出版社2017年版，第44—45页。

南和根本遵循。

精准扶贫是新时代的中国共产党人不忘初心、砥砺前行的重要体现和载体。2015 年 10 月 16 日，习近平总书记在国际减贫与发展高层论坛上，面对众多国际组织和各国代表，积极呼应和推动 2015 年后发展议程落实，并设身处地地就扶贫工作深情地回顾说："40 多年来，我先后在中国县、市、省、中央工作，扶贫始终是我工作的一个重要内容，我花的精力最多。"① 确实，中国共产党作为致力于为人民服务和谋福利的政党，历来把人民的福祉作为自己的初心。党的十八大以来，以习近平总书记为核心的党中央，更是进一步明确，消除贫困、改善民生、实现共同富裕，是社会主义的本质要求，是中国共产党的重要使命；共同富裕是中国特色社会主义的本质要求，是中国特色社会主义的核心追求。如果让部分地区人民的贫困状况长期得不到改变，人民的生活水平长期得不到明显提高，那就体现不出我国社会主义制度的优越性，那也不是社会主义。以习近平总书记为核心的党中央正是基于这个重大判断，做出了对每个困难的人进行扶贫的重大战略决策，这也正是习近平总书记精准扶贫思想的核心和要旨所在。同时，作为世界上人口最多的国家，作为世界上最大的发展中国家，我们按照习近平总书记的要求和部署，在"十三五"期间将现行标准下的贫困人口全部脱贫，既能让中国人民更加坚定"四个自信"，更能让世界各国人民，尤其是广大发展中国家人民感受到中国道路、中国模式、中国经验的强大生命力，感受到中国共产党人砥砺前行为中国和世界各国人民谋福祉的强大初心。

完成精准扶贫任务是落实中央全面建成小康社会、实现第一个百年奋斗目标的标志性指标。当前，扶贫进入到"深水区""攻坚期"，尤其需要动员和凝聚全社会的力量，形成脱贫攻坚的强大合

---

① 习近平：《携手消除贫困 促进共同发展——在 2015 国际减贫与发展高层论坛上的主旨演讲》，人民网 2015 年 10 月 17 日。

力。党的十八大以来，在以习近平同志为核心的党中央的坚强领导下，精准扶贫工作取得了巨大成效，圆满完成了既定的脱贫目标。但是，我们也应该看到，目前尚未脱贫的人口主要分布在革命老区、民族地区、边疆地区等地，基础条件差、开发成本高、脱贫难度大，而到 2020 年，我们要全面建成小康社会，每年需要减贫1200 万人，也就是说每个月要减贫 100 万人。因此，在精准扶贫已经进入了啃硬骨头、攻坚拔寨冲刺阶段的关键时期，落实习近平总书记的精准扶贫要求，就需要全党全国人民共同努力，不断提高扶贫攻坚的精准度和有效性，面对特困地区、贫困群众、特困家庭，汇智聚力，通过不断完善精准扶贫机制，努力扶到点上、扶到根上。

中国社会科学院作为党中央、国务院的智囊团和最大的国家级高端智库，学习贯彻好党的十九大精神，关键是要以习近平新时代中国特色社会主义思想指导和统领我们的一切研究工作。其中，以中国社科院的智力资源，努力服务精准扶贫工作，就是我们的一项重要工作。这也是我们作为学术单位和智囊机构，认真贯彻习近平总书记关于精准扶贫要"注重扶贫同扶志、扶智相结合"要求的具体体现。

2015 年 6 月，习近平总书记在贵州召开的部分省区市党委主要负责同志座谈会上，就做好扶贫工作指出，"关键是要找准路子、构建好的体制机制，在精准施策上出实招、在精准推进上下实功，在精准落地上见实效"①。党的十八大以来，我一直在思考和研究如何落实习近平总书记的精准扶贫思想。2015 年 8 月，我借到新疆参加中宣部会议之机，抽空对南疆的和田地区扶贫减贫工作进行了认真调研和考察，就贯彻习近平总书记重要指示进行了思考。**我感到，和田作为边疆地区、民族地区、特困连片地区，具有很强的代**

---

① 习近平：《在贵州召开部分省区市党委主要负责同志座谈会上的讲话》，人民网 2015 年 6月 19 日。

表性和典型意义，完全可以此为研究对象，就贯彻落实习近平总书记的精准扶贫思想进行深入研究。因此，我责成陪同我调研的亚太与全球战略研究院党委书记王灵桂同志，就此问题进行深入研究，认真梳理学习习近平总书记的精准扶贫思想，并以和田为具体研究对象，提出贯彻落实总书记精准扶贫思想的思考和建议。

前不久，王灵桂同志给我送来了他和侯波同志撰写的《精准扶贫：理论、路径与和田思考》书稿。我仔细翻阅之后，感到该书基本达到了当初的研究目的，完全符合党的十九大确定的精准扶贫思想，不少观点和看法，既有新意，也符合和田实际。对此，我既感到十分欣慰，也再次引起了我对精准扶贫思想的思考。阅读书稿后，我将自己的一些新思考记录下来，作为本书的序言。希望作者在今后工作中，能以此为基础，继续加强对习近平总书记精准扶贫思想的研究，紧密结合边疆和民族地区的实际，以新的务实管用的研究成果，更好地贯彻落实十九大关于精准扶贫的要求和部署，为在 2020 年全面建成小康社会贡献社科院学者应有的智力价值。

坚持和发展马克思的伟大事业，不断充实 21 世纪当代中国马克思主义的实践贡献和时代价值*

—— 学习习近平总书记在纪念马克思诞辰
200 周年大会上的讲话

今年是马克思主义的创始人、伟大的思想家和革命实践家卡尔·马克思诞辰 200 周年，也是标志马克思主义诞生的《共产党宣言》发表 170 周年。马克思指出："哲学家们只是用不同的方式解释世界，而问题在于改变世界。"① 马克思之所以被誉为"千年第一思想家"，不仅因为他创立的学说开创了人类思想革命的新纪元，是迄今为止人类理论思维的最高峰，而且因为马克思主义引导世界无产阶级和进步力量极其深刻地改变了人类历史发展进程，改变了整个世界的面貌。马克思能取得如此大的成就，就在于他首先是一个革命家，始终以满腔的热情，坚韧不拔和卓有成效地进行斗争。

作为马克思主义的坚定信仰者和忠诚践行者，我们怀着万分虔诚的感情，深刻缅怀马克思的伟大思想和历史贡献。习近平总书记在 5 月 4 日纪念马克思诞辰 200 周年大会上的讲话中指出："两个世纪过去了，人类社会发生了巨大而深刻的变化，但马克思的名字

---

* 原载《世界社会主义研究动态》2018 年 5 月 29 日，摘要发表于《光明日报》2018 年 6 月 1 日。

① 《马克思恩格斯选集》第 1 卷，人民出版社 2012 年版，第 136 页。

依然在世界各地受到人们的尊敬，马克思的学说依然闪烁着耀眼的真理光芒！""共产党人要把读马克思主义经典、悟马克思主义原理当作一种生活习惯、当作一种精神追求，用经典涵养正气、淬炼思想、升华境界、指导实践。"一定要掌握马克思主义的"看家本领"。这充分体现了以习近平同志为核心的党中央对马克思主义的深刻认识和高度重视，是习近平总书记基于理论逻辑、历史经验和现实发展对全党提出的时代使命，也是对马克思最有价值、最有意义的纪念。我们一定要遵循习近平总书记的要求，高举马克思主义伟大旗帜，真正把马克思主义这个看家本领学精悟透用好，继承和发扬马克思的崇高理想和革命斗志，不断坚持和发展马克思开创的事业，不断充实 21 世纪当代中国马克思主义的伟大实践贡献和时代意义。

一　马克思主义是与时俱进、
颠扑不破的真理体系

科学性，即真理性是马克思主义的本质特征。马克思主义诞生于 19 世纪。英国文学家狄更斯指出，"这是最好的时代，也是最坏的时代"。资本主义机器大生产的发展，一方面创造了空前的社会财富，另一方面造成并暴露了尖锐的社会矛盾，两极严重分化，经济危机频发，劳动人民备受压迫。马克思和恩格斯深入剖析了当时的社会矛盾，在吸收前人研究成果的基础上，创立了辩证唯物主义和历史唯物主义，第一次把哲学变成了一门完备的科学，在人类认识史上实现了革命性变革；发现了剩余价值学说，揭露资本主义生产和剥削的秘密，说明了无产阶级和资产阶级对立和斗争的根源，创立了马克思主义政治经济学；使社会主义从空想变成了科学，揭示了人类社会发展规律，证明社会主义是资本主义经济发展的必然结果，创立了科学社会主义理论体系。马克思主义为无产阶级革

命、实现社会主义和共产主义提供了科学的世界观和方法论。

19世纪后期到20世纪前期，第二次科技革命使资本主义从自由走向垄断，资本主义列强为重新瓜分世界进行了世界大战，革命风起云涌，出现了马克思、恩格斯不曾预见的新情况、新问题。列宁深入研究了当时的时代特征，指出帝国主义是资本主义的最高阶段，认为在资本主义统治链条最薄弱环节可以率先实现社会主义革命，建立无产阶级政权，实行社会主义制度和劳动人民自己的政权。列宁领导俄国无产阶级和广大劳苦大众成功地在资本主义世界打开了缺口，取得了十月革命的胜利，建立了世界上第一个社会主义国家，使科学社会主义从理想变为现实。列宁主义是无产阶级革命实践经验的结晶，是帝国主义和无产阶级革命阶段的马克思主义。

十月革命一声炮响，给中国送来了马克思列宁主义。中国先进分子从马克思列宁主义的科学真理中找到了解决中国问题的正确出路。马克思列宁主义使中国人在精神上由被动转入主动，极其深刻地改变了中华民族精神面貌和历史命运。毛泽东同志牢牢把握时代发展特征和中国革命实际，创造性地坚持和发展马克思主义，把马克思列宁主义与中国具体实际相结合，带领中国人民找到了一条以农村包围城市、武装夺取政权的正确革命道路，经过28年浴血奋战，建立了中华人民共和国，又成功领导了社会主义革命，确立了符合我国实际的先进的社会主义制度。在伟大的革命实践和国家建设中，毛泽东思想应运而生，并不断丰富发展，实现了马克思主义中国化的第一次伟大结合与历史性飞跃。

1978年，中国进入了改革开放新的历史时期。邓小平同志精辟地分析了国际国内重大变化，判断和平与发展已经成为时代主题，坚持解放思想、实事求是，紧紧围绕"什么是社会主义、怎样建设社会主义"这个根本问题，开辟了中国特色社会主义道路，确立了中国特色社会主义制度，创建了中国特色社会主义理论体系，极大地推进了马克思主义中国化的新进展，实现了马克思列宁主义与中国实际相结合的第二次伟大结合与历史性飞跃。

世纪之交，经济全球化和社会主义市场经济的发展使中国共产党人面临着诸多挑战，焦点集中到"建设一个什么样的党、怎样建设党"这个战略问题上。江泽民同志提出的"三个代表"重要思想回应了时代要求，将马克思主义中国化的最新成果推向了21世纪。党的十六大以来，胡锦涛同志准确把握世界发展趋势，深入分析我国发展的阶段性特征，提出以人为本、全面协调可持续的科学发展观。这一重要思想坚持马克思主义的立场、观点和方法，系统回答了"实现什么样的发展、怎样发展"这一重大课题，实现了马克思主义中国化新的历史性飞跃。

进入21世纪，我们党团结带领全国各族人民沿着中国特色社会主义道路砥砺前行，社会主义现代化建设取得辉煌成就。特别是党的十八大以来，以习近平同志为核心的党中央举旗定向、谋篇布局，统筹推进"五位一体"总体布局，协调推进"四个全面"战略布局，提出了一系列治国理政新理念新思想新战略，解决了许多长期想解决而没有解决的难题，办成了许多过去想办而没有办成的大事，推动党和国家事业发生历史性变革，中国特色社会主义进入了新时代。习近平同志以马克思主义政治家、思想家的政治自觉、政治勇气、政治毅力、政治定力，带领全党全国人民统揽伟大斗争、伟大工程、伟大事业、伟大梦想，从理论和实践结合上系统回答"新时代坚持和发展什么样的中国特色社会主义、怎样坚持和发展中国特色社会主义"这一重大时代课题，为党和国家事业开辟了光明前景，在伟大的社会实践中形成了习近平新时代中国特色社会主义思想。习近平新时代中国特色社会主义思想攀登了马克思主义理论思维的新高峰，开创了当代中国马克思主义的新境界，是马克思主义和中国特色社会主义伟大实践相结合的最新成果。习近平新时代中国特色社会主义思想将马

克思主义中国化的理论成果提高到了前所未有的高度，实现了马
克思主义中国化的新的伟大结合与历史性飞跃，极大地丰富和发
展了21世纪当代中国马克思主义。

马克思诞辰至今200年的世界风云变幻已经雄辩地证明马克思
主义是一脉相承，又不断发展的科学理论，是与时俱进、颠扑不灭
的伟大真理，是始终照耀中国人民和世界人民推进历史前进的永不
熄灭的常明灯塔。

二　21世纪当代中国马克思主义的
历史性实践贡献

实践性是马克思主义优于人类一切理论体系的鲜明特质。任何
科学理论都不是凭空产生的，既是社会实践的产物，又是社会实践
的指南。作为21世纪的马克思主义，习近平新时代中国特色社会
主义思想源于伟大的社会实践，也必将成为夺取中国特色社会主义
伟大胜利、实现中华民族伟大复兴的实践指南，必定为全世界的实
践发展作出重要贡献。

党的十八大以来，习近平同志准确把握当今世界和中国发展大
势，顺应实践要求和人民愿望，推动党和国家事业发生历史性变革。
这些变革是深层次的、根本性的，变革的力度之大、范围之广、效果
之显、影响之深，在党的历史上、在中华人民共和国历史上、在中华
民族发展史上，都具有开创性意义。正是这些伟大的社会实践孕育了
21世纪当代中国马克思主义——习近平新时代中国特色社会主义思
想，也正是21世纪当代中国马克思主义——习近平新时代中国特色
社会主义思想指引了中国人民的伟大社会实践。

实践探索没有止境，理论创新也没有止境。创新的科学理论必
须通过伟大的社会实践才能得以创新并展现其真理性。作为21世
纪当代中国马克思主义，习近平新时代中国特色社会主义思想具有

高度的理论价值和实践意义，其实践要求突出体现在中国特色社会主义的基本方略上。基本方略首先明确了新时代中国特色社会主义实践的领导核心。中国特色社会主义最本质的特征是中国共产党领导，中国特色社会主义制度的最大优势是中国共产党领导。党政军民学，东西南北中，党是领导一切的。党的领导地位是历史的选择、人民的选择。中国革命建设改革的伟大实践表明，没有党的领导，就没有新中国，就没有社会主义在中国的实践，就没有中国特色社会主义的开创和发展，中华民族伟大复兴必然会沦为空谈。基本方略还规划了新时代中国特色社会主义实践的全新格局，全面体现了"五位一体"总体布局和"四个全面"战略布局，明确了以人民为中心、全面深化改革、新发展理念、人民当家作主、全面依法治国、社会主义核心价值体系、在发展中保障和改善民生、人与自然和谐共生、总体国家安全观、党对人民军队的绝对领导、"一国两制"和推进祖国统一、构建人类命运共同体、全面从严治党等"十四条基本方略"。这"十四条基本方略"既是习近平新时代中国特色社会主义思想的重要组成部分，又是夺取中国特色社会主义伟大胜利，决胜全面建成小康社会、进而全面建设社会主义现代化强国的根本遵循，为中国特色社会主义建设作出了极其重要的实践与理论贡献。

马克思主义揭示了人类社会由低级到高级、由简单到复杂的发展规律，即人类社会由原始社会、奴隶社会、封建社会、资本主义社会，经过社会主义的长过程，进入共产主义社会，这是一个不可逆转的历史趋势。20世纪末，世界社会主义运动遭遇挫折，有人妄言历史已经终结，有人认定只有西方发展模式才能实现现代化。然而事实证明，这些观点全是井底之蛙所见。当世界社会主义运动暂时陷入低谷之时，我们党团结带领全国各族人民走上了中国特色社会主义的康庄大道。几十年来，我们坚持聚精会神搞建设、一心一意谋发展，创造了人类历史的奇迹。中国人民生活从短缺走向充裕、从贫困走向小康，并将在 2020 年全面建成小康社会，在 2035 年基本实现社会主义现代化，在 21 世纪中期把我国建成富强民主文明和谐美丽的社会主义现代化强国。中国人民的成功实践昭示世人，中国道路、中国方案是通向现代化的光明之路，只要找准方向、确定道路、坚定不移、驰而不息，一定能够到达胜利的彼岸。

中国共产党是为中国人民谋幸福的伟大政党，也是为人类进步事业而奋斗的伟大政党，中国共产党始终把为人类作出新的更大的贡献作为自己的使命。习近平总书记提出的"人类命运共同体"理念既体现出马克思主义宏大的世界视野，又彰显出为世界谋大同的伟大情怀。作为构建人类命运共同体的伟大探索，"一带一路"指明了新型经济全球化发展的方向，使沿线国家能够共同发展、共享繁荣，开创了中国特色社会主义开放发展新实践。在习近平新时代中国特色社会主义思想的引领下，广大发展中国家可以根据本国实际，自愿选择不经过资本主义的"卡夫丁峡谷"，不经过资本主义制度的痛苦而实现现代化，给世界上那些既希望加快发展又希望保持自身独立性的国家和民族提供了全新选择。这是 21 世纪当代中国马克思主义对全世界全人类最重要的实践贡献。

三　习近平新时代中国特色社会主义思想
具有伟大的时代意义

时代是个内涵丰富的概念，有广义和狭义之分，广义的时代概念是指从唯物主义历史观的角度所判定的人类社会形态发展的大的历史时代，狭义的时代概念是指人类社会发展进程中以经济、政治、文化等具体状况为依据所判定的历史阶段。这两个角度的时代概念是深刻理解当代中国习近平新时代中国特色社会主义思想时代意义的两个重要观察维度。

从两个时代维度看，一方面我们仍处在马克思主义所判定的"大的历史时代"，即人类社会处在世界资本主义占统治地位而又由资本主义向社会主义、社会主义向共产主义过渡的大时代。在这一历史进程中，资本主义基本矛盾没有改变，人类社会演进的历史趋势也没有改变；另一方面，经过长期努力，中国特色社会主义进入了新时代，这是我国发展新的历史方位。中国特色社会主义新时代，既符合社会发展的"大的历史时代"，又有别于唯物主义历史观所判定的大的历史时代。习近平新时代中国特色社会主义思想是马克思主义时代化的最新成果，既是人类历史大的发展时代的产物，又深深植根于中国特色社会主义新时代实际国情。它紧扣当今中国和世界的时代特征，又准确把握住了十八大以来我国社会主要矛盾的变化和社会发展的新特征，从而科学回答了21世纪中国和世界面临的新的时代课题，极大地拓展了马克思主义在21世纪的新的时代视野，极大地丰富了马克思主义世界观和方法论，使科学社会主义在21世纪的中国焕发出强大生机活力，奏响了马克思主义在21世纪的最强音。习近平新时代中国特色社会主义思想是当之无愧的21世纪当代中国的马克思主义，这一重要思想不仅开启了新时代，也必将引领新时代。

中国所处的当今世界，既是一个充满机遇与挑战的时代，又是一个正在深刻变革的时代。一方面，物质财富不断积累，新一轮科技和产业革命给人类社会发展带来新的机遇，人类文明发展到历史最高水平；另一方面，世界两极分化进一步扩大，世界矛盾更加尖锐化，一些国家和地区的人民仍然生活在战争和冲突的阴影之下，很多老人、妇女、儿童依然饱受饥饿和贫穷的折磨，气候变化、恐怖主义、战争流血、各种灾难、重大传染性疾病等依然是人类面临的重大挑战。"面对复杂变化的世界，人类社会向何处去？亚洲前途在哪里？"习近平同志在2018年博鳌亚洲论坛上发出了"时代之问"。世界潮流，浩浩荡荡，顺之则昌，逆之则亡。习近平同志深刻分析了21世纪的世界大势和时代潮流，总结了"和平合作""开放融通""变革创新"三个关键词，明确提出共创和平、安宁、繁荣、开放、美丽的亚洲和世界的中国方案，为世界发展贡献了中国智慧。英国著名学者艾瑞克·霍布斯鲍姆指出，要解决21世纪世界面临的难题，就必须思考马克思所提出的问题。在新世纪，马克思主义愈发显现出跨越时代的真理魅力。作为21世纪当代中国的马克思主义，习近平新时代中国特色社会主义思想在把握历史规律，认清世界大势，顺应时代潮流的基础上，完美地回答了"时代之问"，充分彰显了其伟大的时代意义。

时代是思想之母，实践是理论之源。要聆听时代的声音，回应时代的呼唤，把握历史脉络，在新时代中国特色社会主义伟大实践中坚持和发展21世纪当代中国马克思主义。习近平新时代中国特色社会主义思想是历史性与时代性的辩证统一，是理论性与实践性的高度统一，为马克思主义的发展、世界社会主义运动的发展、全人类的发展做出了极其重要的贡献，具有伟大的时代意义。

沿着马克思指引的方向，高举
马克思主义伟大旗帜，夺取中国特色
社会主义伟大胜利[*]

习近平总书记2018年5月4日在纪念马克思诞辰200周年大会上的重要讲话（以下简称"5·4"重要讲话）是一篇继承与弘扬、坚持与发展马克思主义的当代中国马克思主义的重要文献。"5·4"重要讲话是政治宣言书，向世人宣告中国共产党高举马克思主义旗帜，坚持马克思主义指导地位的坚定立场；"5·4"重要讲话是理论论证篇，高度评价概括了马克思的伟大一生和马克思主义伟大真理；"5·4"重要讲话是战斗动员令，向全党全国人民发出了谱写21世纪当代中国马克思主义新篇章、夺取中国特色社会主义新胜利的总动员。

一 对马克思的伟大一生，作出了当代
中国马克思主义的高度评价

1883年，恩格斯《在马克思墓前的讲话》中强调："现在他逝世了，在整个欧洲和美洲，从西伯利亚矿井到加利福尼亚，千百万革命战友无不对他表示尊敬、爱戴和悼念，而我可以大胆地说：他

---

* 原载《世界社会主义研究动态》2018年7月31日。

可能有过许多敌人，但未必有一个私敌。"① 马克思逝世后的一个多世纪以来，不同时代、不同国度、不同阶级、不同阶层、不同利益集团的人们，站在不同政治立场上对马克思作出了众多评价，但正如恩格斯所指出的那样："他可能有过许多敌人，但未必有一个私敌。"这是最客观公正而又最权威正确的评价。时至今日，马克思依然被公认为是千年"第一思想家"、千年"最伟大的思想家"、"千年伟人"等，这恰恰说明了历史的公正、人民的公正。恩格斯撰写的《马克思》、列宁撰写的《卡尔·马克思》是对马克思的伟大一生和马克思主义理论体系的科学总结和高度凝练。实践充分证明了恩格斯、列宁对马克思和他所创立的思想所作的评论，是最科学、最客观、最公正，也是最正确的。两个世纪的实践运动和风云际会，再次证明了马克思的伟大，证明了马克思主义的科学性和真理性。今天，继承马克思遗志并把马克思主义付诸中国特色社会主义伟大实践的中国共产党人的代表性人物习近平总书记，站在新时代的高度，对马克思的伟大一生，作出了当代中国马克思主义的最新评论。他指出："马克思是全世界无产阶级和劳动人民的革命导师，是马克思主义的主要创始人，是马克思主义政党的缔造者和国际共产主义的开创者，是近代以来最伟大的思想家。两个世纪过去了，人类社会发生了巨大而深刻的变化，但马克思的名字依然在世界各地受到人们的尊敬，马克思的学说依然闪烁着耀眼的真理光芒！"② 他高度概括了马克思的一生，是胸怀崇高理想、为人类解放不懈奋斗的一生；是不畏艰难险阻、为追求真理而勇攀思想高峰的一生；是为推翻旧世界、建立新世界而不息战斗的一生。继承马克思的遗志，坚持和发展马克思主义，完成马克思一生追求而未竟的事业，是中国共产党人的伟大历史使命。

---

① 《马克思恩格斯选集》第 3 卷，人民出版社 2012 年版，第 1004 页。
② 习近平：《在纪念马克思诞辰 200 周年大会上的讲话》，人民出版社 2018 年版，第 2 页。

二　对马克思主义的真理性，作出了当代 中国马克思主义最科学的高度概括

自马克思创立马克思主义理论近两个世纪以来，从《共产党宣言》开篇第一句"一个幽灵，共产主义的幽灵，在欧洲游荡"。至今，马克思主义仍是人类思想史上最伟大的高峰，人类思想史上没有哪一个理论体系超过了马克思主义理论高峰的高度，没有哪一种理论像马克思主义那样对人类社会产生了如此广泛而深刻的影响。马克思主义不仅是科学的理论体系，更是实践着的理论，是已经经过实践检验、并被实践证明了的科学正确的真理。从马克思恩格斯领导第一共产国际运动，指导和推动不同时期国际工人运动的联合与斗争，到马克思主义指导下马克思主义政党纷纷建立，到十月革命科学社会主义由理论变成现实，全世界殖民地半殖民地人民的独立解放运动风起云涌，再到一系列社会主义革命催生了社会主义阵营，再到中国特色社会主义在中国的成功，这一切都说明了马克思主义不仅科学地说明了世界，更重要的是改变了世界。

中国共产党人把马克思主义应用于中国的具体实践，成功地改变了中国的命运和面貌，中国从站起来、富起来到强起来，已经走近了世界舞台的中央。中国共产党人不仅运用马克思主义创造了中国道路、中国奇迹，而且在实践中坚持、继承并大大发展了马克思主义，创立了中国化的马克思主义。中国共产党人完全有资格、有条件对马克思主义作出当代中国马克思主义的最权威诠释。习近平总书记指出："马克思给我们留下的最有价值、最具影响力的精神财富，就是以他名字命名的科学理论——马克思主义。这一理论犹如壮丽的日出，照亮了人类探索历史规律和寻求自身解放的道路。"① 他强调，

① 习近平：《在纪念马克思诞辰 200 周年大会上的讲话》，人民出版社 2018 年版，第 6 页。

马克思主义是科学的理论，创造性地揭示了人类社会发展规律；马克思主义是人民的理论，第一次创立了人民实现自身解放的思想体系；马克思主义是实践的理论，指引着人民改造世界的行动；马克思主义是不断发展的开放的理论，始终站在时代前沿。走进新时代的中国共产党必将沿着马克思主义指引的道路乘胜前进。

三 对新时代坚持、继承和发展马克思主义，作出了当代中国马克思主义最庄严的政治宣言

随着中国特色社会主义进入了新时代，中国共产党人夺取中国特色社会主义的不断胜利，必须始终毫不动摇地把坚持马克思主义作为党的指导思想和理论基础。中国革命、建设和改革的实践已经雄辩地证明，除马克思主义以外，没有任何一个理论能够引导中国人民从胜利走向更大的胜利。中国共产党人是马克思主义的忠诚信奉者、坚定践行者，一直始终不渝地为坚持和发展马克思主义而不懈努力。在新时代，要实现中华民族伟大复兴的历史伟业，必须高举马克思主义伟大旗帜。习近平总书记在"5·4"重要讲话中向全国人民、全世界人民郑重宣告："中华民族要实现伟大复兴，也同样一刻不能没有理论思维。马克思主义始终是我们党和国家的指导思想，是我们认识世界、把握规律、追求真理、改造世界的强大思想武器。"[1] 习近平总书记号召全党全国人民学习马克思的伟大一生、学习和实践马克思主义。他指出，学习马克思，就要学习和实践马克思主义关于人类社会发展规律的思想；就要学习和实践马克思主义关于坚守人民立场的思想；就要学习和实践马克思主义关于生产力和生产关系的思想；就要学习和实践马克思主义关于人民民主的思想；就要学习和实践马克思主义关于文化建设的思想；就要

---

① 习近平：《在纪念马克思诞辰 200 周年大会上的讲话》，人民出版社 2018 年版，第 15 页。

学习和实践马克思主义关于社会建设的思想；就要学习和实践马克思主义关于人与自然关系的思想；就要学习和实践马克思主义关于世界历史的思想；就要学习和实践马克思主义关于马克思主义政党建设的思想。他要求共产党人要真学真懂真信真用马克思主义，把读马克思主义经典、悟马克思主义原理当作一种生活习惯、当作一种精神追求，用经典涵养正气、淬炼思想、升华境界、指导实践。

新高峰：中国特色社会主义
理论之集大成[*]

党的十九大最重要的理论贡献，就是提出习近平新时代中国特色社会主义思想，将其确立为党与时俱进的指导思想。中国特色社会主义是中国当代一切发展进步的根本方向。习近平总书记抓住时代特征、定标历史方位、揭示主要矛盾、提升实践经验，以巨大的政治勇气、责任担当和理论智慧，从理论和实践结合上系统回答了两个大命题：在大的历史时代视野中，人类走向何处，中国走向何处，这就是经过社会主义道路，走向新的社会形态的大命题；在中国独特的时代视野中，中国人民走向何处，这就是建设社会主义现代化强国、实现中华民族伟大复兴的大命题。习近平总书记把两个时代视角有机结合起来，系统科学地回答了新时代坚持和发展中国特色社会主义这一重大时代课题，创立了习近平新时代中国特色社会主义思想，实现了马克思主义基本原理与中国具体实际相结合的又一次飞跃。

一　实现新时代马克思主义哲学创新

习近平新时代中国特色社会主义思想在思想路线、社会历史发

* 原载《瞭望》周刊 2018 年第 9 期。

展规律理论、辩证思维和认识改造世界功能等方面提出了新思想，把马克思主义哲学重要原理及其应用提升到了一个新高度。

马克思主义哲学的内在力量在于其真理性、科学性和逻辑性，其生命力在于永不枯竭的思想创新，其内在要求在于同具体实践相结合。习近平总书记科学把握马克思主义哲学要领，从变化发展的实际中提炼出事关全局的根本问题，结合新时代的特点和要求，实现了新时代马克思主义哲学创新。

首先，习近平新时代中国特色社会主义思想丰富了实事求是思想路线这一马克思主义哲学精髓，在阐述实践创新与理论创新的互动方面形成了新见解。

理论联系实际是马克思主义哲学的基本原则，实事求是是马克思主义中国化哲学的精髓。必须从我国仍处于并将长期处于社会主义初级阶段这个基本国情和最大实际出发，决不能脱离这个实际陷入空想；必须牢记空谈误国、实干兴邦，切实做到求真务实、敢于担当；必须把党领导人民奋斗发展中产生的丰富经验提升到理论高度，丰富和发展马克思主义理论，坚持和发展中国特色社会主义；必须高度重视理论的作用，增强理论自信和战略定力。

在新的时代条件下，要进行伟大斗争、建设伟大工程、推进伟大事业、实现伟大梦想，仍然需要保持和发扬马克思主义政党与时俱进的理论品格，勇于推进实践基础上的理论创新；在坚持马克思主义基本原理的基础上，以更宽广的视野、更长远的眼光来思考和把握国家未来发展面临的一系列重大战略问题，在理论上不断拓展新视野、做出新概括；更加深入地推动马克思主义同当代中国发展的具体实际相结合，实现实践创新和理论创新的互动，让当代中国马克思主义哲学放射出更加灿烂的真理光芒。

其次，习近平新时代中国特色社会主义思想论述了中国特色社会主义共同理想与共产主义远大理想的辩证关系，在丰富马克思主义历史发展规律理论方面形成了新见解。

共产主义是人类历史不可逆转的大趋势，马克思主义所揭示的"两个必然"的历史发展趋势没有改变，要坚持共产主义理想信念这个安身立命的根本。要明确共产主义远大理想和中国特色社会主义共同理想的辩证统一关系，我们正在做的是社会主义初级阶段的事情，我们的事业是中国特色社会主义的事业，这个事业的本源和依据就是共产主义远大理想。

全党同志特别是党的领导干部，必须准确把握中国特色社会主义的逻辑前提和理论依据，不能只看到眼前的事情而忘记了根本，只关注当下而忘记了初衷。实现共产主义是一个漫长的过程，需要一代又一代人接续奋斗，但决不能因此就不去努力，必须立足党在现阶段的奋斗目标，脚踏实地推进我们的事业。

中国特色社会主义是党的最高纲领和基本纲领的统一，既是从我国正处于并将长期处于社会主义初级阶段的基本国情出发的，也没有脱离党的最高理想。既要坚定走中国特色社会主义道路的信念，也要胸怀共产主义的崇高理想，集中精力办好自己的事情，不断壮大综合国力，不断改善人民生活，扎扎实实地为共产主义远大理想而努力。

二 形成马克思主义唯物辩证法新思维

习近平新时代中国特色社会主义思想阐释了富有时代特点和哲学意蕴的科学方法论，在发展马克思主义唯物辩证法方面形成了新见解。习近平总书记出色地运用和发展马克思主义唯物辩证法思想，创造性地提出和阐述了战略思维、系统思维、辩证思维、创新思维、法治思维、历史思维、底线思维、精准思维等科学方法，形成了习近平新时代中国特色社会主义思想的科学方法论体系。

习近平新时代中国特色社会主义思想处处闪耀着战略思维的光辉。战略问题是一个政党和国家的根本性问题，战略上判断得准确，谋划得科学，赢得主动，事业就大有希望。领导干部要有战略思维、战略眼光和战略定力。习近平总书记从战略上对治国理政的各个方面进行了谋划：从顶层设计的角度出发，向世界描绘了一幅中华民族伟大复兴中国梦的图景及其路线图，也就是"两个一百年"奋斗目标；立足中国实际，坚持问题导向，形成了"五位一体"总体布局和"四个全面"战略布局；在具体操作层面上形成了一个个战略矩阵，例如提出京津冀协同发展、长江经济带发展、东北振兴、雄安新区、粤港澳大湾区等发展战略；提出决胜全面建成小康社会、实施科教兴国、人才强国、创新驱动发展、乡村振兴、区域协调发展、可持续发展、军民融合发展等一系列战略举措；提出中国特色大国外交、"一带一路"、人类命运共同体等倡议构想。

系统思维就是从系统与要素、要素与要素、系统与环境的相互联系、相互作用中去把握和思考问题，处理好整体与部分、结构与功能的关系。习近平总书记强调系统思维是要求在推进改革开放和社会主义现代化建设的过程中不能盲人摸象，不能以偏概全，以整体考量实现驾驭全局，以统筹协调实现协同推进。他提倡系统思维，一个突出的表现就是协调推进"四个全面"战略布局。"四个全面"作为一个完整统一体，既有目标又有举措，既有全局又有重点，展现了"一个目标、三个支撑点"的系统思维。其中，全面建成小康社会是战略目标和前进方向，全面深化改革、全面依法治国、全面从严治党是战略举措和路径方法。四个方面相辅相成、相互支撑、内在统一，统一于实现中华民族复兴伟大梦想的实践之中。

系统思维落实到实际工作中，就要求各级领导干部要具有全局意识、协同意识、整体意识和互补意识，注重把握好事物的整体性、协调性、次序性和各要素之间的衔接性，推动经济社会改革不断深入。

三 创造性运用唯物辩证法

据不完全统计，十八大以来，习近平总书记在公开场合关于辩证思维的阐述多达 60 多次。要学习掌握唯物辩证法的根本方法，不断增强辩证思维能力，提高驾驭复杂局面、处理复杂问题的本领。我们的事业越是向纵深发展，就越要不断增强辩证思维能力。

当前，我国社会各种利益关系十分复杂，这就要求我们要善于处理局部和全局、当前和长远、重点和非重点的关系，在权衡利弊中趋利避害、做出最为有利的战略抉择。习近平总书记要求把辩证思维运用到各项工作的部署之中。例如在干部工作上，要坚持全面、历史、辩证地看干部，注重一贯表现和全部工作；在本地干部和外地干部的关系上，既要用好"飞鸽牌"，又要用好"永久牌"。

习近平总书记提出正确认识新时代社会主要矛盾"变与不变"的辩证关系。正确认识社会主要矛盾的变化，必须做到两个"必须认识到"，从变中看到不变，从不变中看到变。

一是必须认识到，我国社会主要矛盾的变化是关系全局的历史性变化，对党和国家工作提出了许多新要求。要在继续推动生产力发展的基础上更好地解决发展的不平衡不充分问题，解决好全面和充分发展的问题，大力提升发展质量和效益，更好满足人民在经济、政治、文化、社会、生态等各方面日益增长的需要。

二是必须认识到，虽然我国社会主要矛盾发生变化，但我国仍处于并将长期处于社会主义初级阶段的基本国情没有变。我国是世界最大发展中国家的国际地位没有变，经济建设为中心、发展生产力是根本任务没有变。全党要牢牢把握社会主义初级阶段这个基本国情，牢牢立足社会主义初级阶段这个最大实际，牢牢坚持党的基本路线这个党和国家的生命线、人民的幸福线。

关于社会主要矛盾、基本国情、国际地位、基本路线上的"变与不变"辩证关系的重大论断，是对唯物辩证法的对立统一规律的创造性运用和发展。创新思维就是要敢于打破思维定式，解放思想、超越陈规、因地制宜、与时俱进、求真务实、锐意进取，通过思想认识的创新打开工作新局面。习近平总书记高度重视创新问题，十八大以来，他使用"创新"一词超过千次之多。他指出："创新是一个民族进步的灵魂，是一个国家兴旺发达的不竭动力，也是中华民族最深沉的民族禀赋。在激烈的国际竞争中，惟创新者进，惟创新者强，惟创新者胜。"① 他把创新思维体现在改革发展稳定、治党治国治军、内政外交国防的方方面面，贯彻到重大战略和发展理念中，形成了创新发展理念和创新驱动战略等。

四 创新性发展历史辩证法

法治思维是与人治、特权思维相对立的辩证思维方式，强调将法律作为判断是非和处理事务的准绳，要求崇尚法治、尊重法律，善于运用法律手段解决问题和推进工作，善于运用法治思维和法治方式解决涉及群众切身利益的矛盾和问题。

习近平总书记把全面依法治国即把法治思维运用于各项重大工作之中，注重用法治的方式来认识分析和处理解决问题，充分体现了马克思主义的历史辩证法。他指出："各级领导干部要提高运用法治思维和法治方式深化改革、推动发展、化解矛盾、维护稳定能力，努力推动形成办事依法、遇事找法、解决问题用法、化解矛盾靠法的良好法治环境，在法治轨道上推动各项工作。"② "各级领导机关和领导干部要提高运用法治思维和法治方式的能力，努力以法

---

① 习近平：《在欧美同学会成立一百周年庆祝大会上的讲话》，《人民日报》2013年10月22日。

② 习近平：《在首都各界纪念现行宪法公布施行30周年大会上的讲话》，人民出版社2012年版，第12页。

治凝聚改革共识、规范发展行为、促进矛盾化解、保障社会和谐。"①

习近平总书记一向重视对历史的学习和历史思维的培养，要求用唯物史观来认识社会、指导实践。历史是一面镜子，它照亮现实，也照亮未来。了解历史、尊重历史才能更好把握当下，以史为鉴、与时俱进才能更好走向未来。学习历史、研究历史、借鉴历史，可以给人类带来很多了解昨天、把握今天、开创明天的智慧。观察和认识中国，要从大历史的角度去看待问题，中华民族几千年的历史是一脉相承、不可割裂的，脱离了中国的历史和文化，脱离了当代中国的深刻变革，是难以正确认识中国的。

在谈到中国道路的由来时，他明确提出这条道路"是在中华人民共和国成立60多年的持续探索中走出来的，是在对近代以来170多年中华民族发展历程的深刻总结中走出来的，是在对中华民族5000多年悠久文明的传承中走出来的，具有深厚的历史渊源和广泛的现实基础"②。

树立历史思维就必须正确地看待自己的历史。在对改革开放前后两个三十年关系问题上，不能用改革开放后的历史时期否定改革开放前的历史时期，也不能用改革开放前的历史时期否定改革开放后的历史时期。在国家治理问题上，要治理好今天的中国，需要对我国历史和传统文化有深入了解，也需要对我国古代治国理政的探索和智慧进行积极总结；在中华优秀传统文化问题上要进行创造性转化和创新性发展。

五　开创当代中国马克思主义哲学新境界

任何一种科学理论都是这个时代精神精华的体现，都必然以时

---

① 《习近平谈治国理政》第1卷，外文出版社2018年版，第145页。
② 《习近平谈治国理政》第1卷，外文出版社2018年版，第39—40页。

代哲学强音作为内在依据。习近平新时代中国特色社会主义思想是新时代中国哲学精神的高度凝练，蕴含着辩证唯物主义和历史唯物主义的思想精髓，开创了当代中国马克思主义哲学的新境界。

当前我国经济社会发展中各种结构性的深层次矛盾日益凸显，在全面深化改革进程中必须管控风险、守住底线，这是决定工作成败的重要前提。习近平总书记就辩证思维方面作出底线思维的新提法。底线就是不可逾越的警戒线、是事物质变的临界点，一旦突破底线，就会出现无法接受的坏结果。要善于运用底线思维，防患于未然，这样才能赢得工作的主动权。

他针对各项工作指出底线或"红线"：对于有的地方在经济建设上急于上项目搞开发，没有考虑生态环境和社会民生的承受能力，从而激化社会矛盾甚至引发群体性事件的情况，提出要严守资源消耗的上限、环境质量的底线、生态保护的红线；对于农村土地制度改革，提出要坚持土地公有制性质不改变、耕地红线不突破、农民利益不受损三条底线；对于国家主权的底线，宣示中国将坚定不移维护自己的主权、安全、发展利益，任何外国不要指望我们会吞下损害中国主权、安全、发展利益的苦果；对于贪腐问题，提出干部要守住做人、做事、用权、交友的底线，对法纪制度要时刻怀有敬畏之心，做到不越边界、不踩红线、不碰高压线，这样才能少走"弯路"、不入"歧途"。

同时，习近平总书记重视精准化做事的方式方法。他提倡的精准思维是一种强调精细务实的辩证思维方式，要求在一个个具体的点上去解决问题，拒绝大而化之、笼而统之抓工作的做法。这就首先要有强烈的问题意识。无论是做决策、定方案，还是抓落实，都要紧紧抓住核心问题和关键问题不放，在问题的症结点和关键点上做文章、出实招。

这一精准思维突出地体现在"精准扶贫"理念上。他强调，首先要解决好"扶持谁"的问题，即确保把真正的贫困人口弄清楚，把贫困人口、贫困程度、致贫原因等搞清楚，以便做到因户施策、因人施策。其次要解决好"谁来扶"的问题，加快形成中央统筹、省（自治区、直辖市）负总责、市（地）县抓落实的扶贫开发工作机制，做到分工明确、责任清晰、任务到人、考核到位。正是在精准扶贫思想的指导下，十八大以来我国有六千多万贫困人口稳定脱贫，贫困发生率从 10.2% 下降到 4% 以下。

习近平新时代中国特色社会主义思想具有广阔的时代背景，深远的历史根据，丰厚的理论渊源，坚实的实践基础，鲜明的主题主线，科学的理论体系，创新的理论观点，扎实的哲学依据，通俗的话语特色，重要的历史地位，重大的指导意义，是马克思主义中国化的最新理论成果，为全党全国人民在新时代坚持和发展中国特色社会主义、实现中华民族伟大复兴中国梦而奋斗提供了行动指南。

不断夺取新时代伟大斗争新胜利*

习近平同志在党的十九大报告中强调："实现伟大梦想，必须进行伟大斗争。"深入学习贯彻这一重要论述，要充分认识伟大斗争的长期性、复杂性和艰巨性，发扬斗争精神，提高斗争本领，自觉投入伟大斗争实践，不断夺取新时代伟大斗争新胜利。

一 新时代新征程的伟大时代使命

中国特色社会主义进入了新时代，这是习近平同志在科学把握时代发展大势、科学把握我国社会主要矛盾的转化、科学把握实现"两个一百年"奋斗目标和中华民族伟大复兴新要求的基础上作出的战略性政治判断。这一政治判断，从新时代的高度进一步明确了我国发展的历史方位，进一步确立了我们党的初心理想、旗帜道路、理论遵循、发展战略、历史使命和目标任务，必将指引我们在全面建成小康社会基础上踏上全面建设社会主义现代化强国新征程。

进入新时代，踏上新征程，在中华人民共和国发展史上、在中华民族发展史上、在世界社会主义发展史上、在人类社会发展史上均具有重大时代意义，包含着丰富的时代内涵。这个新时代，中华

* 原载《人民日报》2019 年 1 月 2 日第 9 版。

民族进入从站起来、富起来到强起来的承前启后、继往开来的重要发展阶段，是在新的历史条件下夺取中国特色社会主义伟大胜利的时代；中国人民进入决胜全面建成小康社会、进而开启全面建设社会主义现代化强国新征程的重要发展阶段，是逐步实现全体人民共同富裕、奋力实现中华民族伟大复兴中国梦的时代；中国进入继续高举和平发展合作共赢的旗帜、坚持走和平发展道路、推动构建人类命运共同体的重要发展阶段，是不断为世界社会主义、为全人类作出更大贡献的时代。进入新时代，表明中国特色社会主义事业发展达到了一个新境界，表明我们党带领全国人民开启了坚持和发展新时代中国特色社会主义的新实践。

新时代要求中国共产党人担当起统揽"四个伟大"的时代重任，奋力实现从全面建成小康社会到基本实现现代化、再到全面建成社会主义现代化强国的战略安排。肩负着光荣历史使命的中国共产党人，必须在习近平新时代中国特色社会主义思想的正确指导下，在以习近平同志为核心的党中央坚强领导下，不忘初心、牢记使命，带领中国人民为实现近代以来中华民族最伟大的梦想、实现中国特色社会主义共同理想和共产主义远大理想而勠力同心、不懈奋斗。

二　实现伟大梦想必须进行伟大斗争

习近平同志指出："中华民族伟大复兴，绝不是轻轻松松、敲锣打鼓就能实现的。全党必须准备付出更为艰巨、更为艰苦的努力。"① 我们党要团结带领全国人民实现伟大梦想，必须在伟大斗争中有效应对重大挑战、抵御重大风险、克服重大阻力、解决重大矛盾，协调推进"五位一体"总体布局，统筹推进"四个全面"战

① 《决胜全面建成小康社会 夺取新时代中国特色社会主义伟大胜利——在中国共产党第十九次全国代表大会上的报告》，人民出版社 2017 年版，第 15 页。

略布局。

社会是在矛盾中发展的，事业是在斗争中前进的。中国共产党领导中国人民从革命到建设、再到改革开放所取得的一切成就，可以说都是在斗争中取得的。认识和把握社会矛盾运动规律，坚持斗争、敢于斗争、善于斗争，在斗争中发展自己、壮大自己、成就自己，这是中国共产党人的光荣传统，也是中国人民的光荣传统。中国共产党无论弱小还是强大，中国共产党人无论过去、现在还是将来，无论顺境、逆境还是险境，都初心不改、矢志前行，历经急流险滩，前仆后继，付出巨大牺牲，以无比顽强的斗争精神砥砺前行。

今天，我们正在进行具有许多新的历史特点的伟大斗争，面对世情国情党情的深刻复杂变化。从世情看，20 世纪 80 年代末 90 年代初，苏联解体、东欧剧变，世界社会主义遭遇严重波折，而中国人民在中国共产党领导下经过艰辛探索，成功开辟出中国特色社会主义道路；2008 年国际金融危机对全球产生重大影响，世界进入大变革大调整时期，国际力量对比发生新的此消彼长，出现一系列新趋势新特点，中国面对错综复杂的国际环境。从国情看，经过改革开放，我国经济社会发展取得举世瞩目的成就，同时改革进入攻坚期和深水区，出现一系列新情况新问题新挑战。从党情看，党的十八大以来，党内政治生态展现新气象，反腐败斗争取得压倒性胜利；但反腐败斗争形势依然严峻复杂，全面从严治党仍然任重而道远。

进行伟大斗争具有历史必然性。我们正在进行的是包含着丰富内容和千难万险的伟大斗争，是党的历史上从未有过的伟大斗争，是面对许多矛盾和困难、风险和挑战的伟大斗争，是必须得到人民认可、经得起历史检验的伟大斗争。进行具有许多新的历史特点的伟大斗争，是中国共产党人以巨大政治勇气和智慧，以战略谋划和科学举措，夺取中国特色社会主义事业新胜利的总体战和攻坚战。

这场伟大斗争的艰巨复杂程度超乎寻常、世所罕见，给我们党带来的严峻考验前所未有、世所罕见。全党必须以非凡的政治勇气、高度的理论清醒、顽强的斗争精神、高强的斗争本领，开展这场具有许多新的历史特点的伟大斗争。

三　以高度实践自觉投入伟大斗争

全党要在习近平新时代中国特色社会主义思想的正确指导下，在以习近平同志为核心的党中央坚强领导下，以高度的实践自觉、昂扬的精神状态自觉投入到伟大斗争中去，积极实践、勇于实践、善于实践、创新实践。

敢于并善于进行伟大斗争是马克思主义政党的一种精神状态、一种革命品质。进行伟大斗争，必须保持不畏艰难、知难而进、迎难而上、锐意进取的精神状态。要坚决摒弃当太平官、打"太极拳"、过太平日子的思想，坚决杜绝革命意志衰退、干劲不足、消极懈怠的现象，充分激发进取精神，保持战斗姿态和无畏气概。

伟大斗争就是伟大实践。进行伟大斗争绝不是一句简单的口号，而是要付诸实践的，是破除千难万险的实际举措与具体行动。开展伟大斗争，必须保持高度的实践自觉。要坚持用习近平新时代中国特色社会主义思想武装头脑、指导实践、推动工作，牢固树立"四个意识"，始终坚定"四个自信"，坚决做到"两个维护"，自觉在思想上政治上行动上同以习近平同志为核心的党中央保持高度一致。始终坚持以人民为中心，把全心全意为人民服务作为开展斗争实践的根本宗旨，把人民拥护不拥护、赞成不赞成、高兴不高兴作为检验斗争效果的根本标准。

开展伟大斗争，必须进行伟大革命，以高度的实践自觉投入到社会革命和自我革命中去。中国共产党是一个不断进行社会革命、永续推动社会进步的马克思主义革命党，领导中国人民经过艰苦卓绝的革命斗争，成功完成了新民主主义革命、社会主义革命，建立起社会主义基本制度，进行了社会主义建设伟大探索，为开创中国特色社会主义提供了宝贵经验、理论准备、物质基础。改革开放是第二次革命，是我们党领导的伟大社会革命的继续。要把改革开放这场伟大社会革命进行到底，就必须始终保持那么一股革命精神、斗争精神、牺牲精神和创新精神，自觉投入到改革开放的伟大社会革命实践中，敢于并善于啃改革的硬骨头，敢于并善于破解各种发展难题，敢于并善于同一切错误思潮和言行作斗争，敢于并善于同一切风险和挑战作斗争。要取得社会革命的成功，必须在推进社会革命的过程中自觉进行党的自我革命。中国共产党是具有自我革命精神的马克思主义政党，勇于刀刃向内，敢于刮骨疗毒、壮士断腕，敢于并善于同党内和社会上一切消极腐败现象作坚决斗争，敢于并善于同自身的一切缺点错误作坚决斗争，不断增强党的自我净化、自我完善、自我革新、自我提高能力。

习近平新时代中国特色社会主义思想
具有划时代的伟大意义[*]

　　每一个时代都有每一个时代的代表性人物，都有每一个时代的标志性理论体系。创立习近平新时代中国特色社会主义思想，在中国共产党发展史上、中华人民共和国发展史上、马克思主义理论发展史上、马克思主义中国化发展史上都具有里程碑式的、划时代的重要政治意义、理论意义和实践意义。必须认真理解和深刻把握党的这个重大理论创新成果的深远意义、历史地位和重大价值。

一　形成马克思主义中国化的最新成果，为马克思主义在当代中国的发展作出重大贡献

　　习近平新时代中国特色社会主义思想有着从马克思列宁主义到毛泽东思想、中国特色社会主义理论体系一脉相承的深厚理论渊源。马克思主义是行动指南而不是教条，其运用必须同各个时代和各个国家的具体实际相结合，马克思主义正是在这种结合的过程中不断丰富和发展的。

　　中国共产党人从一开始就高高举起马克思主义旗帜，毫不动摇地坚持马克思主义指导地位，在长期的革命建设改革的历史进程

　　* 原载《马克思主义哲学论丛》2019 年第 1 辑。

中，坚持把马克思主义基本原理同当代中国实际和时代特点紧密结合起来，实现理论创新和实践创新的双向互动，不断推进马克思主义中国化的历史进程，实现重大的历史性飞跃，形成重大的理论创新成果。

以毛泽东同志为主要代表的中国共产党人，把马克思列宁主义的基本原理同中国革命的具体实践结合起来，创立了毛泽东思想。毛泽东思想是马克思列宁主义在中国的运用和发展，是被实践证明了的关于中国革命和建设的正确的经验总结和理论原则。在中国革命战争年代，毛泽东创造性地把马克思主义和中国实际进行了第一次伟大结合。在社会主义建设探索时期，毛泽东提出"第二次伟大结合"的任务，开始探索适合中国特点的社会主义建设道路，为开创中国特色社会主义奠定了基础，毛泽东思想得到了进一步的丰富和发展。

以邓小平同志为主要代表的中国共产党人，牢牢立足于中国特色社会主义的伟大实践，把马克思列宁主义的基本原理同当代中国实践和时代特征相结合，回答了在中国这样的经济文化比较落后的国家建设什么样的社会主义、如何巩固和发展社会主义的首要的基本问题，创立了邓小平理论，实现了"第二次伟大结合"，谱写了中国特色社会主义理论体系的开篇。邓小平理论是中国特色社会主义理论体系的开创之作，奠定了中国特色社会主义理论体系的基本框架。

以江泽民同志、胡锦涛同志为主要代表的中国共产党人，深刻认识和准确把握世情、国情、党情的发展变化，抓住重要战略机遇期，创立了"三个代表"重要思想和科学发展观，继续推进"第二次伟大结合"，把对中国特色社会主义规律的认识提高到新的水平，撰写了中国特色社会主义理论体系的续篇。

在中国特色社会主义进入新时代之际，习近平同志继承和发展了马克思列宁主义、毛泽东思想、中国特色社会主义理论体系的理论精髓和活的灵魂，以当代世界格局和时代特征为背景，以发展着的中国特色社会主义为实践基础，着眼于全面建成小康社会、实现中华民族伟大复兴的中国梦，紧紧围绕坚持和发展中国特色社会主义这个主题，对全面坚持和发展中国特色社会主义的指导思想、奋斗目标、根本要求、总体布局、战略格局、发展理念、军队国防外交、党的建设等重大问题做出了科学回答，创立了习近平新时代中国特色社会主义思想，实现了再次"伟大结合"，极大地推进了马克思主义中国化的历史进程。

习近平新时代中国特色社会主义思想，开辟了马克思主义新境界，实现了马克思主义基本原理与中国具体实际相结合的又一次飞跃；开辟了中国特色社会主义新境界，深刻揭示了新时代中国特色社会主义的本质特征、发展规律和建设路径；开辟了治国理政新境界，团结带领人民推动党和国家事业取得了历史性成就，发生了历史性变革；开辟了管党治党新境界，以坚定的决心、空前的力度，推进全面从严治党，管党治党实现从"宽松软"到"严紧硬"的深刻转变。这一切充分体现了习近平新时代中国特色社会主义思想对马克思主义当代发展所作出的历史性贡献。

二 习近平新时代中国特色社会主义思想具有极其重要的历史地位，习近平同志是主要创立者，作出了决定性的贡献

习近平新时代中国特色社会主义思想既是对马克思列宁主义、**毛泽东思想、中国特色社会主义理论体系的继承和发展，又是当代中国马克思主义的最新理论创新成果**。一方面，它牢牢坚持马克思列宁主义的基本原理，继承和发展了毛泽东思想和中国特色社会主义理论体系的活的灵魂和理论精髓。另一方面，它以发展着的中国特色社会主义实践为基础，以当代世界格局和时代特征为背景，不

断深入总结实践经验，推进理论创新，在坚持马克思主义基本原理的基础上，以更宽广的视野、更长远的眼光，深入思考并科学回答了党和国家发展面临的一系列重大战略问题，拓展了新视野，做出了新概括，形成了当代中国马克思主义的最新理论成果。

既是全党集体智慧的结晶，又是以习近平同志为主要创立者。习近平同志以非凡的政治智慧、顽强的意志品质、强烈的责任担当，团结带领全党全国各族人民进行具有许多新的历史特点的伟大斗争，推动党和国家事业全面开创新局面，赢得全党全军全国各族人民高度评价和衷心爱戴，成为党中央的核心、全党的核心。在领导全党全国推进党和国家事业的实践中，习近平同志以马克思主义政治家、理论家、战略家的深刻洞察力、敏锐判断力和战略定力，提出了一系列具有开创性意义的新理念新思想新战略，为新时代中国特色社会主义思想的创立发挥了决定性作用，作出了决定性贡献。

用为创立党的理论作出决定性贡献的党的领袖来命名理论是国际共产主义运动中的通行做法，比如马克思主义、列宁主义、毛泽东思想、邓小平理论等。习近平新时代中国特色社会主义思想是全党智慧的结晶，是人民群众实践经验的总结，但主要创立者是习近平同志，他为这个理论的创立作出了重大贡献，发挥了重大作用，用他的名字命名这一理论是名副其实、当之无愧的，而且也体现了我们党在理论上的成熟和自信。

三 习近平新时代中国特色社会主义思想具有鲜明的理论特色

习近平新时代中国特色社会主义思想具有鲜明的科学性、传承性、时代性、人民性和创新性等理论特色。

科学性。在人类社会的发展历史中，没有哪一种理论可以超越马克思主义，也没有哪一种理论能够比马克思主义更能指导人类社会的发展，习近平新时代中国特色社会主义思想的科学性主要表现为：对马克思主义立场的彻底坚定，对马克思主义真理的彻底坚信，对马克思主义方法的彻底遵循，对客观世界实事求是的彻底把握；它立足我国基本国情，准确认识我国发展的历史方位和我国社会主要矛盾的深刻变化，形成创新性的思想理论来指导新时代的伟大实践，推进新时代中国特色社会主义事业的繁荣发展，使我们党和国家的各项事业打开了新局面。

传承性。它继承和发展了马克思列宁主义、毛泽东思想、邓小平理论、"三个代表"重要思想和科学发展观，旗帜鲜明地坚持、捍卫和发展了马克思主义及其中国化理论，使马克思主义不断在新的历史条件下释放出耀眼的真理光芒。它充分吸收中华优秀传统文化的丰厚滋养，不断推进中华优秀传统文化的创造性转化和创新性发展，使马克思主义进一步与中华优秀传统文化相结合，将马克思主义中国化推向新高度。它以包容的胸怀和宽广的视野，积极借鉴世界各国各民族治国理政的良好经验，充分吸收人类文明的有益成果，使当代中国的马克思主义站到了人类文明发展的制高点上。

时代性。新时代催生新理论，新理论响应新时代。习近平新时代中国特色社会主义思想正是在新时代背景下应运而生的，深刻认识到了我国和世界的新变化动向，准确把握了我国和世界发展的新时代特征，不仅成为新时代中国特色社会主义的行动指南，而且适应了世界社会主义事业复苏的新需求，同时为全人类发展提供了重要指导，具有鲜明的时代特点。

人民性。它牢牢坚持唯物史观关于人民群众创造历史的基本观点，紧紧依靠人民群众发展新时代中国特色社会主义事业，实现中华民族伟大复兴的中国梦；坚持将人民放在至高无上的地位，坚持以人民为中心的发展思想，将全心全意为人民服务贯彻到一切工作中去，彻底贯彻立党为公、执政为民的执政理念；坚持把实现人民群众的美好生活作为全部工作的出发点和落脚点，把人民对美好生活的向往作为奋斗目标，实现人的全面发展和社会全面进步。

创新性。它着眼于新时代中国特色社会主义的时代特征和发展要求，立足于我国社会主义事业的发展实践，直面国际国内的困难与挑战，讲了许多前人没有讲过的新话，用了前人没有用过的新表达，前瞻性地提出了治国理政的新理念新思想新战略，成功指导十八大以来党和国家各项事业的长足进步和重大突破，并将长期持续引领我国社会主义事业的新发展。

习近平新时代中国特色社会主义思想还具有鲜明的话语特点。习近平同志的话语表达具有独特的风格，活泼生动、简明、接地气，易为普通群众所喜闻乐见。**一是引经据典，文采彰显，富有中国气派。**他善用古今中外的优秀文化元素广征博引，对经典的古代诗词运用驾轻就熟、画龙点睛，使论述更加形象生动。例如，引用"奢靡之始，危亡之渐"，说明生活奢侈糜烂就会导致危急败亡；引用"观于明镜，则瑕疵不滞于躯；听于直言，则过行不累乎身"，提醒党员干部经常用明镜照照自己，时时注意自己的言行，虚心接受批评。**二是贯穿俗语，活泼生动，富有中国特点。**善于引用大家耳熟能详的民间俗语、谚语、歇后语、网络用语加以形象化的比喻，去阐述深刻的道理。例如，引用"伤其十指，不如断其一指"，强调作风建设必须突出重点、聚焦问题；用"一张报纸一包烟，优哉游哉过一天"来描述部分干部的作风散漫；用"风来一阵雨，雨过地皮湿"警示作风建设必须抓常抓细抓长；用"牛栏关猫是不行的"，强调必须改进制度疏漏、规章笼统、纪律松弛等问题……这些话语形象生动，通俗易懂，增强了感染力、说服力、吸引力。**三是通俗易懂接地气，展现中国风格。**善于用大白话、大实话，讲群众语言，深入浅出、解惑释疑，干部群众听得懂、记得住，有浓郁的生活气息。例如，用"打铁还需自身硬"说明正人先正己；用"缺钙""软骨病"来比喻理想信念的缺失；用"墙头草""推拉门"来描述干部队伍中的好人主义等。这些语句口语化味道浓，对接大众话语体系，轻松自然，很容易让人接受。

四　为全党全国人民提供了强大的思想武器，是我们党一脉相承又与时俱进的指导思想

习近平新时代中国特色社会主义思想，深刻回答了新时代中国特色社会主义的理论渊源、历史根据、本质特征、独特优势、发展规律和举措路径，为在新的时代条件下坚持和发展中国特色社会主义提供了科学的理论指引。它源于实践、指导实践，为新时代坚持和发展中国特色社会主义、推进党和国家事业发展提供了基本遵循，为马克思主义的当代发展作出了历史性贡献，必须长期坚持并不断发展。将它确立为党与时俱进的指导思想，是中国特色社会主义进入新时代的必然要求，是符合党心民意的重大决策，对党和国家事业发展必将产生重大而深远的影响。

理论武装要紧跟理论创新的步伐，新时代新任务新实践需要新的思想来指引。实现新时代党的历史使命，必须用党的最新理论成果武装全党、指导实践、推动工作。当前，深入学习和全面贯彻落实党的十九大精神，用习近平新时代中国特色社会主义思想武装头脑、指导行动，是首要政治任务。必须在学懂弄通做实上下功夫，切实增强学习贯彻习近平新时代中国特色社会主义思想的自觉性和坚定性，深刻领会其科学体系、精神实质、实践要求，下功夫把学习习近平新时代中国特色社会主义思想同学习马克思主义基本原理贯通起来，同把握十八大以来进行伟大斗争、建设伟大工程、推进伟大事业、实现伟大梦想的实践贯通起来，同把握十九大做出的各项战略部署贯通起来，联系地而不是孤立地、系统地而不是零碎地、全部地而不是局部地把握习近平新时代中国特色社会主义思想的理论精髓，把握好贯穿其中的马克思主义立场观点方法，更加自觉地为实现党的历史使命和人民的时代重托不懈奋斗。

新中国 70 年马克思主义中国化的历程与启示[*]

中国共产党是一贯重视理论指导和勇于进行理论创新的马克思主义政党。新中国成立 70 年来，在团结带领人民进行革命、建设和改革的伟大历程中，中国共产党始终坚持把马克思主义基本原理同中国具体实际和时代特征相结合，不断推进马克思主义中国化，不断开辟马克思主义发展新境界。

一

马克思主义是指导工人阶级和人民大众求解放、谋幸福的真理，但任何真理离开具体的时间、地点、条件，就会误导实践。与中国实际相结合，实现马克思主义中国化，这是中国共产党从遵义会议之前的多次严重挫折中深刻总结出来的根本经验，也是中国革命、建设、改革从胜利走向胜利的根本经验。只有马克思主义才能救中国，说到底是只有中国化的马克思主义才能救中国。新中国成立以来的 70 年，正是中国共产党持续推进马克思主义中国化的70 年。

实现中华民族伟大复兴是近代以来中华民族最伟大的梦想。自

---

* 原载《光明日报》2019 年 9 月 27 日，《新华文摘》2019 年第 23 期。

成立以来，中国共产党为实现民族复兴作出了卓越历史贡献。完成了新民主主义革命，建立了中华人民共和国，彻底结束了帝国主义、封建主义和官僚资本主义的统治，实现了国家独立和民族解放；进行社会主义改造，完成社会主义革命，确立社会主义基本制度；推进社会主义建设，开展了社会主义道路的艰辛探索，为在新的历史时期开创中国特色社会主义提供了宝贵经验、理论准备、物质基础；进行了改革开放第二次伟大革命，开辟了中国特色社会主义道路，使中国大踏步赶上时代并日益走近世界舞台中央。70 年来，久经磨难的中华民族迎来了从站起来、富起来到强起来的伟大飞跃，迎来了实现伟大复兴的光明前景。

中国共产党的历史性贡献与马克思主义中国化的历史进程紧密相连。在马克思主义中国化的进程中，中国共产党实现了两次伟大结合，完成了三次历史性飞跃。第一次伟大结合是把马克思主义基本原理与新民主主义革命和社会主义革命的具体实际相结合，第一次飞跃形成了毛泽东思想；第二次伟大结合是把马克思主义基本原理与中国特色社会主义具体实际相结合，第二次飞跃形成了中国特色社会主义理论体系，第三次飞跃形成了习近平新时代中国特色社会主义思想。

马克思主义与中国实践的第一次伟大结合由两个相互联系的阶段构成：一是新民主主义革命阶段，二是社会主义革命阶段。在新民主主义革命阶段，毛泽东同志领导开启了第一次伟大结合，在社会主义革命阶段，完成了第一次伟大结合。毛泽东同志在领导中国社会主义建设道路探索之初，提出并探索了马克思主义与中国实践第二次伟大结合的时代任务。

马克思主义与中国实践的第二次伟大结合也是由三个相互联系的阶段构成：一是中国特色社会主义理论体系的酝酿准备阶段。从1956 年党的八大开始，以毛泽东同志为主要代表的中国共产党人开启了对中国社会主义建设道路的艰辛探索，提出并形成了一系列关于中国社会主义建设的重要观点，为中国特色社会主义理论体系的形成提供了理论前提；二是中国特色社会主义理论体系的形成发展阶段。党的十一届三中全会拉开了改革开放和中国特色社会主义建设的历史大幕，在40多年历史进程中，中国特色社会主义理论体系得以创立和不断发展。三是习近平新时代中国特色社会主义思想形成创立阶段。党的十八大以来，习近平总书记进一步丰富和发展了中国特色社会主义理论体系，创立了习近平新时代中国特色社会主义思想。

中国特色社会主义理论体系，以社会主义初级阶段为历史依据，以建设中国特色社会主义为主题，系统回答了在中国建设什么样的社会主义、怎样建设社会主义，建设什么样的党、怎样建设党，实现什么样的发展、怎样发展等一系列重大时代课题。党的十八大以来，中国特色社会主义进入新时代，以习近平同志为主要代表的中国共产党人，顺应时代发展，从理论和实践结合上系统回答了新时代坚持和发展什么样的中国特色社会主义、怎样坚持和发展中国特色社会主义这个重大时代课题，创立了习近平新时代中国特色社会主义思想。习近平新时代中国特色社会主义思想是对马克思列宁主义、毛泽东思想、邓小平理论、"三个代表"重要思想、科学发展观的继承和发展，是马克思主义中国化最新成果，是21世纪中国的马克思主义。

二

新中国成立70年上溯至中国共产党成立近百年来，我们党之所以能够不断开辟马克思主义发展新境界，归根到底，是科学回答了在具体时代和特殊国情下，如何对待马克思主义、怎样发展马克思主义这一核心问题。在马克思主义中国化的光辉历程中，我们党积累了弥足珍贵的经验启示。

　　坚持解放思想、实事求是的思想路线。我们党在理论上的重大发展，在政策上的成功调整，在体制改革、经济建设和社会全面进步上取得的巨大成就，都是解放思想、实事求是的结果。一方面，没有解放思想，就不可能实现理论上的突破，不断开辟马克思主义的新境界；就不可能实现思想观念的根本转变，以新的眼光和视野观察新实践中的新问题；就不可能积极全面推进改革，探索中国特色社会主义发展的新路子。建设中国特色社会主义这样的大事，在马克思列宁主义的本本上找不到。每个国家都有自己的情况，各自的经历也不同，实践在发展，情况在变化，只有解放思想、独立思考，在干中学，在实践中摸索，不断研究新情况，总结新经验，创造新理论，才能把中国化马克思主义不断推向新高度。另一方面，实事求是是马克思主义活的灵魂。一旦偏离实事求是思想路线，再好的理论也会成为僵化空洞的教条，在实践中就会犯主观主义错误。推进马克思主义中国化，必须坚持实事求是思想路线。正是实事求是思想路线的重新确立，我们党坚决纠正了"以阶级斗争为纲"的"左"的错误，作出把党和国家工作重心转移到经济建设上来、实行改革开放的历史性决策，逐步开辟了中国特色社会主义道路，形成了中国特色社会主义理论体系，确立了中国特色社会主义制度，发展了中国特色社会主义文化。

　　坚持理论创新与实践创新良性互动。习近平总书记指出："要根据时代变化和实践发展，不断深化认识，不断总结经验，不断实现理论创新和实践创新良性互动，在这种统一和互动中发展21世纪中国的马克思主义。"① 列宁曾明确表示，决不把马克思的理论看作某种一成不变的和神圣不可侵犯的东西，马克思主义者必须考虑现实，而不应当抱住昨天的理论不放。马克思主义具有强

———————

① 《习近平在中共中央政治局第二十次集体学习时强调 坚持运用辩证唯物主义世界观方法论 提高解决我国改革发展基本问题本领》，新华网 2015 年 1 月 24 日。

烈的实践性，它在实践中产生，在实践中发展，在实践中发挥改造客观世界的巨大力量。马克思主义中国化的进程是不断通过实践检验真理、发展真理，并运用真理指导实践的进程。社会实践没有止境，马克思主义中国化的进程也没有止境。马克思主义中国化的每一次重大突破，都是马克思主义与具体实践相结合进行理论创新的结果。坚持马克思主义中国化，必须适应实践的发展，自觉从思想、体制等多个层面入手，纠正革除那些错误的、不合时宜的思想观念，打破过时的僵化体制和习惯做法，消除对马克思主义的错误的和教条式的理解，破除主观主义和形而上学的思维方式。只有既坚定地坚持马克思主义立场、观点和方法，又勇于在实践中探索真理、发现真理、发展真理，根据历史条件的变化，对我们在前进中遇到的一些重大问题给予符合实际的科学回答，才能使我们的思想和行动更加符合客观实际，更加符合社会主义初级阶段国情和时代发展的要求，才能在实践中不断丰富和推进马克思主义中国化。在新时代，我们必须坚定不移以习近平新时代中国特色社会主义思想为指导，保持理论自信和战略定力，同时，又必须随着时代和实践的发展，不断运用习近平新时代中国特色社会主义思想思考新问题、解决新问题，在实践创新中不断充实、丰富习近平新时代中国特色社会主义思想，永续推进21世纪中国马克思主义的不断创新。

坚持理论联系实际的学风。学风问题是对待马克思主义的根本态度问题。是从本本出发，还是从实际出发，是对待马克思主义根本态度的分歧点，是采取什么样学风的分水岭。推进马克思主义中国化，必须弘扬理论联系实际的马克思主义学风。如果学风不正，对待马克思主义的根本态度出了问题，就会把马克思主义变成教条，使之脱离实际，以致给党和国家的事业带来灾难性危害。永续推进马克思主义中国化，必须始终坚持和弘扬理论联系实际的优良学风。要按照习近平总书记的要求，"弘扬理论联系实际的学风，紧密联系党和国家事业发生的历史性变革，紧密联系中国特色社会主义进入新时代的新实际，紧密联系我国社会主要矛盾的重大变化，紧密联系'两个一百年'奋斗目标和各项任务，自觉运用理论指导实践，使各方面工作更符合客观规律、科学规律的要求，不断提高新时代坚持和发展中国特色社会主义的能力"①。

　　坚持密切联系群众的作风。人民性是马克思主义最鲜明的品格，群众立场是马克思主义最根本的立场。联系群众还是脱离群众，依靠群众还是依靠少数人，是能否不断推进马克思主义中国化的关键。联系实际与联系群众是一致的，联系实际最根本的就是联系群众，坚持理论联系实际的学风，最重要的是坚持密切联系群众的作风。一切为了人民群众，一切依靠人民群众，从群众中来、到群众中去，以人民群众为中心、为主体，始终把人民立场作为根本立场，把为人民谋幸福作为根本使命，坚持全心全意为人民服务的根本宗旨，贯彻群众路线，尊重人民主体地位和首创精神，始终保持同人民群众的血肉联系，才能不断推进马克思主义中国化，团结带领人民共同创造历史伟业。

---

① 《习近平谈治国理政》第 3 卷，外文出版社 2020 年版，第 63 页。

论马克思主义中国化的根本经验和基本规律[*]

——纪念中华人民共和国成立七十周年

从 1949 年 10 月 1 日,毛泽东同志在天安门城楼上向全世界庄严宣布"中国人民从此站起来了",到 2019 年 10 月 1 日,中华人民共和国迎来了 70 年诞辰。在中国共产党的坚强领导下,中国人民自强不息、奋发拼搏,把一个满目疮痍、积贫积弱的旧中国改造建设成为一个已然屹立于世界之林的社会主义新中国。经过 70 年的社会主义革命、建设和改革历程,中国共产党不间断地把马克思主义与中国具体实践相结合,不间断地推进马克思主义中国化时代化大众化,引领社会主义革命、建设和改革实践不间断地创新发展,这是马克思主义中国化的一条根本经验;始终不渝地坚持实事求是思想路线,实践、认识,再实践、再认识,不间断地实现理论创新与实践创新的双向互动,这是马克思主义中国化的一条基本规律。

一 一条根本的经验:与中国具体实际相结合,永续推进马克思主义中国化

中华人民共和国成立 70 年,是马克思主义与中国社会主义革

---

* 该文系作者在中国社会科学院日本研究所与上海研究院举办的"中日马克思主义研究高端对话会"上的主题演讲。原载《世界社会主义研究》2019 年第 11 期,《世界社会主义研究动态》2019 年 10 月 28 日。以"新中国 70 年马克思主义中国化的进程与启示"为题,发表于《光明日报》2019 年 9 月 27 日。

命、建设和改革具体实际相结合的 70 年，是马克思主义中国化时代化大众化的 70 年。70 年来，中国共产党人继续并完成了马克思主义与中国实际的第一次结合，实现并进一步丰富了马克思主义中国化第一次飞跃，其理论成果是毛泽东思想。开始并成功地实现了第二次结合，实现了马克思主义中国化新的飞跃，其理论成果是包括邓小平理论、"三个代表"重要思想、科学发展观在内的中国特色社会主义理论体系和习近平新时代中国特色社会主义思想。习近平新时代中国特色社会主义思想是马克思主义中国化的最新成果，是 21 世纪马克思主义、当代中国的马克思主义。

马克思主义是指导工人阶级及其人民大众求解放、谋幸福的真理，然而任何真理离开具体的时间、地点、条件，就会变成谬误。只有马克思主义才能救中国，但马克思主义离开了中国的具体时间、地点、条件，就会误导中国实践。只有马克思主义才能救中国，说到底，只有中国化的马克思主义才能救中国，这是千真万确的道理。

"马克思列宁主义的普遍真理一经和中国革命的具体实践相结合，就使中国革命的面目为之一新。"[①] 中国作为世界四大文明古国之一，有着五千年的悠久文明史，为全人类贡献了丰富的物质和精神财富。曾几何时，汉唐王朝显赫于世，清康乾盛世的中国为世界最强，其时 GDP 占世界 1/3。然而，进入近代的中国却从高峰一落千丈衰败下来。先于中国进入资本主义的西方列强，在争夺瓜分世界殖民地的角斗中瓜分了中国，它们不允许中国独立自主地走资本主义强国之路，中国沦落为半殖民地半封建社会，中华民族陷于水深火热之中。先知先觉的中华民族先进分子从多次失败和挫折中，总结出资产阶级的理论武器、封建统治阶级的儒学思想，形形色色的非马克思主义的社会主义思潮都解救不了中国。经过反复的比较

① 《毛泽东选集》第 3 卷，人民出版社 1991 年版，第 1093 页。

选择，中国工人阶级的先进分子深刻认识到，只有马克思主义才能救中国，只有科学社会主义才能救中国。

马克思主义是好武器，但脱离了中国的实际，主观主义地、特别是教条主义地照抄照搬地拿来指导中国革命实际，就会未有革命党引错路不给革命带来重大损失的。正如毛泽东同志所批评的那样，马克思主义好比箭，"有些同志……则仅仅把箭拿在手里搓来搓去，连声赞曰：'好箭！好箭！'却老是不愿意放出去"①，"马克思列宁主义之箭，必须用了去射中国革命之的"②。马克思主义必须与中国革命相结合，"有的放矢"，脱离中国实际，必定失败。与中国实际相结合，实现马克思主义中国化成为重大的时代课题，这是从遵义会议前的多次严重失败挫折中深刻总结出来的根本经验。

中国共产党为中华民族作出的四个伟大历史贡献：一是完成了新民主主义革命，建立了中华人民共和国，彻底结束了帝国主义、封建主义、官僚资本主义对中国人民的统治、剥削和压迫，实现了国家独立和民族解放，劳动人民成为国家的主人；二是完成了社会主义革命，经过社会主义所有制改造，确立社会主义基本制度，消灭了两千多年的剥削阶级和剥削制度，这是自有国家以来中华民族发展史上开天辟地的大事变，开启了中华民族由不断衰落到持续走向繁荣富强的新纪元；三是进行了中国社会主义道路的艰辛探索，推进了中国社会主义工业化、农业化和国防现代化的建设，为中国特色社会主义的成功准备了物质条件和理论前提；四是进行改革开放第二次伟大革命，开辟了中国特色社会主义道路，使中国由落后于时代到大踏步赶上时代并日益走近世界舞台中央，近代以来久经磨难的中华民族迎来了从站起来到富起来、再到强起来的伟大飞跃，迎来了实现中华民族伟大复兴的光明前景。

四个伟大历史贡献，与马克思主义中国化的进程紧密联系在一

① 《毛泽东选集》第 3 卷，人民出版社 1991 年版，第 819—820 页。
② 《毛泽东选集》第 3 卷，人民出版社 1991 年版，第 820 页。

起。在马克思主义中国化的进程中，中国共产党实现了两次伟大结合，完成了三次历史性飞跃。第一次结合是把马克思主义与中国革命实际相结合，第一次飞跃形成的理论成果是毛泽东思想。第二次结合是把马克思主义同中国社会主义建设实际相结合，第二次飞跃形成的理论成果是中国特色社会理论体系，第三次飞跃形成的理论成果是习近平新时代中国特色社会主义思想。这三大理论成果，都是马克思主义基本原理同中国具体实际相结合的产物。

马克思主义与中国实践的第一次伟大结合，分成两个相互联系的阶段，一是新民主主义革命阶段，二是社会主义革命阶段。新民主主义革命取得胜利，建立了中华人民共和国，这只是万里长征迈出了第一步。按照毛泽东同志提出的中国革命分两步走的战略构想，中国革命在完成新民主主义革命后，必须不间断地进行社会主义革命，建立社会主义制度，建设社会主义现代化强国，才能真正完成只有社会主义才能救中国的伟大时代命题。

新民主主义革命阶段，毛泽东同志领导开启了第一次结合，形成了第一次飞跃的理论成果——毛泽东思想；而在社会主义革命阶段，则完成了第一次丰富和充实了第一次飞跃——毛泽东思想的理论成果。中华人民共和国成立到 1956 年八大召开，毛泽东思想完成了马克思主义中国化的第一次伟大飞跃，开辟了马克思主义中国化的新境界。毛泽东思想实质上包含了三个方面的理论内容：一是关于新民主主义革命的理论。毛泽东同志科学判定了中国的社会性质和特殊国情，提出中国革命分两步走，第一步是实行中国共产党领导，以工人阶级为领导阶级，建立牢固的工农联盟和革命统一战线，通过农村包围城市的中国革命道路，打倒封建主义和帝国主义，推翻国民党反动派的独裁统治，完成新民主主义革命，建立新民主主义的人民共和国。二是关于社会主义所有制改造和社会主义革命的理论。在 1956 年基本完成了"一化三改"的社会主义所有制改造，中国共产党领导中国人民建立了社会主义制度，创造了人民民主专政的社会主义国体，走出了一条独特的具有中国特色的社会主义革命道路，经过 1949—1953 年和平恢复时期，中华民族走上了历史发展的新阶段。三是关于探索社会主义建设道路的理论。改革开放前和改革开放后的两个历史时期，本质上都是中国共产党领导人民进行社会主义建设的实践探索。中国特色社会主义是在新中国已经建立起社会主义基本制度并进行了 20 多年建设的基础上开创的。改革开放后的社会主义实践探索是对前一个时期实践探索的坚持、改革和发展。这两个时期形成毛泽东思想和中国特色社会主义理论体系两大理论成果。

1956 年党的八大的召开，标志着中国进入了社会主义建设的新时期，也是马克思主义中国化第二次伟大结合的开启。毛泽东同志领导全党开展了艰苦卓绝的社会主义建设的实践探索和理论探索。鉴于苏联与中国国情的极大差别，又由于苏联模式已经暴露出明显的问题和弊病。毛泽东同志很快意识到不能照抄照搬苏联人的经验和模式，必须摸索出适合自己国情的发展道路，并提出了一系列具有中国特色的社会主义建设的方针、路线、原则和政策，形成了毛泽东思想在社会主义建设时期最具创造性的思想理论观点，推进了毛泽东思想的进一步丰富和发展，为马克思主义中国化在中国社会主义建设新阶段的创新发展作出了巨大的理论贡献和实践贡献，也为中国特色社会主义建设提供了具有重要借鉴意义的历史经验和理论认知，为中国特色社会主义的形成奠定了极为重要的思想基础和理论前提。

中国特色社会主义理论体系是在毛泽东思想的基础上建立起来的，推进并深化了毛泽东同志提出的马克思主义中国化的第二次伟大结合的时代课题，是一次马克思主义中国化创新成果的伟大飞跃。新中国成立后，以毛泽东为主要代表的中国共产党人，为新的历史时期开创中国特色社会主义提供了制度条件、宝贵经验、理论准备和物质基础。

中国特色社会主义理论体系，以建设中国特色社会主义为主题，系统回答了在中国建设什么样的社会主义、怎样建设社会主义，建设什么样的党、怎样建设党，实现什么样的发展、怎样发展，新时代坚持和发展什么样的中国特色社会主义、怎样坚持和发展中国特色社会主义等一系列重大时代课题。它以社会主义初级阶段为历史依据，适应党在社会主义初级阶段的基本理论、基本路线、基本方略，是对马克思主义的丰富和发展，是 21 世纪当代中国的马克思主义。

二　一条基本规律：坚持实事求是思想路线，不间断地推进理论与实践创新双向互动

在马克思主义实事求是思想路线的指导下，敢于实践、勇于实践、善于实践，在实践中发现真理、运用真理指导实践，不断实现马克思主义的中国化，以不断创新的马克思主义中国化，指导不间断的实践创新。实践创新带动理论创新，理论创新引导实践创新，是马克思主义中国化生生不息、不断创新发展的运行逻辑和发展线索。

实事求是思想路线是指导。马克思主义中国化的进程是不断坚持实事求是的思想路线的进程。实事求是是马克思主义活的灵魂，是中国化马克思主义的精髓，一旦偏离实事求是的思想路线，再好的理论也会成为僵化空洞的教条，在实践中就会犯"左"或右的主观主义错误。坚持和发展马克思主义中国化，说到底，必须坚持实事求是的思想路线。马克思主义中国化的每一次结合、每一次飞跃，处于不同实践条件下，面对和解决不同的时代课题。不论马克思主义中国化产生何种理论形态，但都贯穿了马克思主义实事求是思想路线的红线。

正确的思想路线是制定和执行正确的政治路线的基础。邓小

平同志指出，思想路线"是确定政治路线的基础"，"不解决思想路线问题，不解放思想，正确的政治路线就制定不出来，制定了也贯彻不下去"，"正确的政治路线能不能贯彻实行，关键是思想路线对不对头"①。正是由于实事求是思想路线的重新确立，使我们党坚决纠正了"以阶级斗争为纲"的"左"的错误，把工作中心转移到经济建设上来；逐步形成了中国特色社会主义理论体系、中国特色社会主义制度和中国特色社会主义道路。在解决"什么是社会主义、怎样建设社会主义"这一中国特色社会主义首要的基本问题前提下，进一步解决了"建设一个什么样的执政党、怎样建设执政党""实现什么样的发展、怎样发展"等一系列重大问题，形成了邓小平理论、"三个代表"重要思想、科学发展观等重要创新理论。党的十八大以来，中国特色社会主义进入新时代，创立了习近平新时代中国特色社会主义思想，解决了"建设什么样的中国特色社会主义""怎样建设中国特色社会主义"这一重大时代课题。

不断地实现实践创新是动力。马克思主义中国化的进程是不断通过实践创新推进理论创新的进程。实践第一的观点是马克思主义的基本观点之一。马克思主义具有强烈的实践性，它在实践中产生，在实践中发展，在实践中接受检验，在实践中发挥其改造客观世界的巨大力量。马克思主义是随着时代的变迁、革命、建设和改革开放主题的转换以及人民群众波澜壮阔的实践的不断深化而不断丰富和发展的。

社会实践没有止境，马克思主义理论创新也没有止境。马克思主义经典作家从来不把自己的理论当作教条，从来都是把它当作行动的指南，当作认识问题和解决问题的科学方法。马克思十分厌恶对他的理论的"奴隶式的盲目崇拜"和"简单模仿"。恩格斯认

---

① 《邓小平文选》第2卷，人民出版社1994年版，第191页。

为，马克思的整个世界观不是教义，而是方法。列宁也明确表示，决不把马克思的理论看作某种一成不变的和神圣不可侵犯的东西，马克思主义者必须考虑生动的实际生活，必须考虑现实的确切事实，而不应当抱住昨天的理论不放。马克思主义理论的每一次重大突破，都是社会主义实践的历史性跨越的结果，都是马克思主义基本原理与具体实践相结合进行理论创新的结果。既要坚定地坚持马克思主义的立场、观点和方法，又要尊重实践权威，勇于在实践中探索真理，根据历史条件的变化，对我们在前进中遇到的一些重大问题给予符合实际的科学回答，在实践中不断丰富和推进马克思主义中国化。

理论联系实际的学风是关键。马克思主义中国化的进程是理论联系实际的进程。学风问题是对待马克思主义的根本态度问题，是第一位重要问题。推进马克思主义中国化，必须弘扬理论联系实际的马克思主义学风。是从本本出发，还是从实际出发，是对待马克思主义根本态度的分歧点，是采取什么样的学风的分水岭。如果学风不正，对待马克思主义的根本态度出了问题，把马克思主义变成教条，脱离实际，就会给党的事业带来灾难性的危害。要坚持实事求是，坚持和弘扬理论联系实际的优秀学风。

密切联系群众是基础。马克思主义中国化的进程也是密切联系群众的进程。是联系群众还是脱离群众，是依靠群众还是依靠少数人，是对待马克思主义的重要态度，也是能不能解决好马克思主义中国化的重要问题。联系实际与联系群众是一致的，联系实际最根本的就是联系群众实际，坚持理论联系实际的学风，就要坚持密切联系群众的作风，一切为了人民群众，一切依靠人民群众，从群众中来、到群众中去，以人民群众为中心、为主体。只有树立了这样的工作路线，才能不断推进马克思主义中国化。

坚持解放思想是法宝。马克思主义中国化的进程又是不断解放思想的进程。解放思想始终是我们党坚持的一个基本原则，是发展中国特色社会主义的一大法宝。我们在理论上的重大发展，在政策上的成功调整，在经济建设和社会全面进步上所取得的巨大成就，都是解放思想、实事求是的结果。如果没有解放思想，就不能做到实事求是，就不可能实现理论上的突破，不断开辟马克思主义的新境界；就不可能实现思想观念的根本转变，以新的眼光和视野观察新的实践中出现的新问题；就不可能积极推进经济体制改革和政治体制的改革，探索出中国特色社会主义发展的新路子。邓小平同志说："绝不能要求马克思为解决他去世之后上百年、几百年所产生的问题提供现成答案。列宁同样也不能承担为他去世以后五十年、一百年所产生的问题提供现成答案的任务。真正的马克思列宁主义者必须根据现在的情况，认识、继承和发展马克思列宁主义。"① 习近平同志指出："马克思主义必定随着时代、实践和科学的发展而不断发展，不可能一成不变，社会主义从来都是在开拓中前进的。""一定要以我国改革开放和现代化建设的实际问题、以我们正在做的事情为中心，着眼于马克思主义理论的运用，着眼于对实际问题的理论思考，着眼于新的实践和新的发展。"② 在中国建设社会主义这样的大事上，在马克思的本本上找不到，在列宁的本本上也找不到。每个国家都有自己的情况，各自的经历也不同，要解放思想、独立思考，在干中学，在实践中摸索。实践在发展，情况在变化，我们的思想认识也应当随之发展变化，要解放思想、与时俱进，不断研究新情况，总结新经验，创造新理论，把中国化的马克思主义不断推向前进。

坚持实践的真理检验标准是根本。马克思主义中国化的进程就是不断地通过实践检验真理、发展理论，并运用真理指导实践的进程。习近平总书记指出："全党同志首先是各级领导干部必须坚持

---

① 《邓小平文选》第 3 卷，人民出版社 1994 年版，第 291 页。

② 习近平：《紧紧围绕坚持和发展中国特色社会主义 学习宣传贯彻党的十八大精神》，人民出版社 2012 年版，第 5 页。

马克思主义的发展观点，坚持实践是检验真理的唯一标准，发挥历史的主动性和创造性……不断推进理论创新、实践创新、制度创新。"① 坚持马克思主义中国化、坚持马克思主义与实际相结合，必须适应实践的发展，以实践来检验一切，自觉地从思维方式、思想理论以及观念、体制、做法等多个层面入手，纠正、革除错误的、不合时宜的思想观念，打破过时的僵化体制和习惯做法，消除对马克思主义的错误的和教条式的理解，破除主观主义和形而上学的思维方式，使我们的思想和行动更加符合客观实际，更加符合社会主义初级阶段的国情和时代发展的要求。

中华人民共和国成立 70 年乃至中国共产党成立近百年来，我们党努力开创马克思主义在中国发展的新境界，归根到底，是科学回答了"什么是马克思主义，怎样对待马克思主义"这一核心问题，故而能够带领人民战胜一切艰难险阻，闯过一个个关口，取得中国革命的伟大胜利以及社会主义建设和改革的辉煌成就。一定要在坚持马克思主义、发展马克思主义中不断推进马克思主义中国化，用发展着的马克思主义指导新的实践。

三 一条繁荣发展的成功之路：马克思主义时代化、中国化和大众化

对于中国共产党人来说，马克思主义中国化，就是把马克思主义同中国的具体实际相结合，不断创造形成适应中国国情、具有中国风格、反映中国需要、运用中国话语体系、指导中国实践的和不断创新的理论形态。

马克思主义中国化，实际上是两个方面的任务。首先是创造马克思主义中国化的理论成果，推进马克思主义中国化的不断创新；

---

① 中共中央文献研究室编：《十八大以来重要文献选编》（上），中央文献出版社 2014 年版，第 115 页。

其次是让马克思主义中国化成果为广大群众所接受、所实践，成为中国大众化的马克思主义。马克思主义是放之四海而皆准的普遍真理，然而作为外来的先进思想，要真正转变成中国人民改造旧中国的巨大精神力量，发挥科学理论的指导作用，必须与中国所处的时代背景、与中国国情、与中国先进的思想文化相结合，必须为中国人民所接受，成为中国化的马克思主义。马克思主义中国化，既继承了马克思主义的一般真理，继承了人类社会最先进的思想，具有鲜明的时代特征，又具有中国鲜明的民族形式和特征，富有中国本土思想文化的精华材料和中国共产党人的创新内容。实现马克思主义中国化，内在地包括了马克思主义的时代化、本土化和大众化。

马克思主义中国化的进程，就是马克思主义时代化的进程。马克思和恩格斯曾指出："一切划时代的体系的真正的内容都是由于产生这些体系的那个时期的需要而形成起来的。"① 每个时代总有属于它自己的问题，准确地把握和解决这些问题，就能够把理论和实践推向前进。马克思主义就是在回答和解决时代所面临的历史性课题的进程中不断创新和发展的。只有把握时代问题，认清世情，才能确定党和人民所处的时代地位和历史方位，才能把握中国发展的时代命脉和历史趋势，才能回答中国向何处去、中国通过什么样的途径走在时代潮流前列的问题，才能在回答这些时代问题的同时推进理论升华。今天，我们仍然处于马克思主义经典作家所判定的大的历史时代条件下，在和平与发展成为时代主题的条件下，在中国特色社会主义新时代，中国共产党人坚持用马克思主义的宽广眼界观察世界，科学判断时代条件和世界发展趋势，认真吸取世界上一切民族和国家的先进文明，带领中国人民紧跟时代前进潮流，成功地走出了中国特色社会主义道路。

马克思主义中国化的进程，就是马克思主义本土化的进程。马

---

① 《马克思恩格斯全集》第 3 卷，人民出版社 1960 年版，第 544 页。

克思主义中国化，实际就是马克思主义与中国国情相结合，可以称之为本土化。本土化包括两个方面内容。一是民族化，二是现实化。

世界的就是民族的，民族的也是世界的。世界是由不同民族、不同国家组成的，世界是"一般"，民族国家是"特殊"，世界寓于民族国家之中。马克思主义揭示了世界的普遍规律，其世界观、方法论适用于一切民族国家。然而，马克思主义要成为具体民族国家的指导思想，必须与特殊民族国家的国情相结合，实现马克思主义的民族化。马克思指出："理论在一个国家实现的程度，总是取决于理论满足这个国家的需要的程度。"① 马克思主义及其在实践中的应用必须要结合实际情况，具体问题具体对待。所谓国情，就是特殊民族国家的国情。所谓中国特色，就包含了中华民族的民族特色、包含了中华民族国家的特殊性。马克思主义中国化，也要实现马克思主义的民族化，就是要与中华民族的特殊性相结合。推进马克思主义中国化，就要注重中华民族的特殊性，要研究民族的现实需要，继承民族的优秀文化，创造民族的特殊形式，形成民族的特色风格。只有同中国具体民族特性相结合，吸收中华民族文化的优秀思想和优秀表达形式，以中华民族的话语体系表达出来，充分体现中国气派、中国风格和中国特色，具有中华民族的特殊表达形式和丰富的民族文化特性，才是真正中国化的马克思主义。

马克思主义必须针对中国活生生的现实。马克思主义产生于活生生的现实，而马克思主义要保持自身生命力就是不断地与现实相结合。马克思主义中国化要不断伴随着中国现实的发展、适应中国现实的需要而不断丰富发展，这就必须不断地依据中国现实，开拓新的研究领域，提出新的研究课题，解决新的问题。我国正处于中国特色社会主义新时代，现实提出了大量时代课题需要马克思主义

---

① 《马克思恩格斯文集》第 1 卷，人民出版社 2009 年版，第 12 页。

来回答，中国化的马克思主义必须在回答这些重大问题的过程中发展自己、充实自己、丰富自己。

马克思主义中国化的进程，就是马克思主义大众化的进程。马克思主义实际上就是大多数人的理论，而不是少数人的理论。马克思主义大众化的过程也就是马克思主义中国化的过程。首先，马克思主义的基本立场是站在工人阶级及其广大人民的立场上，是实现全人类解放的思想武器，没有大众化，就没有马克思主义，马克思主义是为大众的理论；其次，人民群众的创造性实践是马克思主义的源泉，没有大众化，也不可能推进马克思主义中国化，马克思主义是来自大众的理论；最后，马克思主义只有为群众所掌握，才能转变为巨大的物质力量，没有大众化，马克思主义就会被束之高阁，不能转化成巨大的实践力量，马克思主义是为大众所用的科学理论。

马克思主义大众化的时代
价值与现实意义[*]

列宁对马克思主义与大众化的关系作了经典的概括:"最高限度的马克思主义＝最高限度的通俗化。"① 马克思主义是为了人民、来自人民、依靠人民的理论。人民性是马克思主义的鲜明特色,大众化是马克思主义人民性根本属性的具体体现。实现大众化是马克思主义的本质属性要求,大众化是充分彰显马克思主义人民性的永恒课题,马克思主义大众化具有永恒的时代价值和不朽的现实意义。

一 马克思主义是为了人民的理论,实现大众化是马克思主义永存真理性的内在需要

马克思主义道理一千条、一万条,最根本的一条,马克思主义是为人民求真理、讲道理的理论。习近平总书记指出:"马克思主义是人民的理论,第一次创立了人民实现自身解放的思想体系。马克思主义博大精深,归根到底就是一句话,为人类求解放。"② 为人类求解放,这既是马克思主义创始人创立马克思主义不改的初衷,

---

* 原载《红旗文稿》2020 年第 7 期。

① 《列宁全集》第 36 卷,人民出版社 1959 年版,第 467 页。

② 习近平:《在纪念马克思诞辰 200 周年大会上的讲话》,人民出版社 2018 年版,第 8 页。

也是前赴后继的马克思主义继承者们崇高的使命。马克思主义创始人从创立马克思主义一开始，就始终把人民立场作为根本立场，把为人民谋幸福作为根本使命，把全心全意为人民服务作为根本宗旨，马克思主义是为人民而求福祉的永恒真理，为了人民这是马克思主义全部理论的出发点和落脚点。

在人类思想发展史上，马克思主义之所以能够成为一座令人仰止的高峰，根本原因就在于其深厚的人民性。人民性是马克思主义最本质的特征。所谓人民性，体现了马克思主义创始人对"我是谁""为了谁""谁是谁非"根本问题的回答，是立场问题、初心问题、使命问题。代表人民、为了人民，是马克思主义始终占据理论最高峰和道义制高点，永存真理性的真正原因。

马克思主义的人民理论首先体现在是为了人民的理论。为了人民就是站在人民的立场上，代表人民的利益，为人民鼓与呼、为人民谋解放、为人民谋利益、为人民谋幸福。青少年的马克思不安于父辈为其设计的安逸生活，怀揣"人只有为同时代人的完美、为他们的幸福而工作，自己才能达到完美"① 的伟大志向，走上了"背叛"家庭所属的那个阶级，而为劳苦大众谋利益的革命者的道路。马克思一生饱尝颠沛流离的艰辛、贫病交加的煎熬，终其一生也没有在资产阶级社会为自己争取到一个哪怕勉强过得去的生活。如果说马克思对自己遭受的苦难想获得什么回报的话，那他在《资本论》第一卷第二版跋中把这个期望说得很清楚，"《资本论》在德国工人阶级广大范围内迅速得到理解，是对我的劳动最好的报酬"②。马克思的光辉一生，他的全部生活和活动归结为一句话，一切为了人民。

马克思主义创始人始终如一地代表人民，马克思主义是人民的理论诉求。马克思主义不仅说明共产主义必然到来，更重要的是阐

---

① 《马克思恩格斯全集》第 1 卷，人民出版社 1995 年版，第 459 页。
② 《马克思恩格斯文集》第 5 卷，人民出版社 2009 年版，第 15 页。

释了人民如何才能夺取政权，怎样才能建立人民政权，最终实现共
产主义，指导人民为实现共产主义而奋斗的斗争实践。为了改变人
民受剥削、受压迫的命运，马克思主义创始人锻造的理论武器，唤
醒了人民即工人阶级及其劳苦大众的阶级意识和历史使命，使他们
避免沉沦为"无机的大多数"，从而焕发出改造旧社会的伟大力量。
马克思撰写《资本论》等著作，其"最终目的就是揭示现代社会
的经济运动规律"①，进而指导工人阶级政党利用规律领导人民不断
推进人民实践，并在这一历史进程中"缩短和减轻分娩的痛苦"②，
引领人民打碎旧世界，建设一个真正公正和平等的新世界。十月革
命的胜利、新中国的成立、中国社会主义制度的建立、中国特色社
会主义道路的开辟、中国特色社会主义的新时代等人类历史的每一
页辉煌，都是马克思主义继承者们在坚持和发展科学社会主义这篇
大文章上写下的精彩篇章，使得马克思主义创始人所创立的共产主
义学说在不断改变现存状况的人民的现实运动中一步一步实现。

马克思主义强调的人民，不是抽象的、超阶级的"人"，是以
工人阶级为主的包括广大人民群众的具体的人。马克思主义以前的
各色理论流派，只是在"人的概念"上大做文章，抽象地谈论人
性，空谈所谓"人的解放"，鼓吹超阶级的"人性"，而对以工人
阶级为主的包括广大人民群众的具体的人民却视而不见，以抽象人
性论为核心的形形色色剥削阶级的理论成为统治阶级掩盖阶级压
迫、阶级剥削、涣散人民斗志、麻醉人民精神、维护剥削制度的掩
人耳目的烟幕。马克思和恩格斯在《德意志意识形态》中对此进行
了尖锐的批判："统治阶级的思想在每一时代都是占统治地位的思
想。""每一个企图取代旧统治阶级的新阶级，为了达到自己的目的
不得不把自己的利益说成是社会全体成员的共同利益，就是说，这
在观念上的表达就是，赋予自己的思想以普遍性的形式，把它们描

---

① 马克思：《资本论》第 1 卷，人民出版社 2004 年版，第 10 页。
② 马克思：《资本论》第 1 卷，人民出版社 2004 年版，第 10 页。

绘成唯一合乎理性的、有普遍意义的思想。"①

马克思主义作为人民的理论，是为了工人阶级及其广大人民群众的利益，因而是最无偏见的、大公无私的真理。在不同的时代条件下，"人民"有不同的内涵与外延，在马克思主义所判定的当今时代，工人阶级及其广大人民群众就是马克思主义所代表的人民，马克思主义正是工人阶级这个代表了社会前进方向的先进阶级的世界观。马克思主义越代表人民的利益，越丝毫不掺杂任何私利，就越富有真理性。因为它突破了一切剥削阶级的私利性、狭隘性和局限性，它能够毫无保留、毫无任何偏颇地认识世界。马克思指出：哲学"关心的是一切人的真理，而不是个别人的真理"②。恩格斯也指出："科学越是毫无顾忌和大公无私，它就越符合工人的利益和愿望。"③ 资产阶级及其理论辩护士拒不承认其理论的阶级性，鼓吹超阶级的、全民的、普世的价值理念和理论形态，这不过是掩耳盗铃的骗人把戏，是剥削阶级永远统治人民的需要。毛泽东同志一针见血地一语道破一切理论的阶级实质："在阶级社会中，每一个人都在一定的阶级地位中生活，各种思想无不打上阶级的烙印。"④ 进入阶级社会以来，任何理论都是该理论所代表的那个阶级的理论，马克思主义创始人及其继承者公开承认马克思主义的工人阶级阶级性，其阶级性就是真正意义上的人民性。马克思主义的阶级性和人民性是高度一致的，而不是像资产阶级理论那样两张皮，挂着羊头卖狗肉。在马克思主义者眼里，所谓人的解放、人的自由、人的幸福首先是工人阶级及其广大人民群众的解放、自由和幸福，工人阶级不解放全人类也就不能最终解放自己，从而不能最后地赢得全人类的解放、自由和幸福。无产阶级只有通过反对资产阶级的政

---

① 《马克思恩格斯文集》第 1 卷，人民出版社 2009 年版，第 550、552 页。
② 《马克思恩格斯全集》第 1 卷，人民出版社 1995 年版，第 215 页。
③ 《马克思恩格斯文集》第 4 卷，人民出版社 2009 年版，第 313 页。
④ 《毛泽东选集》第 1 卷，人民出版社 1991 年版，第 283 页。

治斗争，通过无产阶级专政、建设社会主义，才能最终通向全人类解放的共产主义，马克思主义为人民开辟了一条通向真理的道路。

正因为马克思主义是彻底的、完全的为着人民的理论，所以马克思主义必定要实现大众化。所谓大众化，就是为人民所接受、为人民所掌握、为人民所运用，从而指导人民通过改造世界的实践"打碎锁链，赢得最后的解放"。历史上的一切阶级的理论只有马克思主义才能做到大众化，其他任何阶级的理论都只是为本阶级少数人所接受、所掌握、所利用，充其量也只能束之高阁，为人民大众所不齿。实现大众化，是因为马克思主义是为了人民的理论使然，也是为了人民而永存真理的必然。

二 马克思主义是来自人民的理论，实现大众化是马克思主义永葆生命力的必由之路

理论来自实践，人民是实践的主体，科学理论来源于人民的实践，马克思主义是来自人民实践的理论，是最具实践性的真理。实践的观点是马克思主义首要的、基本的观点，实践性是马克思主义理论区别于其他理论的显著特征。马克思说："全部社会生活在本质上是实践的。"[①] 实践是人民的实践，正是工人阶级及其广大劳动人民群众的实践造就了马克思主义，也正是工人阶级及其广大劳动人民群众不断前行的实践，决定了马克思主义应运而生，并保证其不断丰富和发展，从而始终对不断变化的现实运动保持强大的解释力、引导力和永存不朽的活力。人民的实践是鲜活的、发展的，不断从人民实践中汲取养分的马克思主义，也是鲜活的、发展的。因为马克思主义不仅是一种学说，而且其本身就是人民实践的运动、人民实践的产物，从而是人民实践的指南针。

---

① 《马克思恩格斯文集》第 1 卷，人民出版社 2009 年版，第 502 页。

马克思主义自从创立之时起，就将自身的理论学说植根于无产阶级的革命实践之中，不断生根发芽、开花结果。资本主义社会矛盾激化的实践条件和工人运动、社会主义运动的实践活动，是马克思主义得以产生的深厚基础。19世纪中期，资本主义内在矛盾逐渐激化，矛盾产生危机，危机引发反抗，无产阶级的革命实践从此在历史舞台展开。19世纪欧洲三大工人运动标志着工人运动的蓬勃展开，这为马克思和恩格斯创建科学社会主义创造了坚实的社会条件和实践基础。马克思主义创始人不仅总结人民的斗争实践，而且亲身参加人民的革命实践，义无反顾地投入轰轰烈烈的工人运动，始终站在斗争的最前列，如火如荼的人民群众实践创造并推进了马克思主义。

实践是具体人民的实践。不同时代、不同国家人民的具体实践铸就马克思主义得以蓬勃发展的旺盛生命力。马克思主义要发展必须要与人民具体的实践相结合，也就是与本国的实际相结合，只有与本国实际相结合，才能不断锻造并催生马克思主义新的内容，这是马克思主义永不枯竭、永葆不息生命力的秘诀。

20世纪的马克思主义——列宁主义产生于俄国工人阶级及其广大人民群众如火如荼的社会主义革命实践。19世纪末至20世纪初，世界资本主义发展到帝国主义阶段。作为一个尚带浓厚封建色彩的后发资本主义国家，沙皇俄国各种社会矛盾十分尖锐，特别是人民群众同沙皇专制统治阶级的矛盾、无产阶级同资产阶级的矛盾、新的社会生产力同沙俄封建生产关系的矛盾相互交织，如何将反对沙皇专制统治的资产阶级民主革命转变为无产阶级社会主义革命，成为当时俄国马克思主义者的艰巨任务。当时国际上修正主义泛滥，错误的思想观点一度成为极具迷惑性的学说。面对全新的革命实践，列宁及时总结工农群众的革命实践的新鲜经验，以渊博的知识和不屈不挠的毅力，不仅在理论上彻底批判各种非马克思主义和反马克思主义思潮，而且在实践中亲力亲为，领导俄国工农群众打破帝国主义链条上的薄弱环节，夺取了十月革命的胜利，建立了第一个社会主义国家，开辟了人类历史的新纪元，发展了马克思主义。

中国共产党在实践过程中，将马克思主义基本原理与中国的革命实践和具体实际相结合，不断坚持和发展马克思主义，产生了一个又一个马克思主义中国化的理论成果。中国人民长期的革命、建设、改革实践不断推动着马克思主义生命延续的历史进程。在我国新民主主义革命、社会主义革命和社会主义建设的实践过程中，以毛泽东同志为主要代表的中国共产党人领导中国人民，总结我国最广泛的革命和建设实践正反两方面历史经验，开辟了一条农村包围城市、武装夺取政权的革命新道路，建立了社会主义制度的新中国；开创了在落后的中国如何进行社会主义建设、完善社会主义制度的新篇章，奠定了中国特色社会主义的制度基础、物质前提和理论准备，形成了马克思主义中国化的第一个重大理论成果——毛泽东思想，实现了 20 世纪马克思主义中国化的第一次结合、第一次飞跃。

1978 年党的十一届三中全会召开，开启了改革开放的历史新时期。中国共产党领导中国人民在改革开放和社会主义现代化建设的伟大实践中，在总结我国社会主义建设正反两方面的历史经验和改革开放以来的新鲜经验，吸取其他社会主义国家兴衰成败经验教训的基础上，逐步形成了包括邓小平理论、"三个代表"重要思想、科学发展观在内的中国特色社会主义理论体系，实现了 20、21 世纪之交马克思主义中国化的第二次结合、第二次飞跃。

中国特色社会主义进入新时代，习近平新时代中国特色社会主义思想是产生于这一伟大时代伟大人民的伟大实践。新时代提出新要求，新要求催生新实践，新实践产生新理论，新理论引领新实践。党的十八大以来，以习近平同志为核心的党中央坚持以马克思列宁主义、毛泽东思想、邓小平理论、"三个代表"重要思想、科学发展观为指导，坚持解放思想、实事求是、与时俱进、求真务实，坚持辩证唯物主义和历史唯物主义，紧密结合新的时代条件和实践要求，以全新的视野深化对共产党执政规律、社会主义建设规律、人类社会发展规律的认识，进行艰辛理论探索，取得重大理论创新成果，创立了习近平新时代中国特色社会主义思想，实现了21世纪马克思主义中国化的再次结合、再次飞跃。

历史表明，马克思主义是来自人民的理论，离开了人民生动实践的源泉，它就会成为无源之水、无本之木，就会失去发展的动力和内在的活力。马克思主义产生和发展于人民实践的过程，马克思主义与人民实践相结合的过程，也就是马克思主义大众化的过程。马克思主义大众化的过程既是马克思主义掌握人民群众，与人民实践相结合的过程，又是人民群众实践孕育马克思主义并不断推进马克思主义创新发展的过程。马克思主义的形成发展的过程就是马克思主义大众化的过程，马克思主义大众化的过程也是马克思主义形成发展的过程。实现大众化，是因为马克思主义是来自人民的理论使然，也是来自人民而永葆活力的关键。

三 马克思主义是依靠人民的理论，实现大众化是马克思主义永续战斗力的动力源泉

马克思主义不仅是为了人民、来自人民的理论，更重要的是依靠人民的理论。马克思主义是伟大的真理，正在于它充分认识到并高度肯定人民的力量，正是毫无保留地依靠人民，才能让马克思主义保持战胜一切的斗志和力量。马克思主义不仅是为了人民、来自人民，更重要的是发现了工人阶级这个代表新的社会生产力的物质力量。工人阶级及其广大人民群众是马克思主义得以实现"改造世界"的使命，而必定依靠的物质力量。马克思主义只有教育人民群众、动员人民群众，掌握人民群众，依靠人民群众才能完成马克思主义的时代任务。

马克思指出："批判的武器当然不能代替武器的批判，物质力量只能用物质力量来摧毁；但是理论一经掌握群众，也会变成物质力量。"① 伴随着资本主义剥削制度的产生，也就产生了抨击人吃人的资本主义制度的空想社会主义。空想社会主义无情地批判了资本主义制度，描绘了未来美好的共产主义社会，但由谁担负起埋葬资本主义制度的历史使命，通过什么方式、采取什么手段才能达到美好社会的彼岸，它一筹莫展，找不到答案，陷于空想。马克思主义创始人不仅发现资本主义必然灭亡、社会主义必然胜利的历史规律，而且发现了资本主义的掘墓人——工人阶级，认为只有工人阶级才能肩负起消灭资本主义的历史使命，只有依靠无产阶级及人民大众这一最强大的物质力量，通过无产阶级革命和无产阶级专政，才能摧毁资本主义，彻底埋葬旧社会，建设一个全新的社会。列宁指出："工人本来也不可能有社会民主主义的意识。这种意识只能从外面灌输进去……"② 工人阶级不能自发地产生革命的理论，工人阶级由自在的阶级变成自为的阶级，必须经先进理论的武装。工人阶级一旦与马克思主义相结合就会迸发出打碎旧社会、建立新社会的强大物质能量。没有革命的理论就没有革命的行动。中国人民正是掌握了马克思主义，才胜利地完成新民主主义革命和社会主义革命，成功地创建社会主义中国和中国特色社会主义，不断在建设和改革的历史进程中取得一个又一个伟大胜利。

"是英雄们创造历史，还是奴隶们创造历史"，这是历史唯物主义和历史唯心主义的一个根本分歧点。"人民，只有人民，才是创造世界历史的动力"③，人民群众是物质财富的创造者也是精神财富的创造者。马克思主义正是从依靠力量上决定了其必须实现大众化。

---

① 《马克思恩格斯文集》第 1 卷，人民出版社 2009 年版，第 11 页。
② 《列宁选集》第 1 卷，人民出版社 1995 年版，第 317—318 页。
③ 《毛泽东选集》第 3 卷，人民出版社 1991 年版，第 1031 页。

大众化的过程就是马克思主义政党动员人民、武装人民、依靠人民为了求得自身解放而英勇斗争的过程。马克思主义要实现经典作家所赋予它的"问题在于改变世界"① 的历史重任，就必须坚持人民主体地位，尊重人民首创精神，注重及时从人民群众中汲取智慧和力量，时刻关注人民群众的喜怒哀乐，始终为人民立言、为人民立功，一切依靠群众、一切为了群众。只有这样，才能确保马克思主义不过时、有活力。实现大众化，是因为马克思主义是依靠人民的理论使然，也是依靠人民而永续战斗力的根源。

四 马克思主义大众化的结果，必然是马克思主义的中国化和时代化

实现大众化，必须实现马克思主义中国化、时代化，而实现中国化、时代化，必须实现马克思主义大众化。马克思主义的"三化"是相辅相成的统一整体。

马克思主义是迄今为止人类理论思维的最高峰，揭示了自然、人类社会和思维的最一般规律，是科学的真理，赋予人类最伟大的认识工具和思想武器。这是就马克思主义最普遍的意义来说的，然而马克思主义要为不同的国家、民族的人民所接受，在不同的国家、民族的人民那里生根、开花、结果，就必须实现本土化，即民族化，也就是与本国具体实际相结合。具体到运用马克思主义与中国实际相结合，就要实现马克思主义中国化；马克思主义要为处在不同时代、不同历史阶段的国家、民族的人民所接受，必须与时俱进，以适应变化的时代条件的需要，就必须实现马克思主义时代化。无论是马克思主义中国化，还是马克思主义时代化，都必须为人民所接受、为人民所掌握、为人民所运用。一句话，就是必须实

---

① 《马克思恩格斯文集》第1卷，人民出版社2009年版，第502页。

现马克思主义大众化。

马克思主义是为了人民、来自人民、依靠人民的理论。对于人民理论来说，实现大众化是其必然结果。对于中国人民来说，实现大众化必须与中国人民所处的历史时代和具体实践相结合。在中国，实现大众化的过程，就是实现马克思主义中国化、时代化的过程，实现马克思主义中国化、时代化的过程就是实现大众化的过程。

马克思主义大众化的必然结果就是马克思主义中国化。毛泽东同志指出："洋八股必须废止，空洞抽象的调头必须少唱，教条主义必须休息，而代之以新鲜活泼的、为中国老百姓所喜闻乐见的中国作风和中国气派。"① 毛泽东同志的重要论述告诉我们，马克思主义要想在中国结出硕果，必须是"为老百姓所喜闻乐见"的，同时也必须具有"中国作风和中国气派"，实现马克思主义中国化，必须让马克思主义与中国人民结合起来，走大众化的道路。

回顾我们党领导人民进行革命建设实践的近百年历程，中国人民在斗争中掌握了马克思主义、实现了马克思主义大众化的同时，马克思主义也在中国开花结果，形成了具有中国作风、中国风格、中国气派的马克思主义。邓小平同志指出，"马克思主义是很朴实的东西，很朴实的道理"，必须"深入到群众中去"②。江泽民同志强调："理论掌握了群众，就能化为巨大的物质力量，就能推动我们的事业顺利发展。"③ 胡锦涛同志指出，要"不断推动当代中国马克思主义大众化，让当代中国马克思主义放射出更加灿烂的真理光芒"④。在中国共产党领导下，在中国革命、建设和改革的不同时期中国人民的伟大实践中，不断深化对马克思主义的理解，不断丰

① 《毛泽东选集》第2卷，人民出版社1991年版，第534页。
② 《邓小平文选》第3卷，人民出版社2001年版，第382页。
③ 《江泽民文选》第1卷，人民出版社2006年版，第43页。
④ 《胡锦涛文选》第3卷，人民出版社2016年版，第174页。

富马克思主义的科学内涵，不断推进 21 世纪当代中国马克思主义永续发展，造就马克思主义中国化的一个又一个理论成果。

马克思主义大众化的必然结果同时就是马克思主义时代化。马克思主义是时代化的最强者，是不断发展的时代的理论反映。时代在变化发展，马克思主义也要随着时代而不断发展创新。它博大精深，但并不追求体系完善而成为自我封闭僵化的理论体系，始终面向时代开放，将时代发展所提供的新实践和新知识纳入进来，不断回应人类社会面临的新挑战，从而保持旺盛发展力量和战斗活力。马克思一再告诫人们，"我不主张我们树起任何教条主义的旗帜""我们不是以空论家的姿态，手中拿了一套现成的新原理向世界喝道：真理在这里，向它跪拜吧！"① 一言以蔽之，马克思主义并没有结束真理，而是随着时代的变化而不断开辟通往真理的道路。实现马克思主义大众化，必须顺应时代发展、回答时代课题，让马克思主义在新的时代开花结果。

人民群众的具体实践反映了时代的需要，是时代的最强音。推进马克思主义大众化必须注重及时从人民群众中汲取智慧和力量，时刻关注人民群众的历史诉求，让马克思主义在人民群众中落地生根。这就必须与时俱进，积极回应解决人民群众在革命斗争、生产生活实践中的一系列基本问题，集中解决不同时代的社会主要矛盾，不能让马克思主义陷于"客里空"。

回顾马克思主义中国化的发展史，其理论的发展无不伴随着对当时人民革命建设改革实践的核心问题的时代回应。新民主主义革命时期，我们党正确分析半殖民地半封建中国的社会矛盾，取得了新民主主义革命的胜利。新中国成立后特别是我国社会主义基本制度建立后，党的八大明确指出："国内的主要矛盾，已经是人民对于建立先进的工业国的要求同落后的农业国的现实之间的矛盾，已

---

① 《马克思恩格斯全集》第 1 卷，人民出版社 1956 年版，第 418 页。

经是人民对于经济文化迅速发展的需要同当前经济文化不能满足人民需要的状况之间的矛盾。"① 党的十一届三中全会以后，我们党科学分析我国社会主义初级阶段主要矛盾，对党的八大的提法作了进一步提炼，提出"我国社会的主要矛盾是人民日益增长的物质文化需要同落后的社会生产之间的矛盾"。中国特色社会主义进入新时代，党进一步指出，我国社会主要矛盾已经转化为人民日益增长的美好生活需要和不平衡不充分的发展之间的矛盾。我们党对我国社会主要矛盾时代变化的回应，先后形成了毛泽东思想、中国特色社会主义理论体系和习近平新时代中国特色社会主义思想。

推进马克思主义大众化，是我们党开辟事业发展新局面的一个重要法宝。毛泽东同志曾多次论述马克思主义大众化问题，强调要"让哲学从哲学家的课堂上和书本里解放出来，变为群众手里的尖锐武器"②。而马克思主义大众化又是与其中国化、时代化紧密联系，统一于人民的伟大实践。

---

① 参见中国共产党第八次全国代表大会《关于政治报告的决议》。
② 《毛泽东文集》第 8 卷，人民出版社 1999 年版，第 323 页。

坚持中国共产党的领导是近百年来
中国历史进程的深刻昭示[*]

2020 年是中国共产党成立 99 周年，2021 年我们将迎来中国共产党百年华诞。近百年来，中国共产党团结带领中国人民取得一个又一个伟大胜利。回首过去，展望未来，中国共产党近百年历史深刻昭示我们，要实现中华民族伟大复兴的中国梦，就必须始终坚定不移地坚持党的领导。

一　中国共产党走上历史大舞台是时代发展的必然

历史的车轮滚滚向前，扬起了历史的尘埃，也创造了历史的辉煌。回首我国近代百年历史，是中国共产党带领各族人民进行新民主主义革命和社会主义革命、社会主义建设和发展中国特色社会主义的历史；百年历史，是中华民族胜利的历史，是社会主义在中国胜利的历史，也是马克思主义在中国胜利的历史，更是中国共产党胜利的历史。回首这段历史，它是极其壮丽的，然而又是曲折、艰难、悲壮的。

以 1840 年鸦片战争为转折，一度强盛的中国在世界风云突变格局中沦落为帝国主义列强欺凌的对象，中国开始成为半殖民地半

＊　原载《党建》2020 年第 8 期。

封建社会。面对积贫积弱、满目疮痍的旧中国，无数仁人志士努力以自认可行的方式力图挽救中华民族走向衰亡的命运。

第一条没有走通的道路，是农民阶级发起的农民运动。太平天国运动、义和团运动，这些以农民为主体的运动，最终都在封建王朝和帝国主义的双重镇压下，以失败告终。究其原因，在于近代以来的中国社会是半殖民地半封建社会，中国农民忍受的是帝国主义和封建主义的双重压迫。更为重要的是，农民阶级并不是新的生产力的代表，没有先进思想，不能代表历史前进方向，农民革命的失败是必然结局。

第二条没能走通的道路，是统治阶级内部的改良运动。中国封建地主阶级较有远见的人士提出"师夷长技以制夷"，推行洋务运动，但失败了。代表新兴资产阶级的维新派希冀通过不改变封建君主制度，以图资本主义改良变法实现强国梦，然而戊戌变法只维持了百天之久。究其失败原因，是封建制度的腐朽反动。

第三条没能走通的道路，是资产阶级旧民主主义革命运动。1911年新兴资产阶级革命派发动了辛亥革命，结束了中国几千年的封建专制制度。然而，袁世凯勾结帝国主义势力，窃取了辛亥革命的果实，资产阶级共和国的处方并没有解救中国。究其原因，是帝国主义列强瓜分中国的殖民利益决定了它们绝不容许中国走独立自主的资本主义道路，中国反动腐朽的封建势力也极力反对推翻封建统治。更为重要的是中国民族资产阶级具有天生的两面性，虽有革命性的一面，但其软弱性、妥协性，使它不能进行真正的彻底革命。

那么，如何才能挽救中华民族于危亡，怎样才能改变中国沉沦的命运，谁才能引领中国实现民族独立和人民解放，完成振兴中华之伟业呢？十月革命一声炮响，为中国送来了马克思列宁主义。中国共产党登上历史舞台成为历史的必然。

二　没有中国共产党就没有新中国

中国共产党在马克思主义指导下，从时代要求和中国具体国情出发，制定了中国革命分"两步走"的战略策略：第一步先进行中国共产党领导的新民主主义革命，推翻帝国主义、封建主义和官僚资本主义，建立人民民主和独立解放的新中国；第二步进行社会主义革命，建立社会主义制度，进行社会主义建设。

中国共产党成立之初，就掀起了轰轰烈烈的工人运动和农民运动，促成了国共第一次合作，发动了轰轰烈烈的大革命。然而，国民党反动派逐渐暴露了反动阶级的本性。1927 年蒋介石悍然发动了"四一二"反革命政变，共产党蒙受了巨大损失，大革命以失败告终。中国共产党总结了大革命失败的教训，及时纠正了以陈独秀为代表的右倾机会主义错误。以毛泽东同志为主要代表的中国共产党人深刻地认识到，党绝对不能放弃中国革命的领导权，得出了"枪杆子里面出政权"的真理。毛泽东同志领导了井冈山红色政权的斗争，确立了党对人民军队的绝对领导，建立了革命根据地，走上了以农村包围城市、武装夺取政权的革命道路。但土地革命战争时期，以王明为代表的"左"倾教条主义，脱离中国革命实际，推行极"左"的路线和政策，致使红军和根据地遭受了惨重损失。遵义会议挽救了党、挽救了红军、挽救了中国革命。在艰苦卓绝的中国革命进程中，毛泽东同志领导全党科学认识中国革命实际，把马克思主义基本原理与中国具体实际相结合，形成了毛泽东思想。在毛泽东思想的指引下，中国共产党人领导中国工人阶级、农民阶级和最广大人民，以先进的思想、正确的路线、优良的作风、不畏牺牲的精神取得了抗日战争和解放战争的胜利，打倒了帝国主义、封建主义和官僚资本主义，推翻了国民党反动派的政治统治。1949 年10 月1 日，中华人民共和国成立了，中国人民从此站起来了。在反抗帝国主义、封建主义、官僚资本主义的斗争中，中国共产党为中国人民提供了正确的指导思想、指明了前进的方向、实现了坚强的领导。新民主主义革命胜利的事实雄辩地证明，中国共产党是先进生产力的代表、是先进思想的化身、是当之无愧的伟大领导者，没有中国共产党，就没有中华人民共和国。

中华人民共和国的成立标志着中华民族的独立，标志着中国新民主主义革命的胜利。那么接下来的路应该怎么走呢？根据马克思主义的原则要求，按照中国共产党制定的革命纲领，在取得新民主主义革命胜利之后，必须进行社会主义革命，把中国引上社会主义道路。

但在没有经过资本主义的充分发展，进行社会主义革命和建设社会主义，这是史无前例的重大课题。以毛泽东同志为主要代表的中国共产党人成功地解决了这一重大课题，成功地进行社会主义革命，建立了社会主义制度。新中国成立后，经过社会主义改造，确立了以公有制为基础的社会主义制度，为当代中国的一切发展提供了根本政治前提和制度基础。从1956年开始，中国共产党进行了社会主义建设的艰辛探索。在探索的历史过程中，尽管经历了严重曲折，但党在社会主义建设中取得的独创性理论成果和巨大成就，为新的历史时期开创中国特色社会主义提供了宝贵经验、理论准备和物质基础。新中国成立30年的历史说明，没有中国共产党的英明领导，就没有社会主义的新中国。

三　没有中国共产党的领导就没有中国特色社会主义，就没有中华民族的伟大复兴

中国共产党既是勇于实践，善于创新，不断从胜利走向胜利的党，又是善于总结经验教训，从失败中找到成功之路，永远立于不败之地的党。1978年召开的党的十一届三中全会，以邓小平同志为

主要代表的中国共产党人，总结以往的成功经验和失误教训，特别是"文化大革命"的失误，果断停止了"以阶级斗争为纲"的错误路线，恢复了实事求是的思想路线，开始了中国特色社会主义建设的新长征。在邓小平理论、"三个代表"重要思想和科学发展观指导下，中国特色社会主义取得巨大成就。党的十八大以来，在习近平新时代中国特色社会主义思想指导下，中国特色社会主义开创了新局面，进入了新时代。

我们党经过 99 年艰苦卓绝的奋斗，其间经过 28 年前仆后继的英勇斗争，30 年社会主义建设的艰苦探索，40 多年改革开放和现代化建设，走出了一条中国特色社会主义成功道路。习近平总书记在党的十九大报告中指出："中国特色社会主义是改革开放以来党的全部理论和实践的主题，是党和人民历尽千辛万苦、付出巨大代价取得的根本成就。"[1] 坚持和发展中国特色社会主义，必须始终坚持中国共产党的领导。中国共产党是中国特色社会主义伟大事业的领导核心，中国特色社会主义取得如此辉煌的成就，离不开中国共产党的坚强领导。习近平总书记多次强调，中国特色社会主义最本质的特征是中国共产党领导，中国特色社会主义制度的最大优势是中国共产党领导。正是这一本质特征和最大优势，保证了中国特色社会主义行稳致远、不断发展壮大。

纵观中国共产党成立近百年的历史，是中华民族从积贫积弱走向富裕强盛的历史，也是资本主义制度不断显出疲态走向衰败的历史。总结百年历史大变局之中的中国特色社会主义的伟大成就，可以得出这样一个历史已然雄辩证明的根本性判断：中国人民选择了马克思主义，选择了中国共产党，选择了社会主义道路，选择了中国特色社会主义，这是历史的必然，是唯一正确的选择。总结中国近代以来百年历史之真经，归根结底就是一句话：必须坚持中国共

---

① 习近平：《决胜全面建成小康社会 夺取新时代中国特色社会主义伟大胜利——在中国共产党第十九次全国代表大会上的报告》，人民出版社 2017 年版，第 16 页。

产党的领导。

中国共产党的领导地位是历史必然和人民选择的结果。世界百年未有之大变局，证实了中国共产党强大的领导力量和卓越的治理能力，能够为中华民族的永续发展注入根本性定力和动力。与时代同进的中国共产党人站在百年未有之大变局的新的历史起点上，必须始终坚持马克思主义的指导，始终坚持实事求是的思想路线，与时俱进地将马克思主义基本原理与中国具体实际相结合，不断推进马克思主义中国化、时代化、大众化，切实用习近平新时代中国特色社会主义思想武装头脑、指导实践、推动工作。必须继续抓住新的历史机遇，勇敢地迎接挑战，在变局中开新局，变压力为动力，以自我革命的优良传统、艰苦卓绝的斗争精神、为人民服务的赤子初心，坚韧不拔地开展伟大斗争，为建设社会主义现代化强国、实现中华民族伟大复兴，开拓进取，奋力前行。

中国共产党百年和马克思主义中国化的伟大进程[*]

2021 年是中国共产党成立 100 周年，在这样一个伟大而特殊的历史时刻，回顾中国共产党领导中国人民进行革命、建设、改革的百年奋斗历程，总结中国共产党带领全国人民不懈探索马克思主义同中国具体实践相结合的历史经验，深刻认识和准确把握不同历史时期我们党坚持、丰富和发展马克思主义的规律和特点，对于在新的历史起点上坚持和发展马克思主义，不断推进马克思主义中国化，运用中国化的马克思主义指导实践，具有十分重要的理论和实践意义。

一　把马克思主义作为党的根本指导思想和理论基础，是中国共产党人首要的政治选择

中国共产党是以马克思主义为指导的工人阶级政党，把马克思主义作为党的根本指导思想和理论基础，既是由党的性质所决定的，也是由近代以来中国的具体国情、中国所处的世情、世界历史时代发展大势所决定的。

理论一经掌握群众，就会变成强大的物质力量。马克思指出：

---

　　[*] 原载《世界社会主义研究动态》2021 年 5 月 28 日，以"从百年党史看马克思主义中国化伟大历程"为题发表于《中国纪检监察报》2021 年 5 月 6 日。

"批判的武器当然不能代替武器的批判，物质力量只能用物质力量来摧毁；但是理论一经掌握群众，也会变成物质力量。"① 物质变精神，精神变物质。任何一个社会形态的物质基础和条件必然产生相应的思想理论。作为先进生产力首要因素的工人阶级及其赖以生存的生产方式，必然产生先进的思想理论。工人阶级及其阶级意识与由该阶级意识上升为观念形态的先进思想是一致的。工人阶级作为先进生产力的物质力量，一旦接受并实际运用先进思想，与先进思想相结合，必然形成改造旧世界的强大物质力量，必然付诸改造世界的伟大实践，实现推翻人剥削人的资本主义社会，创造美好的社会主义和共产主义社会的伟大变革。

马克思主义理论是马克思、恩格斯在继承人类优秀文化遗产、总结工人运动经验基础上，所创造的关于无产阶级和全人类解放的先进思想，是无产阶级根本利益的科学理论。马克思主义创始人不仅发现资本主义必然灭亡、社会主义必然胜利的历史规律，而且发现了资本主义的掘墓人——工人阶级，认为只有工人阶级才能肩负起消灭资本主义的历史使命，只有依靠无产阶级及人民大众这一最强大的物质力量，通过无产阶级革命和无产阶级专政，才能摧毁资本主义，彻底埋葬旧社会，建设一个全新的新世界。马克思主义经典作家把这一先进思想赋予了工人阶级及其广大人民大众。

列宁指出："工人本来也不可能有社会民主主义的意识。这种意识只能从外面灌输进去……"② 工人阶级是不能自发地产生先进思想和革命理论的，工人阶级的先进思想是由工人阶级的先进知识分子发掘、总结、概括出来的。工人阶级与先进思想相结合，必须是由工人阶级的先进分子所组成的工人阶级政党从外部灌输到工人阶级头脑中，工人阶级只有掌握了马克思主义这一先进思想，才能由自在的阶级变成经先进理论武装起来的自为的阶级。也就是说，

---

① 《马克思恩格斯文集》第 1 卷，人民出版社 2009 年版，第 11 页。
② 《列宁选集》第 1 卷，人民出版社 1995 年版，第 317—318 页。

工人阶级一旦与马克思主义相结合，才能够迸发出打碎旧社会、建立新社会的强大物质能量，成长为大有可为的自为的阶级。

马克思主义是工人阶级的世界观，是工人阶级求解放、谋幸福的思想法宝。在马克思主义诞生之前，工人运动处在自发阶段，单纯的以经济斗争为目的，斗争的手段不外乎是捣毁机器和无明确政治目的的罢工示威等。马克思主义诞生以后，经过马克思主义政党在工人阶级中推进的舆论传播、思想教育与理论武装，工人运动进入到一个崭新的历史阶段。马克思主义这一真理与工人阶级的伟大物质力量相结合，经过160余年的沧桑，已经发挥并正在发挥着改造世界的巨大威力。

马克思主义一经与中国工人阶级的伟大实践相结合，立刻并持久地生发出强大的物质力量。中国工人阶级的先进分子选择了马克思主义，接受了马克思主义，走上马克思主义指引的正确道路，是经过长期的、艰苦的探索之后所作出的唯一正确的历史选择。在近代中国历史上，为了拯救生活在水深火热之中的中华民族，曾经涌现出一批有作为的先进人物，提出种种救国图强方案，为中华民族振兴作出了不懈的努力。然而，旨在救国救民的斗争和探索，譬如，志在推翻封建统治的太平天国农民起义，具有反对外国列强侵略性质的禁烟运动，企图引进西方近代工业文明以维持封建统治的洋务运动，试图保留皇权的资产阶级改良运动的戊戌变法，群众性的义和团运动，孙中山领导的旧式资产阶级民主主义的辛亥革命……虽然每一次都在一定的历史条件下推动了中国进步，但又一次一次地归于失败。究其主观上的根本原因，就是没有正确的理论指导。除了旧式农民起义外，在半封建半殖民地性质的旧中国，幻想运用资产阶级思想武器，采取改良主义的或资产阶级旧式民主主义革命的方式，建立资产阶级民主共和国，走资本主义富国道路，是不可能解救中国、复兴中华的，外国帝国主义列强不允许，中国封建统治阶级也不允许。这是由近代中国半殖民地半封建社会的国情，世界已进入帝国主义和无产阶级革命时代的大趋势所决定的。

中国共产党人自从把马克思主义作为思想指导，把马克思主义运用于中国革命、建设和改革实际，中国工人阶级和人民面貌从此焕然一新。中国共产党是马克思主义与中国工人运动相结合的产物。经历五四运动洗礼，中国先进知识分子通过十月革命接受了马克思主义，认识到中国必须选择社会主义作为实现中华民族复兴伟业的唯一出路，选择社会主义道路，就必然选择工人阶级作为领导阶级，选择工人阶级政党作为领导核心，选择马克思主义作为指导思想。中国工人阶级的先进代表找到马克思主义，把马克思主义作为指导思想，缔造了中国共产党，以马克思主义武装起来的中国共产党带领人民走出了一条民族复兴的光明之路。

以毛泽东同志为代表的中国共产党人，自觉运用马克思主义立场观点方法深刻分析中国社会的性质和特征，正确剖析中国社会各阶级的状况、关系及其在中国社会中的地位，科学把握中国革命的规律和特点，逐步形成了指导中国革命的正确的路线、方针、政策和战略、策略，成立了新中国，取得了新民主主义革命的伟大胜利。

新中国成立以后，党不失时机地制定了社会主义过渡时期的总路线，成功地进行了社会主义革命，完成了社会主义所有制改造，建立了社会主义制度，取得了先进行新民主主义革命，再不间断地进行社会主义革命的分"两步走"的中国革命的伟大胜利。在社会主义建设时期，毛泽东同志身体力行，领导全党进行了社会主义建设的艰辛探索，取得了伟大的成就。十一届三中全会以后，中国进入了改革开放和社会主义现代化建设新时期。邓小平同志领导全党紧紧围绕改革开放和社会主义现代化建设的实际，以巨大的政治勇气和理论勇气，开辟了中国特色社会主义伟大事业，成功地走出了中国特色社会主义道路。党的十八大标志中国特色社会主义进入新时代，这意味着近代以来久经磨难的中华民族迎来了从站起来、富起来到强起来的伟大飞跃，迎来了实现中华民族伟大复兴的光明前景。中国共产党百年奋斗的历史和实践一再证明，把马克思主义作为党的根本指导思想和理论基础，把社会主义作为实现中华民族振兴的正确出路，是中国共产党唯一正确的政治选择。

二　把马克思主义普遍真理和中国实际相结合，是中国共产党成功的根本经验

把马克思主义普遍真理与中国革命、建设、改革的实践相结合，不断推进马克思主义中国化，用中国化的马克思主义指导具体实践，这是中国共产党成功的秘诀。

马克思主义中国化是马克思主义与中国实际相结合的理论产物。马克思主义中国化，就是把马克思主义基本原理与中国实际相结合，吸收中国和外国先进思想的精华，用中国气派、中国特色的理论话语体系所建构起来的中国化的马克思主义。中国化的马克思主义，是对马克思主义的创新、丰富和发展。中国共产党人从百年成功和失败的经验教训中深切体会到，把马克思主义与中国实际相结合，创造中国化马克思主义的极端重要性。

把马克思主义与中国实际相结合的过程，就是马克思主义中国化的过程。正如中国共产党的一百年波澜壮阔的历史一样，马克思主义中国化的进程也不是一帆风顺的。中国共产党人是在批判教条主义、经验主义等主观主义的斗争过程中，实现把马克思主义普遍真理和中国实际相结合的。

在中国共产党历史上，脱离中国实际的教条主义曾经造成严重危害，几乎葬送了党的事业。大革命时期，陈独秀右倾机会主义脱离中国实际，致使党在强大敌人的突然袭击下遭到惨重失败，已经发展到近6万名党员的党只剩下了1万多名党员，轰轰烈烈的大革命归于失败。土地革命战争时期，王明"左"倾机会主义把马克思

主义教条化，把共产国际决议和苏联经验神圣化，用马克思主义书本上的现成结论裁剪中国革命实际，使革命根据地和白区的革命力量遭受到极大损失，中央革命根据地几近丧失，红军从 30 万人锐减到 3 万人左右。中国共产党早期的"左"倾机会主义错误导致中国革命历经曲折，甚至一度陷入绝境。

大革命失败后，以毛泽东同志为代表的中国共产党人走上创建工农武装、开展武装斗争，以农村包围城市的中国革命正确道路。马克思主义经典作家着重分析的是在西方资本主义国家进行无产阶级革命的问题。无论是巴黎公社革命，还是俄国十月社会主义革命，都是主要依靠工人阶级在中心城市发起武装起义，夺取政权的。在农民占绝大多数、产业工人数量比较少的半殖民地半封建社会的中国，如何发挥马克思主义的指导作用，指导中国这样一个相对落后的东方大国进行武装革命，夺取政权，走社会主义道路，这是一个极为复杂的实践难题，既没有现成的结论可以照办，又没有现成的经验可以照搬。

毛泽东同志一贯重视党的思想路线问题，对于教条主义深恶痛绝，他先后多次对教条主义进行集中批判。为反对当时党内和红军队伍中的教条主义思想而撰写的《反对本本主义》，成为马克思主义中国化的标志性文献，为马克思主义中国化奠定了理论基础。作为党内正确路线的主要代表，毛泽东同志从实际而不是本本出发，深入调查研究，科学分析国情、世情，科学认识中国革命形势，将马克思主义基本原理与中国具体实际相结合，在事关中国革命的前途命运、战略策略的重大原则问题上取得了科学结论，实现了马克思主义的中国化，在中国化的马克思主义指导下，成功地走出了一条中国革命的正确道路。

在中国社会主义建设道路的探索进程中，我们党虽然创造了伟大的成就，但也曾经出现过离开马克思主义思想路线的严重错误。江泽民同志《在庆祝中国共产党成立八十周年上的讲话》中指出：

"我们党在历史上的一些时期曾经犯过错误，甚至遭到严重挫折，根本原因就在于当时的指导思想脱离了中国的实际。我们党能够依靠自己和人民的力量纠正错误，战胜挫折，继续胜利前进，根本原因就在于重新恢复和坚持贯彻了解放思想、实事求是的思想路线。"① 中国共产党是最善于从失败中吸取经验教训的马克思主义政党。十一届三中全会是我们党历史上继遵义会议之后在关键时刻召开的又一次扭转乾坤的关键会议。十一届三中全会重新恢复和坚持了实事求是的思想路线，一切从实际出发，走自己的道路，开辟了中国特色社会主义新局面，取得改革开放的伟大成就，中华民族复兴中国梦伟业即将实现的曙光就像一轮红日喷薄即出。

无论是在革命时期，还是建设时期，脱离了中国实际或者违背了马克思主义，我们的事业就会遭遇挫折。从成功和失败的经验教训中，中国共产党人深切感悟到把马克思主义普遍真理和中国实际相结合的至关重要性。

马克思主义中国化的问题，实质上就是哲学的"一般性"与"特殊性"，即共性与个性的辩证关系问题。一般性寓于特殊性之中，根本不存在离开特殊性的一般性，一般性来自于特殊性，离开了特殊性，一般性也就失去了意义，成为抽象的教条。所谓马克思主义中国化，就是运用马克思主义的"一般"，即马克思主义世界观和方法论，而不是马克思主义的具体结论，去说明和解决中国的"特殊"问题，形成与中国实际相结合的马克思主义，即中国化的马克思主义。毛泽东同志把这一条马克思主义的哲学真谛生动地概括为实事求是的哲学精髓，从党的思想路线高度解决了马克思主义中国化的哲学依据问题。早在井冈山斗争时期，毛泽东同志就已经从思想路线高度论及马克思主义中国化问题。他在 1930 年就明确指出："马克思主义的'本本'是要学习的，但是必须同我国的实

---

① 《江泽民文选》第 3 卷，人民出版社 2006 年版，第 283 页。

际情况相结合。"① 在 1936 年《中国革命战争中的战略问题》一文中，他从哲学高度科学地阐明了"一般性"与"特殊性"的辩证关系。在 1937 年的《实践论》《矛盾论》两部马克思主义哲学中国化的经典论著中，他科学地论证了矛盾的"一般性"和"特殊性"的哲学原理，说明了马克思主义是"一般"，而中国革命是"特殊"，马克思主义的"一般"必须要与中国革命的"特殊"相结合，形成了马克思主义与中国具体实践相结合的马克思主义中国化的基本理念。1938 年 10 月，在延安召开的党的六届六中全会上，毛泽东同志作了题为《论新阶段》的政治报告，首次对马克思主义中国化问题作了深刻论述，他说："……马克思主义必须和我国的具体特点相结合并通过一定的民族形式才能实现。马克思主义的伟大力量，就在于它是和各个国家具体的革命实践相联系的。对于中国共产党说来，就是要学会把马克思列宁主义的理论应用于中国的具体的环境。……离开中国特点来谈马克思主义，只是抽象的空洞的马克思主义。因此，使马克思主义中国化，使之在其每一表现中带着必须有的中国的特性，即是说，按照中国的特点去应用它，成为全党亟待了解并亟须解决的问题。"② "洋八股必须废止，空洞抽象的调头必须少唱，教条主义必须休息，而代之以新鲜活泼的、为中国老百姓所喜闻乐见的中国作风和中国气派。"③ 这里，毛泽东同志明确提出了马克思主义中国化的实质、方法和形式问题。他关于马克思主义中国化的经典论述，开辟了马克思主义在中国实践中创新发展的新境界。

　　普遍性与特殊性相结合是马克思主义中国化的哲学根据。马克思主义活的灵魂就是具体问题具体分析。解决中国问题，一定要把马克思主义"一般"原理与中国特殊的具体实际实现灵活的结合。

---

① 《毛泽东选集》第 1 卷，人民出版社 1991 年版，第 111—112 页。
② 《建党以来重要文献选编》（1921—1949）第 15 卷，中央文献出版社 2011 年版，第 651 页。
③ 《毛泽东选集》第 3 卷，人民出版社 1991 年版，第 844 页。

　　我们党始终重视把马克思主义普遍真理和中国实际相结合，党的历代领导人都是重视并实现"结合"的光辉典范。1939 年，毛泽东同志在《〈共产党人〉发刊词》中，总结 18 年来党的建设的历史和经验，明确提出了"将马克思列宁主义的理论和中国革命的实践相结合"①。邓小平同志指出："只有结合中国实际的马克思主义，才是我们所需要的真正的马克思主义。"② 在新民主主义革命、社会主义革命和社会主义建设时期，毛泽东同志带领全党成功实现了马克思主义与中国实际相结合，取得了中国革命的伟大胜利，取得了中国社会主义建设的巨大成就，为中国特色社会主义道路的开辟奠定了制度前提、物质基础和理论准备，创造了马克思主义与中国实际相结合的典范。

　　在社会主义改革开放新时期和中国特色社会主义新时代，我们党开辟了中国特色社会主义道路、创立了中国特色社会主义理论体系、确立了中国特色社会主义制度，这也都是坚持马克思主义与中国实际相结合的伟大成果。邓小平同志指出："把马克思主义的普遍真理同我国的具体实际结合起来，走自己的道路，建设有中国特色的社会主义。这就是我们总结长期历史经验得出的基本结论。"③ 邓小平同志带领全党创造性地创立了马克思主义与中国实际相结合的新时期的典范。

　　江泽民同志全面总结中国共产党八十年的奋斗业绩和基本经验时指出，八十年的实践启示我们，必须始终坚持马克思主义基本原理同中国具体实际相结合，坚持科学理论的指导，坚定不移地走自己的路。胡锦涛同志在总结改革开放经验时指出，在 30 年的创造性实践中，我们经过艰辛探索，积累了宝贵经验，概括起来说，就是党的十七大阐明的"十个结合"。其中第一个结合就是"必须把

---

① 《毛泽东选集》第 2 卷，人民出版社 1991 年版，第 611 页。
② 《邓小平文选》第 3 卷，人民出版社 1993 年版，第 213 页。
③ 《邓小平文选》第 3 卷，人民出版社 1993 年版，第 3 页。

坚持马克思主义基本原理同推进马克思主义中国化结合起来"①，坚持解放思想、实事求是、与时俱进，以实践基础上的理论创新为改革开放提供理论指导。江泽民与胡锦涛同志带领全党持续推进马克思主义与中国实际相结合，创造了新的典范。

党的十八大以来，习近平总书记反复强调学习马克思主义的重要性，要求全党认真学习马克思主义，把握马克思主义中国化最新成果，把马克思主义与当代中国实际相结合，用科学理论武装头脑、指导实践、推动工作。习近平同志领导全党创造了马克思主义的基本原理和新时代中国特色社会主义的具体实际相结合的最新典范。

在马克思主义中国化的进程中，中国共产党实现了两次伟大结合，完成了三次历史性飞跃，产生了三个马克思主义中国化的理论成果。中国共产党的历史性贡献与马克思主义中国化的历史进程紧密相连。第一次伟大结合是把马克思主义基本原理与新民主主义革命和社会主义革命的具体实际相结合，创造性地找到了一条正确的革命道路，成功地完成了新民主主义和社会主义革命，建立了社会主义新中国。第一次飞跃形成了马克思主义中国化的第一个伟大理论成果——毛泽东思想；第二次伟大结合是把马克思主义基本原理与中国特色社会主义具体实际相结合，创造性地走出了一条中国特色社会主义的成功之路，实现了从站起来到富起来，再到强起来的伟大成功，第二次飞跃形成了马克思主义中国化的第二个伟大理论成果——包括邓小平理论、"三个代表"重要思想、科学发展观在内的中国特色社会主义理论体系。习近平总书把马克思主义同中国具体实际相结合，同中国优秀传统文化相结合，创造性地回答了新时代坚持和发展什么样的中国特色社会主义、怎样坚持和发展中国特色社会主义，建设什么样的社会主义现代化强国、怎样建设现代

---

① 《胡锦涛文选》第 2 卷，人民出版社 2016 年版，第 620 页。

化强国，建设什么样的长期执政的马克思主义政党、怎样建设长期执政的马克思主义政党等重大时代课题，实现了马克思主义中国化的第三次历史性飞跃，形成了马克思主义中国化等三个伟大理论成果——习近平新时代中国特色社会主义思想。

马克思主义与中国实践的第一次伟大结合由两个相互联系的阶段构成：一是新民主主义革命阶段，二是社会主义革命阶段。在新民主主义革命阶段，毛泽东同志领导开启了第一次伟大结合，在社会主义革命阶段，完成了第一次伟大结合。毛泽东同志在领导中国社会主义建设道路探索之初，取得了社会主义建设伟大然而又是初步的成就，不失时机地提出并探索了马克思主义与中国实际第二次伟大结合的历史任务。

马克思主义与中国实际的第二次伟大结合是由三个相互联系的阶段构成：一是中国特色社会主义理论体系的酝酿准备阶段。从1956年党的八大开始，以毛泽东同志为代表的中国共产党人开启了对中国社会主义建设道路的艰辛探索，提出并形成了一系列关于中国社会主义建设的重要观点，进一步丰富和发展了毛泽东思想，为中国特色社会主义理论体系的形成提供了理论前提；二是中国特色社会主义理论体系的形成发展阶段。党的十一届三中全会拉开了改革开放和中国特色社会主义建设的历史大幕，在40多年历史进程中，中国特色社会主义理论体系得以创立并不断创新发展。三是习近平新时代中国特色社会主义思想形成创立阶段。党的十八大以来，习近平总书记进一步丰富和发展了中国特色社会主义理论体系，创立了习近平新时代中国特色社会主义思想。

三　坚持马克思主义中国化，用中国化马克思主义指导实践，是中国共产党永远立于不败之地的基本保证

中国共产党成立百年来，我们党之所以能够实现伟大结合，取

得伟大成就，产生伟大飞跃，形成伟大成果，不断推进马克思主义中国化，不断开辟马克思主义发展新境界，用中国化的马克思主义指导中国革命、建设与改革伟大实践，归根到底，是科学回答在具体时代和特殊国情下，抓住时代主题，如何看待马克思主义、怎样发展马克思主义这一核心问题。在马克思主义中国化的百年光辉历程中，我们党积累了弥足珍贵的经验启示。

作为马克思主义政党，必须始终坚持马克思主义理论指导和理论武装。恩格斯曾指出，马克思主义政党区别于任何其他政党的根本标志，"就是有一个新的科学的世界观作为理论的基础"①。中国共产党是马克思主义政党，自诞生之日起，就将马克思主义确立为自己的指导思想，写在自己的旗帜上。始终保证全党坚持马克思主义的指导地位，最根本的一条就是始终高度重视党自身的思想理论建设。坚持理论指导，必须坚持理论武装。加强马克思主义理论武装，这是我们党的政治优势和优良传统，是我们党的根本建设，是我们党的建设伟大工程的首要任务。建党之初，我们党就清醒认识到，在旧中国农民、小资产阶级占大多数，工人阶级数量较少的条件下，要建设坚强正确的马克思主义政党，坚持马克思主义的指导地位，必须把科学理论"从外面灌输进"工人阶级及人民群众的头脑中，对工人阶级先锋队及人民群众进行全面、深入、系统、从始至终的理论武装。理论武装的重点在于党的中高级干部。中高级干部的领导水平，尤其是马克思主义理论水平如何，关系到党和国家的前途命运。毛泽东同志在抗日战争时期就指出："在担负主要领导责任的观点上说，如果我们党有一百个至二百个系统地而不是零碎地、实际地而不是空洞地学会了马克思列宁主义的同志，就会大大地提高我们党的战斗力量。"②加强理论武装，首先要学习马克思主义哲学，掌握马克思主义世界观和方法论，提高运用马克思主义

---

① 《马克思恩格斯文集》第 2 卷，人民出版社 2009 年版，第 599 页。
② 《毛泽东选集》第 2 卷，人民出版社 1991 年版，第 533 页。

立场、观点、方法说明和解决实际问题的能力。学会运用马克思主义立场、观点、方法把中国革命、建设和改革的经验教训加以科学总结和理论概括，实现马克思主义与中国实际的结合，形成不断创新发展的中国化的马克思主义，用以指导中国实践。

思想建党、理论强党，是我们党始终保持马克思主义政党先进性和纯洁性、不断增强战斗力和创造力的重要法宝。坚持马克思主义的根本指导地位，必须持续而不间断地用党的创新理论武装全党，这是思想建党、理论强党的根本途径。

江泽民同志指出："我们党所以坚强有力，重要原因之一就是坚持以马克思主义的理论体系作为自己的世界观和行动指南。"① 习近平同志强调和要求："在前进道路上，我们一定要加强全党的理论武装。"② 马克思主义理论素养是领导干部素质的核心要素，掌握马克思主义理论是领导干部的基本功；领导干部特别是高级干部要把系统掌握马克思主义基本理论作为看家本领；新干部、年轻干部尤其要抓好理论学习，通过坚持不懈的学习，学会运用马克思主义立场、观点、方法观察和解决问题，坚定理想信念；马克思主义理论是我们的必修课，党的各级领导干部和全体党员都应充分重视马克思主义理论学习和研究，自觉用马克思主义科学理论武装头脑，并指导自己的实际工作。

加强党的理论武装，就要用不断丰富发展的中国化的马克思主义理论武装全党，重点是要坚持用习近平新时代中国特色社会主义思想武装全党、教育人民，这对于统一思想认识、明确前进方向、凝聚奋进力量，实现社会主义现代化国家和中华民族伟大复兴，具有重大现实意义和深远历史意义。

加强理论指导和理论武装，不断实现马克思主义与中国实际相

① 江泽民：《论党的建设》，中央文献出版社 2001 年版，第 10 页。
② 习近平：《全面贯彻落实党的十八大精神要突出抓好六个方面工作》，《求是》2013 年第 1 期。

结合，最重要的是解决好理论联系实际的学风问题。毛泽东同志说："学风问题就是一个非常重要的问题，就是第一个重要的问题。"① 学风问题就是对待马克思主义的根本态度问题，是从本本出发，还是从实际出发，是对待马克思主义根本态度的分歧点，是采取什么样学风的分水岭。坚持好的学风至关重要的是解决理论联系实际的问题。坚持理论联系实际的学风，既要反对教条主义倾向，避免理论脱离实际，又要警惕经验主义倾向，重视理论学习和理论指导。推进马克思主义中国化，必须弘扬理论联系实际的马克思主义学风。如果学风不正，对待马克思主义的根本态度出了问题，就会把马克思主义变成教条，使之脱离实际，以致给党和国家的事业带来灾难性危害。

解决理论联系实际的学风问题，必须做到有的放矢，学以致用。1942 年 2 月 1 日，毛泽东同志在中央党校开学典礼上发表的《整顿党的作风》的演说中强调："马克思列宁主义理论和中国革命实际，怎样互相联系呢？拿一句通俗的话来讲，就是'有的放矢'。"② 毛泽东同志说，理论联系实际，就是要用马克思主义之箭去射中国实际之的。理论是箭，实际是靶子，叫作"有的放矢"。毛泽东认为，一个人马克思主义学得如何，要看他运用马克思主义的立场、观点和方法来说明和解决实际问题的程度如何。"如果你能应用马克思列宁主义的观点，说明一个两个实际问题，那就要受到称赞，就算有了几分成绩，被你说明的东西越多，越普遍，越深刻，你的成绩就越大。"③

对于马克思主义的理论，"要能够精通它，精通的目的全在于应用"④。学习马克思主义，就要坚持在学以致用上下功夫。这是因

① 《毛泽东选集》第 3 卷，人民出版社 1991 年版，第 812—813 页。
② 《毛泽东文选》第 3 卷，人民出版社 1991 年版，第 819 页。
③ 《毛泽东文选》第 3 卷，人民出版社 1991 年版，第 815 页。
④ 《毛泽东文选》第 3 卷，人民出版社 1991 年版，第 815 页。

为马克思主义的目的不仅是认识世界，更重要的是改造世界。中国共产党人选择了马克思主义作为自己的理论指导，就是要用它来指导实践、付诸实践、改造实践。中国共产党历史上发生的错误路线给党的事业带来严重损失的，其根本教训就是一条，离开了实际，搞教条主义。马克思主义与中国实际相脱离，用空洞的、抽象的马克思主义指导中国实际，实践能不出问题吗？重视学风建设，注重弘扬理论联系实际的学风，是我们党的优良传统和政治优势。一百年来，党取得的每一个发展和每一个胜利，都是全党同志坚持理论联系实际的学风，修好马克思主义与中国实际相结合这门功课，做好这篇大文章的结果。党的十八大以来，以习近平同志为核心的党中央自觉继承和弘扬重视理论学习、善于理论联系实际的优良传统，体现了我们党一脉相承而又与时俱进的马克思主义学风传统。习近平总书记多次强调"空谈误国、实干兴邦"，说的就是反对学习和工作中的空对空。他指出："读书是学习，使用也是学习，并且是更重要的学习。"① 这就要求我们防止急功近利，防止主观主义、教条主义和形式主义，坚持一切从实际出发，把运用党的创新理论贯穿于经济社会发展各项工作之中，转化为谋划工作的思路、促进发展的举措和改进工作方法的本领。既用学到的理论指导新的实践，又在实践中丰富发展理论，做到学以致用、用以促学、学用相长。

永续推进马克思主义中国化，必须始终坚持和弘扬理论联系实际的优良学风。要按照习近平总书记的要求，"弘扬理论联系实际的学风，紧密联系党和国家事业发生的历史性变革，紧密联系中国特色社会主义进入新时代的新实际，紧密联系我国社会主要矛盾的重大变化，紧密联系'两个一百年'奋斗目标和各项任务，自觉运用理论指导实践，不断提高新时代坚持和发展中国特色社会主义的

---

① 《习近平谈治国理政》第 1 卷，外文出版社 2018 年版，第 406 页。

能力"①。

　　把马克思主义与中国实际相结合，实现马克思主义中国化的实质与精髓，就是始终不渝地坚持实事求是思想路线。坚持马克思主义与中国实际相结合，说到底，必须坚持实事求是思想路线。习近平总书记在庆祝中国共产党成立 95 周年大会上的讲话中指出："马克思主义是我们立党立国的根本指导思想。背离或放弃马克思主义，我们党就会失去灵魂、迷失方向。"② 中国近现代史、中国共产党历史和中国革命、建设与改革开放历史反复告诉我们，中国共产党的命运是同坚持马克思主义指导紧密联系的，什么时候坚持马克思主义正确指导，什么时候就发展，否则就会遭受挫折，就会失败。实行党的正确领导，关键在于是不是以马克思主义作指导；以马克思主义为指导，关键在于是不是把马克思主义与中国实践相结合；把马克思主义与中国实践相结合，关键在于是不是实现马克思主义中国化，用中国化的马克思主义指导工作；实现马克思主义中国化，用中国化的马克思主义指导工作，关键在于是不是贯彻落实实事求是思想路线。实事求是是马克思主义活的灵魂，是中国化马克思主义的精髓。只有坚持实事求是思想路线，才能长期坚持并不断发展中国化的马克思主义，中国特色社会主义道路才会越走越宽广。

　　我们党是始终坚持实事求是的马克思主义政党，必须始终不渝地坚持实事求是思想路线。实事求是是马克思主义的根本观点，是中国共产党人认识世界、改造世界的根本要求，是我们党的基本思想方法、工作方法、领导方法。不论过去、现在和将来，我们都要坚持实事求是的思想路线，密切联系不断发展的实践，永不脱离实践，不断推进马克思主义中国化的理论创新。

　　实践永无止境，理论创新也就无止境。马克思主义不是僵化的

---

① 《习近平谈治国理政》第 3 卷，外文出版社 2020 年版，第 63 页。

② 习近平：《在庆祝中国共产党成立 95 周年大会上的讲话》，人民出版社 2016 年版，第 9 页。

教条，而是随着时代发展不断丰富发展的。坚持马克思主义必须推
进马克思主义中国化，不断开创马克思主义理论新境界。习近平总
书记在纪念毛泽东同志诞辰 120 周年座谈会上指出："马克思主义
基本原理是普遍真理，具有永恒的思想价值，但马克思主义经典作
家并没有穷尽真理，而是不断为寻求真理和发展真理开辟道路。"[1]
在纪念马克思诞辰 200 周年大会上的讲话中，习近平指出，"我们
要坚持用马克思主义观察时代、解读时代、引领时代，用鲜活丰富
的当代中国实践来推动马克思主义发展……不断开辟当代中国马克
思主义、21 世纪马克思主义新境界"[2]。习近平新时代中国特色社
会主义思想是当代中国马克思主义，是马克思主义中国化的最新理
论成果。新时代加强党的建设，必须坚持用习近平新时代中国特色
社会主义思想这一马克思主义中国化最新成果武装头脑、指导实
践、推动工作。

　　伟大的中国共产党即将走过一百年波澜壮阔的征程，党的百年
和马克思主义中国化的伟大进程相互交织、相映生辉。马克思主义
中国化的历史进程，是中国共产党人在不断总结历史经验的基础上
进行理论创新，又以理论创新引领社会变革的辩证发展历程。站在
"两个一百年"奋斗目标历史交汇点上，我们要始终不渝地坚持马
克思主义的指导地位，始终不渝地坚持实事求是的思想路线，永葆
初心、牢记使命，乘势而上，开启全面建设社会主义现代化国家新
征程！

---

[1]　习近平：《在纪念毛泽东同志诞辰 120 周年座谈会上的讲话》，人民出版社 2013 年版，第 17 页。
[2]　习近平：《在纪念马克思诞辰 200 周年大会上的讲话》，人民出版社 2018 年版，第 27 页。

马克思主义哲学是平凡而伟大的真理[*]

我怀着无比崇敬的心情参加在冯定先生故居举办的"探索真理之行·展现真理力量"的党史学习教育活动，缅怀冯定先生，学习冯定先生，明理、增信、崇德、力行。冯定同志是我国著名的马克思主义革命家、哲学家和教育家。我曾经做过他的学生，亲耳聆听过他的谆谆教诲。1977 年恢复高考，我考入北京大学哲学系读书。入学之前，我在十四五岁时，就接触到并认真读过两本马克思主义哲学的通俗读物，一本是艾思奇同志撰写的《大众哲学》，另一本就是冯定同志撰写的《平凡的真理》。这两本书使我受到了初步的马克思主义哲学启蒙教育，奠定了我青少年时期正确世界观的基础，也奠定了我为党的事业、为人民的事业、为祖国的事业、为共产主义的远大理想奋斗一生的初心和志向。我在 1989 年 3 月撰写的学术自传中写道："在北京读小学、中学期间……读了许多哲学社会科学的书籍，接触到了马克思主义哲学理论，开始了对人生和社会的理性思考，对哲学产生了浓厚的兴趣。到黑龙江支边十年……带着现实生活中遇到的重大问题，比较有目的地研读了马克思主义经典著作。在实践中体会到，要把个人前途命运同国家、人民的事业联系在一起，必须解决对世界的根本认识，即树立科学的哲学世界观、方法论。实践使然，我萌发了深入走进哲学大厦，系

---

   * 该文系作者 2021 年 4 月 25 日在"在宁波江北慈城冯定故居'探寻真理之行·展现真理力量'活动上的讲话"。原载《马克思主义哲学》2021 年第 2 期。

统学习哲学理论的强烈愿望。"① 正是这两本马克思主义哲学通俗读物，把我引进了马克思主义哲学理论大厦。

我入校时，冯定先生任北京大学副校长、哲学系主任，是学生们最为尊重的哲学系的马克思主义哲学名教授。我初进北京大学，一个最大的愿望就是想亲眼见到冯定先生，亲耳听冯定先生讲解《平凡的真理》。我清晰地记得，他家在燕南园，即北京大学名教授的居住区，在北大校园的中心区域。我们77级的几位同学约定对八位当时最著名的哲学系教授进行访谈，聆听先生们的教诲，第一位访谈对象就是冯定先生。我们几个青年学生一起相约来到他家里，他热情地接待了我们，亲自给我们端茶倒水，亲切地给我们讲授撰写《平凡的真理》的初衷和观点。今天想来，当时的情景历历在目。斯人已去，风范尚存！

今天，我选择了冯定先生的几句原话，原汁原味，作为主要心得体会，谈谈我参加这次"探寻真理之行·展现真理力量"活动的感想认识。

一 "人生就是进击"

冯定先生一生坚信马克思列宁主义，坚信马克思主义哲学，坚信共产主义的远大理想，具有坚定的理想信念和顽强的革命精神。他的一生是为实现马克思列宁主义所科学论证的革命理想，为实现马克思主义哲学世界观方法论所揭示的历史发展的必然趋势，为实现中华民族伟大复兴而拼搏奋斗的一生。他的一生就是革命的一生、斗争的一生，按他的话来说，"人生就是进击"，他忠诚地践行了他的诺言。

刚才我们参观了冯定故居，故居很小，坐落在慈城布政房大院

---

① 王伟光：《王伟光论文辑·自传》，中共中央党校出版社2010年版，第2页。

落的一个角落里。冯定父亲那一代家境贫寒，但他的祖上曾经是明朝大官，官至湖广布政使，故冯定祖上置办的大院子被当地百姓称为布政房。到冯定祖父那一代家境衰落了，作为冯氏的一支，只继承了布政房很小的一座小院落。冯定先生出生在苦难深重的 20 世纪初，由于出身寒门，他靠亲戚资助读完小学、师范。为了生计，他毕业后在宁波谋得了交易所的会计位置，但这份工作和他所追求的理想很不一致。一年后，他离开了宁波，到上海商务印书局当了一名文学编辑。正是从那时开始，冯定先生 23 岁，就参加了革命活动，接触到了马克思主义哲学，接受了马克思列宁主义理论，奠定了他一生为之"进击"的共产主义的理想信仰。

两年后，25 岁的冯定先生在大革命的风暴中义无反顾地加入了中国共产党，成长为了一名坚定的马克思主义革命家。1927 年，国民党反动派蒋介石、汪精卫背叛革命，国共合作破裂，大革命失败，在国民党反动派大肆抓捕杀害共产党人的腥风血雨的危急时刻，他被派到莫斯科中山大学学习，三年学成后回国从事党的秘密工作。从这时开始，他即撰写了大量的马克思主义哲学世界观和人生观的通俗读物，介绍给人民大众特别是青年人。

我在这里给冯定先生的定位首先是马克思主义革命家，然后才是马克思主义哲学家、教育家。马克思主义哲学不仅仅在于正确地认识世界，更重要的是改造世界，要打碎旧世界、建设新世界。马克思主义哲学家首先应当是马克思主义革命家。当然，冯定先生是从马克思主义哲学那里接受了科学社会主义真理而投身于革命的，他的一生都是在为革命而奋斗拼搏的一生。刚才我们观看的舞台剧，生动地再现了冯定先生年轻时投身中国革命的故事。冯定先生加入中国共产党的时候正是无数先烈抛头颅、洒热血的最艰难时刻，他坚定地加入了中国共产党，他的一生是为实现马克思主义理想，为马克思主义真理而奋斗的一生。冯定先生所讲的"进击"，就是习近平总书记所讲的伟大斗争，"进击"精神就是共产主义革命者所具有的斗争精神。冯定先生"进击"的一生就是中国共产党百年奋斗史的个体缩影。

二　"真理是伟大的又是平凡的"

马克思主义哲学真理是伟大的，它揭示了自然、人类社会、人类思维发展的一般规律，是人类理论思维的最高峰。直到今天没有任何一个哲学体系能够超越马克思主义哲学所达到的思想理论高度，马克思主义哲学是当今时代最伟大的真理。同时，马克思主义哲学真理又是平凡的，它是站在人民的立场上，追求的是人民的利益，是为了人民的事业，讲述的是人民所能接受、所能运用的真理，正是在这个意义上说，马克思主义哲学又是平凡的真理。马克思主义最基本、最基础的内容就是马克思主义哲学，即马克思主义世界观和方法论，又称马克思主义立场、观点和方法，也称之为辩证唯物主义和历史唯物主义，这是马克思主义全部理论的哲学依据和思想基础。马克思主义哲学既是伟大的又是平凡的真理，是人民大众能够听得懂的、用得上的道理。毛泽东同志要求，"让哲学从哲学家的课堂上和书本里解放出来，变为群众手里的尖锐武器"①。冯定先生一生所为之奋斗的就是让马克思主义哲学通俗化、大众化，以人民群众能听懂的语言把伟大的真理叙述成普通平凡的道理，进入人民群众之耳、之脑、之心，变成人民群众的实际行动。1947 年，冯定先生从华东地区来到大连治病休养。当时的大连地区是在苏联红军管辖下的中国共产党的稳定特殊的根据地，大连的报刊、书店出版发行了不少普及马克思主义理论的文章和书籍。冯定先生借养病之机写了一篇又一篇短文，传播马克思主义哲学和共产主义人生观，1948 年由党领导的光华书店结集出版，书名即为

---

① 《毛泽东文集》第 8 卷，人民出版社 1999 年版，第 323 页。

《平凡的真理》。《平凡的真理》先后印过11次，发行50万册，在人民群众中、特别是在干部和青年中，产生了良好而广泛的影响。《平凡的真理》就是用平凡的语言讲述伟大而又平凡的真理，让马克思主义哲学的真理变成人民群众改造世界的物质力量。冯定先生是一位不平凡的、同时又是平凡的马克思主义哲学家。

三　"不求谋政于朝，但愿论道于世"

这是冯定先生二儿子冯宋彻回忆说是他父亲所讲过的话，冯定先生在北京大学当教授时的一位青年助教李存立同志也听冯定先生讲过此话，我引用过来了。冯定先生是在大革命时期就参加了中国共产党，在战争年代，担任过党的多种领导职务，1949年后行政级别定为六级干部，按照现在的说法，是部长级干部，应该说位居高位。进入北京大学教书之前，冯定先生担任华东局宣传部副部长。1957年春，毛泽东同志点名将他调到北京大学担任哲学教授，这是毛泽东同志为了在全国人民特别是青年学生中间进行马克思主义教育的重要举措。调冯定先生到北大任教，可以向人民、特别是向青年学生宣传唯物主义、辩证法，宣传马克思主义哲学。毛泽东同志说，唯物主义和唯心主义可以争鸣，冯友兰讲唯心主义，冯定讲唯物论，同冯友兰唱"对台戏"。这样做目的是让青年学生在百家争鸣的比较中，鉴别什么是唯物主义、什么是唯心主义，什么是真理、什么是谬误，什么是对的、什么是错的，从而让青年学生们从内心深处接受马克思主义哲学。调任北大教书，冯定先生欣然接受，这就践行了他"不求谋政于朝，但愿论道于世"的高尚情操。学习党史——学史明理，"理"就是伟大而又平凡的马克思主义真理；学史增信，就是增强共产主义的信仰；学史崇德，就是要学习共产党人的高尚品质。学史力行，就是践行马克思主义真理。冯定一生，是一个不知疲倦论道于世、而不计名利于朝的杰出的马克思主义理论家。在谈到冯定先生"不求谋政于朝，但愿论道与世"的立言时，我想起了中国古代著名的哲学家张载的"横渠四句"，即"为天地立心，为生民立命，为往圣继绝学，为万世开太平"。张载用一生所得学问实现"为往圣继绝学，为万世开太平"。今天我们共产党人所崇尚的"绝学"就是马克思主义，"太平"是孔子所讲的"大同"，也是康有为所讲的"大同"，就是我们共产党人当今所追求的共产主义"大同"理想。冯定先生通过研究马克思主义真理、传播马克思主义真理，为万世开太平，为实现共产主义理想而奋斗，这是冯定一生的追求，也体现了他作为马克思主义者不计较个人得失的高尚品德。

四 "坚持真理不跟风"

冯定先生的一生是始终坚持马克思主义真理的一生。在新中国成立之初，国家正处于经济恢复时期，我们党采取了支持国家资本主义发展，支持民族资产阶级发展经济，为新中国的建设做贡献的政策。但在当时，也有一些不法的资本家不满足于以正常的手段获取合法合理利润，用糖衣炮弹向党的领导干部行贿，偷税漏税、偷工减料、盗窃国家资产、盗窃国家情报。毛泽东同志讲这些不法分子是"五毒俱全"。譬如，为抗美援朝战斗一线提供医疗器械和药品保障，有些不法资本家偷工减料、以次充好，甚至用烂棉花制造救助伤员的医疗用品，导致很多伤员感染，不治而身亡。不法资本家的"五毒行为"引起了全国人民的公愤。针对这种恶劣的情况，1952年，党中央发起"五反"运动，这是针对不法资本家所开展的斗争。在这场运动中产生了一种"左"的错误倾向，否定民族资产阶级存在"两面性"的科学判断，对于民族资产阶级一度出现了过于偏激和脱离实际的错误认识，影响了党团结、教育和改造民族资产阶级，妨碍了发挥民族资产阶级参加新中国建设的积极作用。

关于民族资产阶级具有"两面性",党在新民主主义革命时期,以毛泽东同志为代表的中国共产党人在理论和实践上已经解决了,但在新中国成立之后,却又出现了否定我们党对民族资产阶级"两面性"的正确判断的错误观点。

在这个关键时刻,冯定先生坚持真理,在《解放日报》发表了《关于掌握中国民族资产阶级性格和中国资产阶级错误思想进行斗争的问题》一文。在这篇文章中,冯定先生以坚持真理,为了真理而敢于反潮流的精神,遵循毛泽东同志提倡的运用马克思主义立场、观点和方法,从中国实际出发,实事求是地分析实际问题的马克思主义学风,对中国民族资产阶级的经济地位、政治态度以及他们在中国革命发展各个阶段的历史演变做了准确、详尽、科学的分析。认为在新中国成立之前,中国民族资产阶级具有积极性和消极性的两面性。在新中国成立后新的历史条件下,中国民族资产阶级仍然具有两面性,批驳了那种认为中国民族资产阶级对国民经济发展只起到消极作用的错误观点。我们党必须采取正确的方针政策,团结教育民族资产阶级,他们仍然会拥护共同纲领、拥护共产党和工人阶级的领导,秉公守法,为新中国的建设作出积极的贡献。

毛泽东同志看到这篇文章以后,非常赞赏冯定先生的观点,亲自做了修改,批发全党高级干部学习。该文在《人民日报》、在中宣部创办的《学习》杂志上转载,并出版发行了单行本,起到了拨乱反正、反对极"左"思潮的重要作用。1956年,冯定先生又撰写了《关于我国当前阶级矛盾的性质和斗争形势》的文章在《大公报》上发表。在总结中国革命经验方面,他还写作了《中国共产党怎样领导中国革命》《工人阶级的历史使命》两本书,由上海人民出版社出版,正确阐述和宣传了我们党的正确理论、路线、方针和政策。在生命的最后几年,他特别重视对人民群众特别是青年人的修养教育,不顾年迈多病写下了《树立无产阶级世界观,走历史必由之路》《怎样学哲学》等一系列论文和《共产主义人生观》

《人生漫谈》等著作，宣传了马克思主义世界观和人生观。

五 "我不愿做检讨的英雄"

在冯定先生的一生中，曾经被国民党反动派抓到监狱，蹲过国民党反动派的大牢，在监狱里宁死不屈，表现出共产党人宁死不屈的高尚品质。1949年以后，冯定先生还曾受到过两次错误的批判。1964年夏天，当时中共中央高级党校校长杨献珍同志提出了"合二而一"的哲学观点。康生指定冯定先生写批评杨献珍的文章，冯定先生不写，得罪了康生。有人劝冯定先生向康生做个检讨，冯定先生不屈服淫威压力，说了一句非常坚定的话——"我不愿做检讨的英雄"。"文革"期间他又遭受错误的批判。但是他对党、对真理、对马克思主义的信仰反而越加坚定。党的十一届三中全会以后，冯定先生恢复了工作，担任北京大学副校长和哲学系主任，重新走上教书育人的教授岗位，他以76岁的高龄参加"实践是检验真理的唯一标准"大讨论，为拨乱反正、恢复"实事求是"思想路线作出了重要的贡献。他这句"我不愿意做检讨的英雄"，也体现了共产党人坚持真理、宁折不弯的崇高风范。

2022年是冯定先生诞辰120周年，对冯定先生最好的纪念，就是学好马克思主义哲学，真学真懂真信真用，学习冯定先生的高尚品德，做一名真正的社会主义建设者和共产主义战士。今天我就这几个方面的感想谈谈我对冯定先生的崇敬，也作为对冯定先生的纪念。希望年轻人通过读《平凡的真理》，既掌握真理的力量，又学习冯定先生的高风亮节。

中国共产党百年华诞与世界文明千年交流互鉴[*]

2021 年是中国共产党的百年华诞。中国共产党领导中国人民百年奋斗，赢得新民主主义革命和社会主义革命的伟大胜利，获得社会主义建设艰难探索的伟大成绩，取得社会主义改革开放和现代化国家建设的伟大成就。从站起来、富起来到强起来，中国成为世界第二大经济体，越来越走近世界舞台的中央，这不仅是中国共产党人坚持把马克思主义与中国实际相结合，找到一条中国特色的革命和发展的道路，实现了马克思主义和马克思主义中国化在中国的伟大胜利，而且是中国共产党人立足于中华民族与世界文明千年交流互鉴的历史积淀，坚持永不封闭、永不僵化，向世界先进文化学习、博采世界文明之长的结果。

一 "大道不孤，天下一家"

中华民族历来讲求"天下一家"，2500 多年前就提出了"大同"社会理想，主张民胞物与、协和万邦、天下大同，憧憬"大道之行，天下为公"的美好世界。一脉相承，直至今天，习近平总书记提出"构建人类命运共同体"的伟大构想，把每个民族、每个国

———————

* 该文系作者 2021 年 5 月 29 日在山东威海"第三届世界文化论坛暨第二届中国文化分论坛"上的演讲。原载《红旗文稿》2021 年第 13 期。

家的前途命运都紧紧联系在一起，风雨同舟，荣辱与共，把我们生于斯长于斯的这个星球建成一个和睦的大家庭，把世界各国人民对美好生活的向往变成现实。

中国共产党成立 100 年来，带领中国人民，立足自身国情和实践，从中华文明中汲取智慧，博采世界文明之长，坚守但不僵化，借鉴但不照搬，在不断探索中形成了自己的发展道路，这是一条争取民族解放、国家独立的新民主主义和社会主义革命道路，一条把人民利益放在首位的社会主义建设道路，一条改革创新的中国特色社会主义道路，一条在开放中谋求共同发展的道路，在世界文明的姹紫嫣红中，刷出绚丽的中国红。

二　"美人之美，美美与共"

"文明因多样而交流，因交流而互鉴，因互鉴而发展。"① 1000多年的人类文化交流史，不仅推动了欧洲和西方进入崭新的近代文明，也开启了亚洲和中国近代文明进程。

公元 9 世纪至 10 世纪的阿拉伯"百年翻译运动"，吸收了波斯、中国、印度等国在哲学、数学、医学、文学和政治方面的成果，对欧洲摆脱中世纪的神学黑暗统治，开启文艺复兴运动，迈进近代文明，作出了影响深远的历史贡献。

唐代中叶以后，中国的造纸术、印刷术、火药、指南针四大发明和其他科学技术文化成果，对欧洲和西方近代工商业文明和资本主义文明的产生和发展发挥了重要促进作用。马克思把中国的四大发明在欧洲的传播与应用称为"资产阶级社会到来"的"预兆"。英国学者约翰·霍布森认为，如果没有中国的这些贡献，英国很可能还是一个游离于同样落后的欧洲大陆边缘的国家。

---

① 习近平：《深化文明交流互鉴 共建亚洲命运共同体——在亚洲文明对话大会开幕式上的主旨演讲》，人民出版社 2019 年版，第 5 页。

明末清初，中欧掀起一场广泛而深入的文化大交流。在中国的徐光启、李之藻、杨廷筠、王徵等和欧洲的利玛窦、莱布尼茨、伏尔泰、霍尔巴赫、魁奈等著名学者的积极参与和推动下，形成了中学西传与西学东传的互动局面，达到了中学与西学互学互鉴、互补互进的新境界。

20世纪初，马克思主义从西方传播到中国，中欧思想文化交流和东西方文明互学互鉴走向新的高潮，这对中国共产党的诞生以及在其领导下社会主义新中国的诞生产生了深远影响。马克思主义产生于西方，由西方传播到东方和世界各地，对世界发展和人类文明进步作出了伟大的历史贡献。中国共产党人独创地把马克思主义与中国国情实际、中国文化实际、中国革命、改革和建设实践实际相结合，创造了中国化马克思主义，实现了东西方文明的高度结合，指导中国走上了建设社会主义现代化强国的新征程，中华民族伟大复兴中国梦的实现就在眼前。

三 "不识庐山真面目，只缘身在此山中"

20世纪中叶，以美国为首的西方发达资本主义国家推行"文化扩张"战略，企图以一种更具隐蔽性、更具欺骗性的方式延续帝国主义在经济、政治和文化上的全球统治。美国学者赫伯特·席勒在提出"文化帝国主义"概念时指出，美国作为信息与文化产品流动的控制中心，通过资本的指挥支配着边缘地区的信息渠道，而"信息的自由流动"恰恰作为一种神秘话语掩盖了支配的实质。冷战结束后，"文化帝国主义"一度"消逝"，但并不影响它以新的面貌"复活"。

进入21世纪，在知识经济、经济全球化和信息技术革命三重效应叠加下，美国凭借其对文化和媒介、互联网和信息资源的垄断，主导国际话语权，通过大众文化的商业化和市场化运作，在全世界大行"文化殖民"与"文化霸权"，迫使文化弱势国家趋于"美国化"，给世界文化多样性生态造成极大破坏，我们将这种"复活"的文化帝国主义称之为"新型帝国主义"，它有四个方面新特征。

一是通过美元与知识产权垄断，形成不平等的国际分工和两极分化的全球经济和财富分配。乌格·帕咖洛将21世纪资本主义称作"知识垄断资本主义"，其核心特征是在全球或一定区域内通过对知识的垄断，包括专利垄断、著作权垄断、申遗垄断、商业秘密垄断、植物基因开发垄断等，从发展中国家攫取高额垄断利润，掠夺社会财富，限制甚至扼杀发展中国家的科技创新，最终遏制发展中国家的发展甚至生存。20世纪90年代中期以来，发达资本主义国家国际垄断企业控制了全世界80%的专利和技术转让及绝大部分国际知名商标，并因此获得了大量收益。

二是通过全球信息资源垄断，利用国际信息秩序不平衡性的结构性矛盾，构建"媒介帝国主义"和"信息帝国主义"。新传播技术生态中呈现以下四个新问题：发达的网络社交平台加剧文化间的不信任、不理解；"数字资本主义"导致数据伦理及相关社会问题；"数字鸿沟"催生知识的"阶级性"和信息资源的"圈层"特权。这种网络文化霸权是资本主义殖民逻辑的数据化表现，其本质是利用传播技术的"黑箱"，将平台中立性与技术中立性演绎为一种可以掩盖资本逻辑入侵网络民族主权的"神话"。

三是通过对世界文化产业体系的垄断，文化资本化带来文化上血腥的"剥夺性积累"，推行文化"圈地运动"和"可口可乐殖民主义"。商业化和市场化文化产品和服务的"选择自由"带来的是个人"真正自由的遮蔽"：好莱坞电影向世界观众的大脑中植入去历史化的个人英雄主义，满足着人的视觉欲望；商业广告为全世界带来消费主义的狂欢，输出价值观以及商品的同质化需求；西方媒体设置全球新闻的议事日程，播送着所谓的"客观"报道,而非西方的、非资本主义的、来自社会底层的声音被遮蔽。人们享受在不加思考的标准化同质化的生活方式中却不得不接受"美式民主文化"。

四是通过国际话语权垄断,进行意识形态和价值观输出,威胁各民族国家的文化认同和文化主权。西方发达资本主义大国主要是通过媒介霸权、话语控制、意识形态、殖民文化等传播来建立其话语霸权或文化霸权的。通过强大的媒介力量,西方文化在国际交往中首先形成具有绝对优势的话语控制。在当今世界,如果某种话语在文化领域中成为一种主导性的话语,实际上它正限制了其他文化的传播和发展。西方资本主义的话语霸权割断的正是弱势国家的文化传统之根,使得传统与现代之间存在深度断裂,造就了一大批无家可归的"文化难民"和无根的民族。

可见,新型帝国主义引发了多重文化危机:世界文明的多样性生态环境遭到破坏,各民族国家的文化认同和文化主权受到威胁,人类精神文明总体发展进程受阻。全世界文化弱势国家应该联合起来,共同抵抗文化强势国家的文化侵略。

四 "等闲识得东风面,万紫千红总是春"

2001 年,联合国教科文组织通过的《世界文化多样性宣言》指出,文化间对话是促进和平的最佳保障,要驳斥各种文化和文明不可避免的发生冲突的错误观点,要把文化的多样性视为人类的共同遗产,就像生物多样性对维持生物平衡一样必不可少。

中国不赞成"文明冲突"和"历史终结",主张尊重和维护世界文化和文明的多样性。习近平总书记指出:"人类只有肤色语言之别,文明只有姹紫嫣红之别,但绝无高低优劣之分。"① 在亚洲文

---

① 习近平:《深化文明交流互鉴 共建亚洲命运共同体——在亚洲文明对话大会开幕式上的主旨演讲》,人民出版社 2019 年版,第 6 页。

明对话大会开幕式上，他提出了加强文明交流互鉴的四个"坚持"：坚持相互尊重、平等相待；坚持美人之美、美美与共；坚持开放包容、互学互鉴；坚持与时俱进、创新发展。

100 年来，中国共产党同世界各国人民和各国政党开展对话和交流合作，一如既往为世界和平安宁作贡献、一如既往为世界共同发展作贡献、一如既往为世界文明交流互鉴作贡献。